사 성 제

괴 로 움 과
괴 로 움 의
소 　 　 멸

사성제

괴로움과
괴로움의
소 멸

일묵 지음

불광출판사

붓다께서 열반에 드신 후 수천 년이 지난 지금은 초기불교부터 남방 상좌부불교, 북방 대승불교, 선불교, 티베트 불교 등 많은 전통의 가르침이 공존하고 있는 시대다. 그런데 각 전통의 가르침은 모든 면에서 일치하지 않을 뿐 아니라, 때로는 서로 모순되는 측면도 있다. 그래서 현대의 불자들은 이러한 수많은 형태의 불교 가운데 어떤 것이 붓다의 본래 가르침인지 의문을 가질 수밖에 없다.

　필자 역시 같은 의문을 가졌다. 그래서 이에 대한 해답을 얻기 위해 불교의 많은 스승을 친견하여 수행하고, 다양한 전통의 불교 경전을 탐구하며, 현대 불교학자들의 연구 결과를 살펴보는 등 여러 방면으로 노력했다. 그리하여 붓다의 본래 가르침은 '사성제四聖諦'임을 확신하게 되었다.

　사성제는 무엇인가. 사성제는 고苦, 집集, 멸滅, 도道 네 가지 진리이다. 고성제苦聖諦는 존재 자체가 괴로움이라는 진리, 집성제集聖諦는 갈애渴愛가 괴로움의 원인이라는 진리, 멸성제滅聖諦는 갈애의 소멸이 괴로움의 소멸이라는 진리, 도성제道聖諦는 괴로움의 소멸에 이르는 길인 팔정도八正道에 대한 진리를 담고 있다. 즉 사성제는 괴로움과 괴로움의 원인, 괴로움의 소멸과 괴로움의 소멸로 인도하는 도 닦음에 대한 가르침이다. 그래서 사성제를 괴로움과 괴로움의 소멸의 진리라 한다.

이 사성제가 바로 붓다의 본래 가르침이며 불교의 핵심이다. 근거는 다음과 같다. 우선 사성제는 특정한 불교 전통에만 전승되는 가르침이 아니라 모든 전통에 포함된 공통된 가르침이다. 이는 사성제가 불교의 핵심 가르침임을 짐작하게 해 주는 중요한 사실이다. 그래서 불교사를 연구하는 학자들도 불교가 다양한 형태로 변화하면서 전승되었지만, 사성제가 붓다의 본래 가르침이고 핵심이라는 사실을 대부분 인정한다.

또 붓다께서는 당신의 수행 여정 동안 일관되게 괴로움과 괴로움의 소멸에 대한 관점을 견지하셨다. 붓다께서는 생로병사生老病死라는 근원적 괴로움에서 벗어나는 길을 찾기 위해 출가하셨다. 수행을 통해 얻은 깨달음의 경지도 모든 괴로움의 완전한 소멸인 열반涅槃이었다. 붓다께서 최초로 설하신 가르침은 괴로움의 완전한 소멸에 이르는 길인 팔정도로 시작한다. 그리고 사십오 년간 법을 전하시며 제자들에게 설한 다양한 가르침은 모두 괴로움과 괴로움의 소멸에 대한 진리를 다양하게 변주한 것이었다. 그래서 붓다의 상수 제자인 사리뿟따 스님은 '불교의 유익한 법들은 모두 사성제에 내포된다.'라고 말씀하셨다.

이처럼 불교는 한마디로 사성제이다. 실제 붓다께서는 '나는 이전도 지금도 괴로움과 괴로움의 소멸을 천명할 뿐이다.'라고 누누이 말씀하셨다. 그러므로 불교를 바르게 이해하기 위해서는 사성제에 대한 바른 이해가 가장 중요하다.

그런데 사성제는 아주 심오한 가르침이어서 이를 스스로 이해하기란 쉽지 않다. 어떤 이는 자기 스스로 불교 경전을 읽어 가면서 사성제를 이해해 보려 하지만 불교 경전은 그 양과 내용이 매우 방대하다. 그래서 가르침의 핵심을 짚어 줄 스승이나 지침 없이 공부하다 보면 방황하다가 길을 잃기 쉽다.

더욱이 부처님의 가르침을 체계적으로 정리한 논서인 아비담마 Abhidhamma를 통해 사성제를 이해하는 데도 다소 문제가 있다. 아비담마란 부파불교시대에 각 부파가 자신들이 주장하는 불법佛法 해석의 정당성과 우월성을 주장하기 위해 만든 논서이다. 그러므로 아비담마는 실제 수행을 위한 지침서라기보다는 논리적인 완결성을 추구하는 관념적인 이론 체계에 가깝다. 그래서 이에 과도하게 집착하면 추상적인 관념에 빠져 현실과는 거리가 멀어지게 돼 실제 괴로움의 소멸을 위한 수행에 방해가 될 수도 있다.

사성제는 단순한 이론 체계나 사상이 아니다. 사성제는 붓다께서 몸소 체득한 괴로움과 괴로움의 소멸의 진리로서 불교 수행의 올바른 방향성뿐 아니라 구체적인 수행 방법까지 드러낸다. 그래서 사성제를 바르게 이해하는 것이 불교 수행의 핵심이다. 붓다께서 깨달은 사성제에 대한 지혜를 계발하고 그것에 대한 바른 기억을 확립하는 것, 그것이 바로 불교 수행이기 때문이다.

그런데 사성제를 불교 교리의 차원을 넘어 수행의 관점으로 접근한 논의는 찾기가 어려웠다. 그래서 가능한 한 현학적이지 않고, 수행에 꼭 필요한 정도의 수준에서 정리되었으며, 사성제가 불교 수행에 어떻게 적용되는지를 잘 드러낼 수 있는 책이 있으면 좋겠다고 생각했다. 그러면 많은 수행자가 사성제에 대한 바른 이해를 통해 올바른 방향으로 수행함으로써 괴로움을 소멸할 수 있기 때문이다.

이와 같은 생각의 바탕에서 경전의 가르침과 필자의 수행 경험을 기반해 사성제에 대한 바른 이해에 조금이나마 도움되기를 바라는 마음으로 집필하게 된 것이 바로 이 책이다.

이 책을 쓸 때 두 가지 기준을 두었다. 첫째는 후대 경전이나 주석서는 참고의 근거로서 가능하면 배제하고, 붓다와 그의 직계 제자, 손자 제자의 가르침을 모은 초기불교의 경전을 중심으로 사성제를 정리한다는 것이다. 초기불교의 가르침은 남방의 니까야와 북방의 아함에 잘 전승되어 있다. 물론 이 둘의 내용이 완전히 일치하지는 않지만 사성제와 같은 핵심적 가르침은 일치한다. 그래서 현재 한글이나 영어로 잘 번역된 니까야를 중심으로 사성제를 정리했다.

다른 하나는 사성제에 대한 교리적 설명은 수행에 필요한 수준에서 최소화하고, 사성제가 불교 수행에서 어떤 역할을 하는지를 드러냄에 초점을 맞춘다는 것이다. 그렇게 함으로써 사성제가 단순한 이론 체계가 아닌 불교 수행에서 반드시 알아야 할 바른 견해이고, 바른 수행법이며, 깨달아야 할 진리, 기억을 확립해야 할 진리임을 드러내기 위해 노력했다.

이와 같은 기준에서 쓴 이 책은 다음과 같은 내용으로 구성되어 있다.

먼저 서론에서는 붓다께서 걸어가셨던 수행 일대기를 다루면서,

그 가운데에서도 큰 전환점이 된 사건에 주목한다. 이는 수행 방향의 전환점인 동시에 견해의 전환점이기도 하다. 이를 잘 이해하면 바른 수행의 방향을 잡고, 수행의 큰 그림을 그리는 데 도움이 될 것이다.

1장에서는 '느낌[受]'을 중심으로 괴로움과 행복에 대한 일반의 견해와 붓다의 견해에 대해 살펴본다. 그리하여 괴로움과 행복에 관한 세속적 견해와 붓다의 견해 사이의 차이는 물론, 불교에서 말하는 '바른 견해'가 무엇인지 이해할 수 있게 했다.

2장에서는 세상의 현상들을 붓다의 견해로 보고 통찰하여 안 것, 즉 '법法'에 대해 설명한다. 붓다께서는 세상의 모든 현상을 그것의 실상에 따라 '물질과 정신', '다섯 무더기[五蘊]' 등으로 분류하여 설하셨다. 이 장에서는 이러한 법에 대해 불교 수행에 필요한 범위 내에서 간략히 다룬다. 그리고 물질과 정신의 법을 '괴로움과 괴로움의 소멸의 구조'로 정리한 것이 사성제임을 설명한다. 마지막으로 법을 이해할 때 현상과 개념이 조화된 중도적인 관점에서 이해하는 것이 중요하다는 점을 강조하며, 한쪽에 치우쳐서 법을 이해할 경우 생길 수 있는 수행상의 문제에 대해서도 간략히 다룬다.

3장에서는 '조건이 있으면 결과가 있고, 조건이 없으면 결과가 없다'라는 진리인 '연기緣起'에 대해 설명한다. 여기서는 연기에 대한 가장 체계적인 가르침인 십이연기에 대해 상세히 다룬다. 이를 통해 '존재는 무엇이고, 어디로 와서 어디로 가는가?', '괴로움은 무엇이고, 왜 일어나며 어떻게 소멸하는가?'에 대해 알 수 있게 했다. 또 연기와 사성제가 어떻게 관련되어 있는지 체계적으로 설명함으로써 연기를 통찰하는 것이 곧 사성제를 체득하는 것임을 설명한다.

4장에서는 앞서 살펴본 법과 연기에 대한 이해를 기반으로 '사성제'에 대해 상세히 다룬다.

우선 존재가 무상하고 괴로움이며 무아라는 진리인 고성제, 괴로움은 갈애와 해로운 법으로부터 일어난다는 진리인 집성제, 갈애와 해로운 법이 소멸하면 모든 괴로움이 소멸한다는 진리인 멸성제, 팔정도와 유익한 법들은 괴로움의 소멸로 인도하는 도 닦음이라는 진리인 도성제에 관한 붓다의 가르침을 상세히 살펴본다. 그리고 이 내용에 비추어 해로운 법과 유익한 법은 무엇인지, 열반과 단견斷見은 어떤 차이가 있는지, 유여열반有餘涅槃과 무여열반無餘涅槃이란 무엇인지, 불교 수행에서 있어 바른 견해는 얼마나 중요한지, 불교의 삼매三昧와 다른 전통의 삼매는 어떤 차이가 있는지, 그리고 불교 용어의 번역에 있어 지금까지도 의견이 분분한 '사띠sati'를 무엇으로 보아야 하는지 등에 대해 알아본다.

5장에서는 지금까지 살펴본 내용을 기반으로 중도中道 수행과 사성제에 대한 기억 확립에 대해 다룬다. 팔정도는 감각적 욕망에 대한 탐닉과 고행苦行이라는 양극단을 극복한 중도이다. 이 장에서는 중도 수행은 벗어남[出離]의 행복으로 인해 처음과 중간과 끝이 좋은 수행이며, 지혜와 삼매를 함께 닦는 길(定慧雙修, 止觀雙修)임을 설명한다.

나아가 불교 수행의 종착지인 깨달음에 대해 알아본다. 여기서는 깨달음이란 특별한 현상을 경험하는 것이 아니라 중도 수행을 통해서 사성제에 대한 기억이 완전하게 확립돼 해로운 법들이 소멸한 것임을 강조한다. 그리고 중도 수행을 통해 바른 지혜와 바른 기억이 성숙해 가면서 사성제에 대한 기억이 확립되어 가는 과정을 간략히 설명한다. 끝으로 완전한 깨달음을 얻은 아라한의 마음은 어떠한지 경전의 가르침을 통해 알아본다.

맺음말에서는 사성제를 이해하여 바른 견해를 갖춘 사람은 어떤 삶을 사는지 알아본다. 바른 견해를 갖춘 사람은 무상한 것이 영원하기를 바라거나, 괴로움인 것이 행복이기를 바라거나, 통제할 수 없는 것을 통제하길 바라는 일은 불가능하다고 알기에 포기할 것이다. 반면 해로운 법을 버리고 유익한 법을 계발하는 일은 어렵긴 하지만 가능한 일이고 계발해야 할 일이므로 열심히 닦을 것이다. 다시 말해 사성제를 바르게 이해하는 이는 불가능한 일은 과감히 포기하고, 가능한 일은 열심히 닦게 된다. 이처럼 사성제는 단순히 이론이 아니라 사람들에게 삶과 수행의 바른 방향을 제시하는 실천적인 가르침이다. 이것이 이 책에서 전달하고자 하는 핵심이다.

이 책이 사성제를 바르게 이해하고 그것을 바탕으로 수행하여 괴로움을 소멸하는 일에 조금이라도 도움이 되기를 바란다. 혹여 붓다의 가르침을 조금이라도 잘못 전한 부분이 있다면 그것은 전적으로 필자의 허물이니 많은 경책과 조언을 바란다.

이 책을 쓰면서 감사한 분들이 많다. 불교에 입문한 후에 직접적이거나 간접적으로 친견했던 많은 스승들께 진심으로 감사드린다. 그분들이 없었다면 지금의 필자는 없었을 것이다. 그리고 이 책에 당신들이 번역하신 경전의 인용을 흔쾌히 허락해 주신 초기불전연구원의 각묵 스님과 대림 스님에게 심심한 감사의 마음을 전한다. 또 경전 찾기, 자료 정리, 교정 등 많은 도움을 준 제따와나선원의 스님들에게 감사드린다. 이외에도 도움을 주신 분들이 많지만 모두 열거하지 못하는 점을 양해해 주시길 바란다. 여러 방면에서 도움을 주신 모든 분께 진심으로 감사드린다.

진실로 고귀하고 심오한 붓다의 가르침이 이 세상에 오래 머물기를 기원한다.

춘천 제따와나선원에서 일묵 삼가 씀

차례

일러두기

1. 이 책에 참고·인용된 경전의 원서는 참고문헌에 정리하였다.

2. 이 책의 인용문 끝에 기재된 경전 출처 중 빨리 삼장[Tipitaka]의 출처는 약어로 표시하였다. 사용된 약어는 아래와 같다.

   - D. 『디가 니까야 Dīgha Nikāya』
   - M. 『맛지마 니까야 Majjhima Nikāya』
   - S. 『상윳따 니까야 Saṁyutta Nikāya』
   - A. 『앙굿따라 니까야 Aṅguttara Nikāya』

   예를 들어 "S22:79"는 '『상윳따 니까야』 22번째 주제의 79번째 경'이란 의미이다.

3. 독립된 경전으로서 『담마빠다』, 『숫따니빠따』의 경우는 약어로 표시하지 않았다.
   예를 들어 "『담마빠다』(214)"는 '『담마빠다』 214번 계송'이란 의미이다.

붓다의 수행 여정과 깨달음

사람들은 누구나 행복을 원하고 괴로움을 싫어한다. 그런데도 사람들은 살아가면서 많은 괴로움을 겪는다. 태어나서 늙어 가고 병들고 죽는 것, 배고픔, 갈증, 추위나 더위로 인해 일어나는 괴로움 등의 육체적 괴로움을 경험하거나, 사랑하는 사람과 헤어지는 고통, 미워하는 사람과 만나는 고통, 원하는 것을 얻지 못하는 고통, 슬픔, 비탄, 탄식, 절망, 공포, 두려움 등의 정신적 괴로움을 경험한다. 일반적으로 사람들이 이런 괴로움에서 벗어나기 위해 선택하는 것은 다양한 감각적 욕망을 즐기는 것이다. 맛있는 음식을 먹거나, 영화를 보거나, 술을 마시거나, 이성과의 데이트를 즐기거나, 야외로 운전하는 것 등을 통해서 괴로움을 벗어나고자 하는 것이다. 이런 선택의 배경에는 감각적 욕망의 행복을 즐기는 것이 진짜 행복이라 생각하는 견해가 자리 잡고 있다. 감각적 욕망의 행복이 진짜 행복이라는 견해가 있으므로 그것을 갈망하고 그것을 얻기 위해서 노력하는 것이다.

하지만 감각적 욕망의 행복은 그 자체로는 달콤하지만 수많은 정신적 괴로움의 씨앗이 되기 때문에 행복으로 포장된 괴로움일 뿐이다. 그래서 붓다께서 감각적 욕망의 행복은 달콤함은 작고 재난은 크며, 세속적인 행복이고, 저열한 행복이고, 공허한 행복이고, 계발하지 말아야 할 행복이라고 설하신 것이다. 이렇게 감각적 욕망의 행복은 행복처럼 보이지만 실제로는 괴로움의 특성이 있다. 붓다께서도 한 나라의 왕자로 태어나 온갖 종류의 감각적 쾌락을 누렸다. 하지만 감각적 쾌락을 아무리 많이 누려도 마음은 항상 허전하고 만족되지 않았다. 더구나 감각적 욕망의 행복은 달콤하지만 괴로움의 씨앗이 된다는 것을 점차 분명히 이해하셨다. 이렇게 감각적 욕망이 괴로움임을 통찰한 후에 왕자로서 감각적 쾌락을 계속 누리면 괴로움을 소멸하는 일은 불가능하다고 판단하셨다. 그래서 태자로서 누릴 수 있는 최상의 감각적 욕망의 행복을 포기하고 존재가 겪는 괴로움에서 완전히 소멸하는 길을 찾기 위해 출가를 결심하게 된다. 이것이 붓다의 첫 번째 중요한 전환점이다.

붓다께서는 출가하신 후에 알라라 깔라마와 웃다까 라마뿟따는 두 분의 스승을 차례로 만나게 된다. 두 분의 스승들은 모두 당신들이 스스로 최상의 지혜로 알고 실현하고 체득하여 머문다고 선언한 법이 있었으며 많은 제자를 거느리고 있었다. 이들 중 알라라 깔라마는 무소유처無所有處라는 삼매를 가르치고 있었고, 웃다까 라마뿟따는 비상비비상처非想非非想處라는 삼매를 가르치고 있었다. 두 분의 스승들도 감각적 욕망의 행복은 저열하고 계발할만한 것이 아님을 알았기 때문에 감각적 욕망의 행복을 버리고 '벗어남[出離]의 행복'을 추구하신 것이다. 벗어남의 행복은 감각적 욕망을 떨쳐 버림으로써 생기는 행복을 말하기 때문에 벗어남의 행복은 감각적 욕망의 행복과는 달리 고귀하고, 안정되고, 고요하고, 계발할만한 가치가 있는 행복이다.

벗어남의 행복 중에서도 삼매를 통해 생기는 행복은 아주 뛰어나다. 특히 두 분의 스승들이 체득한 무소유처와 비상비비상처는 세속에서 얻을 수 있는 삼매 중에서 최고의 경지들이므로 무소유처와 비상비비상처의 삼매를 통해서 생기는 행복[1]은 세속의 존재들이 경험할 수 있는 최고의 행복이라 할 수 있다. 그래서 두 분의 스승들은 무소유처와 비상비비상처를 궁극의 깨달음의 경지라고 생각하고 거기에 안주하면서 당신들이 터득한 경지를 제자들에게 궁극의 깨달음이라고 가르치고 있었다.

하지만 붓다께서는 두 분의 스승들이 가르치는 무소유처와 비상비비상처를 직접 터득하신 후에 그것이 궁극적인 경지가 아님을 꿰뚫어 보셨다. 무소유처나 비상비비상처의 삼매를 얻으면 지금 여기에서 아주 행복하게 머물 수 있으며, 다음 생에 무색계[2]의 무소유처와 비상비비상처의 존재로 태어나 아주 오랜 세월을 행복하게 살 수도 있다. 하지만 그곳의 존재로서 삶이 끝난 이후는 불확실하며 다시 욕계[3]와 같은 낮은 세계로 태어나 괴로움을 경험할 수 있다. 이런 이유로 붓다께서는 무소유처와 비상비비상처의 삼매로 인한 행복은 궁극적으로 괴로움이 소멸한 경지가 아니라고 꿰뚫어 보신 것이다.

"이 법은 염오로 인도하지 못하고 탐욕의 빛바램으로 인도하

---

1   이때의 삼매는 평온한 느낌과 함께한다. 평온한 느낌도 고요한 즐거움이므로 행복의 범주에 포함된다. 그래서 행복이라 표현한 것이다.
2   무색계는 물질이 없이 정신만 있는 존재들의 세상이다.
3   욕계는 감각적 욕망이 주로 일어나는 존재들이 사는 세상이다.

지 못하고 소멸로 인도하지 못하고 고요함으로 인도하지 못하고 최상의 지혜로 인도하지 못하고 바른 깨달음으로 인도하지 못하고 열반으로 인도하지 못한다. 그것은 단지 무소유처(또는 비상비비상처)에 다시 태어나게 할 뿐이다." "비구들이여, 그런 나는 그 법에 만족하지 않고 그 법을 염오하면서 떠나갔다."

_「성스러운 구함 경」(M26)

두 분의 스승은 붓다를 존중하면서 당신들과 같이 스승이 되어 함께 무리를 이끌어 가자고 제안했지만, 붓다께서 출가한 목적은 스승이 되고자 한 것이 아니라 괴로움의 완전한 소멸이었기 때문에 미련 없이 그곳을 떠났다. 붓다께서는 비록 무소유처 삼매나 비상비비상처 삼매의 행복은 존재가 누릴 수 있는 최상의 행복일지라도 그것은 영원하지 않기 때문에 불완전하며 완전한 행복이라 할 수 없다는 것을 꿰뚫어 보셨다. 다시 말해서 삼매의 행복조차도 괴로움의 특성이 있다고 통찰하신 것이다. 이것이 붓다의 두 번째 중요한 전환점이다.

붓다 당시뿐 아니라 현재에도 많은 수행자가 삼매의 행복을 완전한 행복으로 잘못 보는 경우가 있다. 그래서 붓다께서 삼매의 행복이 영원하지 않다는 결점을 분명히 꿰뚫어 보시고 삼매의 행복조차도 괴로움의 특성이 있다고 보신 것은 매우 의미 있는 통찰이다. 존재가 경험할 수 있는 최상의 행복조차도 괴로움의 특성이 있다는 것은 태어나 존재하면서 완전한 행복을 실현하는 게 불가능하다는 진리를 암시하고 있기 때문이다.

두 분의 스승을 떠난 붓다께서는 '존재가 경험할 수 있는 최상의 행복도 깨달음이 아니라면 존재가 경험할 수 있는 극한의 고행苦行이 깨달음의 길이 될 수 있지 않을까?'라고 생각하고 극단적인 고행을 하게 된다. 붓다께서는 숨을 쉬지 않는 수행을 하거나, 음식을 끊는 수행과 같이 목숨과 관련된 아주 극단적인 고행을 함으로써 깨달음을 얻고자 육 년간 목숨을 걸고 노력했다. 경전에 보면 오랜 고행으로 인해서 붓다의 뱃가죽이 등뼈에 달라붙었고, 대변이나 소변을 보려고 하면 머리가 땅에 꼬꾸라졌으며, 손으로 사지를 문지르면 뿌리가 썩은 털들이 몸에서 우수수 떨어져 나갔다고 한다.

이처럼 과거와 현재의 어떤 수행자들도 흉내 내지 못할 가장 지독하고 극심한 고행을 하였지만, 붓다에게 깨달음은 일어나지 않았다. 이때 붓다께서는 고행을 지속하는 것은 몸만 괴롭히고 정신의 괴로움만 늘어날 뿐 깨달음의 길이 아님을 분명히 통찰하셨다. 그래서 미련을 두지 않고 고행을 버리시게 되는데 이것이 붓다의 세 번째 중요한 전환점이다. 붓다께서는 이와 같은 전환들을 바탕으로 존재가 경험할 수 있는 최상의 즐거움인 삼매의 행복이나 존재가 경험할 수 있는 최고의 고통인 고행을 통해서는 깨달음을 얻어 괴로움을 소멸할수 없다고 꿰뚫어 보시고, 기존에 인도에 존재하던 수행 전통을 버린채 새로운 수행 방법을 모색하게 된다.

이때 붓다께서는 어린 시절 농경제 의식을 거행할 때 나무 아래에서 경험했던 색계 초선初禪**4**을 떠올리시고 초선은 감각적 욕망이

---

4 외도의 삼매는 괴로움의 소멸로 인도하는 지혜가 없이 계발된 그릇된 삼매이다. 그래서 깨달음이나 열반으로 인도하지 못하고 선처善處에 윤회하게 할 뿐이다. 하지만 붓다

들어가며··붓다의 수행 여정과 깨달음

나 적의 등의 해로운 법들을 떨쳐 버렸기 때문에 벗어남의 희열과 행복이 있으며, 청정하고, 고요하고, 오염원이 없고, 안정되고, 집중되어 있고, 흔들림이 없는 마음 상태임을 기억해내셨다. 그리고는 '이것이 깨달음을 위한 길이 아닐까?'라고 생각하셨다. 이에 대한 깊은 숙고 후에 붓다께서는 초선과 같은 선정을 기반으로 하는 수행은 감각적 욕망이나 고행의 극단에 빠지지 않으면서 처음도 행복하고, 중간도 행복하고, 끝도 행복한 중도中道이고, 중도가 깨달음의 길이라고 통찰하셨다. 그래서 '선정이 깨달음을 위한 길이 될 수 있다.'라고 확신하신 것이다. 이것이 붓다의 네 번째 전환점이며, 가장 중요한 전환점으로 불교가 탄생하게 된 지점이라 할 수 있다.

> "아버지가 석가족의 농경제 의식을 거행하실 때 나는 시원한 잠부나무 그늘에 앉아서 감각적 욕망을 완전히 떨쳐 버리고 해로운 법들을 떨쳐 버린 뒤 일으킨 생각과 지속적 고찰이 있고 떨쳐 버렸음에서 생긴 희열과 행복이 있는 초선을 구족하여 머물렀던 적이 있었는데, 혹시 그것이 깨달음을 위한 길이 되지 않을까?" "악기웻사나여, 그런 내게 그 기억을 따라서 이런 의식이 일어났다. '이것이 깨달음을 위한 길이다.'"
>
> _「삿짜까 긴 경」(M36)

께서 어린 시절 경험한 색계 초선은 지혜를 바탕으로 계발된 바른 삼매이므로 깨달음으로 인도하고, 열반으로 인도할 수 있다. 그래서 붓다께서는 외도의 삼매를 버리고 당신이 어린 시절 경험했던 색계 초선을 떠올리신 것이다.

그러면 붓다께서는 어떻게 선정이 깨달음의 길이 될 수 있다고 확신하셨을까? 이것에 대하여 경전의 가르침을 토대로 살펴보자. 먼저 존재가 경험할 수 있는 최상의 행복이나 극한의 고통을 통해서도 깨달음을 얻지 못한 붓다께서는 '혹시 존재 자체가 불완전하지는 않을까?'라는 근원적인 의문을 가지셨을 것이다. 왜냐하면 만약 존재 자체에 결함이 있고 불완전하다면 존재하면서 완전한 행복을 실현하는 것은 애초에 불가능한 일이기 때문이다. 이런 의문을 바탕으로 붓다께서는 바깥 현상을 좇는 것보다 현상을 경험하는 주체인 존재를 관찰하여 존재의 실상, 즉 '존재는 무엇이며, 존재 자체가 완전무결한지 그렇지 않은지' 등을 조사하는 방향으로 발상을 전환하셨다고 볼 수 있다. 이같이 존재를 관찰하여 존재의 실상을 꿰뚫어 보는 수행으로 방향을 전환한 붓다께서는 존재의 실상을 왜곡됨이 없이 있는 그대로 꿰뚫어 보기 위해 무엇이 필요한지를 숙고해 보셨다. 이때 당신이 어린 시절 경험했던 초선을 떠올리시고, 초선의 마음처럼 탐욕과 성냄에 오염되지 않고 고요하고 집중되어 있어야 존재를 왜곡됨 없이 있는 그대로 꿰뚫어 볼 수 있음을 통찰하셨다. 다시 말해서 청정하고 고요하고 집중된 선정의 마음은 괴로움의 소멸로 인도하는 지혜를 계발하기에 최적의 상태임을 꿰뚫어 보신 것이다. 이런 통찰을 기반으로 '선정이 깨달음을 위한 길이다.'라고 확신하셨다고 법답게 추론해 볼 수 있다.

이처럼 선정이 깨달음의 길이 될 수 있다고 확신한 붓다께서는 보리수 아래에 '이 자리에서 깨달음을 얻지 못하면 절대 일어나지 않으리라.'라고 굳은 결심을 하고 앉으셨다. 그리고는 들숨날숨기억 [ānāpāna-sati] 수행을 통해 색계 초선부터 색계 사선까지 차례로 선정을 얻으셨다. 그런 다음 색계 사선에서 출정하여 청정하고, 오염원이 없고, 안정되고, 흔들림이 없고, 잘 집중된 마음을 바탕으로 셀 수 없이 많은 전생을 기억하는 지혜인 숙명통宿命通으로 마음을 향하게 함으로써 한량없는 전생의 갖가지 삶을 기억해내셨다. 다시 말해서 '어느 곳에서는 이런 종족이었고, 이런 용모를 가졌고, 이런 수명의 한계를 가졌고, 그곳에 죽어 다른 어떤 곳에 다시 태어나서는 이런 종족이었고, 이런 용모를 가졌고, 이런 수명의 한계를 가졌다.'라는 식으로 셀 수 없는 전생의 갖가지 모습들을 그 특징들과 함께 기억해내신 것이다. 이를 통해 존재들이 현재에만 있는 것이 아니라 셀 수 없이 오랜 전생부터 이런저런 모습으로 계속 태어나고 죽으면서 윤회해 오고 있었다는 것을 꿰뚫어 보셨다.

그런 다음 다시 색계 사선에 들었다가 출정하여 청정하고, 오염원이 없고, 안정되고, 흔들림이 없고, 잘 집중된 마음을 바탕으로 중생들의 죽음과 다시 태어남을 아는 지혜인 천안통天眼通으로 마음을 향하게 했다. 이를 통해 존재들이 자신들이 지은 업에 따라 선처善處나 악처惡處에 태어나는 것을 꿰뚫어 보셨다. 몸과 말과 마음으로 나쁜 행위를 하고, 그릇된 견해를 지녀서 해로운 업을 짓고 죽게 되면 불행한 곳, 괴로움이 많은 곳인 지옥, 축생이나 아귀로 태어난다. 그리고 몸과 말과 마음으로 좋은 행위를 하고, 바른 견해를 지녀서 유익한 업을 짓고 죽게 되면 행복한 곳, 즐거움이 많은 곳인 천상에 태어나거나 인간으로 태어남을 분명히 꿰뚫어 보신 것이다.

그런 다음 다시 색계 사선에 들었다가 출정하여 청정하고, 오염원이 없고, 안정되고, 흔들림이 없고, 잘 집중된 마음을 바탕으로 모든 번뇌[5]를 소멸하는 지혜인 누진통漏盡通으로 마음을 향하게 했다. 이를 통해 존재의 실상을 꿰뚫어 보니 존재는 물질과 정신으로 이루어져 있고, 물질과 정신은 조건을 의지해서 일어난다는 연기緣起를 깨달으셨다. 이렇게 존재는 조건을 의지해서 태어나므로 조건이 다하면 죽을 수밖에 없다. 이것은 존재가 무상함을 의미하고, 무상하다는 것은 불확실하고 불완전함을 의미하므로 존재는 괴로움의 특성이 있다. 존재가 무상하고 괴로움이라는 것은 '존재여, 영원하여라. 존재여, 항상 행복하여라.'라고 주재할 수 있는 영원한 자아란 없음을 의미한다. 그러므로 존재에는 나의 것, 나, 나의 자아라고 할 만한 것이 없어서 존재는 무아이다. 이렇게 붓다께서는 존재 자체가 무상하고 괴로움이고 무아임을 깨달으셨다. 특히 존재 자체가 괴로움의 특성이 있으므로 '존재로 태어나서 완전한 행복을 실현하는 것은 불가능하다.'라는 진리를 깨달으셨다. 이것이 '괴로움의 성스러운 진리'인 고성제苦聖諦이다.

존재 자체가 괴로움이라면 존재는 왜 태어나는 것인가? 붓다께서는 숙명통과 천안통을 통해서 존재는 조물주에 의해 창조된 것도 아니고 우연히 발생한 것도 아니며 '번뇌를 조건으로 업이 일어나고, 업을 조건으로 태어난다. 한마디로 존재는 번뇌를 조건으로 태어난다.'라는 진리를 깨달으셨다. 이것이 '괴로움의 일어남의 성스러운 진리'인 집성제集聖諦이다. 나아가 번뇌를 조건으로 태어나고 괴로움이 일어나므로 '번뇌가 완전히 소멸하면 존재로 태어나지 않고 괴로움이

---

5 번뇌煩惱는 태어남의 주된 원인을 말하는데 무명無明, 감각적 욕망에 대한 갈애, 존재에 대한 갈애를 말한다. 무명은 어리석음과 동의어이다.

들어가며··붓다의 수행 여정과 깨달음

완전히 소멸한다.'라는 것을 깨달으셨다. 이것이 '괴로움의 소멸의 성스러운 진리'인 멸성제滅聖諦이다.

또 번뇌를 소멸하는 바른 수행 방법이 바른 견해를 바탕으로 이해하고, 사유하고, 말하고, 행동하고, 생계를 이어 가고, 정진하고, 기억하고, 삼매를 계발하는 팔정도八正道임을 깨달으셨다. 이것이 '괴로움의 소멸로 인도하는 도 닦음의 성스러운 진리'인 도성제道聖諦이다. 붓다께서는 용맹정진을 통해 팔정도를 계발하여 존재로 태어남이 괴로움임을 철저히 알고 태어남의 원인인 번뇌를 버리고, 괴로움이 완전히 소멸한 열반을 실현하신 것이다. 이렇게 붓다께서는 네 가지 성스러운 진리인 사성제를 완전히 깨달아 번뇌를 버리고 괴로움의 소멸인 열반을 실현하신 것이다.

"그런 나는 이와 같이 마음이 집중되고, 청정하고, 깨끗하고, 흠이 없고, 오염원이 사라지고, 부드럽고, 활발발하고, 안정되고, 흔들림이 없는 상태에 이르렀을 때 모든 번뇌를 소멸하는 지혜로 마음을 향하게 했다.
그런 나는 '이것이 괴로움이다.'라고 있는 그대로 꿰뚫어 알았고, '이것이 괴로움의 일어남이다.'라고 있는 그대로 꿰뚫어 알았고, '이것이 괴로움의 소멸이다.'라고 있는 그대로 꿰뚫어 알았고, '이것이 괴로움의 소멸로 인도하는 도 닦음이다.'라고 있는 그대로 꿰뚫어 알았다. '이것이 번뇌다.'라고 있는 그대로 꿰뚫어 알았고, '이것이 번뇌의 일어남이다.'라고 있는 그대로 꿰뚫어 알았고, '이것이 번뇌의 소멸이다.'라고 있는 그대로 꿰뚫어 알았고, '이것이 번뇌의 소멸로 인도하는 도 닦음이다.'라고 있는 그대로 꿰뚫어 알았다."

"내가 이같이 알고 이같이 볼 때 나는 감각적 욕망에 기인한 번뇌에서 마음이 해탈했다. 존재에 기인한 번뇌에서도 마음이 해탈했다. 무명에 기인한 번뇌에서도 마음이 해탈했다. 해탈했을 때 해탈했다는 지혜가 생겼다. '태어남은 다했다. 청정범행은 성취되었다. 할 일을 다해 마쳤다. 다시는 어떤 존재로도 돌아오지 않을 것이다.'라고 꿰뚫어 알았다."

_「삿짜까 긴 경」(M36)

이상에서 살펴본 것처럼 붓다께서는 전해 듣거나 추론에 의해서가 아니라 당신이 수행을 통해 직접 체득한 지혜로써 존재의 실상을 직접 알고 보신 후에 네 가지 성스러운 진리인 사성제를 깨달아 번뇌를 버리고 괴로움의 소멸인 열반을 실현하셨다. 붓다와 마찬가지로 존재들이 괴로움을 소멸하기 위해서는 사성제를 깨달아 번뇌를 소멸해야 한다. 이를 위해서는 먼저 붓다께서 깨달으신 후에 체계적으로 정리하여 설한 진리의 가르침인 사성제를 듣고 배운 후에 사성제를 수행의 기준으로 삼아야 한다. 그리하여 사성제에 따라 이해하고, 사유하고, 말하고, 행동하고, 생계를 이어 가고, 정진하고, 기억하고, 삼매를 계발하는 팔정도를 닦음으로써 사성제를 직접 체득하면 번뇌를 버리고 괴로움을 소멸할 수 있다.

1장

괴로움과
행복

1

세속의
괴로움과
행복

1) 세속의 괴로움과 행복은 느낌이다

불교는 괴로움을 소멸하기 위한 가르침이다. 그러므로 괴로움과 괴로움의 소멸인 행복에 대한 이해가 가장 중요하다. 왜냐하면 괴로움을 괴로움으로 바르게 알고, 행복을 행복으로 바르게 알아야 괴로움은 버리고 행복은 계발할 수 있기 때문이다. 그런데 붓다께서 깨달음을 얻은 후에 살펴보니 불행히도 세속의 사람들이 생각하는 괴로움과 행복에 대한 견해는 왜곡되어 있었다. 다시 말해서 괴로움을 행복으로, 행복을 괴로움으로 잘못 알기 때문에 괴로움에서 벗어나지 못하고 있음을 발견한 것이다. 그래서 괴로움을 소멸하기 위해서는 왜곡된 견해를 바로 잡아야 하고 그러려면 괴로움과 행복에 대한 세속의 견해와 붓다의 견해의 차이를 분명히 통찰해야 한다. 그러면 먼저 세속의 견해부터 살펴보자.

　사람들은 괴로움과 행복을 경험하면서 살아가는데 사람들이 경험하는 괴로움과 행복을 불교에서는 느낌[vedanā, 受]이라 한다. 느낌은 웨다나vedanā의 번역인데 vedanā는 √vid(to know or feel)의 사역동사 웨데띠vedeti에서 파생된 여성명사이다. vedeti의 일차적인 의미는 '안다'이다. 하지만 단순히 아는 것이 아니라 '몸으로 경험해서 생생하게 안다', '몸으로 경험해서 생생하게 느낀다'라는 의미가 있으므로 vedanā를 느낌으로 번역한 것이다. 세속에서는 단순한 기분뿐 아니라 신체적 감각이나 애정, 분노, 애착, 공포, 슬픔과 같은 감정 등의 다양한 의미로 '느낌'이라는 용어를 사용한다. 하지만 불교에서는 이와 같은 감정들을 탐욕과 성냄 등으로 이해하고, 느낌을 탐욕과 성냄 등의 다소 거친 감정으로 발전하기 전에 일어나는 단순한 기분만으로 이해한다. 그래서 느낌은 단지 세 가지, 즉 괴로운[dukkha, 苦] 느낌, 행복한[sukha, 樂] 느낌, 평온한[upekkhā, 捨] 느낌만을 의미한다.

　괴로움[苦]은 둑카dukkha의 번역이다. dukkha는 du와 kha의 합성어인데 du는 '나쁜[bad]'을 의미하고 kha는 '하늘' 또는 '공간'을 뜻한다. 그런데 공간을 의미하는 kha는 본래 말이 끄는 수레의 바퀴 축에 있는 '구멍' 또는 '공간'을 의미하는 단어에서 유래된 것이라 한다. 그래서 dukkha는 '나쁜 바퀴 축 구멍을 가진'이란 뜻이라고 말할 수 있는데 이는 바퀴 축의 구멍이 바퀴의 중심에 놓여 있지 않은 상태를 의미한다. 그런 수레를 타면 덜컹거리고 흔들릴 것이다. 이처럼 dukkha는 잘못 만들어진 수레에 탈 때 경험하는 '괴로움', '불편함', '불만족스러움'이라는 의미를 담고 있다.

반면에 행복[樂]은 수카sukha의 번역이다. sukha는 su와 kha의 합성어인데 su는 '좋은[good]'을 의미한다. 그래서 sukha는 '좋은 바퀴 축 구멍을 가진'이란 뜻이라고 말할 수 있는데 이는 바퀴 축의 구멍이 바퀴의 중심에 잘 놓여 있는 상태를 의미하므로 그런 수레를 탈 때는 편안하고 안정적일 것이다. 그래서 sukha는 잘 만들어진 수레를 탈 때 경험하는 '행복함', '편안함', '즐거움', '만족스러움'이라는 의미를 담고 있다.

또 평온은 우뻭카upekkhā의 번역이다. upekkhā는 upa(위에서)+√īkṣ(look)에서 파생된 여성명사이다. upekkhā는 문자적으로 '위에서 보다'라는 뜻인데 불교에서는 '치우침이 없는 상태인 중립'이나 '괴롭지도 행복하지도 않음[adukkha-asukha, 不苦不樂]' 등의 의미로 쓰인다. 여기서는 후자인 괴롭지도 행복하지도 않은 평온한 느낌을 의미한다.

다시 말해서 대상에 대하여 불만족스럽다고 느끼는 것은 '괴로운 느낌', 즐겁고 만족스럽다고 느끼는 것은 '행복한 느낌', 불만족스럽지도 않고 만족스럽지도 않게 느끼는 것은 '평온한 느낌'이라 한다.

> "비구들이여, 그러면 왜 느낌이라고 부르는가? 느낀다고 해서 느낌이라고 한다. 그러면 무엇을 느끼는가? 즐거움도 느끼고 괴로움도 느끼고 괴롭지도 즐겁지도 않은 것을 느낀다. 비구들이여, 이처럼 느낀다고 해서 느낌이라고 한다."
>
> _「삼켜버림 경」(S22:79)

이와 같이 세속의 사람들은 세 가지 느낌을 경험할 때 괴로움이나 행복을 느낀다. 예를 들어 사람들에게 '괴로운 느낌'이 일어나면 '나는 괴롭다.'라고 생각하고, '행복한 느낌'이 일어나면 '나는 행복하다.'라고 생각하고, '평온한 느낌'이 일어나면 '나는 괴롭지도 않고 행복하지도 않다.'라고 생각한다. 그런데 평온한 느낌도 붓다께서 고요하고 뛰어난 즐거움이라고 설하셨으므로[1] 세속적으로 보면 행복의 한 형태라고도 할 수 있다. 따라서 세속의 견해에서 '괴로움'은 괴로운 느낌을 의미하고, '행복'은 행복한 느낌이나 평온한 느낌을 의미한다고 간략하게 말할 수 있다. 그러면 먼저 괴로움에 대하여 살펴보자.

2) 괴로운 느낌이 괴로움이다

존재들은 괴로운 느낌이 일어날 때 괴롭다고 느끼기 때문에 세속의 견해에서 괴로움은 괴로운 느낌을 말한다. 괴로운 느낌은 크게 나누면 육체적 고통과 정신적 고통이 있다. 육체적 고통은 늙음으로 인한 고통, 병으로 인한 고통, 죽음으로 인한 고통, 추위와 더위로 인한 고통, 날카로운 것에 찔리는 고통, 배고픔으로 인한 고통, 벌레에 물리는 고통 등과 같이 몸[身]에 어떤 자극이[觸] 닿을 때 몸 의식[身識]을 통해서 느끼는 고통을 뜻한다. 정신적 고통은 사랑하는 존재와 헤어지는 고통, 미워하는 존재와 함께하는 고통, 원하는 것을 얻지 못하는 고통, 화, 분노, 따분함, 스트레스, 우울, 짜증, 슬픔, 절망, 공포, 불안 등과 같이 원하지 않은 대상에 관하여 싫어하는 마음들이 일어날 때 마음 의식[意

---

1 「많은 느낌 경」(M59).

識]을 통해 생기는 고통을 뜻한다. 이처럼 두 가지 모두 마음 또는 의식을 통해 경험하는 것이지만, 몸 의식을 통해 경험하면 육체적 고통, 마음 의식을 통해 경험하면 정신적 고통이라 부를 뿐이다.

일반적으로 육체적 고통은 정신적 고통으로 이어지기 쉽다. 보통 존재들은 육체적 고통을 경험할 때 단지 육체적 고통만 겪는 것이 아니라 그것을 싫어하는 마음과 함께 일어나는 정신적 고통을 경험한다. 그래서 실제로 육체적 고통을 겪는 것보다 그것을 싫어하는 성냄과 함께 일어나는 정신적 괴로움을 더 많이 경험한다. 예를 들면 치과에서 치아를 치료받을 때 실제 치료 때문에 생기는 육체적 고통보다 치아 치료를 싫어하고 두려워하는 마음 때문에 일어나는 정신적 고통을 더 많이 겪는다.

육체적 고통은 몸을 조건으로 일어나는 괴로움이므로 몸을 가진 존재들은 그 고통을 완전히 피할 수 없다. 예를 들면 붓다조차도 등에 난 종기나 설사로 인한 육체적 고통은 피할 수 없었다. 하지만 정신적 고통은 대상을 싫어하는 성냄과 함께 일어나기 때문에 수행을 통해서 성냄을 버린다면 정신적 고통은 완전히 소멸할 수 있다. 그래서 붓다처럼 성냄을 완전히 소멸한 성자들은 보통 사람들처럼 육체적 고통이 정신적 고통으로 이어지지 않기 때문에 깨닫지 못한 사람에 비교하여 고통을 훨씬 더 적게 겪게 된다. 이렇게 세속의 견해에서 존재들이 경험하는 괴로움은 괴로운 느낌, 즉 육체적 고통과 정신적 고통을 말한다.

3) 행복한 느낌이 행복이다

세속의 견해에서 행복은 평온한 느낌이나 행복한 느낌을 말한다. 평온한 느낌은 아주 만족스럽지는 못하지만 붓다께서 고요하고 뛰어난 즐거움이라 하셨으므로 행복이라 할 수 있다. 그래서 평온한 느낌도 세속적인 관점에서는 행복이라 할 수 있다. 하지만 보통 사람들은 평온한 느낌보다는 행복한 느낌이 일어날 때 실질적으로 행복하다고 느끼기 때문에 일반적으로는 행복한 느낌이 행복이라 할 수 있다. 행복한 느낌은 두 가지, 즉 감각적 욕망을 충족함으로써 생기는 행복한 느낌과 감각적 욕망을 떨쳐 버림으로써 생기는 행복한 느낌으로 나눌 수 있는데, 전자는 '감각적 욕망의 행복'이라 하고, 후자는 '벗어남[出離]의 행복'이라 한다. 이 중에서 많은 존재가 추구하고 원하는 행복은 감각적 욕망의 행복이다. 왜냐하면 보통 존재들은 감각적 욕망을 충족함으로써 생기는 행복을 제외한 벗어남의 행복과 같은 다른 형태의 행복을 알지 못하기 때문이다. 그러면 감각적 욕망의 행복과 벗어남의 행복에 대하여 좀 더 자세히 살펴보자.

> 그가 괴로운 느낌에 닿으면 이제 그는 감각적 욕망의 즐거움을 누리려는 쪽으로 나아가게 된다. 그것은 무슨 이유 때문인가? 비구들이여, 배우지 못한 범부凡夫는 감각적 욕망의 즐거움을 누리는 것 말고는 그 괴로운 느낌에서부터 벗어나는 다른 출구를 알지 못하기 때문이다.
>
> _「화살 경」(S36:6)

감각적 욕망의 행복

감각적 욕망의 행복[kāma-sukha, 欲樂]은 세속의 사람들에게 가장 일반적인 행복이다. 감각적 욕망의 행복은 형색, 소리, 냄새, 맛, 촉감의 다섯 감각 대상을 조건으로 일어나는 육체적이거나 정신적인 행복한 느낌을 말한다. 육체적 행복은 원하는 대상이 몸에 닿을 때 몸 의식을 통해서 일어나는 즐거움을 말하고, 정신적 행복은 원하는 대상에 관하여 좋아하는 마음이 일어날 때 마음 의식을 통해서 일어나는 즐거움을 말한다. 예를 들어 어떤 사람의 부드러운 손이 몸에 닿을 때 즉각적으로 일어나는 즐거움은 육체적 행복이다. 한편 아름다운 경치나 매혹적인 이성을 본 것, 좋은 음악을 듣거나 자신을 칭찬하는 말을 들은 것, 맛있는 음식을 먹은 것, 몸의 부드러운 감촉을 감지한 것 등, 이런 것들을 떠올려 생각하면서 좋아할 때 일어나는 즐거움은 정신적 행복이다.

감각적 욕망의 행복은 다섯 가지 욕망을 충족함으로써 일어나는 즐거움, 즉 음식에 대한 욕망, 이성에 대한 성적인 욕망, 잠에 대한 욕망, 재물이나 돈에 대한 욕망, 명예에 대한 욕망을 충족함으로써 일어나는 행복한 느낌이 대표적이다. 더 나아가 다섯 감각 대상을 통해 생긴 다양한 정보, 이론, 사상, 지식 체계 등을 즐김으로써 일어나는 행복한 느낌도 생각을 통해 일어나는 감각적 욕망의 행복이다. 이런 종류의 행복한 느낌은 정신 활동을 많이 하는 지식인들이나 학자들에게 주로 나타난다.

> "아난다여, 다섯 가닥의 감각적 대상들이 있다. 무엇이 다섯인가? 원하고 좋아하고 마음에 들고 사랑스럽고 감각적 욕

망을 짝하고 매혹적인, 눈으로 인식되는 형색들이 있다 …
귀로 인식되는 소리들이 있다 … 코로 인식되는 냄새들이 있
다 … 혀로 인식되는 맛들이 있다 … 원하고 좋아하고 마음
에 들고 사랑스럽고 감각적 욕망을 짝하고 매혹적인, 몸으로
인식되는 감촉들이 있다. 아난다여, 이것이 다섯 가닥의 감각
적 대상이다.

아난다여, 이것을 일러 다섯 가닥의 감각적 욕망이라 한다.
아난다여, 이 다섯 가닥의 감각적 욕망을 의지하여 일어나는
육체적 즐거움과 정신적 즐거움을 감각적 욕망의 즐거움이
라 부른다.”

_「빤짜깡가 경」(S36:19)

대개 세속의 사람들은 감각적 욕망을 충족함으로써 생기는 달콤함,
즐거움, 행복한 느낌을 최상의 행복이라 생각하기 때문에 감각적 욕
망으로 인한 행복한 느낌을 더 많이 즐기고 누리는 일을 인생의 목표
로 살아간다. 예를 들면 화목한 가정, 크고 훌륭한 집, 좋은 음식, 좋은
옷 등의 감각적 욕망의 행복을 더 많이 누리는 일을 목표로 살아간다.
더 나아가 감각적 욕망의 행복을 충분히 즐기는 것보다 더 나은 행복
은 없으며, 감각적 욕망의 행복이 궁극적인 행복이고 괴로움의 소멸
인 열반이라고 집착하는 그릇된 견해를 가진 사람들도 있다.

“비구들이여, 여기 어떤 사문이나 바라문은 이런 주장을 하
고 이런 견해를 가진다. ‘존자여, 이 자아는 다섯 가닥의 감각

적 욕망을 마음껏 충분히 즐깁니다. 존자여, 이런 까닭에 이 자아는 지금 여기에서 구경의 열반을 실현한 것입니다.' 이와 같이 어떤 자들은 지금 여기에서 구경의 열반을 실현한다고 천명한다."

_「범망경」(D1)

이렇게 세속의 보통 사람들은 감각적 욕망의 행복 외에 다른 행복이 있다는 것조차 알지 못하기 때문에 감각적 욕망의 행복한 느낌을 즐기고 많이 누리는 일이 진짜 행복이라 생각한다. 그래서 자신이 원하는 수준의 감각적 욕망의 행복을 얻기 위해 자신의 방법대로 노력하며 살아간다. 어떤 사람은 자신의 욕망을 충족하기 위해서 남을 해치지 않고, 남의 것을 탐하지 않고, 거짓말하지 않고, 남의 여자를 탐하지 않고, 정신을 취하게 하는 술이나 약물을 마시지 않으면서 정당한 방법으로 감각적 욕망의 행복을 얻기 위해 노력한다. 이렇게 유익한 행위를 한 결과로써 생기는 감각적 욕망의 행복을 누리는 것은 지혜로운 이들에게 비난받을 일은 아니다. 붓다께서도 재가자들이 정당한 방법으로 감각적 욕망의 행복을 누리는 것은 비난하지 않으셨다.

하지만 어떤 사람은 남을 해치고, 남의 것을 빼앗고, 거짓말하고, 남의 아내를 탐하고, 정신을 취하게 하는 술이나 약물을 마시는 등의 부당한 방법을 주저하지 않고 행하면서 자신의 욕망을 충족하는 것에만 몰두한다. 이렇게 해로운 행위를 한 결과로써 생기는 감각적 욕망의 행복을 누리는 것은 지혜로운 이들에게 크게 비난받을 일이며 이 행위로 인해 나중에 더 큰 고통을 겪게 된다. 붓다께서는 부당한 방법

1장··괴로움과 행복

으로 감각적 욕망의 행복을 즐기려고 하는 것은 절대 행해서는 안 된다고 설하셨다.

벗어남의 행복

감각적 욕망의 행복은 달콤하고 즐거운 느낌이지만 집착이 함께한다는 치명적인 단점이 있다. 그것 자체가 자극적이고, 달콤하며, 집착이 함께하므로 존재들은 그것을 움켜쥐고 집착한다. 그래서 원하는 것을 얻지 못하면 그 자체가 괴로움이다. 반면에 원하는 것을 얻었다고 하더라도 하나를 얻으면 둘을 얻고 싶고, 둘을 얻으면 셋을 얻고 싶어 하는 등 만족할 줄을 모르므로 항상 헐떡거리며 괴로워한다. 또 이미 얻은 것이 사라져 버릴까 두려워하며 초조해 한다.

붓다께서는 감각적 욕망의 행복이 지닌 이런 결점을 꿰뚫어 보셨기 때문에 감각적 욕망의 달콤함에 현혹되어 그것을 탐닉하지 않고 오히려 그것으로부터 벗어나기 위해 노력하셨다. 그로 인해 감각적 욕망의 행복에 대한 집착 때문에 헐떡거리던 마음에서 벗어나 감각적 욕망의 행복과는 전혀 다른 형태이며 훨씬 더 고요하고 뛰어난 행복을 경험하셨다. 불교에서는 감각적 욕망을 떨쳐 버림으로 인해 생기는 행복한 느낌을 '벗어남의 행복', '포기의 행복', '출리出離의 행복'이라고 부른다.

벗어남의 행복[nekkhamma-sukha, 出離樂]은 감각적 욕망을 떨쳐 버리는 바른 수행을 통해서만 경험할 수 있다. 예를 들어 벗어남의 행복을 가장 쉽게 경험하는 방법은 기부 또는 봉사를 하고 계를 잘 지키는 것이다. 왜냐하면 기부 또는 봉사를 할 때나 계를 지킬 때 일시적으로 감각적 욕망에서 벗어나기 때문이다. 더 나아가 삼매와 지혜를 닦음으로써 감각적 욕망을 떨쳐 버리는 수행을 하면 좀 더 수준이 높은 벗어남의 행복을 경험할 수 있다. 그렇지만 이와 같은 수행을 하지 않는 보통 사람은 벗어남의 행복을 경험할 수 없다. 벗어남의 행복을 경험해 본 적이 없는 사람은 '감각적 욕망의 행복을 버리고 무슨 낙으로 살 것인가?'라고 생각하면서 감각적 욕망의 행복에 대한 미련을 버리지 못한다. 마치 청결하고 고귀한 음식은 전혀 먹어 보지 못한 채 쓰레기통에 버려진 음식만을 먹어 본 사람이 쓰레기통에 버려진 음식을 포기하지 못하는 것처럼.

하지만 수행을 통해 감각적 욕망을 떨쳐 버리고 벗어남의 행복을 경험해 본 사람은 그것이 자기가 지금까지 경험해 온 감각적 욕망의 행복과는 비교가 되지 않는 뛰어나고 고귀한 행복이라는 것을 스스로 알게 된다. 그러면 감각적 욕망의 행복의 저열함을 스스로 이해하게 되어 그것에 대한 애착을 버리기가 쉽다. 비유하면 쓰레기통에 버려진 음식만 먹던 사람이 자신이 원할 때마다 고급 음식점에서 만들어진 청결하고 고귀한 음식을 먹을 수 있다면 쓰레기통에 버려진 음식에 대한 애착을 버리기 쉬운 것과 같다.

이상에서 살펴보았듯이 붓다께서는 두 가지 행복, 즉 감각적 욕망의 행복과 벗어남의 행복을 설하셨다. 이들 중에서 벗어남의 행복이 더 고귀하고 뛰어난데 이들을 비교하면서 좀 더 자세히 살펴보자.

"비구들이여, 두 가지 행복이 있다. 어떤 것이 둘인가? 감각

적 욕망의 행복과 벗어남의 행복이다. 비구들이여, 이러한 두
가지 행복이 있다. 비구들이여, 이 두 가지 행복 가운데 벗어
남의 행복이 뛰어나다."

_「감각적 욕망 경」(A2:7:2)

감각적 욕망의 행복과 벗어남의 행복의 차이

벗어남의 행복이 고귀하고 뛰어난 행복임을 분명히 이해하려면 두 가
지 행복, 즉 감각적 욕망의 행복과 벗어남의 행복의 장단점을 비교해
볼 필요가 있다. 그럼으로써 두 가지 행복 중에 어떤 것이 뛰어난지가
분명히 드러나기 때문이다. 그러면 벗어남의 행복과 감각적 욕망의
행복의 몇 가지 중요한 차이점에 대하여 차례로 살펴보자.

첫째, 감각적 욕망의 행복은 집착이 함께하므로 불만족의 씨앗이
된다. 실제로 술을 마시고 노래를 부르면서 신나게 노는 등의 감각적
행복을 즐기고 난 후에는 그 행복이 사라지면서 왠지 공허하고 허전
한 감정이 느껴진다. 또 많은 것을 소유한 사람은 현재는 행복하지만
자신이 얻은 것이 행여 사라질까 불안해하고 초조해한다. 반면에 원
하는 것을 갈망하지만 얻지 못한 사람은 그 자체로 불만족스럽고 괴
롭다. 이렇게 감각적 욕망의 행복은 즐거움이 없는 것은 아니지만 그
것이 오히려 두려움과 불만족 등의 씨앗이 되는 공허한 행복이다. 그
래서 붓다께서는 감각적 욕망의 행복은 달콤함과 행복은 적고 재난과
괴로움은 많다고 설하신 것이다.

반면에 벗어남의 행복은 괴로움의 씨앗이 되는 집착을 포기함으로

써 생긴 것이므로 고귀하고 만족스러운 행복이다. 예를 들면 남을 위해 기부를 하거나 봉사를 하거나 법문을 듣거나 수행을 하고 난 후에 마음이 뿌듯하고 만족스러운 행복을 느낄 수 있다. 이때 경험하는 것이 벗어남의 행복인데 이런 행복은 공허한 감각적 욕망의 행복과는 달리 만족스럽고 고요하고 안정적인 행복이다. 이같이 벗어남의 행복은 고요하고 만족스럽고 뛰어난 행복이며 자신뿐 아니라 남도 행복하게 한다.

둘째, 감각적 욕망의 행복은 대상을 의지한다. 감각적 욕망의 행복은 원하는 대상을 얻음으로써 생기는 행복이므로 대상에 전적으로 의지한다. 하지만 갈구하는 대상이 있더라도 언제나 얻을 수 있는 것이 아니라 여러 가지 조건들이 갖추어졌을 때만 얻을 수 있다. 그러므로 사람들이 원한다고 원하는 대상을 항상 얻을 수는 없다. 예를 들어 돈이나 권력, 땅 등은 한정되어 있고 그것을 갈구하는 사람들은 많다. 그러므로 그것을 얻기 위해서는 다른 존재와 경쟁해야 하고 치열한 경쟁에서 이긴 자만이 그것을 얻어서 감각적 욕망의 행복을 누릴 수 있다. 또 좋은 부모님, 화목한 가정, 친절한 동료, 잘생긴 외모 등은 남들과 경쟁할 필요가 없지만, 갈구한다고 해서 항상 얻어지지 않는다. 이것들은 본인의 인연과 노력, 주변 상황, 상대의 마음, 사회적 여건 등의 여러 조건이 갖추어졌을 때만 얻을 수 있는 것이다. 이같이 원하는 대상은 갈망한다고 해서 항상 얻어지는 것이 아니다. 그래서 갈구하던 대상을 얻은 자는 감각적 욕망의 행복을 누릴 수 있지만, 그렇지 못한 자는 감각적 욕망의 행복을 누릴 수 없고 오히려 큰 고통이 일어난다. 이처럼 감각적 욕망의 행복은 대상에 의지하므로 갈망한다고 해서 언제나 얻을 수는 없다.

반면에 벗어남의 행복은 갈구하던 대상에 대한 욕망을 버림으로써 생기는 행복이므로 대상에 의지하는 것이 아니라 마음에 의지한다. 그래서 벗어남의 행복은 열심히 노력한다면 누구나 얻을 수 있으며 경쟁하거나 다툴 필요가 없는 행복이다. 예를 들어 호흡 수행은 들숨과 날숨이라는 수행 대상만을 잊지 않고 알아차림으로써 감각적 욕망이나 적의 등의 장애[2]를 떨쳐 버리고 청정하고, 고요하며, 집중되고, 행복한 마음 상태인 바른 삼매를 계발하는 수행이다. 호흡 수행을 통해 얻게 되는 바른 삼매의 행복은 감각적 욕망의 행복과는 전혀 다른 고귀하고, 안정되며, 고요한 행복인데 이것이 벗어남의 행복이다. 이 행복은 대상에 의지하는 것이 아니라 감각적 욕망이 버려진 자신의 마음에서 일어나는 것이다. 따라서 벗어남의 행복은 감각적 욕망의 행복처럼 서로 경쟁하면서 다툴 필요가 전혀 없으며 누구나 열심히 노력하여 감각적 욕망을 떨쳐 버린다면 스스로 경험할 수 있다.

　　셋째, 감각적 욕망은 비용이 들고 시간이 걸린다. 존재들이 갈구하는 돈, 명예, 권력, 이성 등의 대상은 바로 얻을 수도 있지만, 대개 상당한 노력과 비용, 시간을 들여야 얻을 수 있다. 예를 들어 한국에 살면서 미국에 있는 자유의 여신상을 직접 보고 싶다고 하여 그것을 바로 볼 수 있는 것은 아니다. 미국에 가서 그것을 보려면 상당한 비용과 시간을 들여야 한다. 이렇게 감각적 욕망의 행복은 지금 여기서 바로 누릴 수 있는 것이 아니라 대부분 비용과 시간을 들여야 경험할 수 있다.

2　감각적 욕망, 적의, 해태와 혼침, 들뜸과 후회, 의심을 말한다.

반면에 벗어남의 행복은 수행을 통해 감각적 욕망에서 벗어나는 바로 그 순간 경험할 수 있는 행복이기 때문에 지금 여기서 바로 누릴 수 있다. 예를 들어 호흡 수행에 아주 숙달된 수행자는 자신이 원하기만 하면 어느 때나 감각적 욕망을 버리고 바른 삼매에 들어 지금 여기서 바로 벗어남의 행복을 누릴 수 있다. 이렇게 벗어남의 행복은 시간이 걸리지 않고 지금 여기서 행복을 경험할 수 있는 것이다.

> "세존께서는 감각적 욕망이란 시간이 걸리는 것이고, 괴로움
> 과 절망이 가득하며 거기에는 많은 위험이 따른다고 하셨기
> 때문입니다."
>
> _「사밋디 경」(S1:20)

끝으로 감각적 욕망의 행복은 집착이 함께하므로 타락으로 인도한다. 예를 들어 사람들은 돈, 명예, 성적인 욕구, 권력 등을 얻고 싶어 한다. 이런 갈구가 정도를 넘어 버리면 수단과 방법을 가리지 않고 오직 그것들을 얻는 것에만 집착하게 된다. 그러면 자신이 원하는 것에 대한 집착 때문에 비록 악행일지라도 주저하지 않고 저지르게 되어 결국 자신도 해롭게 할 뿐 아니라 남도 해롭게 한다. 이렇게 감각적 욕망의 행복은 자신을 타락하게 할 수 있다.

반면에 벗어남의 행복은 향상으로 인도한다. 벗어남의 행복은 감각적 욕망에서 벗어남으로써 생긴 행복이므로 이와 같은 벗어남의 행복이 있는 마음에는 탐욕이나 성냄이 없다. 그래서 이렇게 청정하고 행복한 마음을 바탕으로 존재를 이루는 현상들을 좋아하고 싫어함이 없

이 관찰하면 현상들의 있는 그대로의 실상을 볼 수 있다. 그러면 존재를 이루는 현상들이 조건에 의해 생겨났다는 것도 알 수 있고, 조건에 의해 생겨났기 때문에 소멸할 수밖에 없다는 것을 꿰뚫어 알 수 있다.

또 소멸할 수밖에 없는 것은 무상無常하고, 무상한 것은 불완전하고 불만족스러우므로 괴로움[苦]의 특성이 있으며, 무상하고 괴로움인 것은 내 마음대로 통제할 수 없으므로 무아無我라고 알고 볼 수 있다. 그러면 존재를 이루는 현상들에 대한 집착이 멀어지는 지혜가 계발되고, 이런 지혜가 성숙하면 존재에 대한 집착을 완전히 소멸하는 최상의 지혜가 생겨서 열반을 실현하게 된다. 이처럼 벗어남의 행복을 바른 수행에 활용하면 존재를 향상으로 인도하기 때문에 붓다께서는 벗어남의 행복은 받들어 행해야 하고, 닦아야 하고, 거듭해야 하고, 두려워할 필요가 없다고 설하신 것이다.

이상에서 살펴보았듯이 감각적 욕망의 행복은 저열하고, 받들어 행해서는 안 되며, 두려워해야 할 행복이지만, 벗어남의 행복은 고귀하고, 받들어 행해야 하며, 두려워할 필요가 없는 행복이다.

> "이것을 일러 벗어남의 즐거움, 떨쳐 버림의 즐거움, 고요함의 즐거움, 깨달음의 즐거움이라 한다. 이런 즐거움은 받들어 행해야 하고, 닦아야 하고, 거듭해야 하고, 두려워할 필요가 없다고 나는 말한다."
>
> _「메추라기 비유 경」(M66)

2

붓다의
괴로움과
행복

1) 붓다의 괴로움과 행복은 느낌이 아니라 특성이다

앞서 세속의 견해에서 괴로움과 행복에 대하여 살펴보았다. 요약하면 세속의 견해에서 괴로움은 괴로운 느낌이고, 행복은 평온한 느낌, 감각적 욕망의 행복한 느낌, 벗어남의 행복한 느낌을 말한다. 그러면 이제 붓다의 견해에서 괴로움과 행복에 대해 살펴보자.

　　붓다buddha[佛]는 괴로움과 괴로움의 소멸(행복)에 대한 진리를 깨달은 존재를 말한다. 붓다께서 깨달은 진리는 붓다 개인의 사상이나 견해가 아니라 붓다가 출현하신 이후거나 출현하시기 이전에도 존재하는 것이다. 이렇게 진리를 깨달은 붓다의 괴로움과 행복에 대한 견해는 세속적인 견해와는 전혀 다르다. 세속적인 견해에서 괴로움과 행복은 느낌을 의미하지만, 붓다의 견해에서 괴로움과 행복은 특성

[lakkhaṇa, 特性]을 의미한다. 이 점을 명확히 이해해야 진리의 가르침인 사성제를 분명히 꿰뚫어 알 수 있다.

불교에서 괴로움은 두 가지 의미로 쓰이는데 하나는 '괴로운 느낌[dukkha vedanā]'이고 다른 하나는 '괴로움의 특성[dukkha lakkhaṇa]'이다. 첫 번째 괴로움의 의미는 앞서 설명한 세속적인 괴로움과 일치하는 개념이다. 다시 말해서 이때의 괴로움은 괴로운 느낌, 즉 육체적 고통이나 정신적 고통을 뜻하는데 이것은 세상에서 일반적으로 사용되는 개념과 일치하기 때문에 이해하기가 어렵지 않다. 하지만 두 번째 괴로움의 의미는 붓다의 견해에서 본 괴로움인데 세상에서 일반적으로 사용하는 괴로운 느낌이 아니라 괴로움의 특성을 의미한다. 붓다의 괴로움을 이해하려면 붓다께서 무엇을 행복이라고 설하셨는지부터 이해해야 한다. 붓다의 견해에서 행복은 괴로움이 완전히 소멸하여 다시는 괴로움이 일어날 가능성이 전혀 없는 완전한 상태를 의미한다. 그래서 괴로움이 다시 일어날 가능성이 조금이라도 남아 있다면 그것들은 모두 괴로움의 특성이 있다고 간주하셨다.

예를 들어 감각적 욕망의 행복한 느낌은 그것이 일어날 때는 괴로움이 아니라 행복이다. 그렇지만 감각적 욕망의 행복은 집착과 함께 일어나므로 행복을 누리더라도 현재의 행복이 사라질까 두려워하는 마음이 잠재되어 있고, 그것이 사라졌을 때는 잃어버림으로 인한 정신적 고통이 발생한다. 이같이 감각적 욕망의 행복한 느낌은 그것을 누릴 때는 달콤하고 즐겁지만, 나중에 더 많은 정신적 고통과 재난이 일어나게 되므로 괴로움의 특성이 아주 많다. 그래서 붓다께서 감각적 욕망의 행복을 괴로움이라고 설하신 것이다.

"'감각적 욕망이란 달콤함은 적고 많은 괴로움과 많은 절망
을 주는 것이어서 거기에는 재난이 더 많다.'라고 있는 그대
로 바른 통찰지로써 잘 보았다."

_「괴로움의 무더기의 짧은 경」(M14)

또 다른 예로 벗어남의 행복은 감각적 욕망의 행복보다는 고귀하고,
안정적이며, 괴로움의 특성이 훨씬 적다. 하지만 벗어남의 행복도 영
원하지 않으므로 언젠가는 벗어남의 행복한 느낌이 사라지고 괴로운
느낌이 일어나게 된다. 예를 들어 알라라 깔라마는 무소유처라는 삼
매를 얻어 그 생에서도 아주 행복하게 살았으며, 죽어서는 무소유처
에 무색계의 존재로 태어났다고 한다. 무소유처의 존재는 몸이 없으
므로 육체적 고통이 없고, 성냄이 없으므로 정신적 고통도 없다. 그래
서 무소유처의 존재는 고통이 전혀 없고, 셀 수 없이 오랜 시간 동안
행복하게 살 수 있다. 하지만 깨달음을 얻어 성자가 되지 못하면 무소
유처의 존재로서 수명이 끝난 이후 어떻게 될지 불확실하며 다시 욕
계와 같은 낮은 세계에 태어나서 큰 고통을 경험할 수 있다. 그래서 벗
어남의 행복도 괴로움의 특성이 있다. 이런 이유로 붓다께서는 벗어
남의 행복조차도 괴로움이라고 설하신 것이다. 이처럼 붓다께서는 감
각적 욕망의 행복이나 벗어남의 행복과 같은 행복한 느낌조차도 괴
로움의 특성이 있으므로 괴로움이라고 설하셨다. 정리해 보면 붓다의
견해에서는 괴로움의 특성이 조금이라도 있으면 '괴로움'이라 하고,
괴로움의 특성이 전혀 없는 상태, 즉 행복의 특성만이 있는 상태를 '괴
로움의 소멸' 또는 '행복'이라 한다.

2) 괴로운 느낌은 괴로움이다

앞서 설명했듯이 세속의 견해에서 괴로움과 행복은 느낌을 말한다. 다시 말해서 세속적인 관점에서 괴로움은 괴로운 느낌이고, 행복은 평온한 느낌, 감각적 욕망의 행복한 느낌, 벗어남의 행복한 느낌을 말한다. 그런데 세 가지 느낌 중에 괴로운 느낌은 당연히 괴로움의 특성이 있고, 두 가지 행복한 느낌은 앞서 간단히 설명했듯이 괴로움의 특성이 있다. 또 평온한 느낌도 영원하지 않으므로 언젠가는 사라져서 괴로움이 일어날 수 있다. 그래서 평온한 느낌도 괴로움의 특성이 있다. 이처럼 세 가지 느낌 모두 괴로움의 특성이 있으므로 붓다의 견해에서 보면 세 가지 모두 괴로움이다. 한마디로 붓다의 견해에서는 느낌 자체가 괴로움이다. 이렇게 붓다의 견해에서 느낌 자체가 괴로움임을 분명히 꿰뚫어 알면 붓다의 견해에서 행복은 느낌의 소멸임을 명확히 알 수 있다. 그러면 세 가지 느낌들이 괴로움의 특성이 있다는 것을 좀 더 자세히 살펴보자. 먼저 괴로운 느낌부터 알아본다.

세속적인 관점에서 괴로움은 괴로운 느낌을 말하는데 괴로운 느낌은 두 가지, 즉 육체적 고통과 정신적 고통으로 나눌 수 있다. 육체적 고통은 몸 의식을 통해서 일어나는 늙음으로 인한 고통, 병으로 인한 고통, 죽음으로 인한 고통, 추위와 더위로 인한 고통, 날카로운 것에 찔리는 고통, 배고픔으로 인한 고통, 벌레에 물리는 고통, 육체적 피로로 인한 고통, 가려움, 몽둥이나 채찍으로 맞는 고통 등을 말한다. 정신적 고통은 마음 의식을 통해서 일어나는 사랑하는 존재와 헤어지는 고통, 미워하는 존재와 함께하는 고통, 원하는 것을 얻지 못하는 고통, 화, 분노, 따분함, 스트레스, 우울, 짜증, 슬픔, 절망, 공포, 불안 등의 고통을 말한다. 이처럼 괴로운 느낌, 즉 육체적 고통과 정신적 고통은 그 자체로 고통이기 때문에 괴로움이다.[3] 그래서 괴로운 느낌은 세속적인 견해에서나 붓다의 견해에서나 똑같이 괴로움이다.

3) 행복한 느낌도 괴로움이다

평온한 느낌이나 행복한 느낌은 세속적인 관점에서는 행복이다. 하지만 감각적 욕망의 행복이나 벗어남의 행복은 사라지면 괴로운 느낌이 일어나므로 괴로움의 특성이 있다.[4] 또 평온한 느낌은 대상과의 접촉을 조건으로 발생한다. 다시 말해서 눈과 형색이 접촉할 때 형색에 대한 평온한 느낌이 일어난다. 마찬가지로 귀와 소리, 코와 냄새, 혀와 맛, 몸과 감촉, 마음과 법이 접촉할 때 각각 소리, 냄새, 맛, 감촉, 법에 대한 평온한 느낌이 일어난다. 이렇게 평온한 느낌은 조건을 의지해서 생겨난 법이므로 무상하고, 무상한 것은 불확실하고 불완전하므로 괴로움의 특성이 있다.[5] 따라서 평온한 느낌이나 행복한 느낌은 둘 다 괴로움의 특성이 있으므로 붓다의 견해에서는 괴로움이다. 이 중에서 존재들이 진짜 행복이라고 착각하는 행복한 느낌, 즉 감각적 욕망의 행복한 느낌과 벗어남의 행복한 느낌에 초점을 맞추어 그것이 왜 괴로움의 특성이 있는지 좀 더 자세히 살펴보자.

---

3   고통인 괴로움[dukkha dukkha, 苦苦]이라고 한다.
4   사라짐의 괴로움[vipariṇāma dukkha, 壞苦]이라고 한다.
5   형성됨의 괴로움[saṅkhāra dukkha, 行苦]이라고 한다.

감각적 욕망의 행복은 괴로움이다

감각적 욕망의 행복한 느낌은 겉으로는 행복으로 보이지만 실제로는 결점이 아주 많은 행복이다. 그렇다면 감각적 욕망의 행복은 어떤 결점들을 지니고 있는지 경전의 비유를 통해서 살펴보자.

첫째, 감각적 욕망의 행복은 뼈다귀와 같다. 감각적 욕망의 행복은 집착과 함께 일어나기 때문에 불만족의 원인이다. 하나를 얻으면 둘을 얻고 싶고, 둘을 얻으면 열을 얻고 싶고, 열을 얻으면 백을 얻고 싶어 하는 것이 욕망의 본질이다. 설사 하늘에서 황금 비가 내려도 욕망의 주머니는 채워지지 않을 것이다. 이처럼 감각적 욕망의 행복은 누리면 누릴수록 더 많이 더 오래 누리고 싶어 하므로 존재들은 현재의 행복에 만족하지 못하고 항상 헐떡인다. 또 감각적 욕망의 행복은 사라질 때 괴로움이 일어난다. 누리고 있던 감각적 욕망의 행복에 대한 집착이 강하면 강할수록 그것이 사라질 때 더 큰 괴로움을 겪게 된다. 실제 무관심한 타인이 죽었을 때는 무덤덤할 수 있지만, 매우 사랑하는 가족이나 친척이 죽었다면 말할 수 없이 큰 고통을 겪게 된다. 붓다께서는 슬픔과 두려움은 집착 때문에 일어난다고 자주 설하셨다.

> 집착에서 슬픔이 생긴다. 집착에서 두려움이 생긴다. 집착에서 벗어난 이에게는 슬픔이 없는데 어찌 두려움이 있으랴.
>
> _『담마빠다』(214)

이것은 감각적 욕망의 행복이 많은 불만족과 괴로움의 원인이 된다는 것을 의미한다. 이처럼 감각적 욕망의 행복은 공허한 행복이고, 행복은 적고 괴로움은 많다. 붓다께서는 이를 살점이라고는 한 점도 남김 없이 발라졌고 피만 조금 묻은 뼈다귀에 비유하셨다. 개가 그 뼈다귀를 먹더라도 배고픔을 달랠 수 없듯이 감각적 욕망의 행복도 아무리 즐기더라도 공허하기만 하고 만족하지 못한다.

> "장자여, 성스러운 제자는 이같이 숙고한다. '세존께서는 감
> 각적 욕망을 뼈다귀에 비유하여 말씀하셨다. 그것은 많은 괴
> 로움과 많은 절망을 주고 거기에는 재난이 더 많다.'라고"
>
> _「뽀딸리야 경」(M54)

둘째, 감각적 욕망의 행복은 고깃덩어리와 같다. 감각적 욕망의 행복은 대상을 의지해서 생기는 행복이다. 원하는 대상을 얻으면 행복해지지만 원하는 대상을 얻지 못하면 괴로워진다. 그런데 원하는 대상을 얻기가 쉬운 것이 아니다. 누구나 돈과 좋은 직업, 좋은 배우자, 명예와 권력을 원하지만 모두가 다 가질 수는 없다. 오직 치열한 경쟁에서 이긴 사람만이 그것을 얻어서 행복해질 수 있다. 경쟁에서 진 사람은 원하는 것을 얻지 못하므로 괴로움을 겪게 된다.

원하는 대상을 얻기도 쉽지 않지만, 얻은 것을 잃지 않는 것은 더 어렵다. 원하는 것을 얻지 못한 사람들은 이미 가진 사람들로부터 원하는 것을 빼앗기 위해 투쟁하기 때문이다. 붓다께서는 이를 고기를 물고 날아가는 새에 비유하셨다. 어느 새가 고기를 잡아서 입에 물고 날아가고 있다고 하자. 이를 본 다른 새들이 그 새가 물고 있는 고기를 빼앗아 먹으려고 그 새에게 달려들어 쫀다. 그때 그 새는 고기를 포기하지 않

고 가지고 있는 한 다른 새들에게 계속 쪼임을 당할 수밖에 없다. 우리 세상의 이치도 이와 같다. 원하는 것을 얻기도 힘들지만 얻은 것을 지키기 위해서도 끊임없는 경쟁에서 괴로움을 참으며 이겨내야 한다. 이런 과정에서 몸은 지치고, 병들며, 마음은 상처를 받고 큰 괴로움을 겪게 되지만 사람들은 감각적 욕망을 과감하게 내려놓지 못한다. 마치 다른 새에게 공격받고 있는 새가 고기를 포기하지 못하는 것처럼.

> "장자여, 성스러운 제자는 이와 같이 숙고한다. '세존께서는 감
> 각적 욕망을 고깃덩이에 비유하여 말씀하셨다. 그것은 많은
> 괴로움과 많은 절망을 주고 거기에는 재난이 더 많다.'라고"
>
> _ 「뽀딸리야 경」(M54)

셋째, 감각적 욕망의 행복은 빌린 물품과 같다. 감각적 욕망은 원하는 것을 많이 얻었을 때 생기는 행복이다. 하지만 돈, 자동차, 집, 명예, 권력 등과 같은 것들은 조건에 의지하기 때문에 소유했다고 하더라도 진짜 내 것이라고 할 수 없고 잠시 빌려서 사용하는 것일 뿐이다. 실제로 주위에서 엄청난 부와 권력을 지녔던 사람들도 조건의 변화에 따라 한순간에 추락하는 것을 자주 볼 수 있다. 설사 평생 많은 것을 소유하면서 살았다고 하더라도 죽을 때는 결국 빈손으로 갈 수밖에 없는 것이다.

그래서 붓다께서는 감각적 욕망의 행복을 빌린 물품에 비유하셨다. 예를 들어 어떤 사람이 고급 자동차와 명품 시계와 옷, 신발 등을 누군가에게 빌려서 화려하게 치장한 후에 사람들이 많은 곳에 뽐을 내면서 나타나면 사람들은 그를 보고 '실로 부자들은 저렇게 사는구

나!'라고 하며 부러워할 것이다. 하지만 실제 주인이 그것을 보고 '저 사람은 남의 물건을 가지고 마치 자기 것처럼 뽐내고 있구나.'라고 하면서 그것들을 가져가 버리면 크게 실망하고 고통을 겪을 것이다.

이처럼 욕망을 통해 얻은 것들은 조건에 의지해서 생겨났으므로 조건이 바뀌고 상황이 변하면 언제든지 사라질 수 있다. 사라지기 마련인 것은 무상한 것이고, 무상한 것은 괴로움이며, 무상하고 괴로움인 것은 나의 것, 나, 나의 자아라고 할 수 없으므로 내 마음대로 되지 않는다. 그래서 붓다께서는 욕망을 통해 얻은 것들은 잠시 빌려서 사용하는 것일 뿐이고 자신의 것이 아니므로 남에게 빌린 물건에 비유하신 것이다. 이것은 감각적 욕망에서 생긴 행복은 영원하지 않고, 무너지기 쉬우며, 결점이 많은 행복이라는 것을 뜻한다.

> "장자여, 성스러운 제자는 이와 같이 숙고한다. '세존께서는 감각적 욕망을 빌린 물품에 비유하여 말씀하셨다. 그것은 많은 괴로움과 많은 절망을 주고 거기에는 재난이 더 많다.'라고"
>
> _「뽓딸리야 경」(M54)

끝으로 감각적 욕망의 행복은 타락으로 인도한다. 감각적 욕망의 행복은 이런저런 대상을 즐기면서 일어나는 즐거움이기 때문에 원하는 대상을 즐기면서 욕망을 충족하고 있을 뿐이다. 자기 계발이 되는 것도 아니고, 대상을 꿰뚫어 아는 지혜가 길러지지도 않으며, 남을 위해 공덕을 쌓는 것도 아니므로 소모적일 뿐 생산적이지 않다. 또 감각적 욕망을 충족하기 위해 살아 있는 생명을 죽이고, 남의 물건을 훔치고, 그

룻된 성행위를 탐하고, 거짓말을 하고, 술이나 마약 등 정신을 흐리게 하는 약물을 먹기도 한다. 이처럼 자신의 욕망을 충족하기 위해서 수많은 악행을 저지른다. 그래서 감각적 욕망의 행복은 달콤하지만, 결점이 아주 많고, 저열하며, 아주 위험하다. 마치 달콤한 설탕을 넣은 독약을 마시는 것처럼 마실 때는 달콤하지만 독이 퍼지게 되면 죽거나 죽을 만큼 고통을 경험하게 된다. 이처럼 감각적 욕망의 행복은 위험하고 타락으로 인도한다는 것을 의미하므로 붓다의 견해에서는 감각적 욕망의 행복한 느낌은 괴로움이다. 그래서 붓다께서는 감각적 욕망의 행복은 받들어 행해서도 안 되고, 계발해서도 안 되고, 거듭거듭 반복해서도 안 되며, 오히려 두려워하고 멀리해야 한다고 설하신 것이다.

> "우다이여, 이 다섯 가닥의 얽어매는 감각적 욕망에 의지하여 생기는 즐거움과 기쁨을 일러 감각적 욕망의 즐거움, 불결한 즐거움, 범부들의 즐거움, 고결하지 못한 즐거움이라 한다. 이런 즐거움은 받들어 행해서도 안 되고, 닦아서도 안 되고, 거듭해서도 안 되며, 오히려 두려워해야 한다고 나는 말한다."
>
> _「메추라기 비유 경」(M66)

벗어남의 행복은 괴로움이다

감각적 욕망의 행복이 달콤함은 적고, 재난이 많고, 위험하고, 타락으로 인도한다는 것을 분명히 꿰뚫어 본 사람은 감각적 욕망을 떨쳐 버리는 수행을 실천하게 된다. 그러면 감각적 욕망을 떨쳐 버림으로써 생기는 벗어남의 행복을 경험할 수 있다. 이때 벗어남의 행복은 감각적 욕망의 행복과는 달리 재난보다는 즐거움이 훨씬 많고, 자기 내면의 것이고, 시간이 걸리지 않고, 다툴 필요가 없으며, 존재를 향상으로 인도하기 때문에 고귀하고, 계발해야 하는 행복이다. 이렇게 벗어남의 행복은 재난보다는 즐거움이 훨씬 많은 고귀한 행복이지만, 괴로움의 특성이 전혀 없는 완벽한 행복은 아니다. 왜냐하면 벗어남의 행복도 조건을 의지해서 생겨난 법이므로 무상하고, 무상한 것은 불확실하고 불만족스러우므로 괴로움이기 때문이다. 이에 대하여 좀 더 자세히 살펴보자.

사람들이 벗어남의 행복을 경험하기 위해서는 적어도 다음의 세 가지 조건을 갖추어야 한다. 첫째, 감각적 욕망의 행복한 느낌이 괴로움의 특성이 있다는 것을 분명히 이해하는 바른 견해가 있어야 한다. 감각적 욕망의 행복을 괴로움이 아닌 행복으로 보는 잘못된 견해를 가지면 더 많은 감각적 욕망의 행복을 누리려고 노력하게 되지, 감각적 욕망에서 벗어나기 위해 노력하지 않을 것이다. 감각적 욕망의 행복에 괴로움의 특성이 있다고 분명히 아는 바른 견해를 가져야 감각적 욕망의 행복을 멀리하고 벗어남의 행복을 계발할 것이다.

둘째, 감각적 욕망의 행복이 괴로움의 특성이 있다는 것을 이해한 사람은 감각적 욕망에서 벗어나기 위해 열심히 정진해야 한다. 존재들은 오랜 세월 감각적 욕망의 즐거움이 진짜 행복이라 착각하고 잘못 알아서 감각적 욕망의 행복에 강하게 중독되어 있으므로 감각적 욕망에서 벗어나려면 최선을 다해 끊임없이 노력해야 한다. 마치 술이나 마약에 중독된 사람이 중독에서 벗어나기 위해 열심히 노력해야 하는 것과 같다. 감각적 욕망을 버리기 위해서 열심히 정진하지 않는 사람은 벗어남의 행복을 경험할 수 없다.

셋째, 감각적 욕망의 행복이 괴로움이라는 것을 잊지 않고 기억해야 한다. 일반적으로 사람들은 때로는 지혜롭고 때로는 어리석다. 그래서 지혜롭게 마음을 기울일 때는 감각적 욕망의 행복이 괴로움이라고 이해하고 그것에서 벗어나려 정진하지만, 어리석게 마음을 기울일 때는 감각적 욕망의 즐거움이 진짜 행복이라고 착각하게 되어 그것에서 벗어나기는커녕 감각적 욕망의 행복에 빠지고 탐닉하게 된다. 따라서 감각적 욕망의 행복이 괴로움이라는 것을 망각하지 않고 기억해야 한다.

이같이 적어도 세 가지 조건이 모두 갖추어졌을 때 감각적 욕망을 버리고 벗어남의 행복을 경험할 수 있다. 하지만 역으로 세 가지 조건 중 한 가지라도 충족되지 않으면 벗어남의 행복은 사라지게 된다. 예를 들어 벗어남의 행복을 경험한 사람이 게을러져서 감각적 욕망을 멀리하려는 바른 정진을 소홀히 한다면 이 사람의 마음은 점차 어리석어진다. 그러면 감각적 욕망의 행복한 느낌이 괴로움임을 망각하여 다시 감각적 욕망의 즐거움에 빠지고 탐닉하게 되므로 벗어남의 행복은 사라지게 된다. 마치 술이나 마약의 중독에서 일시적으로 벗어난 사람이 그것에서 벗어나기 위한 노력을 멈추게 되면 다시 술이나 마약에 중독되는 것처럼.

이처럼 벗어남의 행복은 적어도 세 가지 조건을 의지해서 생겨난 법이므로 그들 중 한 가지 조건이라도 없어지면 벗어남의 행복도 사라지기 마련이다. 그래서 벗어남의 행복은 무상하고, 무상한 것은 괴로운 느낌이 다시 일어날 수 있음을 의미하므로 벗어남의 행복도 불확실하고 불완전하여 괴로움의 특성이 있다. 이처럼 벗어남의 행복은 괴로움의 특성이 있으므로 붓다의 견해에서 괴로움이다.

좀 더 구체적으로 호흡 수행을 통해 얻은 선정[6]의 행복을 예로 들어 보자. 벗어남의 행복 중에서 대표적인 것이 선정의 행복이다. 선정을 얻으려면 호흡 수행을 통해서 호흡이라는 대상만을 잊지 않고 기억해야 하고, 감각적 욕망 등의 해로운 법들이 버려져야 하고, 호흡만을 잊지 않고 기억하는 바른 정진을 기울이는 등의 조건들이 충족되어야 한다. 이런 조건들이 충족되었을 때만 선정을 얻을 수 있으므로 선정은 조건을 의지해서 생겨난 법이다. 그런데 조건에 의해 생겨난 것은 사라지기 마련인 법이므로 선정은 무상한 것이고, 무상한 것은 불완전하고, 불확실하며, 불만족스러운 것이므로 괴로움의 특성이 있다. 따라서 붓다의 견해에서는 선정의 행복조차도 괴로움이다.

> "그는 이같이 숙고합니다. '이 초선은 형성되었고 의도되었다.'라고 그리고 그는 '형성되고 의도된 것은 그 무엇이건, 무상하고 소멸하기 마련인 법이다.'라고 꿰뚫어 압니다. 그는 여기에 확고하여 번뇌의 소멸을 얻습니다."
>
> _「앗타까나카라 경」(M52)

이상에서 살펴보았듯이 벗어남의 행복은 붓다의 견해에서 괴로움이다. 하지만 벗어남의 행복이 괴로움임을 잊지 않음으로써 벗어남의 행

---

6   선정은 색계 초선, 색계 이선, 색계 삼선, 색계 사선을 말한다.

복에 집착하지 않고 수행에 잘 활용한다면 벗어남의 행복은 수행자를 향상으로 인도하고 괴로움을 소멸하는 데 아주 중요한 기반이 된다. 그러면 벗어남의 행복이 어떻게 괴로움의 소멸에 도움이 되는지 중요한 두 가지 점만 살펴보자.

하나는 벗어남의 행복을 기반으로 수행하면 처음과 중간과 끝이 행복하다는 것이다. 붓다께서는 감각적 욕망의 행복에 탐닉하거나 고행을 통한 자기 학대에 몰두하는 것은 괴로움의 소멸에 전혀 도움 되지 않음을 꿰뚫어 보셨다. 그래서 당신께서는 어린 시절에 경험한 벗어남의 행복, 특히 선정의 행복을 기반으로 수행하는 중도中道를 깨달아 번뇌를 버리고 괴로움을 소멸하셨다. 이처럼 벗어남의 행복을 기반으로 선정과 지혜를 닦는 중도 수행을 실천하면 처음도 행복하고, 중간도 행복하고, 끝도 행복하게 수행을 할 수 있다.

다른 하나는 벗어남의 행복을 기반으로 존재의 실상을 꿰뚫어 알 수 있다는 것이다. 벗어남의 행복은 감각적 욕망이 버려져서 깨끗하고, 고요하고, 집중된 삼매의 마음 상태에서 생겨난다. 그래서 그와 같은 깨끗하고, 고요하고, 집중된 마음을 바탕으로 존재를 이루는 현상들을 관찰하면 존재의 실상인 물질과 정신의 법을 있는 그대로 꿰뚫어 볼 수 있다. 더 나아가 물질과 정신의 법들이 조건을 의지해서 생겨난 법임을 꿰뚫어 알 수 있다. 그러면 존재 자체가 무상하고, 괴로움의 특성이 있음을 명확히 알고 보아 존재에 대한 집착을 버리고 괴로움을 소멸할 수 있다.

이같이 벗어남의 행복은 붓다의 견해에서 괴로움이지만, 벗어남의 행복에 집착하지 않으면서 그것을 바른 수행에 활용한다면 벗어남의 행복은 괴로움의 소멸에 큰 도움이 된다. 이런 이유로 붓다께서는 벗어남의 행복은 계발해야 할 행복이고 향상으로 인도한다고 설하신 것이다.

4) 느낌은 괴로움이고, 느낌의 소멸이 행복이다

앞서 설명했듯이 세속의 견해에서는 괴로움은 괴로운 느낌이고, 행복은 평온한 느낌이나 행복한 느낌, 즉 감각적 욕망의 행복한 느낌과 벗어남의 행복한 느낌을 말한다. 하지만 괴로운 느낌뿐 아니라 평온한 느낌과 행복한 느낌조차도 괴로움의 특성이 있으므로 붓다의 견해에서는 느낌 자체가 모두 괴로움이다. 그래서 느낌이 있는 한 괴로움에서 완전히 벗어날 수 없다. 반면에 느낌이 소멸한다면 괴로움이 일어날 가능성이 완전히 사라진다. 그래서 붓다의 견해에서는 느낌의 완전한 소멸이 행복이고, 괴로움의 소멸이다.

> "장하고도 장하구나. 사리뿟따여, 그대가 말한 이 방법은 간략하게 설명하면 '느껴진 것은 무엇이든지 괴로움에 포함된다.'라는 것이다."
>
> _「깔라라 경」(S12:32)

그런데 붓다께서는 느낌은 생명이 있는 존재에게 일어나고, 존재는 몸과 마음 또는 물질과 정신의 결합이라고 설하셨다. 또 물질과 정신이 있으면 눈, 귀, 코, 혀, 몸, 마음[mano, 意]의 여섯 감각 장소[六處]가 있고, 여섯 감각 장소가 있으면 눈 의식[眼識], 귀 의식[耳識], 코 의식[鼻識],

1장··괴로움과 행복

혀 의식[舌識], 몸 의식[身識], 마음 의식[意識]의 여섯 의식이 일어난다. 다시 말해서 눈과 형색이 접촉[觸]할 때 눈 의식이 일어난다. 마찬가지로 귀와 소리, 코와 냄새, 혀와 맛, 몸과 감촉, 마음과 법의 접촉을 통해 귀 의식, 코 의식, 혀 의식, 몸 의식, 마음 의식이 일어난다. 이렇게 마음이 일어날 때는 대상에 대한 느낌이 항상 함께 일어난다.

이처럼 존재는 물질과 정신의 결합이며, 물질과 정신이 있으면 여섯 감각 장소가 있고, 여섯 감각 장소가 있으면 대상과의 접촉이 일어나고, 대상과의 접촉이 있으면 괴롭거나 행복한 느낌이 일어나고, 느낌은 무엇이든지 괴로움의 특성이 있다. 이것은 존재가 있으면 느낌이 일어나고, 느낌은 붓다의 견해에서 괴로움이므로, 존재하면서 완전한 행복의 실현은 불가능하다는 것을 의미한다. 그래서 붓다의 견해에서는 존재로 태어나는 것 자체가 괴로움이다. 반면에 존재가 태어나지 않는다면 물질과 정신도 없고, 물질과 정신이 없으면 여섯 감각 장소가 없고, 여섯 감각 장소가 없으면 대상과의 접촉도 없고, 접촉이 없으면 괴롭거나 행복한 느낌이 일어나지 않는다. 그래서 붓다의 견해에서는 존재로 다시 태어나지 않는 것은 느낌의 소멸이고, 괴로움의 소멸이고, 완전한 행복이다. 결론적으로 붓다의 견해에서 '느낌은 무엇이든지 괴로움이고, 느낌의 소멸이 행복이다.'라는 것은 '태어남은 괴로움이고, 태어나지 않음은 행복이다.'라는 것을 의미한다. 따라서 느낌의 소멸을 실현하려면 존재로 다시 태어나지 않아야 한다.

"다시 태어남이 괴로움이고 태어나지 않음이 행복이다."

_「행복 경 1」(A10:65)

그러면 어떻게 해야 존재가 다시 태어나지 않게 되는가? 붓다께서는 존재들은 자신의 삶에 대한 집착을 바탕으로 계속 태어나기를 원한다고 꿰뚫어 보시고 '갈애渴愛를 조건으로 태어남이 있다.'라고 설하셨다. 그래서 존재로 다시 태어나지 않으려면 갈애를 소멸해야 한다. 그런데 갈애는 느낌을 조건으로 일어나므로 갈애를 소멸하려면 느낌의 실상을 명확히 통찰해야 한다. 만약 괴로운 느낌은 괴로움이고, 평온한 느낌이나 행복한 느낌은 행복이라는 세속의 견해를 지닌다면 괴로운 느낌이 일어날 때는 그것이 사라지기를 바라는 갈애[7]가 일어난다. 또 감각적 욕망의 행복한 느낌이나 평온한 느낌이 일어날 때는 그것을 계속 즐기고 싶어 하는 갈애[8]가 일어나고, 벗어남의 행복한 느낌이나 평온한 느낌이 일어날 때는 그것이 영원히 존재하기를 바라는 갈애[9]가 일어날 것이다.

하지만 느낌 자체가 괴로움이라는 붓다의 견해를 지닌다면 괴로운 느낌이 일어나도 괴로운 느낌을 느낄 뿐이지 그것을 싫어하여 사라지기를 바라는 갈애가 일어나지 않으며, 평온한 느낌 또는 감각적 욕망의 행복이나 벗어남의 행복이 일어나더라도 그것들을 느낄 뿐이지 그것들을 좋아하여 집착하지 않는다. 이같이 붓다의 견해로 느낌을 꿰뚫어 보는 지혜가 계발된다면 느낌을 조건으로 갈애가 일어나지 않는다. 이런 이유로 느낌에 대한 세속의 견해를 버리고 붓다의 견해

---

7 존재하지 않음[非存在]에 대한 갈애라고 한다.
8 감각적 욕망에 대한 갈애라고 한다.
9 존재에 대한 갈애라고 한다.

1장‥괴로움과 행복

로 전환하는 것이 불교의 수행에서는 아주 중요하다. 이렇게 느낌에 대한 세속의 견해를 완전히 버리고 붓다의 견해로 방향이 전환되어, 붓다의 견해에 대해 절대 흔들림이 없는 신심이 생긴 존재를 수다원[10]이라고 한다. 수다원은 붓다의 견해가 진리라는 이해와 확신이 있으므로 퇴보함이 없이 올바른 방향으로 정진하여 최대 일곱 생 안에 붓다의 견해에 대한 기억을 완전하게 확립하여 아라한이 될 수 있다. 아라한은 느낌은 무엇이든지 괴로움이라는 붓다의 견해를 완전히 꿰뚫어 알고 붓다의 견해에 대한 기억을 완전하게 확립한 존재이다. 그래서 단지 느낌을 경험할 뿐 절대로 그것들에 얽매이거나 거머쥐지 않기 때문에 갈애를 완전히 소멸하게 된다.

> "즐거운 느낌을 느끼면 그는 거기에 매이지 않고 그것을 느낀다. 괴로운 느낌을 느끼면 그는 거기에 매이지 않고 그것을 느낀다. 괴롭지도 즐겁지도 않은 느낌을 느끼면 그는 거기에 매이지 않고 그것을 느낀다."
>
> _「요소의 분석 경」(M140)

아라한은 다시 태어나게 하는 조건인 갈애가 남김없이 소멸하였기 때문에 죽음을 맞이하면 다시는 태어나지 않는다. 아라한이 죽음을 맞이하여 다시 태어나지 않는 상태를 무여열반無餘涅槃이라 한다. 다시

---

10 불교에서 말하는 성자는 수다원, 사다함, 아나함, 아라한의 네 부류가 있다. 이 중 수다원은 성자의 흐름에 들었다는 의미로 입류자라고 하기도 한다.

태어나지 않는다면 죽음도 없으며[不死] 몸과 마음을 조건으로 일어나는 괴롭거나 행복한 느낌이 일어날 가능성도 전혀 없으므로 괴로움이 일어날 가능성이 완전히 소멸한다. 그래서 다시 태어나지 않음, 무여열반을 실현하는 것은 어떤 결점도 없고, 불만족스러운 점도 없고, 영원하며, 느낌의 소멸이고, 행복이고, 괴로움의 완전한 소멸이다. 물론 이때의 '행복'은 행복한 느낌을 말하는 것이 아니라 괴로움이 일어날 가능성이 완전히 소멸한 '행복의 특성'이 있음을 의미하는 것이다. 세속의 견해에서는 행복한 '느낌'이 행복이지만, 붓다의 견해에서 행복의 '특성'이 있음을 행복이라 한다는 것을 상기해 보라. 그러므로 붓다의 견해에서는 느낌의 소멸 그리고 괴로움의 소멸이 '행복'이다. 정리해 보면 붓다의 견해에서는 느낌 자체가 괴로움이고, 느낌의 소멸이 행복이다.

> "도반 사리뿟따여, 여기서 느껴지는 것이 없는데 어떻게 행복이라 합니까?" "도반이여, 여기서 느껴지는 것이 없는 그것이 바로 행복입니다."
>
> _「열반 경」(A9:34)

3

괴로움과
행복에 대한
견해의 전환

1) 그릇된 견해와 바른 견해

사람들은 생각할 때 힘을 적게 들이고 효율적으로 생각하기 위하여 생각을 처리하는 방식을 공식화하거나 틀로 만드는 것에 익숙하다. 이렇게 만들어진 생각의 틀을 프레임, 관점, 견해라고 한다. 마치 안경을 낀 사람이 안경을 통해서 세상을 보듯 사람들은 견해를 통해서 세상을 알고 분별한다. 이렇게 사람들은 견해를 바탕으로 말하고, 행동하고, 생각하며 세상을 살아가기 때문에 견해는 사람들에게 아주 중요한 역할을 한다. 특히 불교는 괴로움을 소멸하고 완전한 행복을 실현하는 것이 목적이기 때문에 불교에서는 무엇보다도 괴로움과 행복에 대한 견해가 가장 중요하다. 앞서 살펴본 것을 간단히 정리하면 세속의 견해에서 괴로움과 행복은 '느낌'을 말한다. 괴로움은 괴로운 느낌, 즉 육체의 고통과 정신의 고통을 말한다. 행복은 평온한 느낌이나 행복한 느낌을 말하는데 행복한 느낌은 감각적 욕망의 행복과 벗어남의 행복을 말한다. 이에 반해 붓다의 견해에서 괴로움과 행복은 '특성'을 말한다. 세 가지 느낌 모두 괴로움의 특성이 있으므로 붓다의 견해에서 느낌은 무엇이든지 괴로움이고 느낌의 소멸이 행복이다.

붓다의 견해는 진리를 깨닫고 진리의 관점에서 있는 그대로 꿰뚫어 본 괴로움과 행복에 대한 견해이므로 붓다의 견해는 괴로움을 괴로움으로, 행복을 행복으로 보는 바른 견해이다. 바른 견해를 가진 사람은 괴로움을 버리고 행복을 계발하는 방향으로 노력할 것이므로 언젠가는 괴로움을 소멸하고 행복을 실현할 수 있다. 그래서 붓다의 견해는 바른 견해이고, 괴로움의 소멸로 인도하며, 완전한 행복으로 인도하는 견해이다.

이에 반해 세속의 견해에서 행복한 느낌은 행복으로 보지만, 붓다의 견해에서는 괴로움으로 바라본다. 또 세속의 견해에서는 느낌의 소멸은 두려운 것이고 괴로운 것으로 보지만, 붓다의 견해에서는 행복으로 바라본다. 이렇게 진리의 관점에서 보면 세속의 견해는 괴로움을 행복으로, 행복을 괴로움으로 거꾸로 아는 전도[vipallāsa, 顚倒][11] 된 견해이다. 전도된 견해를 가진 사람은 괴로움은 계발하고 행복을 버리는 방향으로 노력할 것이므로 행복을 실현하는 것이 애초에 불가능할 것이다. 그래서 세속의 견해는 그릇된 견해이고, 괴로움이 일어

---

11   위빨라사vipallāsa는 산스크리트어 viparyāsa(to throw)에서 파생된 남성명사인데 '전도', '왜곡'이라는 뜻이 있다.

나게 하는 견해이다.

여기서 주의할 것은 모든 측면에서 세속적인 견해는 그릇된 견해이고, 붓다의 견해만이 바른 견해라는 것은 아니라는 점이다. 일반적으로는 세속적인 견해와 붓다의 견해가 일치하는 것도 아주 많다. 하지만 괴로움과 행복에 관해서는 세속적인 견해와 붓다의 견해가 전혀 다를 뿐 아니라 세속의 견해는 그릇된 견해이고, 붓다의 견해는 바른 견해이다. 그런데 세속의 거의 모든 사람은 행복한 느낌을 행복이라고 알고서 오랜 세월 추구해 왔고, 길들여 있으며, 마음의 습성이 되어 있어 그것을 괴로움으로 보고 견해를 전환하는 것은 매우 어렵다. 이 점이 사람들이 괴로움에서 벗어나기를 원하지만 괴로움에서 벗어나지 못하는 가장 큰 이유이다.

그래서 괴로움을 소멸하고 진정한 행복을 실현하려면 괴로움과 행복에 대한 바른 견해를 정립하는 것이 가장 중요하다. 괴로움과 행복에 대한 세속의 견해를 버리고 붓다의 견해로 전환해야 괴로움을 소멸하고 완전한 행복을 실현할 수 있다. 예를 들어 위험한 절벽 근처에서 재미있는 놀이에 빠져 있는 어리석은 사람들이 있다고 하자. 이때 절벽 근처에서 노는 것이 재미는 있지만, 위험하다는 것을 깨달은 사람이 있어 어리석은 사람들에게 절벽 근처에서는 노는 것은 아주 위험하니 안전한 곳에 가서 놀아야 한다고 말한다. 하지만 어리석은 사람들은 재미있는 놀이에 빠져 자신들이 처한 위험을 파악하지 못하기 때문에 절벽을 떠나지 않으려 할 것이고 그러다가 결국 절벽에서 떨어져 크게 다치거나 목숨을 잃을 것이다. 하지만 지혜로운 사람은 깨달은 사람의 말을 듣고 절벽 근처에서 노는 것이 재미있는 것처럼 보이지만 실제로는 매우 위험하다는 것을 이해한다. 이를 이해한 현명한 사람은 절벽을 떠나 위험 요소가 없는 안전한 곳으로 갈 것이다. 설사 어리석은 사람이 절벽 근처에 가서 같이 놀자고 유혹하더라도 절벽에서 노는 것은 위험하다는 것을 분명히 이해했기 때문에 그런 유혹에 절대 넘어가지 않고 안전한 곳에서 편안하게 머물 것이다.

2) 괴로움과 행복에 대한 진리의 가르침이 사성제이다

지금까지 괴로움과 행복에 대한 바른 견해가 무엇인지를 느낌[受]을 통해서 살펴보았다. 그런데 느낌은 오직 생명이 있는 존재에게만 일어나기 때문에 느낌과 존재는 필연적인 관계가 있다. 다시 말해서 눈과 형색이 접촉하면 눈 의식, 귀와 소리가 접촉하면 귀 의식, 코와 냄새가 접촉하면 코 의식, 혀와 맛이 접촉하면 혀 의식, 몸과 감촉이 접촉하면 몸 의식, 마음[mano, 意]^{12}과 법이 접촉하면 마음 의식이 일어나고, 의식이 일어날 때마다 느낌이 항상 함께 일어난다. 이처럼 느낌은 눈 등의 감각 기능과 형색 등의 대상과의 접촉을 조건으로 일어난다.

이렇게 존재가 있으면 접촉이 일어나고, 접촉이 있으면 대상을 분별하는 의식과 함께 대상에 대한 느낌이 일어난다. 그런데 붓다의 견해에서 느낌은 무엇이든지 괴로움의 특성이 있으므로 느낌 자체가 괴로움이다. 이렇게 존재하면 느낌이 일어나고, 느낌은 괴로움이므로 존재

---

12 마노mano[意]의 번역이다. 초기경전에서는 마노, 마음[citta, 心], 의식[viññāṇā, 識]이 동의어로 쓰인다. 이들은 모두 현상을 '분별하여 아는' 특성이 있는 정신 현상을 말한다.

하면서 괴로움에서 완전히 벗어날 수 없다. 이처럼 존재 자체가 불완전하고 괴로움의 특성이 있다는 것을 천명한 진리가 고성제이다.

존재 자체가 괴로움이라면 존재는 왜 태어나는가? 붓다께서는 '갈애를 조건으로 태어남이 있다.'라고 설하셨다. 그래서 갈애를 조건으로 존재가 태어나고, 존재가 있으면 접촉이 있고, 접촉이 있으면 느낌이 있고, 느낌은 괴로움이므로 느낌이 있으면 괴로움이 일어난다. 이처럼 갈애를 조건으로 괴로움이 일어남을 천명한 진리가 집성제이다.

또 갈애를 조건으로 태어남이 있으므로 갈애가 소멸하면 존재가 태어나지 않는다. 만약 존재가 태어나지 않으면 접촉이 소멸하고, 접촉이 소멸하면 느낌도 소멸하기 때문에 괴로움이 완전히 소멸한다. 이처럼 갈애를 소멸하면 괴로움이 소멸함을 천명한 진리가 멸성제이다.

그러면 갈애를 소멸하는 수행 방법은 무엇인가? 앞서 갈애는 느낌을 조건으로 일어난다고 했다. 그래서 느낌은 무엇이든지 괴로움이고, 존재 자체가 괴로움의 특성이 있다는 것을 분명히 꿰뚫어 아는 지혜가 계발되면 갈애가 버려지게 된다. 이렇게 느낌이 괴로움이고, 존재 자체가 괴로움임을 꿰뚫어 아는 수행 방법을 여덟 가지로 천명한 진리가 팔정도이고, 팔정도가 괴로움의 소멸로 인도하는 도 닦음의 진리인 도성제이다.

이같이 느낌에 관한 괴로움과 행복의 진리를 일반화해서 존재에 관한 괴로움과 행복의 진리로 체계화한 것이 네 가지 성스러운 진리인 사성제라고 할 수 있다. 그래서 느낌에 관한 괴로움과 행복의 진리를 분명히 이해함으로써 존재에 관한 괴로움과 행복의 진리인 사성제를 분명하게 꿰뚫어 알 수 있다. 실제 붓다의 상수 제자인 사리뿟따 존자는 느낌에 관한 통찰을 통해[13] 사성제를 꿰뚫어 보시고 깨달음을 얻으셨다.

13　「디가나카 경」(M74).

2장

법이란
무엇인가?

1

법이란
무엇인가?

1) 현상과 개념은 함께한다

앞서 느낌을 중심으로 괴로움과 행복에 대하여 알아보았다. 지금부터
는 느낌뿐 아니라 존재를 구성하는 모든 현상에 대하여 무엇이 괴로움
인지, 무엇이 행복인지를 살펴보자.

　　존재들은 세상에서 현상들을 분별해 알며 괴로움이나 행복을 느
낀다. 그러면 존재들은 어떻게 세상에 있는 수많은 현상을 알 수 있는
가? 붓다께서는 존재들은 눈, 귀, 코, 혀, 몸, 마음의 여섯 감각 장소를
통해서 세상을 알 수 있다고 설하셨다. 다시 말해 존재들은 세상에 있
는 현상들을 눈으로 보거나, 귀로 듣거나, 코로 냄새 맡거나, 혀로 맛
보거나, 몸으로 감지해 그것을 마음으로 인식하고 생각함으로써 현상
들을 알 수 있는 것이다.

이처럼 존재들은 여섯 감각 장소가 있으면 세상을 알 수 있지만, 여섯 감각 장소가 없으면 세상을 알 수 없다. 그러므로 엄밀히 말하면 존재들은 세상에 있는 현상 그 자체를 경험한다기보다 그 현상을 인식하고 생각함으로써 생긴 정보 또는 앎을 경험하는 것이다. 이런 이유로 불교에서는 세상에 있는 현상들 그 자체를 '세상'이라 하지 않고, 그 현상들을 여섯 감각 장소를 통해 인식하고 생각함으로써 생긴 정보 또는 앎을 '세상'이라 한다. 그래서 같은 세상에 살더라도 세상을 아는 관점이나 방식이 다르므로 존재마다 경험하는 세상은 다를 수 있다.

> "도반들이여, 그러면 어떤 것을 통해서 이 세상에는 세상을 인식하는 사람이 있고 세상을 생각하는 사람이 있습니까? 도반들이여, 눈을 통해서 이 세상에는 세상을 인식하는 사람이 있고 세상을 생각하는 사람이 있습니다. 귀를 통해서 … 코를 통해서 … 혀를 통해서 … 몸을 통해서 … 마노를 통해서 이 세상에는 세상을 인식하는 사람이 있고 세상을 생각하는 사람이 있는데 이것을 성자의 율에서는 세상이라 말합니다."
>
> _「세상의 끝에 도달함 경」(S35:116)

그리고 불교의 목적상 현상 그 자체보다는 그 현상에 대한 앎이 더 중요하다. 왜냐하면 불교는 괴로움의 소멸이 목적인데, 괴로움은 현상 그 자체가 아니라 현상을 인식해 아는 마음을 통해서 일어나기 때문이다. 이런 이유로 불교에서는 현상 그 자체보다 그 현상을 어떻게 인식하고 알았는지를 훨씬 더 중요하게 생각한다. 그러면 마음 또는 의식을 통해 현상을 어떻게 분별하여 알게 되는지 좀 더 자세히 알아보자. 붓다의 상수 제자인 사리뿟따 스님은 의식을 통해서 현상을 알 때 그 현상을 인식하고, 인식한 그것을 분별하여 안다고 설하셨다. 이 가르침에서 알 수 있듯이 현상을 분별하여 알 때 의식[viññāṇa, 識]과 더불어 인식[saññā, 想]의 작용이 꼭 필요하다.

> "도반이여, 그런데 느낌과 인식과 의식이라고 하는 이 법들은 결합하여 있지, 분리되어 있지 않습니다. 그리고 이 법들을 잘 분리하여 차이점을 드러내는 것이 가능하지 않습니다. 도반이여, 느끼는 그것을 인식하고, 인식하는 그것을 분별하여 압니다."
>
> _「교리문답의 긴 경」(M43)

그러면 현상을 분별하여 알 때 인식이 어떤 역할을 하는지 알아보자. 인식은 산냐saññā의 번역인데 saññā는 saṁ(함께)+√jñā(to know)에서 파생된 여성명사이다. 또 saṁ(함께)+√jñā(to know)에서 파생된 동사 산자나띠sañjānāti는 '함께 알다', '인식하다', '명칭을 만들다'라는 뜻을 지닌다. 다시 말해서 sañjānāti는 어원적으로 'a¹, a², a³ …' 등과 같이 같은 특성이 있는 현상들을 함께(saṁ) 'a'로 표상을 만들거나 이름을 붙여서 아는(jānāti) 것을 의미한다. 이처럼 인식은 목수가 나중에 알 수 있도록 목재에 적당한 표시를 하는 것처럼 '바로 이것이 같은 것이구나.'라고 다시 인식하는 데 조건이 되는 표상을 만들거나 이름을 붙이는 역할을 한다.

2장‥법이란 무엇인가?

예를 들어 푸른색 계열의 색깔을 가진 모든 것을 '푸르다'라고 인식하면 다음에 푸른색 계열의 색깔을 보게 될 때 '푸르다'라고 인식할 수 있다. 또 집착하는 특성이 있는 모든 정신 현상을 보고 '탐욕'이라고 인식하면 다음에 어떤 형태로든지 대상에 집착하는 특성이 있는 정신 현상이 일어나면 그것을 즉시 '탐욕'이라고 인식할 수 있다. 이처럼 존재들은 여러 현상들에서 공통된 특성 등을 추출하여 같은 명칭을 붙임으로써 하나로 인식할 수 있다. 이때 현상에 붙여진 표상이나 명칭을 개념[paññātti, 槪念][1]이라 한다. 이처럼 인식의 작용을 통해 현상에 대한 개념이 만들어진다. 이와 같은 개념 작용은 고귀한 존재일수록 정교하게 이루어진다. 예를 들어 닭은 어떤 사람의 옷이나 머리 모양만 바뀌어도 다른 사람으로 인식하지만, 인간은 그의 옷이나 머리 모양이 바뀌더라도 같은 사람으로 인식한다.

의식은 윈냐냐viññāṇa의 번역인데 viññāṇa는 vi (분별해서)+√jñā (to know)에서 파생된 중성명사이다. 이렇게 의식은 대상을 분별하여 아는 특징이 있는 정신 현상을 말한다. 그런데 앞서 언급했듯이 존재들이 현상을 분별하여 알 때 인식과 의식은 항상 함께 작용한다. 다시 말해서 인식을 통해 현상에 대한 개념, 즉 표상이나 명칭이 만들어지면, 그 개념이 가리키는 현상에 대하여 의식을 통해 이모저모 생각함으로써 그 현상을 자세히 분별해 알 수 있는 것이다. 이를 통해 그 현상에

---

1 개념은 빤냣띠paññātti의 번역인데 paññātti는 pra+√jñā (to know)의 동사인 빤냐뻬띠 paññāpeti에서 파생된 여성명사이다. paññāpeti가 '[남들이] 잘 알게 하다'라는 뜻이므로 paññātti는 문자적으로 '알게 하는 것'을 뜻한다. 그래서 paññātti를 그 현상이 무엇인지를 알게 해 주는 표상이나 명칭이라는 의미에서 개념으로 번역한 것이다.

대한 앎 또는 정보가 생기는 것이다. 이처럼 의식을 통해 현상을 분별하여 알 때 그 현상에 대한 개념을 만드는 인식의 작용은 꼭 필요한 것이다. 왜냐하면 인식을 통해 생기는 개념이 없으면 현상을 분별하여 알 수 없기 때문이다. 역으로 현상이 없으면 개념도 없고 현상을 분별하여 앎도 없다. 그러므로 현상과 개념은 분리할 수 없으며 항상 함께 작용한다. 이것은 불교에서 가장 중요한 법을 정의할 때도 마찬가지이다. 그러면 불교에서 말하는 법이 무엇인지 알아보자.

2) 법은 붓다의 견해로 현상을 본 것이다

존재들이 현상을 분별하여 알 때 그 현상에 대한 인식이 꼭 필요하고, 인식의 작용을 통해 그 현상에 대한 개념이 만들어진다. 이렇게 개념이 생겨날 때 그 현상을 바라보는 관점 또는 견해가 매우 중요한 역할을 한다. 왜냐하면 어떤 견해를 가지고 현상을 바라보는지에 따라 현상들에 대한 인식이 달라지고, 인식이 달라지면 개념이 달라지고, 개념이 달라지면 앎도 달라지기 때문이다. 예를 들어 똑같은 나무를 보더라도 나무꾼, 수행자, 시인은 나무를 다르게 알 수 있다. 다시 말해서 나무꾼은 돈벌이의 관점에서 나무를 땔감이라 보고, 수행자는 현상의 본질의 관점에서 나무를 물질이라 보고, 시인은 감성적인 관점에서 나무를 목인木人이라 보는 것이다.

역으로 개념을 통해 그 개념 속에 담긴 견해 또는 관점을 짐작할 수 있다. 예를 들어 '시계'라는 물건을 생각해 보자. 이때 시계는 시간을 알게 해 주는 물건을 의미하므로, 시계라는 명칭은 그 물건을 기능적인 관점에서 개념화한 것임을 짐작할 수 있다. 또 '탐욕'이라는 정신 현상을 생각해 보자. 이때 탐욕은 대상에 '집착하는' 특성이 있는 정신 현상을 말하므로 탐욕이라는 명칭은 정신 현상을 그것이 지닌 실상의 관점에서 개념화한 것임을 짐작할 수 있다. 이처럼 현상에 대한 개념과 그 현상을 바라보는 견해는 서로 밀접하게 연관되어 있으므로 현상을 바라보는 견해는 그 현상에 대한 개념이 만들어지는 데 결정적인 영향을 미친다. 그러면 현상을 바라보는 견해 또는 관점에는 어떤 것들이 있는지 알아보자.

불교에서는 견해를 크게 두 가지로 나눈다. 하나는 붓다의 견해이다. 불교는 괴로움과 괴로움의 소멸에 대한 가르침이다. 그러므로 이미 깨달음을 얻어 괴로움을 소멸한 붓다의 견해가 가장 중요하고 기준이 되는 견해이다. 다른 하나는 세속의 견해이다. 붓다의 견해를 제외한 나머지 견해는 괴로움의 소멸과는 직접적인 관련이 없다. 그러므로 불교에서는 붓다의 견해를 제외한 나머지를 모두 세속의 견해로 분류한다. 이와 같은 두 가지 견해, 즉 세속의 견해와 붓다의 견해로 현상을 아는 것은 서로 인식도 다르고 개념도 다를 수밖에 없다. 이에 대하여 좀 더 자세히 살펴보자.

세속의 견해

세속의 견해는 깨닫지 못한 보통 사람들이 사회적 관습이나 약속에 따라 현상들을 바라보는 모든 관점을 말한다. 그러므로 세속의 견해로 현상들을 바라본다는 것의 의미는 사회적인 관점에 따라 현상을 아는

것을 말한다. 예를 들어 소리를 녹음할 수 있는 물건들은 '녹음기', 시
간을 알려주는 물건들은 '시계', 남성의 특성이 있는 사람들은 '남자',
타인에게 크게 화를 내는 마음들은 '분노', 타인에게 신경질을 부리는
마음들은 '짜증', 과도한 일을 할 때 괴로운 마음들은 '스트레스' 등으
로 아는 것이다. 이때 현상과 개념은 함께함에 주의해야 한다. 다시 말
해서 소리를 녹음하는 물건은 현상 그 자체이고, 녹음기는 그 현상에
붙여진 개념이다. 그래서 '녹음기'는 녹음기라는 개념만 나타내는 것
이 아니라 그 명칭이 가리키는 녹음하는 물건이라는 현상도 함께 드러
낸다. 또 타인에게 신경질을 부리는 마음은 현상 그 자체이고, 짜증은
그 현상에 붙여진 개념이다. 그래서 '짜증'은 짜증이라는 개념만 나타
내는 것이 아니라 그 명칭이 가리키는 신경질을 부리는 마음이라는 정
신 현상도 함께 드러낸다. 나머지도 마찬가지로 이해하면 된다.

그런데 이렇게 세속의 견해, 즉 사회적인 약속에 따라 현상들에 적
당한 명칭을 붙여서 현상을 안 것도 그 사회 속에서는 사실이고 진실이
라 할 수 있다. 그래서 세속의 견해로 현상을 안 것이 세속의 관점에 따
라서는 진실이란 의미에서 세속적 진리[samutti sacca, 俗諦]라고 한다. 불
교 수행자들도 일차적으로는 사회에 소속되어 있는 한 구성원이기 때
문에 세속적 진리를 부정하고 살아갈 수는 없다. 그래서 세속의 견해
로 현상을 안 것도 사회적 관습에서는 진실이라고 받아들이지만, 그것
에 빠지지 않고 붓다의 견해로 현상을 알 수 있도록 노력해야 한다.

세속의 견해로 현상을 아는 것은 사회마다 차이가 있을 수 있다.
왜냐하면 사회마다 통용되는 관점과 사용하는 언어가 다르므로 현상
에 관한 개념이나 이해가 다소 다를 수 있기 때문이다. 예를 들면 까마

귀를 보는 것을 어떤 나라에서는 나쁜 징조라고 생각하지만, 어떤 나라에서는 좋은 징조라고 생각한다. 그래서 세속의 견해는 사회 형태에 따라 아주 다양하게 존재할 수 있다. 하지만 어떤 사회에서나 '괴로운 느낌'은 괴로움이라 알고, '행복한 느낌'은 행복이라 알기 때문에 사회의 형태와 관계없이 괴로움과 행복을 보는 관점은 거의 같다. 괴로움과 행복에 대한 견해는 존재가 괴로움을 소멸하는 일에 지대한 영향을 미치므로 불교에서는 그것을 가장 중요하게 생각한다. 그런데 붓다께서는 괴로움과 행복에 대한 세속의 견해가 전도되어 있다고 설하셨다. 이것을 이해하려면 진리를 깨달은 붓다의 견해를 분명히 알아야 한다.

붓다의 견해

붓다께서는 괴로움을 소멸하기 위해서 출가하셨다. 그러고는 여러 시행착오를 겪은 후에 세상에 있는 현상들의 실상[bhūta lakkhaṇa, 實相][2]을 통찰하고 진리를 깨달아 괴로움을 소멸하셨다. 그런데 붓다께서는 괴로움의 소멸을 목적으로 수행하셨으므로 현상들이 지닌 여러 실상 가운데 특히 괴로움의 소멸에 도움이 되는 현상들의 실상을 꿰뚫어 보셨다. 이렇게 세상에 있는 현상들의 실상을 통찰하고 진리를 깨달아 괴로움을 소멸한 붓다께서 세상을 보는 관점을 붓다의 견해라 한다. 그러

---

2 실상은 부따bhūta 락카나lakkhaṇa의 번역인데 bhūta는 '있는 그대로', '진실한', '본래의'라는 뜻이고, lakkhaṇa는 '특성', '성질', '속성'을 뜻하므로 bhūta lakkhaṇa는 '있는 그대로의 특성'을 의미한다.

므로 붓다의 견해로 현상을 본 것은 그 현상의 실상, 특히 괴로움의 소멸에 도움이 되는 실상을 통찰한 것이고, 이를 불교에서는 법[dhamma, 法][3]이라 한다. 한마디로 법은 붓다의 견해로 현상을 본 것이고, 현상의 실상을 통찰한 것이다. 이와 같은 법은 진리를 깨달은 붓다의 견해로 현상을 본 것이므로 궁극적 진리[paramattha sacca, 眞諦]라고 한다.

법을 바르게 이해하려면 법이 지닌 두 가지 측면을 잘 이해해야 한다. 법의 한 가지 측면은 법[4]은 현상 그 자체라는 점이다. 붓다께서는 특별하고 이상적인 현상만이 아니라 존재들이 일상적으로 접하는 현상 그 자체를 법이라 설하셨다. 이처럼 법은 철저히 현실에 기반을 두고 있다. 다른 한 가지 측면은 법[5]이 현상의 실상을 통찰하게 하는 개념이라는 점이다. 붓다께서 현상들의 실상을 깨달으신 후에 당신께서 통찰하신 실상에 따라 현상들을 개념화하여 안 것이 법이다. 그래서 법은 붓다께서 깨달은 현상들의 실상에 대한 통찰을 지니고[6] 있다. 이런 이유로 법을 통해서 현상의 실상을 통찰할 수 있는 것이다. 이처럼 법은 현상 그 자체(dhamma)를 의미하기도 하고, 그 현상의 실상을 통찰하게 하는 개념(Dhamma)을 의미하기도 한다. 이렇게 법은 현상과 개념의 조화라고 꿰뚫어 아는 것이 법을 중도적 관점에서 이해하는 것이다.

---

3   법은 담마dhamma의 번역인데 dhamma는 √dhṛ(to hold)에서 파생된 남성명사이다. 이를 중국에서는 法으로 옮겼고 우리말로도 그냥 법이라고 쓰고 있다.

4   법이 현상 그 자체를 뜻할 때는 보통 소문자 'dhamma'로 표기한다.

5   법이 현상의 실상을 통찰하게 하는 개념을 뜻할 때는 보통 대문자 'Dhamma'로 표기한다.

6   법으로 번역한 담마dhamma에는 '지니다', '보유하다'라는 의미가 포함되어 있음에 주목하라.

예를 들어 '시계'라고 부르는 '물건'을 생각해 보자. 앞서 설명했듯이 '시계'는 세속의 견해로 현상을 안 것이다. 다시 말해서 시계는 세속의 관점, 즉 그 현상의 기능적인 관점에서 현상을 개념화해 안 것이다. 더구나 '시계'는 개념이고, 시계가 가리키는 '물건'은 현상 그 자체이다. 그런데 좀 더 나아가 이 '물건'의 실상을 관찰해 보면 그것은 '변형됨'이라는 특성이 있으며, '변형됨'이라는 특성이 있는 현상을 붓다께서는 '물질[色]'이라고 설하셨다. 그러므로 붓다의 견해로 그 물건을 보면 '물질'이라는 법이다. 이때 물질은 '물건' 그 자체일 뿐 아니라 그것의 실상이 '변형됨'이라는 것을 내포하는 개념이기도 하다.

또 다른 예로 앞서 언급한 '분노', '짜증', '스트레스'라는 정신 현상에 대하여 생각해 보자. 이 세 가지를 세속적 견해로 보면 서로 다르다. 하지만 이들은 모두 대상을 '싫어하는' 특성이 있고, 대상을 싫어하는 특성이 있는 현상을 붓다께서는 '성냄[瞋]'이라고 설하셨다. 그러므로 '분노', '짜증', '스트레스' 등의 정신 현상들은 붓다의 견해로 보면 모두 '성냄'이라는 법이다. 더구나 성냄은 '분노' 또는 '짜증' 또는 '스트레스'라는 정신 현상 그 자체일 뿐 아니라 그것의 실상이 '싫어함'임을 내포하는 개념이기도 하다. 이상을 정리해 보면 법은 붓다의 견해로, 즉 붓다께서 깨달은 현상들의 실상에 따라 현상을 본 것이다. 그래서 법은 붓다께서 깨달은 현상의 실상에 대한 통찰을 지니고 있다.

세속의 견해를 따르더라도 붓다의 견해를 망각하지 않는다
하나의 현상을 세속의 견해를 통해 아는 것은 세속의 진리이고, 붓다의 견해를 통해 아는 것은 궁극적 진리이고, 법이다. 그런데 붓다의 견해는 세속의 견해와는 달리 사회적 교육을 통해 저절로 터득되는 것이 아니라 붓다의 가르침에 의지해서 열심히 정진해야 터득할 수 있다. 더구나 하나의 현상에 대하여 항상 세속의 견해와 붓다의 견해가 일치하면 아무 문제가 없지만 두 가지 견해가 항상 일치하지는 않는다. 특히 괴로움과 행복에 대하여 세속의 견해와 붓다의 견해는 완전히 다르다. 앞서 살펴보았듯이 행복한 느낌은 세속의 견해에서 행복이지만, 붓다의 견해에서는 괴로움이다. 이것은 괴로움과 행복에 대한 세속의 견해가 전도, 즉 뒤바뀌어 있다는 것을 의미한다.

이렇게 괴로움과 행복에 관하여 세속의 견해는 그릇된 것이고 붓다의 견해가 진실일지라도 사람들은 세속의 견해에 훨씬 익숙하다. 그래서 습관적으로 세속의 견해를 따르게 되고 붓다의 견해는 잊어버리기 쉽다. 따라서 일상적인 삶에서 어떤 현상을 접하더라도 붓다의 견해가 작용하려면, 일상에서 부딪히는 현상 바로 거기에서 붓다의 견해로 현상을 통찰할 수 있도록 정진해야 한다. 다시 말해 일상의 삶 바로 거기에서 세속의 견해를 따르더라도 붓다의 견해를 잊지 않도록 열심히 정진해야 한다. 이렇게 정진하면 일상생활에서 필요에 따라 세속의 견해를 따르더라도 붓다의 견해를 잊어버리지 않는 것이 가능해진다. 마치 연꽃이 진흙을 떠나지 않고 그 속에서 연꽃을 피우는 것처럼.

"번뇌가 소멸하여 아라한이 되고 마지막 몸을 가진 비구라 할지라도 '나는 말을 한다.'라고 하거나 '그들이 내게 말을 한다.'라고 그렇게 말을 할 수 있는 것이다. 세상에서 통용되는

언어를 두루 잘 알아서 능숙한 그 사람이 일상적인 어법으로
세상의 일상적인 말을 하는 것이다."

예를 들어 감각적 욕망의 행복은 세속의 견해로 보면 '행복'이다. 하지
만 감각적 욕망은 붓다의 견해로 보면 '괴로움'이다. 이렇게 감각적 욕
망의 행복이 '괴로움의 특성'이 있다고 통찰하는 붓다의 견해를 잊지
않는다면 감각적 즐거움을 경험하더라도 그것을 움켜쥐거나, 집착하
지 않을 것이다. 이같이 일상생활에서 일어나는 현상들 바로 거기에서
붓다의 견해로 현상을 통찰하는 노력을 지속함으로써 실제 상황에서
붓다의 견해를 잊지 않고 현상을 통찰해 법을 볼 수 있다. 반면에 현실
을 떠나 관념적인 지식으로 배운 붓다의 견해는 단지 지식에 불과하므
로 세속의 견해에 노출되면 붓다의 견해는 쉽게 잊어버리게 된다.

3) 존재의 실상은 물질과 정신의 법이다

법은 깨달음을 얻어 괴로움을 소멸하신 붓다의 견해로, 즉 현상의 실
상에 따라 현상을 본 것이다. 그래서 불교에서는 현상의 실상에 대한
통찰을 담고 있는 법을 꿰뚫어 보는 것이 매우 중요하다. 예를 들어 사
람들이 경험하는 괴로움과 행복은 '대상을 느끼는' 특성이 있으므로
법으로는 '느낌'이다. 또 느낌은 마음과 대상의 접촉을 조건으로 일어
나므로 느낌은 무상하고, 무상한 것은 불확실하고 불완전하므로 괴로
움이며, 무상하고 괴로움인 것은 통제할 수 있는 영원한 주체가 없으

므로 무아라는 특성이 있음을 꿰뚫어 알 수 있다. 이렇게 느낌이라는 법을 꿰뚫어 봄으로써 느낌은 무엇이든지 괴로움이라는 진리를 통찰할 수 있고, 이런 통찰을 기반으로 느낌에 대한 갈애를 버리고 괴로움을 소멸할 수 있다. 마찬가지로 붓다의 견해로 존재를 구성하는 현상들의 실상을 통찰한 법을 꿰뚫어 봄으로써 존재의 실상이 물질과 정신의 법들이고, 그것들이 무상하고 괴로움이며 무아라는, 특히 괴로움이라는 진리를 깨달을 수 있기 때문이다. 이렇게 존재의 실상이 물질과 정신이고, 그것들의 특성이 괴로움이라는 진리를 꿰뚫어 알면 존재에 대한 갈애를 소멸하고, 괴로움을 소멸할 수 있다. 이처럼 존재가 물질과 정신의 법들로 이루어져 있으며, 그것들이 무상하고 괴로움이며 무아임을 꿰뚫어 아는 것은 깨달음을 실현할 수 있는 직접적이고 빠른 길이라고 할 수 있다. 그래서 붓다께서 '법을 보는 자는 나를 보고, 나를 보는 자는 법을 본다.'[7]라고 설하신 것이다.

　그러면 존재의 실상을 나타내는 법들에 대하여 좀 더 자세히 살펴보자. 붓다께서는 생명이 있는 존재 또는 유정有情[8]은 괴로움과 행복을 느끼고, 대상을 인식하고 의도하고 분별하여 아는 정신[名]의 법들과 정신의 법들이 일어나도록 도와주고 지원해 주는 눈, 귀, 코, 혀, 몸 등의 물질[色]로 이루어져 있음을 분명히 알고 보셨다. 그런 후에 존재의 실상은 물질과 정신의 법들이라 설하셨다. 이에 비해 산, 바다, 나무 등의 생명이 없는 무정無情은 정신은 없고 오직 물질로만 이루어져 있음에

7　「왁깔리 경」(S22:67).

8　정신을 지닌 존재를 유정有情이라 하고, 정신이 없는 존재를 무정無情이라 한다.

주의하라. 이처럼 붓다께서는 존재의 실상을 물질과 정신의 법들이라 설하셨다. 더 나아가 물질과 정신의 법들을 물질 무더기[色蘊], 느낌 무더기[受蘊], 인식 무더기[想蘊], 형성 무더기[行蘊], 의식 무더기[識蘊]의 다섯 무더기[五蘊]로 설하셨고, 형성 무더기를 의도, 접촉, 마음 기울임, 유익한 법과 해로운 법 등으로 점차 세분화하여 설하셨다.

이렇게 분류한 법을 살펴보기 전에 붓다께서 법을 분류하여 설하실 때 무엇을 염두에 두셨는지에 대하여 분명히 이해해야 한다. 그렇지 않으면 법에 대한 분류가 단지 현학적인 학문이 될 수도 있기 때문이다.

첫째, 붓다께서 법을 설한 목적은 괴로움의 소멸이라는 점이다. 붓다께서는 생로병사의 괴로움에서 벗어나기 위해서 출가하셨고, 출가하신 후에 육 년간의 용맹정진을 통하여 존재의 실상을 깨닫고 괴로움을 소멸하셨다. 그런 후에 다른 존재들도 진리를 깨달아 괴로움을 소멸할 수 있도록 도와주기 위해서 당신이 깨달은 진리를 체계적으로 정리하여 설하신 것이 법이다. 이처럼 붓다께서는 현학적인 이론이나 사상을 드러내기 위한 것이 아니라 오직 존재들의 괴로움을 소멸하기 위해서 법을 설하신 것이다.

둘째, 법을 분류하는 기준은 괴로움과 괴로움의 소멸이라는 점이다. 세상에 있는 현상들을 어떤 관점을 기준으로 분류하느냐에 따라 다양한 이론이 생길 수 있다. 예를 들어 경제적인 관점에서 현상들을 분류하면 경제학이 되고, 물리적인 관점에서 현상들을 분류하면 물리학이, 심리적인 관점에서 현상들을 분류하면 심리학이 된다. 붓다께서 설한 법은 존재들의 괴로움을 소멸하는 것이 목적이므로 현상을 분류할 때도 그 기준은 오직 괴로움과 괴로움의 소멸이다. 그래서 법을 분류할 때 '그 법이 괴로움인지 아닌지', '괴로움의 소멸은 무엇인지', '어떤 법이 괴로움의 원인인지', '어떤 법이 괴로움의 소멸로 인도하는지' 등을 기준으로 분류한 것이다. 이처럼 붓다께서는 괴로움과 괴로움의 소멸이라는 명확한 기준을 가지고 법을 분류하셨다.

셋째, 법을 괴로움의 소멸을 위해 꼭 필요한 범위에서 가장 간단하게 분류했다는 점이다. 붓다께서는 괴로움의 소멸을 위해 너무 지나치지도 너무 부족하지 않게 균형을 잘 유지하여 꼭 필요한 정도로만 법을 분류하셨다. 만약 법을 지나치게 자세히 분류하면 일반인들은 이해하기 매우 어려운 현학적인 사상이나 학문으로 흘러가게 되어 수행과는 거리가 멀어지기 쉽다. 반면에 법에 대한 논의가 너무 부족하면 수행의 방향이나 목적이 불분명하게 되어 그릇된 견해에 빠지거나 수행이 그릇된 방향으로 흘러가기 쉽다. 이런 이유로 붓다께서는 중도적인 입장에서 너무 지나치지도 않고 너무 부족하지도 않게 괴로움의 소멸에 꼭 필요한 정도로 법을 분류하고 개념화하여 설하셨다. 이와 같은 입장을 견지하여 이 책에서도 경전에서 언급된 내용 중 불교의 수행에 도움이 되고 괴로움의 소멸에 꼭 필요한 범위에서 법을 분류해 설명하기로 한다. 그러면 이와 같은 기준을 명심하고 붓다께서 법을 어떻게 분류하셨는지 좀 더 자세히 살펴보자.

"비구들이여, 그와 같이 내가 최상의 지혜로 안 것들 가운데 내가 가르치지 않은 것이 훨씬 더 많다. 내가 가르친 것은 아주 적다. 비구들이여, 그러면 나는 왜 가르치지 않았는가? 비구들이여, 그것들은 이익을 주지 못하고 그것들은 청정범행의 시작에도 미치지 못하고 염오로 인도하지 못하고 탐욕의 빛바램으로 인도하지 못하고 소멸로 인도하지 못하고 고요함으로 인도하지 못하고 최상의 지혜로 인도하지 못하고 바른 깨달음으로 인도하지 못하고 열반으로 인도하지 못하기 때문이다. 그래서 나는 그것들을 가르치지 않았다.”

“비구들이여, 그러면 나는 무엇을 가르쳤는가? 비구들이여, 나는 이것은 괴로움이라고 가르쳤다. 나는 이것은 괴로움의 일어남이라고 가르쳤다. 나는 이것은 괴로움의 소멸이라고 가르쳤다. 나는 이것은 괴로움의 소멸로 인도하는 도 닦음이라고 가르쳤다.”

“비구들이여, 그러면 나는 이것을 왜 가르쳤는가? 비구들이여, 이것은 참으로 이익을 주고 이것은 청정범행의 시작이고 염오로 인도하고 탐욕의 빛바램으로 인도하고 소멸로 인도하고 고요함으로 인도하고 최상의 지혜로 인도하고 바른 깨달음으로 인도하고 열반으로 인도하기 때문이다. 그래서 나는 이것을 가르쳤다.”

_「심사빠 숲 경」(S56:31)

정신

존재의 가장 중요한 특징은 현상을 알고 분별할 수 있는 정신[nāma, 名]이 있는 것이다. 또 존재는 정신을 통해서 괴로움과 행복을 경험하므로 정신에 대한 바른 이해가 있어야 괴로움을 소멸할 수 있다. 그러면 정신에 대하여 살펴보자.

정신은 나마nāma의 번역인데 nāma는 문자적으로 '이름' 또는 '명칭'을 뜻한다. 하지만 불교에서 정신은 형체나 모양은 없지만, 대상으로 '기울면서 작용하는' 모든 현상을 말한다. 그래서 정신은 대상에 '기울면서 작용하는[namana]' 특성이 있는 모든 현상을 가리키는 법이다. 예를 들어 느낌, 인식, 접촉, 의도, 탐욕, 성냄, 어리석음, 탐욕 없음, 성냄 없음, 지혜, 자비, 마음, 의식 등이 정신의 법들이다. 이들은 형체는 없지만 대상과 접촉할 때 대상을 느끼고, 인식하고, 접촉하고, 의도하고, 집착하고, 싫어하고, 잘못 알고, 집착하지 않고, 싫어하지 않고, 꿰뚫어 알고, 행복하게 하고, 고통을 덜어 주려고 하고, 알고, 분별하는데 이들은 모두 대상에 '기울면서 작용하는' 특성이 있으므로 정신이라 할 수 있다.

정신 중에서 가장 주도적인 역할을 하는 것은 마음[citta, 心]이라 할 수 있다. 찟따citta는 √cit(to know)에서 파생된 중성명사이다. citta는 문자적으로는 주로 심장⁹을 의미하지만, 불교에서는 대상을 아는 정신 현상을 뜻한다. 그래서 '대상을 아는' 특성이 있는 정신 현상들을 법으로는 마음이라 한다. 다시 말해 존재들이 살아가면서 대상을 아는 중심적인 작용을 하는 것을 마음이라 부른다. 그래서 정신 작용이 일어날 때는 마음이 중심이 되고, 나머지 정신의 법들은 모두 마음을 도와주는 역할을 한다.

---

9   이런 의미를 살려 중국에서는 심心으로 번역했다.

"모든 것은 마음이 앞서가고 마음이 이끌어 가고 마음으로
이루어진다. 깨끗한 마음으로 말하고 행동하면 행복이 저절
로 따르리라. 그림자가 몸을 따르듯이."

_『담마빠다』(2)

마음과 동의어로 마노mano[意]와 의식[識]이 있다. 마음은 대상을 알
때 아는 작용의 '주도자', '선도자'라는[10] 측면에서 주로 언급된다. 이
에 비해 마노는 대상을 감지하는 '감각 장소[處]'[11]라는 측면에서 쓰인
다. 의식은 앞서 설명했듯이 '분별해서 앎'이라는 뜻을 지닌다. 다섯
무더기 중의 의식 무더기를 말할 때나 여섯 가지 의식, 즉 눈 의식, 귀
의식, 코 의식, 혀 의식, 몸 의식, 마노 의식[意識]으로 주로 언급된다.
이렇게 마음, 마노, 의식 이 세 가지는 쓰이는 용례는 다르지만 모두
'대상을 아는' 특성은 같으므로 법으로는 같다. 그래서 앞으로 때로는
마노를 마음으로 번역하여 쓰기로 하겠다.

"그와 같이 마음이라고도 마노라고도 의식이라고도 부르는
이것은, 낮이건 밤이건 생길 때 다르고 소멸할 때 다르다."

_「배우지 못한 자 경」(S12:61)

---

10 이런 측면에서 마음을 '왕'으로 비유하기도 한다.
11 눈은 형색, 귀는 소리, 코는 냄새, 혀는 맛, 몸은 감촉, 마노는 법을 감지하는 센서라는 의
미에서 감각 장소라고 한다.

마음을 제외한 정신의 법들을 모두 심리 현상[cetasika, 心所]이라고 한다. 쩨따시까cetasika는 cetas(마음에)+ika(속한)으로 분해되므로 '마음에 속한 것'이라는 의미이다. 이를 '마음 부수' 또는 '심리 현상'이라고 번역한다. 심리 현상들은 마음에 속하면서 마음을 도와주는 것인데 이는 크게 느낌, 인식 그리고 형성[行]의 세 가지로 나눌 수 있다. 이때 형성은 느낌과 인식을 제외한 모든 심리 현상들을 말하는데 접촉, 의도, 마음 기울임 등과 같이 다른 것과 함께하는 법들과 탐욕, 성냄, 어리석음을 뿌리로 하는 해로운 법[不善法]들, 그리고 탐욕 없음, 성냄 없음, 어리석음 없음, 자비 등의 유익한 법[善法]들이 포함된다. 이 중에서 다른 것들과 함께하는 법들은 자신은 유익한 법도 해로운 법도 아니지만, 유익한 법과 결합하면 유익한 법이 되고, 해로운 법과 결합하면 해로운 법이 되는 심리 현상을 말한다.

　이와 같은 심리 현상은 마음에 속한 것들이기 때문에 마음과 분리될 수 없으며 마음과 한 몸으로 대상을 분별하여 아는 작용을 한다. 다만 마음과 심리 현상들은 특징과 역할이 다르므로 그에 따라 분류한 것일 뿐이다. 비유하면 마음은 왕에, 심리 현상들은 신하에 비유할 수 있다. 왕과 신하가 함께 힘을 합쳐 국사를 처리하듯이 마음과 심리 현상이 결합하여 대상을 분별해 아는 것이다. 정리하면 정신은 마음과 심리 현상들로 나눌 수 있고, 심리 현상들은 느낌, 인식, 형성의 세 가지로 나눌 수 있다. 이때 마음은 의식과 동의어이고, 심리 현상들은 느낌, 인식, 형성의 세 가지로 나눌 수 있으므로 정신은 느낌[受], 인식[想], 형성[行], 의식[識]의 네 가지로 나눌 수 있다.

"도반이여, 그런데 느낌과 인식과 의식[12]이라고 하는 이 법들은 결합하여 있지, 분리되어 있지 않습니다. 그리고 이 법들을 잘 분리하여 차이점을 드러내는 것이 가능하지 않습니다. 도반이여, 느끼는 그것을 인식하고, 인식하는 그것을 분별하여 압니다."

_「교리문답의 긴 경」(M43)

정신 중에 앞서 마음 또는 의식은 설명했으므로 이제부터 느낌, 인식, 형성에 관하여 차례대로 알아보자. 먼저 느낌은 마음 또는 의식이 일어날 때 항상 함께 일어나는 심리 현상으로, 느낌의 본래 의미는 '몸으로 경험해서 생생하게 알다', '몸으로 경험해서 생생하게 느낀다'라는 것이다. 그래서 '대상을 느끼는' 특징이 있는 정신 현상들을 '느낌'이라 한다. 세속에서의 느낌은 탐욕, 성냄 등의 형성에 속하는 심리 현상도 내포한 개념으로 쓰인다. 하지만 불교에서 말하는 느낌은 탐욕과 성냄 등의 거친 감정으로 발전하기 전에 생기는 '만족스럽다', '불만족스럽다', '그저 그렇다' 등의 단순한 기분을 의미한다. 그래서 느낌은 단지 행복[樂], 괴로움[苦], 괴롭지도 즐겁지도 않음[不苦不樂]의 세 가지로 나눌 수 있다.

"비구들이여, 그러면 왜 느낌이라고 부르는가? 느낀다고 해서 느낌이라고 한다. 그러면 무엇을 느끼는가? 즐거움도 느

12　의식은 마음과 동의어이다.

끼고 괴로움도 느끼고 괴롭지도 즐겁지도 않은 것을 느낀다.
비구들이여, 이처럼 느낀다고 해서 느낌이라고 한다."

_「삼켜버림 경」(S22:79)

느낌은 좀 더 세분화하여 다섯 가지로 나눌 수 있다. 다시 말해서 행복
은 육체적 행복[sukha]과 정신적 행복[somanassa]으로 나눌 수 있고, 괴
로움은 육체적 괴로움[dukkha]과 정신적 괴로움[domanassa]으로 나눌
수 있다. 느낌은 전적으로 정신적인 현상이지만, 몸 의식과 함께 일어
나는 느낌은 육체적인 느낌이라 부른다. 예를 들면 통증은 육체적인
괴로운 느낌이고, 몸의 편안함은 육체적인 행복한 느낌이다. 마음 의
식과 함께 일어나는 느낌은 정신적인 느낌이라고 구분하여 부른다. 예
를 들어 불만족은 정신적인 괴로운 느낌이고, 선정의 행복은 정신적인
행복한 느낌이다. 종합하면 느낌은 육체적인 행복한 느낌과 육체적인
괴로운 느낌, 정신적인 행복한 느낌, 정신적인 괴로운 느낌, 괴롭지도
즐겁지도 않은 평온[upekkhā]한 느낌의 다섯 가지로 분류할 수 있다.

　의식이 일어날 때 느낌과 더불어 인식도 함께 일어난다. 인식은
앞서 설명했듯이 대상의 표상을 만들거나 이름을 붙여서 아는 것을
말한다. 그래서 '인식하는' 특징이 있는 정신 현상들을 인식이라 한다.
예를 들어 노란색 계열의 색깔을 가진 모든 것을 '노랗다.'라고 인식하
면 다음에 노란색 계열의 색깔을 보게 될 때 '노랗다.'라고 인식할 수
있다. 또 대상을 싫어하는 특성이 있는 모든 정신 현상을 보고 '성냄'
이라고 인식하면 다음에 어떤 형태로든지 대상을 싫어하는 특성이 있
는 정신 현상이 일어나면 그것을 즉시 '성냄'이라고 인식할 수 있게 되

는 것이다. 이같이 사람들은 대상에서 공통된 특성 등을 추출하여 같은 명칭을 붙임으로써 인식한다.

> "비구들이여, 그러면 왜 인식이라고 부르는가? 인식한다고 해서 인식이라고 한다. 그러면 무엇을 인식하는가? 푸른 것도 인식하고 노란 것도 인식하고 빨간 것도 인식하고 흰 것도 인식한다. 비구들이여, 이처럼 인식한다고 해서 인식이라고 한다."
>
> _「삼켜버림 경」(S22:79)

대상을 인지하는 역할의 정신의 법은 인식[saññā, 想], 의식[viññāṇa, 識], 지혜[paññā, 慧]의 세 가지이다. 앞서 소개했듯이 산냐saññā는 saṁ(함께)+√jñā(to know)에서 파생된 여성명사이고, 윈냐냐viññāṇa는 vi(분별해서)+√jñā에서 파생된 중성명사이다. 그리고 빤냐paññā는 pa(앞으로)+√jñā에서 파생된 여성명사이다. 이렇게 이들은 모두 √jñā(to know)에서 파생된 명사들이지만 대상을 인지하는 깊이나 역할에 있어 차이가 있다. 다시 말해서 '인식'은 뭉뚱그려 함께(saṁ) 아는 것을, '의식'은 분별해서(vi) 아는 것을, '지혜'는 좀 더 깊이 나아가서(pa) 아는 정신 현상을 뜻한다고 할 수 있다.

　이렇듯 인식과 의식과 지혜는 모두 현상을 인지하는 역할을 한다. 하지만 인식은 현상을 개념으로 단순하게 아는 것이고, 의식은 그 개념에 대하여 생각하고 분별함으로써 대상에 관해 자세히 아는 것이며, 지혜는 현상의 실상에 대해 통찰하여 괴로움을 소멸할 수 있을 정도로 깊이 꿰뚫어 아는 것이다. 예를 들어 인식은 자신의 몸을 볼 때 '내 몸',

'남자의 몸', '여자의 몸', '뚱뚱한 몸', '날씬한 몸'이라는 정도로만 몸을 안다. 그렇지만 몸의 세세한 부분까지는 알지 못한다. 의식은 몸의 상태는 어떤지, 몸은 몇 개의 뼈와 근육으로 구성되어 있는지, 몸에는 어떤 장기들이 있는지 등에 관하여 자세하게 분별할 수는 있다. 그렇지만 괴로움을 소멸하는 데 도움을 줄 수 있는 몸의 실상인 법을 꿰뚫어 알지는 못한다. 지혜는 몸의 실상이 땅의 요소, 물의 요소, 불의 요소, 바람의 요소의 결합이고, 그것들의 특성이 무상하고 괴로움이고 무아임을 있는 그대로 깊이 꿰뚫어 알아 번뇌를 소멸하고 괴로움의 소멸을 실현할 수 있다. 이런 이유로 불교에서 지혜를 강조하는 것이다.

이상에서 느낌과 인식을 살펴보았는데 이제 형성에 대하여 살펴보자. 앞서 형성은 느낌과 인식과 더불어 접촉, 의도 등과 같이 '다른 것과 함께하는 법들'과 괴로움의 소멸에 방해가 되는 '해로운 법들', 괴로움의 소멸에 도움이 되는 '유익한 법들'의 세 가지로 나누어 볼 수 있다고 설명했다. 먼저 접촉, 의도, 마음 기울임 등의 다른 것과 함께하는 법들에 관하여 차례로 살펴보자. 마음 또는 의식과 느낌, 인식은 분리할 수 없이 함께 일어나는데 이들이 일어나기 위해서는 반드시 대상과의 접촉[phassa, 觸]이 필요하다. 팟사phassa는 베다어 spṛś(to touch)에서 파생된 남성명사인데 접촉을 뜻한다. 다시 말해서 눈과 형색이 만나서 눈 의식이 일어나는 것이 접촉이다. 마찬가지로 귀, 코, 혀, 몸, 마음[mano]의 감각 기능[根]과 소리, 냄새, 맛, 감촉, 법의 대상[境]이 만나 귀 의식, 코 의식, 혀 의식, 몸 의식, 마음 의식이 일어나게 하는 특성이 있는 정신 현상들을 접촉이라 한다. 그래서 접촉은 '접촉하는' 특징이 있는 법이고, 접촉을 조건으로 마음 또는 의식이 일어날 수 있다. 수많은 대상이 있지만, 그중에 접촉이 일어나는 대상만 알고 분별할 수 있지 접촉이 일어나지 않는 대상은 알 수도, 분별할 수도 없다. 예를 들어 눈에 부딪히지 않는 형색을 볼 수는 없다.

> "눈과 형색을 조건으로 눈 의식이 … 귀와 소리를 조건으로 귀 의식이 … 코와 냄새를 조건으로 코 의식이 … 혀와 맛을 조건으로 혀 의식이 … 몸과 감촉을 조건으로 몸 의식이 … 마음과 법들을 조건으로 마노 의식[意識]이 일어난다. 이 셋의 화합이 접촉이다."
>
> _「여섯씩 여섯 경」(M18)

접촉을 통해 대상을 느끼고, 인식하고, 분별할 때 의도[cetanā, 思]도 함께 일어난다. 쩨따나cetanā는 √cet(to know)에서 파생된 여성명사이다. 또 √cet(to know)에서 파생된 동사인 찐떼띠cinteti는 '의도하다', '계획하다', '생각하다' 등의 뜻을 지니므로 cetanā는 '의도'를 의미한다. 그래서 '의도하는' 특징이 있는 정신 현상들을 의도라고 한다. 의도는 함께 일어난 심리 현상들과 더불어 마음이 의도하는 대로 대상을 알고 분별하는 일을 완수할 수 있도록 이끌어 가는 역할을 한다. 비유하면 마음 또는 의식이 왕이라면 의도는 총사령관과 같다. 이렇게 의도는 총사령관처럼 마음을 도와 정신을 총괄하는 역할을 담당하므로 의도가 정신의 책임자라고 할 수 있다. 그래서 붓다께서는 의도를 업業이라 하신 것이며 의도를 통해서 유익하거나 해로운 업을 짓는다고 하신 것이다.

좀 더 구체적으로 살펴보면 마음과 대상이 접촉할 때 대상에 대하여 행복이나 괴로움을 느끼고, 표상이나 이름을 붙여 인식하고, 그것을 알고 분별한다. 이때 대상에 대하여 어떤 의도가 일어나느냐에 따라 유익하거나 해로운 의도적 행위가 일어난다. 때로는 나쁜 의도가 일어나서 살생하고, 도둑질하고, 거짓말하고, 거친 말을 하고, 집착하고, 화내고, 사견을 가지는 등의 해로운 행위가 일어난다. 때로는 좋은 의도가 일어나서 살생을 삼가고, 도둑질을 삼가고, 거짓말을 삼가고, 거친 말을 삼가고, 집착하지 않고, 화내지 않고, 바른 견해를 가지는 등의 유익한 행위가 일어난다. 이같이 의도한 대로 느끼고 인식하고 분별하면서 몸과 말과 마음을 통해 유익하거나 해로운 행위를 함으로써 업을 짓게 되는 것이다. 유익한 의도는 유익한 업이 되어 이생에서 행복하게 살고, 내생에서도 천상이나 인간과 같은 선처에 태어나는 조건일 뿐 아니라, 완전한 깨달음을 얻어 괴로움을 소멸하는 조건이 된다. 반면에 해로운 의도는 해로운 업이 되어 이생에서 괴롭게 살다가 내생에서도 지옥이나 축생, 아귀[13]와 같은 악처에 태어나는 조건이 된다.

> "비구들이여, 의도가 업이라고 나는 말하노니 의도한 뒤 몸
> 과 말과 마음을 통해 업을 짓는다."
>
> _「꿰뚫음 경」(A6:63)

의도가 유익한지 해로운지는 대상에 어떻게 마음을 기울이는지와 관

---

13   항상 배고픔이나 갈증에 시달리며 고통 받는 존재들을 말한다.

련이 있다. 이때 대상으로 마음을 '기울게 하거나 향하게 하는' 실상을 지닌 정신 현상들을 마음 기울임[manasikāra, 作意]¹⁴이라 한다. 마음 기울임은 대상이 나타날 때 그 대상으로 마음이 향하게 하는 역할을 한다. 비유하면 배를 목적지로 향하게 하는 방향키와 같다. 그래서 마음을 어떻게 기울이느냐에 따라 유익한 법이나 해로운 법이 일어난다. 대상에 지혜롭게 마음을 기울이면¹⁵ 유익한 법이 일어나고, 어리석게 마음을 기울이면¹⁶ 해로운 법들이 일어난다. 예를 들어 몸은 영원한 것이라고 몸에 대하여 마음을 기울이면 몸에 대한 갈애가 일어난다. 반면에 몸은 무상한 것이라고 몸에 대하여 마음을 기울이면 몸에 대한 지혜가 일어난다.

> "비구들이여, 어리석게 마음을 기울이는 자에게 아직 일어나지 않은 해로운 법들이 일어나고 또 이미 일어난 유익한 법들은 버려진다. 비구들이여, 지혜롭게 마음을 기울이는 자에게 아직 일어나지 않은 유익한 법들이 일어나고 또 이미 일어난 해로운 법들은 버려진다."
>
> _「열심히 정진함 등의 품」(A1:7:7-8)

---

14 마나시까라manasikāra는 마나시까로띠manasikaroti에서 파생된 남성명사이다. manasi는 manas(마음)의 처소격이고, karoti는 '행하다', '주의를 기울이다'라는 뜻의 √kṛ(to do)에서 파생된 동사이므로 manasikaroti는 '마음에 두다', '마음을 짓다', '주의를 기울이다'라는 뜻이다. 그래서 manasikāra는 '마음 기울임' 또는 '주의'를 의미한다.

15 요니소yoniso 마나시까라manasikāra의 번역이다.

16 아요니소ayoniso 마나시까라manasikāra의 번역이다.

이상으로 형성 중에 접촉, 의도, 마음 기울임 등의 다른 것과 함께하는 법들에 대하여 살펴보았다. 이들은 마음이 대상을 분별하여 알 때 기본이 되는 심리 현상들이라 볼 수 있다. 왜냐하면 마음과 대상이 '접촉'할 때 대상을 분별하려는 '의도', 마음이 대상으로 향하게 하는 '마음 기울임', 대상에 대한 행복이나 괴로움 등을 느끼는 '느낌', 대상의 표상이나 이름을 붙이는 '인식' 등의 도움 없이는 대상을 분별하기 어렵기 때문이다.

이와 비교해서 형성 중에 해로운 법이나 유익한 법들은 마음이 대상을 분별할 때 기본이 되는 심리 현상들이 아니다. 오히려 괴로움의 소멸에 도움이 되는 유익한 법은 일어나는 것이 바람직하지만, 괴로움의 소멸에 방해가 되는 해로운 법은 사라지는 것이 좋다. 따라서 해로운 법과 유익한 법을 구분하는 지혜는 불교의 수행에서 매우 중요한데 이를 바른 견해라고 한다. 왜냐하면 자신에게 일어나는 정신 현상이 해로운 법인지, 유익한 법인지를 분명히 꿰뚫어 알아야 해로운 법들은 버리고 유익한 법들은 계발하는 바른 정진을 할 수 있기 때문이다. 그래서 붓다께서 해로운 법은 '버려야 할 진리'인 집성제, 유익한 법은 '계발해야 할 진리'인 도성제로 정리하여 설하신 것이다. 그러면 형성 중에 해로운 법과 유익한 법에 대하여 간단히 살펴보자.

먼저 해로운 법[akusala dhamma, 不善法]은 아꾸살라akusala 담마 dhamma의 번역이다. 이때 꾸살라kusala는 kusa+√la(to cut)로 분해할 수 있다. 문자적으로 kusa는 '꾸사'라는 풀을 의미하고 la는 '자르다', '베다'라는 뜻을 지닌다. 꾸사 풀은 거칠고 날카로워 잘못 만지면 손을 다치게 되는 위험하고 해로운 풀이다. 이런 꾸사 풀을 베어 버리는 것

2장··법이란 무엇인가?

이 kusala이다. 그래서 불교에서 kusala는 괴로움의 소멸을 실현하는 데 방해되는 것을 없애 버리는 '유익한[善]'을 의미한다. 한편 akusala는 부정 접두어인 a와 kusala의 결합이므로 괴로움의 소멸에 방해가 되는 '해로운[不善]'을 의미한다. 그래서 akusala dhamma는 괴로움의 소멸의 실현에 방해가 되는 '해로운 법'을 의미한다.

해로운 법들의 뿌리는 탐욕[貪], 성냄[瞋], 어리석음[癡]이다. 탐욕은 대상에 '집착하는' 특징이 있는 정신 현상들이고, 성냄은 대상을 '싫어하는' 특징이 있는 정신 현상들이며, 어리석음은 '현상의 실상을 꿰뚫어 알지 못하는' 특징이 있는 정신 현상을 말한다. 예를 들어 존재의 실상이 물질과 정신의 법들이고, 그것들은 무상하고 괴로움이며 무아라는 진리를 모르는 것이 어리석음이다. 어리석음으로 인해 물질과 정신에 대하여 집착하는 것이 탐욕이다. 원하는 대상에 대한 탐욕이 있는데 그것이 얻지 못할 때 싫어하는 마음이 성냄이다. 이와 같은 탐욕, 성냄, 어리석음을 기반으로 다른 해로운 법들이 분화되어 생겨나므로 이들을 해로운 법들의 뿌리라고 하는 것이다.

좀 더 구체적으로 살펴보자. 해로운 법 중에서 탐욕을 뿌리로 하는 법들은 진리와 부합하지 않는 견해인 '사견'과 나를 내세우는 '자만'이 있다. 또 성냄을 뿌리로 하는 법들은 남의 성공을 싫어하는 '질투', 자신의 성공을 나누기 싫어하는 '인색', 과거의 잘못을 싫어하는 '후회'가 있다. 탐욕과 성냄을 모두 뿌리로 하는 법은 게으르고 무기력한 마음인 '해태와 혼침'이다. 어리석음을 뿌리로 하는 법들은 악행에 대하여 부끄러움이 없는 '양심 없음', 악행에 대하여 두려움이 없는 '수치심 없음', 불안하고 안정되지 않은 마음인 '들뜸', 진리의 법을 믿지 못하는 '의심'

이 있다. 이들에 대하여는 4장의 일어남의 성스러운 진리인 집성제에 대한 설명에서 자세히 살펴볼 것이다.

> "도반들이여, 무엇이 해로움의 뿌리입니까? 탐욕이 해로움의 뿌리입니다. 성냄이 해로움의 뿌리입니다. 어리석음이 해로움의 뿌리입니다. 도반들이여, 이를 일러 해로움의 뿌리라 합니다."
>
> _「바른 견해 경」(M9)

유익한 법[kusala dhamma, 善法]은 꾸살라kusala 담마dhamma의 번역인데 앞서 설명했듯이 kusala dhamma는 괴로움의 소멸에 도움을 주는 '유익한 법'을 의미한다. 유익한 법들의 뿌리는 탐욕 없음, 성냄 없음, 어리석음 없음이다. 탐욕 없음은 대상에 '집착하지 않는' 특징이 있는 정신 현상들이고, 성냄 없음은 대상을 '싫어하지 않는' 특징이 있는 정신 현상들이고, 어리석음 없음은 괴로움의 소멸로 인도하는 방향에서 '현상의 실상을 꿰뚫어 아는' 특징이 있는 정신 현상들을 말한다. 어리석음 없음이나 지혜는 둘 다 '현상의 실상을 꿰뚫어 아는' 특징이 있으므로 명칭은 다르지만 법으로는 같다.

    예를 들어 존재의 실상이 물질과 정신의 법들이고, 그것들은 무상하고 괴로움이며 무아라는 진리를 꿰뚫어 아는 것이 어리석음 없음 또는 지혜이다. 지혜로 인해 물질과 정신에 대하여 집착하지 않는 것이 탐욕 없음이다. 원하는 대상에 대한 탐욕이 없으므로 그것이 얻지 못할 때도 싫어하는 마음이 없는 것이 성냄 없음이다. 이와 같은 탐욕 없음, 성냄 없음, 어리석음 없음을 기반으로 다른 유익한 법들이 분화되어 생겨나므로 이들을 유익한 법들의 뿌리라고 하는 것이다. 유익한 법들은 괴로움의 소멸에 도움을 주므로 수행자가 반드시 계발해야 할 법인데 이들에 대해서는 괴로움의 소멸로 인도하는 도 닦음의 성스러운 진리인 도성제, 즉 팔정도에 대한 부분에서 자세히 살펴볼 것이다.

> "도반들이여, 무엇이 유익함의 뿌리입니까? 탐욕 없음이 유익함의 뿌리입니다. 성내지 않음이 유익함의 뿌리입니다. 어리석음 없음이 유익함의 뿌리입니다. 도반들이여, 이를 일러 유익함의 뿌리라 합니다."
>
> _「바른 견해 경」(M9)

지금까지 형성을 다른 것과 함께하는 법, 해로운 법, 유익한 법으로 나누어서 살펴보았다. 사실 마음과 더불어 의도, 접촉, 느낌, 인식, 마음 기울임 등은 인지 과정에서 기본적인 법이지만, 유익한 법도 아니고 해로운 법도 아니다. 이들이 유익한 법이 되는지 해로운 법이 되는지는 이들이 유익한 법과 함께하는지 해로운 법과 함께하는지와 관련이 있다.

예를 들어 만약 지혜롭게 마음을 기울여서 의도가 탐욕 없음, 성냄 없음, 어리석음 없음 등의 유익한 법들과 함께하면 그 의도는 유익한 의도가 되고, 유익한 업을 짓는 것이다. 반면에 어리석게 마음을 기울여서 의도가 탐욕, 성냄, 어리석음 등의 해로운 법들과 함께하면 그 의도는 해로운 의도가 되고, 해로운 업을 짓는 것이다. 이는 마치 왕이 충신을 만나면 성군이 되고, 간신을 만나면 폭군이 되는 것과 같다.

정리해 보면 붓다께서는 정신을 느낌, 인식, 형성, 의식의 네 가지 무더기로 나누었고, 형성들은 접촉, 의도, 마음 기울임 등의 다른 것과 함께하는 법들과 해로운 법들, 유익한 법들의 세 가지로 구분하셨다. 이렇게 붓다께서 모든 정신 현상들을 이렇게 간단하면서도 체계적으로 분류하신 것은 참으로 어렵고도 희유한 일이다. 현대의 자연 과학은 물질세계의 구조를 발견하거나 물질세계를 체계적으로 분류하는 것이 주된 일 중의 하나이다. 그런데 물질세계 전체를 체계적으로 분류하는 것은 말할 것도 없고, 아주 제한된 물질을 체계적으로 분류하는 것조차 소수의 천재 과학자들만이 할 수 있는 매우 어려운 일이다.

더욱이 존재에게 일어나는 정신 현상들은 물질과는 비교할 수 없을 만큼 다양하고 복잡하다. 그러함에도 붓다께서는 존재를 이루는 모든 정신 현상을 유한한 법들로 분류하고, 그것 중에서 괴로움의 소멸에 유익한 법과 해로운 법을 명확하게 구분하셨다. 비유하자면 바닷물을 컵에 떠서 '이것은 한강에서 온 물이고, 이것은 낙동강에서 온 물이고, 이것은 금강에서 온 물이다.'라고 구분하는 것보다 훨씬 더 어려운 일이다. 하지만 붓다께서 최상의 지혜로 이런 법을 설하셨기 때문에 존재들은 해로운 법은 버리고 유익한 법은 계발하는 바른 정진을 함으로써 괴로움을 완전하게 소멸할 수 있다.

물질

앞서 정신에 대하여 간단히 살펴보았는데 정신이 일어나려면 물질 [rūpa, 色]의 도움이 필요하다. 예를 들어 눈과 형색이 있어야 이들이 접촉할 때 눈 의식이 일어날 수 있다. 그러면 물질에 대하여 간단히 알아보자. 물질은 루빠[rūpa]¹⁷의 번역인데 rūpa는 '형태', '모양', '외모' 등을 뜻한다. 하지만 불교에서 물질은 형태가 있으면서 '변형되는[ruppana]' 특성이 있는 현상들을 뜻한다. 예를 들어 넓은 대지, 바다, 불, 바람, 자동차, 눈, 귀, 코, 혀, 몸, 형색, 소리, 냄새, 맛, 감촉 등은 온도나 배고픔이나 목마름이나 햇빛이나 바람이나 벌레 등의 조건에 의해서 '변형되는' 특성이 있는 현상들이므로 이들은 모두 '물질'이라 할 수 있다.

　물질은 형체나 모양이 있으므로 여러 조건에 의해 '변형되는' 특성이 있지만, 정신은 형태나 모양은 없고 대상으로 기울면서 대상을 느끼거나 인식하거나 분별하는 '작용'만 있다. 또 물질은 생명이 있는 유정有情의 몸뿐 아니라 생명이 없는 무정無情을 이루는 구성 요소도 될 수 있지만, 정신은 생명이 있는 유정에게만 있다.

> "비구들이여, 그러면 왜 물질이라고 부르는가? 변형變形된다
> 고 해서 물질이라고 한다."
>
> _「삼켜버림 경」(S22:79)

붓다께서는 물질을 크게 근본 물질과 파생된 물질로 나누셨다. 근본 물질은 모든 물질을 구성하는 기본적인 요소이고, 파생된 물질은 주로 마음 또는 의식이 일어나는 것을 도와주는 눈, 귀, 코, 혀, 몸과 형

17　rūpa는 √rup(to break)에서 파생된 중성명사이다. rūpa는 좁은 의미로는 형색을 말하고, 넓은 의미로 물질을 말한다.

색, 소리, 냄새, 맛, 감촉 등을 말한다. 그러면 근본 물질부터 차례로 살펴보자.

근본 물질[mahābhutāni, 四大]은 모든 물질을 구성하는 기본 요소로써 땅의 요소, 물의 요소, 불의 요소, 바람의 요소의 네 가지를 말한다. 그래서 생명체의 몸뿐 아니라 세상의 물질은 네 가지 근본 물질들의 적당한 결합을 통해서 만들어지고 형성된다. 이런 이유로 물질을 바르게 이해하려면 네 가지 근본 물질을 꿰뚫어 알아야 한다.

땅의 요소[pathavī dhātu, 地界]는 '단단하고 견고한' 실상을 가진 물질 현상들을 말한다. 땅의 요소는 머리털, 몸 털, 손발톱, 가려움, 몸의 여러 가지 자극, 뼈, 심장, 간, 허파, 창자 등과 같이 자신의 몸에 있고 업을 조건으로 생긴[18] 내적인 것과 바위, 철, 플라스틱, 나무 등과 같은 외적인 것이 있다. 내적이든 외적이든 '단단하고 견고한' 특성이 있는 물질 현상들을 땅의 요소라고 한다.

물의 요소[apo dhātu, 水界]는 '물과 액체인' 실상을 가진 물질 현상들을 말한다. 물의 요소는 쓸개즙, 가래, 고름, 피, 눈물, 침, 콧물, 오줌 등과 같이 자신의 몸에 있고 업을 조건으로 생긴 내적인 것과 바닷물, 강물, 빗물, 냇물 등과 같은 외적인 것이 있다. 내적이든 외적이든 '물과 액체인' 특성이 있는 물질 현상들은 모두 물의 요소라고 한다.

불의 요소[tejo dhātu, 火界]는 '불과 따뜻한' 실상을 가진 물질 현상들을 말한다. 불의 요소는 몸을 따뜻하게 하는 열, 늙게 하는 열, 타는

---

18 생명이 있는 존재들의 몸을 이루는 물질은 업을 조건으로 생긴 물질이다. 무정물은 업을 조건으로 생긴 것이 아니라 불 또는 온도를 조건으로 생긴 물질이라 한다.

열, 음식을 소화하는 열 등과 같이 몸에 있고 업을 조건으로 생긴 내적인 것과 장작불, 호롱불, 기름불, 산불 등과 같은 외적인 것이 있다. 내적이든 외적이든 '불과 따뜻한' 특성이 있는 물질 현상들을 모두 불의 요소라고 한다.

바람의 요소[vāyo dhātu, 風界]는 '바람과 바람 기운'이라는 실상을 가진 물질 현상들을 뜻한다. 바람의 요소는 올라가는 바람, 내려가는 바람, 복부에 있는 바람, 창자에 있는 바람, 온몸을 움직이는 바람, 들숨과 날숨 등과 같이 몸에 있고 업을 조건으로 생긴 내적인 것과 거센 바람, 산들바람 등과 같은 외적인 것이 있다. 내적이든 외적이든 '바람과 바람의 기운'이라는 특성이 있는 물질 현상들을 모두 바람의 요소라고 한다. 이상으로 모든 물질의 기본적인 구성 요소인 네 가지 근본 물질에 대하여 간단히 살펴보았다. 그러면 파생된 물질에 대하여 알아보자.

> "도반이여, 그러면 무엇이 근본 물질입니까? 땅의 요소, 물의 요소, 불의 요소, 바람의 요소입니다."
>
> _「코끼리 발자국 비유의 긴 경」(M28)

파생된 물질[upādāya rūpa, 所造色]은 근본 물질을 기반으로 생긴 물질을 말한다. 붓다께서는 근본 물질을 '생명체의 몸이나 세상의 물질은 어떤 요소들로 이루어져 있는가?'라는 점에서 분류했다면 파생된 물질은 '괴로움이 일어나는 원천이라 할 수 있는 정신이 작용하는 데 어떤 역할을 하는가?'라는 점을 중요한 기준으로 삼아 분류했다고 볼 수 있다. 앞서 설명했듯이 괴로움과 행복을 느끼고 대상을 인식하고 분별하는 일은 정신이지 물질이 아니다. 왜냐하면 물질은 대상을 분별할 수 없기 때문이다. 물질은 단지 정신이 작용할 수 있도록 도와주는 역할만 한다. 그래서 붓다께서는 파생된 물질을 대상을 감지하는 센서 역할을 하는 물질인 감각 기능[indriya, 根]과 그 감각 기능에 부딪히는 대상[arammaṇa, 境] 등을 기준으로 삼아 분류하셨다.

좀 더 구체적으로 말하면 눈과 형색을 조건으로 눈 의식, 귀와 소리를 조건으로 귀 의식, 코와 냄새를 조건으로 코 의식, 혀와 맛을 조건으로 혀 의식, 몸과 감촉을 조건으로 몸 의식이 생겨난다. 그래서 파생된 물질은 감각 기능의 역할을 하는 눈, 귀, 코, 혀, 몸과 대상의 역할을 하는 형색, 소리, 냄새, 맛, (감촉)[19] 등으로 분류한 것이다. 이때 형색, 소리, 냄새, 맛, 감촉은 각각 눈 의식, 귀 의식, 코 의식, 혀 의식, 몸 의식의 '대상이 되는' 특성을 가진 물질 현상들을 말한다. 또 눈, 귀, 코, 혀, 몸은 각각 형색, 소리, 냄새, 맛, 감촉의 부딪힘을 감지하는 '감각 기능[根]' 또는 '감각 장소[處]'라는 특성이 있는 물질 현상들을 말한다. 정리해 보면 붓다께서는 물질은 네 가지 근본 물질, 즉 땅의 요소, 물의 요소, 불의 요소, 바람의 요소와 다섯 감각 기능, 즉 눈, 귀, 코, 혀, 몸과 다섯 대상, 즉 형색, 소리, 냄새, 맛, 감촉 등의 법으로 분류하셨다.

지금까지 물질과 정신의 법들에 대하여 간단히 살펴보았는데 이

---

19 몸 의식의 대상이 되는 감촉은 근본 물질을 의미한다. 단단함이나 고체의 특성이 있는 땅의 요소, 물이나 액체의 특성이 있는 물의 요소, 뜨거움이나 차가움의 특성이 있는 불의 요소, 움직임이나 바람의 기운의 특징이 있는 바람의 요소는 몸을 통해서 직접 감지할 수 있는 대상들이므로 네 가지 근본 물질은 몸 의식의 대상인 감촉에 해당한다. 그래서 몸 의식의 대상이 되는 감촉은 파생된 물질이 아니다.

를 정리해 보자. 붓다께서는 모든 존재가 괴로움에서 벗어날 수 있도록 도와주기 위해 존재를 이루는 현상들을 괴로움과 괴로움의 소멸을 기준으로 삼아 현상의 실상에 따라 분류하여 법을 설하셨다. 다시 말해서 존재의 실상은 물질과 정신의 법들 또는 물질 무더기, 느낌 무더기, 인식 무더기, 형성 무더기, 의식 무더기의 다섯 무더기이다. 이처럼 존재의 실상은 물질과 정신의 법들 또는 다섯 무더기인데 이것은 존재가 어떤 법들로 구성되어 있는지에 따라 분류한 것이다.

　　이와는 다른 측면에서 정신이 어떻게 일어나는지에 따라 존재를 이루는 법을 분류할 수도 있다. 존재는 물질과 정신이다. 이때 물질은 눈, 귀, 코, 혀, 몸의 결합이다. 또 정신은 마음과 심리 현상의 결합이고, 심리 현상들은 마음에 속하므로 정신이 곧 마음이라 해도 된다. 또 마음과 마노mano는 동의어이므로 정신은 곧 마노라고 할 수 있다. 그래서 물질과 정신은 눈, 귀, 코, 혀, 몸과 마노[마음]라고 할 수 있다. 이때 눈, 귀, 코, 혀, 몸, 마노를 여섯 감각 장소라고 부른다. 따라서 존재의 실상은 여섯 감각 장소라고도 할 수 있다. 종합해 보면 붓다께서는 존재를 물질과 정신 또는 다섯 무더기 또는 여섯 감각 장소의 법들로 설하셨다. 붓다께서 이렇게 법을 분류하여 정리한 이유는 현학적인 이론이나 사상을 위해서가 아니라 괴로움의 소멸을 위해서임을 잊지 말고 명심해야 한다.

4) 법을 괴로움과 괴로움의 소멸의 구조로 정리한 것이 사성제이다
앞서 살펴보았듯이 붓다께서는 세상에 있는 현상들을 실상에 따라 분류하여 법으로 정리하셨다. 다시 말해서 물질과 정신, 더 나아가 다섯 무더기, 여섯 감각 장소 등으로 분류했다. 그런 후에 그 법을 괴로움과 괴로움의 소멸의 관점에서 체계적으로 정리하셨다. 다시 말해서 법 중에 '무엇이 괴로움이고, 무엇이 괴로움의 원인인지, 무엇이 괴로움의 소멸, 즉 행복이고, 무엇이 괴로움의 소멸로 인도하는 도 닦음인지'에 관하여 정리하셨는데 이것이 바로 네 가지 성스러운 진리인 사성제이다. 다시 말해서 어떤 법들이 괴로움인지에 대한 진리는 고성제, 어떤 법들이 괴로움의 원인인지에 대한 진리는 집성제, 어떤 법들의 소멸이 괴로움의 소멸인지에 대한 진리는 멸성제, 어떤 법들이 괴로움의 소멸로 인도하는 도 닦음인지에 대한 진리는 도성제라고 정리하신 것이 사성제이다. 이같이 붓다께서 사성제를 천명하셨기 때문에 수행자들은 사성제를 의지하여 괴로움을 괴로움으로 보고, 행복을 행복으로 보는 바른 견해를 갖추게 된다. 그런 후에 바른 정진을 통해 괴로움은 버리고 행복은 계발하려고 노력함으로써 괴로움을 소멸하고 완전한 행복을 실현할 수 있는 것이다. 그러면 붓다께서 어떻게 법을 괴로움과 괴로움의 소멸의 관점으로 체계적으로 정리하셨는지 좀 더 자세히 살펴보자.

법은 조건을 의지해서 일어난다

세상에 있는 모든 현상은 붓다의 견해, 즉 실상에 따라 분류하면 물질과 정신 또는 다섯 무더기의 법들이다. 그러면 물질과 정신의 법들은 '어떻게 일어나는가? 조물주가 창조하는가? 우연히 발생한 것인가?'

라는 질문이 생길 수 있다. 이에 대하여 붓다께서는 물질과 정신의 법들은 조물주가 창조한 것도 아니고, 우연히 발생한 것도 아니며, '조건을 의지해서 일어난다.'라고 설하셨다. 이것이 붓다께서 깨달은 진리인 조건 또는 연기緣起이다. 불교에서 연기를 꿰뚫어 아는 것은 매우 중요하다. 왜냐하면 물질과 정신의 법들이 일어나는 조건 또는 연기를 꿰뚫어 알면 사성제 중에 고성제, 집성제, 멸성제의 세 가지 진리가 분명해지기 때문이다. 이에 대하여 좀 더 자세히 살펴보자.

> "이것이 있을 때 저것이 있다. 이것이 일어날 때 저것이 일어난다. 이것이 없을 때 저것이 없다. 이것이 소멸할 때 저것이 소멸한다."
>
> _「십력 경 1」(S12:21)

첫째, 연기를 꿰뚫어 알면 고성제가 분명해진다. 붓다께서는 존재의 실상인 물질과 정신의 법들은 조건을 의지해서 생겨난다고 설하셨다. 다시 말해서 물질과 정신의 법들은 조건에 의해 생겨났으므로 조건이 사라지면 소멸하기 마련이다. 그래서 물질과 정신은 무상하고, 무상한 것은 불확실하고 불완전하므로 괴로움이며, 무상하고 괴로움인 것은 마음대로 통제할 수 있는 영원한 자아가 없으므로 무아이다. 한마디로 존재의 실상인 물질과 정신의 법들은 앞서 설명한 개별적인 특성뿐 아니라 무상하고 괴로움이며 무아라는 공통된 특성도 있다. 특히 괴로움이라는 공통된 특성이 있다. 이처럼 존재의 실상인 물질과 정신의 법들은 개별적인 특성뿐 아니라 괴로움이라는 공통된 특성도 있음을 천명한 것이 '괴로움의 성스러운 진리인 고성제'이다. 고성제는 존재의 실상을 드러내는 진리이므로 철저히 알아야 할 진리이다. 붓다께서는 고성제를 철저히 아셨기 때문에 '괴로움의 진리는 철저하게 알아졌다.'라고 천명하신 것이다.

> "비구들이여, '이것이 괴로움의 진리이다.'라는, … '이 괴로움의 진리는 철저하게 알아져야 한다.'라는, … '이 괴로움의 진리는 철저하게 알아졌다.'라는, 전에 들어 보지 못한 법들에 대한 눈이 생겼다. 지혜가 생겼다. 통찰지가 생겼다. 명지明智가 생겼다. 광명이 생겼다."
>
> _「초전법륜경」(S56:11)

둘째, 연기를 꿰뚫어 알면 집성제가 분명해진다. 존재 자체가 괴로움이라면 '존재는 무엇을 조건으로 태어나는가?'라는 질문을 할 수 있다. 이에 대하여 붓다께서는 '어리석음과 갈애를 조건으로 존재가 태어난다.'라고 설하셨다. 그런데 존재 자체가 괴로움이므로 '어리석음과 갈애를 조건으로 존재가 태어난다.'라는 말은 '어리석음과 갈애를 조건으로 괴로움이 일어난다.'라는 것을 의미한다. 이처럼 어리석음과 갈애가 괴로움이 일어나는 원인임을 천명한 진리가 '괴로움의 일어남의 성스러운 진리인 집성제'이다. 그런데 어리석음과 갈애뿐 아니라 해로운 법들을 조건으로도 괴로움이 일어나므로 '해로운 법들을 조건으로 괴로움이 일어난다.'라고 확장해서 말할 수 있다. 그래서 어리석음과 갈애뿐 아니라 해로운 법들 모두를 집성제라고 해도 무방하다. 정신의 법 중에서 해로운 법들은 정신을 갉아먹고 괴로움이 일어나게 한다. 마치 쇠에서 난 녹이 쇠를 갉아먹는 것처럼. 그래서 해로운 법들, 즉 집성제는 버려야 할 진리이다. 붓다께서는 해로운 법들을 버리셨기 때문에 '괴로움의 일어남의 진리는 버려졌다.'라고 천명하신 것이다.

> "비구들이여, '이것이 괴로움의 일어남의 진리이다.'라는, …
> '이 괴로움의 일어남의 진리는 버려져야 한다.'라는, … '이 괴
> 로움의 일어남의 진리는 버려졌다.'라는, 전에 들어 보지 못
> 한 법들에 대한 눈이 생겼다. 지혜가 생겼다. 통찰지가 생겼
> 다. 명지가 생겼다. 광명이 생겼다."
>
> _「초전법륜경」(S56:11)

셋째, 연기를 꿰뚫어 알면 멸성제가 분명해진다. 앞서 '어리석음과 갈애뿐 아니라 해로운 법들을 조건으로 괴로움이 일어난다.'라는 말은 '해로운 법이 소멸하면 괴로움도 소멸한다.'라는 것을 의미한다. 다시 말해서 해로운 법들이 완전히 소멸한 아라한이 죽음을 맞이하면 다시 태어나지 않게 되므로 물질과 정신의 법들이 다시 형성되지 않는다. 그런데 물질과 정신의 법들 자체가 괴로움이므로 물질과 정신의 법들이 형성되지 않는다는 것은 괴로움의 소멸이고, 완전한 행복의 실현이라 할 수 있다. 이처럼 해로운 법들이 소멸하면 괴로움이 소멸하게 됨을 천명한 진리가 '괴로움의 소멸의 성스러운 진리인 멸성제'이다. 그래서 멸성제는 실현해야 할 진리이다. 붓다께서는 실현했기 때문에 '괴로움의 소멸의 진리는 실현되었다.'라고 천명하신 것이다.

114

"비구들이여, '이것이 괴로움의 소멸의 진리이다.'라는, … '이 괴로움의 소멸의 진리는 실현되어야 한다.'라는, … '이 괴로움의 소멸의 진리는 실현되었다.'라는, 전에 들어 보지 못한 법들에 대한 눈이 생겼다. 지혜가 생겼다. 통찰지가 생겼다. 명지가 생겼다. 광명이 생겼다."

_「초전법륜경」(S56:11)

이처럼 물질과 정신의 법들이 일어나는 조건 또는 연기를 꿰뚫어 알면 고성제, 집성제, 멸성제의 세 가지 진리가 분명해진다. 그렇다면 '연기를 꿰뚫어 알게 하는 수행 방법은 있는가?'라는 의문이 생길 수 있다. 이에 대하여 붓다께서는 팔정도, 즉 바른 견해, 바른 사유, 바른 말, 바른 행위, 바른 생계, 바른 정진, 바른 기억, 바른 삼매를 닦으면 연기를 꿰뚫어 알 수 있고, 더 나아가 괴로움의 소멸로 인도할 수 있다고 설하셨다. 이처럼 팔정도가 괴로움의 소멸로 인도하는 도 닦음임을 천명한 진리가 '괴로움의 소멸로 인도하는 도 닦음의 진리인 도성제'이다. 그런데 팔정도뿐 아니라 유익한 법들은 모두 괴로움의 소멸에 도움을 주는 법들이므로 유익한 법들 역시 괴로움의 소멸로 인도하는 도 닦음인 도성제라 해도 무방하다. 정신의 법 중에서 유익한 법들은 해로운 법을 제거하고 괴로움의 소멸로 인도한다. 마치 철 세공사가 철에서 녹을 제거하는 것처럼. 그래서 유익한 법들, 즉 도성제는 닦아야 할 진리이다. 붓다께서는 도성제가 닦아졌기 때문에 '괴로움의 소멸로 인도하는 도 닦음의 진리는 닦아졌다.'라고 천명하신 것이다.

"비구들이여, '이것이 괴로움의 소멸로 인도하는 도 닦음의
진리이다.'라는, ⋯ '이 괴로움의 소멸로 인도하는 도 닦음의
진리는 닦아져야 한다.'라는, ⋯ '이 괴로움의 소멸로 인도하
는 도 닦음의 진리는 닦아졌다.'라는, 전에 들어 보지 못한 법
들에 대한 눈이 생겼다. 지혜가 생겼다. 통찰지가 생겼다. 명
지가 생겼다. 광명이 생겼다."

_「초전법륜경」(S56:11)

법을 괴로움과 괴로움의 소멸의 구조로 정리한 것이 사성제이다

앞서 살펴보았듯이 존재의 실상인 물질과 정신의 법들과 그것들이 일
어나는 원인인 조건 또는 연기를 꿰뚫어 알면 고성제, 집성제, 멸성제
가 분명해진다. 더불어 연기를 꿰뚫어 알게 하는 도 닦음인 팔정도, 즉
도성제가 분명해진다. 이처럼 물질과 정신의 법들, 그 법들의 조건 또는
연기, 그리고 팔정도의 법들을 꿰뚫어 봄으로써 사성제가 분명해진다.

이같이 물질과 정신의 법의 특성, 물질과 정신의 법의 일어남, 물
질과 정신의 법의 소멸, 물질과 정신의 법의 소멸로 인도하는 도 닦음
을 체계적으로 정리한 것이 사성제이다. 간단히 말하면 물질과 정신
의 법들을 괴로움의 구조와 괴로움의 소멸의 구조로 정리한 것이 사
성제라고 할 수 있다. 이에 대하여 다시 정리해 보자.

존재의 실상은 물질과 정신의 법들이고, 물질과 정신의 법들은 조
건을 의지해서 생겨난 연기된 법이므로 무상하고 괴로움이며 무아라
고, 특히 괴로움이라고 천명한 진리가 고성제이다. 또 괴로움이 일어

나는 조건은 해로운 법들이라고 천명한 진리가 집성제이다. 그래서 법들을 괴로움과 괴로움의 일어남, 즉 '괴로움의 구조'로 정리한 것이 고성제와 집성제이다.

반면에 해로운 법들이 소멸하면 괴로움의 소멸, 즉 물질과 정신의 소멸이 실현된다고 천명한 진리가 멸성제이다. 또 괴로움의 소멸로 인도하는 도 닦음은 팔정도를 포함한 유익한 법들이라고 천명한 것이 도성제이다. 그래서 법들을 괴로움의 소멸과 괴로움의 소멸로 인도하는 도 닦음, 즉 '괴로움의 소멸의 구조'로 정리한 것이 멸성제와 도성제이다.

> "장하고 장하구나, 아누라다여. 아누라다여, 나는 이전에도
> 지금에도 괴로움과 괴로움의 소멸을 천명할 뿐이다."
>
> _「아누라다 경」(S44:2)

사성제는 단순한 지식이나 사상 체계, 이론이 아니라 괴로움을 꿰뚫어 알아 괴로움의 소멸을 실현할 수 있게 하는 진리를 나타내는 법이다. 세속적인 지식이나 이론은 틀릴 수도 있지만 진리는 틀릴 수가 없다. 진리는 누가 설하더라도 표현만 다를 뿐 내용은 같아야 한다. 그래서 사성제는 괴로움과 괴로움의 소멸에 대한 진리의 가르침이고, 진리를 나타내는 법이다.

> "비구들이여, 이러한 네 가지 성스러운 진리는 진실하고, 거
> 짓이 아니고, 그렇지 않은 것이 아니다. 그래서 성스러운 진

2장‥법이란 무엇인가?

리라고 한다."

_「진실함 경」(S56:27)

그러면 사성제라는 법은 왜 중요한가? 사성제를 의지하여 사성제에 대한 지혜와 기억을 확립함으로써 해로운 법들을 버리고 괴로움을 소멸할 수 있기 때문이다. 다시 말해서 도성제인 팔정도를 닦음으로써 존재의 실상인 물질과 정신의 법들을 꿰뚫어 볼 수 있다. 더 나아가 그것들이 조건을 의지해서 생겨난다는 연기를 꿰뚫어 알 수 있다. 그러면 물질과 정신은 연기된 법이므로 무상하고 괴로움이고 무아임을 명확히 꿰뚫어 볼 수 있다. 이로 인해 존재 그 자체가 괴로움이라는 고성제를 철저히 알게 된다. 고성제를 철저히 알면 존재를 행복이라고 잘못 아는 어리석음과 존재에 대한 갈애도 버려진다. 더구나 어리석음과 갈애는 모든 해로운 법의 뿌리이므로 어리석음과 갈애가 버려지면, 나머지 해로운 법들도 모두 버려진다.

이렇게 고성제를 철저히 알면 집성제, 즉 해로운 법들이 완전히 버려진다. 해로운 법들이 버려진 아라한이 죽음을 맞이하면 다시 태어나지 않으므로 물질과 정신의 법들, 즉 괴로움이 소멸한다. 이렇게 집성제가 버려지면 멸성제가 실현된다. 정리해 보면 도성제를 닦으면, 고성제는 철저히 알아지고, 집성제는 버려지고, 멸성제는 실현된다. 이런 이유로 붓다께서 법을 사성제로 체계적으로 정리해서 설하신 것이다. 이상에서 살펴본 것처럼 불교에서 법에 대한 이해는 매우 중요하지만, 법을 바르게 이해하기는 굉장히 어렵다. 그래서 앞으로 법에 관하여 주의해야 할 점들을 법에 대한 그릇된 이해와 바른 이해를 비교하며 살펴보겠다.

"비구들이여, 그와 같이 비구가 여덟 가지 구성 요소를 가진 성스러운 도를 닦고 여덟 가지 구성 요소를 가진 성스러운 도를 많이 [공부] 지으면 최상의 지혜로 철저하게 알아야 하는 법들을 최상의 지혜로 철저히 알게 된다. 최상의 지혜로 버려야 할 법들을 최상의 지혜로 버리게 된다. 최상의 지혜로 실현해야 할 법들을 최상의 지혜로 실현하게 된다. 최상의 지혜로 닦아야 할 법들을 최상의 지혜로 닦게 된다."

_「객사 경」(S45:159)

2

법에 대한
바른 이해

1) 법을 통해 법을 볼 수 있다

붓다가 출현하지 않는 시대에 태어난 존재들은 바른 스승을 만나 사
성제를 듣고 배울 수 없으므로 괴로움을 소멸하려면 스승 없이 스스
로 붓다가 되어야 한다. 그런데 스스로 붓다가 되려면 진리를 깨닫기
위해 수많은 시행착오를 겪을 수밖에 없으므로 이루 셀 수 없이 오랜
시간이 걸릴 수 있다. 참으로 다행스럽게도 우리 시대에는 존재를 이
루는 현상들의 실상을 꿰뚫어 보시고 진리를 깨달아 괴로움을 소멸한
석가모니 붓다께서 출현하셨다. 더구나 붓다께서는 모든 존재가 당신
과 같이 깨달음을 얻어 괴로움을 소멸할 수 있도록 도와주기를 원하
셨다. 그래서 붓다께서는 괴로움의 소멸을 위해 지나치지도 부족하지
도 않게 꼭 필요한 최소한의 범위에서 법을 설하셨고, 그 법을 괴로움

과 괴로움의 구조로 정리하여 설하신 것이 바로 네 가지 성스러운 진리인 사성제이다. 그런데 사성제는 붓다께서 세상을 이해하는 관점이고 견해이므로 사성제의 견해가 곧 붓다의 견해라고 할 수 있다.

이같이 붓다께서는 당신이 깨달은 현상들의 실상에 따라 현상들을 분류하여 법을 설하시고, 법을 괴로움과 괴로움의 소멸의 관점에서 사성제로 정리하여 설하셨다. 그러므로 수행자들은 사성제에 대한 법문을 듣고 그것을 의지하여 수행함으로써 법을 스스로 볼 수 있는 최고의 행운을 만난 것이다. 붓다께서 설하신 사성제를 의지하여 수행한다면 시행착오 없이 바른 방향으로 수행할 수 있으므로 바로 이생에서도 법을 스스로 볼 수 있고, 더 나아가 법을 괴로움과 괴로움의 소멸의 구조로 정리하여 통찰함으로써 사성제라는 진리의 법을 깨달아 괴로움을 소멸할 수 있다. 실제 석가모니 붓다 당시에 수많은 스님과 재가자들이 붓다의 법문을 듣고 바로 그 생에 아라한이 되어 괴로움을 소멸하였다. 따라서 불교의 수행자는 반드시 바른 스승을 친견하여 사성제의 법문을 듣고 배운 후에 바른 견해 또는 붓다의 견해 또는 사성제의 견해를 갖추고 그것을 의지해서 수행해야 한다.

사성제의 법문을 배운 후에 그 법을 의지해서 세상에 있는 현상들을 바라본다면 붓다의 견해로 현상들을 볼 수 있으므로 물질과 정신의 법들을 스스로 보아 알 수 있다. 더 나아가 법을 본 후에는 법들을 괴로움과 괴로움의 소멸의 구조, 즉 물질과 정신의 법의 특성, 물질과 정신의 법의 일어남, 물질과 정신의 법의 소멸, 물질과 정신의 법의 소멸로 인도하는 도 닦음으로 정리하여 통찰함으로써 궁극적으로 사성제를 스스로 체득해 괴로움을 소멸할 수 있다. 이처럼 법을 통해 법을 보는 것은 불교의 수행에서 필수적인 요소임에도 불구하고 일부 수행자들은 법을 듣고 배워서 법을 의지해 수행하는 일을 등한시하고 본인의 수행 체험만을 중시하는 경향이 있다. 이렇게 수행하면 많은 시행착오를 겪게 될 뿐 아니라 자신만의 세계에 빠져 그릇된 견해로 흘러갈 가능성이 크다.

붓다께서 설하신 법은 괴로움의 소멸에 꼭 필요하면서도 가장 간단한 수준의 가르침이고, 그것은 한마디로 사성제이다. 그래서 사성제라는 법을 의지하지 않고서는 괴로움을 소멸하는 일은 매우 어렵고 위험하다. 왜냐하면 사성제라는 법을 듣고 배우지 않아서 그 법을 의지하지 않고 수행하는 것은 지도나 나침반이 없이 미지의 산을 오르는 것과 같기 때문이다. 따라서 불교의 수행자는 반드시 바른 스승을 만나 사성제에 대한 법문을 듣고 배운 후에 사성제라는 법을 통해서 수행해야 한다. 그렇게 법을 의지해 수행한다면 세상에 있는 현상과 그것들의 실상을 나타내는 물질과 정신의 법들을 스스로 볼 수 있고, 법들을 봄으로써 사성제를 깨달아 괴로움을 소멸할 수 있다. 이처럼 법을 통해 법을 볼 수 있음을 잊지 말아야 한다.

2) 법은 현상과 개념을 함께 나타낸다

세상에 있는 현상을 분별하여 알려면 감각 기능과 대상이 접촉하여 의식[識]이 작용해야 한다. 이때 의식과 더불어 인식[想]이 반드시 일어나는데 인식은 현상에 대한 표상이나 명칭, 즉 개념을 만드는 역할을 하므로 인식이 일어나면 현상에 대한 개념이 형성된다. 그러면 그 개념을 기반으로 현상에 대하여 이모저모 생각하고 조사함으로써 그 현상을 더 자세히 분별하여 알 수 있다. 더 나아가 이와 같은 분별의 과정을 통해 지혜가 생겨나는데 그런 지혜를 통해서 그 개념에 대한 이해가 더 명확해지고 풍부해진다. 이처럼 현상을 분별할 때뿐 아니라 현상을 꿰뚫어 아는 지혜를 계발할 때도 인식을 통해 생긴 개념이 꼭 필요하다. 역으로 현상과의 접촉을 조건으로 인식이 일어나고, 인식을 조건으로 개념이 생겨나기 때문에 현상에 대한 개념은 현상이 없으면 생겨날 수 없다. 따라서 어떤 현상을 분별하여 안다는 것은 그 현상에 대한 개념이 함께함을 의미하고, 그 개념은 현상이 없으면 생기지 않는다.

> "도반이여, 느끼는 그것을 인식하고, 인식하는 그것을 분별
> 하여 압니다."
>
> _「교리문답의 긴 경」(M43)

예를 들어 '큰 돌덩어리'가 있다고 하자. 그것을 세속의 견해로 보면 '바위'라 할 수 있다. 이때 '바위'는 큰 돌덩어리를 지칭하는 개념일 뿐 아니라 큰 돌덩어리 그 자체이기도 하다. 또 그것을 붓다의 견해로 보면 '물질'이라는 법으로 이해할 수 있다. '물질'은 큰 돌덩어리의 실상이 '변형됨'이라는 것을 알게 하는 개념일 뿐 아니라 큰 돌덩어리 그 자체이기도 하다. 이처럼 어떤 현상을 분별하더라도 현상 그 자체와 그것을 알게 하는 개념은 함께한다. 하지만 개념이 생길 때 그 현상에 대한 관점이 반영되기 때문에 그 현상을 어떤 관점에서 보느냐에 따라 개념은 달라질 수 있다. 위의 예에서 보았듯이 세속의 견해로 보면

바위이고, 붓다의 견해로 보면 물질이다. 특히 붓다의 견해로 현상을 이해한 것을 법이라 하는데 법은 그 현상의 실상을 통찰한 개념이 함께한다는 점을 주목해야 한다.

이처럼 법을 알 때는 현상 그 자체를 뜻하는 법［dhamma］과 개념을 뜻하는 법［Dhamma］이 함께한다. 여기서 개념을 뜻하는 법은 붓다께서 깨달은 현상의 실상을 알게 하므로 개념 속에 붓다의 통찰이 포함되어 있음을 명심해야 한다. 예를 들어 '자신에 애착하는 마음'을 '탐욕'이라 할 때 '자신에 애착하는 마음'은 탐욕이 지칭하는 현상 그 자체(dhamma)이고, 탐욕은 그것의 실상이 '집착하는' 특성이 있음을 통찰한 개념(Dhamma)이다. 이처럼 법은 현상 그 자체뿐 아니라 그것의 실상을 통찰한 개념이 함께한다는 점에 주의해야 한다. 이렇게 법을 이해하는 일은 현상 그 자체나 그 현상의 실상을 알게 하는 개념 중에 어느 한쪽 측면에도 치우치지 않고 잘 조화된 중도적인 입장이라고 할 수 있다. 다시 말해서 현상이 곧 개념이고, 개념이 곧 현상이며, 현상과 개념이 다르지 않고, 개념과 현상이 다르지 않다고 보는 것이다. 이같이 중도적인 입장에서 법을 이해하는 일이 바람직하다고 보는 이유는 불교의 수행과 밀접한 관계가 있다.

불교의 수행은 괴로움의 소멸이 목적인데 이를 위해서는 괴로움의 원인인 해로운 법들을 소멸해야 한다. 그러면 해로운 법들은 어디에서 어떻게 일어나는가? 해로운 법들은 현실에서 일상적으로 접하는 현상 바로 거기에서 일어난다. 탐욕, 성냄, 어리석음 등의 해로운 법들은 사람들이 삶 속에서 일상적으로 접하는 현상들에 대해 일어나는 것이지 특별한 대상에만 일어나는 것이 아니다. 그러면 해로운 법들은 어디에서 어떻게 소멸하는가? 해로운 법들은 일상적으로 접하는 현상 바로 거기에서 사라진다. 사람들이 일상적으로 접하는 현상들에서 그것들의 실상을 통찰하면 그 현상들은 물질 또는 정신의 법이며, 이들은 무상하고 괴로움이며 무아임을 꿰뚫어 알 수 있다. 이렇게 사람들이 일상적으로 접하는 현상들의 실상을 통찰하면 그 현상들에 대한 탐욕, 성냄, 어리석음 등의 해로운 법이 버려진다. 정리해 보면 사람들이 일상적으로 접하는 현상들 속에서 그것들의 실상을 통찰함으로써 해로운 법들을 소멸할 수 있다. 이런 이유로 붓다께서는 일상적으로 접하는 현상을 붓다의 견해로 본 것을 법이라 설하신 것이다.

> "눈의 접촉은 … 귀의 접촉은 … 코의 접촉은 … 혀의 접촉은 … 몸의 접촉은 … 마음의 접촉은 세상에서 즐겁고 기분 좋은 것이다. 여기서 이 갈애는 일어나서 여기서 자리 잡는다. … 눈의 접촉은 … 귀의 접촉은 … 코의 접촉은 … 혀의 접촉은 … 몸의 접촉은 … 마음의 접촉은 세상에서 즐겁고 기분 좋은 것이다. 여기서 이 갈애는 없어지고 여기서 소멸한다."
>
> _「대념처경」(D22)

이처럼 법은 일상적으로 접하는 현상 바로 거기에서 그 현상의 실상을 통찰한 개념을 포함하고 있다. 다시 말해서 법은 현상 그 자체일 뿐 아니라 현상의 실상을 통찰한 개념이기도 하다. 이렇게 법을 이해하는 것이 중도적인 이해이고 바른 이해라고 할 수 있다. 이렇게 법을 중도적으로 이해하면 존재의 실상인 물질과 정신의 법을 바르게 볼 수 있다. 더 나아가 물질과 정신의 법의 특성, 물질과 정신의 법의 일어남, 물질과 정신의 법의 소멸, 물질과 정신의 법의 소멸로 인도하는 도 닦음을 조사함으로써 사성제를 체득하여 괴로움을 소멸할 수 있다. 반면에 법을 중도적으로 이해하지 않고 한쪽으로 치우치게 이해한다면 특별한 현상만을 법으로 보고 신비한 현상을 쫓아가거나, 현상 그 자체는 관찰하지 않고 개념에만 빠져서 현학적인 이론으로 흘러가는 잘못을 범할 수 있다. 그러면 법을 중도적 관점에서 이해하지 않고 '현상 그 자체'에만 너무 치우쳐 있거나 현상의 실상을 알게 하는 '개념'에만 빠져 있을 때 생길 수 있는 문제점에 대하여 좀 더 자세히 살펴보자.

3) 법은 현상보다 통찰이 중요하다

앞서 법은 현상 그 자체일 뿐 아니라 그 현상의 실상을 통찰한 개념이라고 했다. 예를 들어 탐욕은 실제 정신 현상 그 자체일 뿐 아니라 그것의 실상이 집착하는 것임을 통찰한 개념이기도 하다. 더구나 개념을 뜻하는 법은 현상의 실상을 통찰하게 하므로 이를 통해 존재의 실상인 물질과 정신의 법을 꿰뚫어 보고, 그것이 무상하고 괴로움이며 무아임을 통찰함으로써 세상에 있는 현상들에 대한 집착을 버리고 괴로움을 소멸할 수 있다. 이처럼 개념을 뜻하는 법에는 현상의 실상에 대한 통찰이 담겨 있으므로 법은 불교의 수행에서 매우 중요한 역할을 한다. 하지만 어떤 전통에서는 법의 두 가지 측면 중에 현상의 실상을 통찰한 개념은 제외하고 오직 현상 그 자체만을 법으로 본다. 이렇게 법을 이해하면 법이 너무 이상화되어 현실에서 멀어지거나 법, 즉 현상 그 자체를 경험하는 것이 현상에 대한 통찰보다 더 중요한 일이 될 수 있는 위험이 있다. 이에 대하여 차례로 살펴보자.

첫째, 법이 이상화되어 현실에서 멀어질 위험성이 있다. 상좌부의 아비담마에서는 법을 '고유 성질[sabhāva[20], 自性]을 가지며 더 분해할 수 없는 현상'이라고[21] 정의한다. 그리고 이런 법을 제외한 나머지는 모두 개념으로 본다. 다시 말해서 법을 제외한 다른 현상들이나 모든 현상에 대한 명칭, 특히 법에 대한 명칭조차도 모두 개념으로 본다. 예를 들어 아비담마에서는 사람의 몸은 매우 작은 입자인 깔라빠 kālapa로 이루어져 있고, 그 깔라빠들은 땅의 요소, 물의 요소, 불의 요소, 바람의 요소 등의 물질의 법의 결합이라고 말한다. 그래서 물질의 법을 보려면 몸이 수많은 깔라빠들로 이루어져 있음을 식별한 후에 그 깔라빠에서 땅의 요소 등의 법을 꿰뚫어 보아야 한다. 물의 요소 등의 나머지 물질의 법들도 마찬가지로 이해할 수 있다. 그런데 만약 이런 것만을 법이라고 정의한다면 아주 특별한 현상들만이 법일 뿐, 우리 삶에서 일상적으로 경험하는 자신의 몸, 자동차, 집, 재물 등 대부분의 물질 현상들은 법이 될 수 없다. 그러면 법은 현실에서 경험하기 힘든 아주 특별하고 이상적인 현상만을 의미하므로 법이 현실에서 멀어질 위험이 많다.

이같이 법이 너무 이상화되어 현실과 멀어지게 되면 법을 알고 보게 되더라도 해로운 법이 소멸하지 않을 수 있다. 왜냐하면 대부분의

---

20 현상이 지닌 고유의 특성을 말한다.

21 이런 의미에서 법을 특별히 구경법[paramattha sacca, 究竟法]이라고 한다.

해로운 법들은 현실에서 일상적으로 접하는 현상들을 기반으로 일어나기 때문이다. 붓다께서는 괴로움의 원인인 해로운 법들은 마음과 대상이 접촉하는 바로 거기에서 일어난다고 설하셨다. 다시 말해서 특별한 대상에만 갈애가 일어나는 것이 아니라 일상에서 수많은 대상과 접촉할 때마다 갈애가 일어나는 것이다. 더구나 자주 접하는 대상일수록 거듭거듭 반복해서 갈애가 일어나므로 갈애는 더 강해지고 고질적이다. 그렇지만 일상에서 접할 수 없는 특별하고 이상적인 현상에 대하여는 경험한 적이 없으므로 갈애가 일어날 수는 없다. 단지 그런 현상을 경험하고 난 후에야 비로소 그것에 대한 갈애가 일어날 가능성이 있을 뿐이다.

> "말룽꺄뿟따여, 이를 어떻게 생각하는가? 그대가 보지 못했고, 전에도 본 적이 없으며, 지금 보지도 못하고, 앞으로도 보지 못할, 마음으로 알아야 할 법들이 있다면 그대는 그것들에 대한 욕구나 탐욕이나 애정을 가지겠는가?" "그렇지 않습니다, 세존이시여."
>
> _「말룽꺄뿟따 경」(S35:95)

이처럼 현실에서, 일상에서, 자주 접하는 현상들에서 갈애 등과 같은 해로운 법들이 더 강하고 고질적으로 일어나는 것이지 특별하고 이상적인 현상들에서는 해로운 법들이 거의 일어나지 않는다. 그러므로 해로운 법들을 버리려면 일상에서 자주 접하는 현상들 바로 거기에서 그 현상들의 실상을 통찰함으로써 그것들이 무상하고 괴로움이며 무아임을 꿰뚫어 보아야 한다. 그래야 일상에서 접하는 현상들이 집착할만한 가치가 없음을 꿰뚫어 알아 해로운 법들이 버려질 수 있다. 그래서 붓다께서는 해로운 법들은 마음과 대상이 접촉하는 바로 거기에서 일어날 뿐 아니라 마음과 대상이 접촉하는 바로 거기에서 사라진다고 설하신 것이다. 하지만 법을 특별한 현상으로 이상화하여 이해하면 법이 현실에서 멀어져 해로운 법을 소멸하는 수행에 도움이 되지 않을 수 있다. 이런 이유로 붓다께서는 법을 이상화하지 않고 일상적으로 접하는 현상들에서 그것들의 실상을 통찰하는 것을 법을 본다고 설하신 것이다.

> "눈의 접촉은 … 귀의 접촉은 … 코의 접촉은 … 혀의 접촉은 … 몸의 접촉은 … 마음의 접촉은 세상에서 즐겁고 기분 좋은 것이다. 여기서 이 갈애는 일어나서 여기서 자리 잡는다. … 눈의 접촉은 … 귀의 접촉은 … 코의 접촉은 … 혀의 접촉은 … 몸의 접촉은 … 마음의 접촉은 세상에서 즐겁고 기분 좋은 것이다. 여기서 이 갈애는 없어지고 여기서 소멸한다."
>
> _「대념처경」(D22)

둘째, 현상을 통찰하는 것보다 현상 그 자체를 경험하는 일이 중요해진다. 어떤 전통에서는 현실에서 경험하기 힘든 신비하고 특별한 상태를 법이라고 말하고, 그 법을 체험하는 자체가 곧 깨달음이라고 주장하기도 한다. 이렇게 법과 깨달음을 이해하면 수행의 방향이 일상에서 접하는 현상들 속에서 그것의 실상을 통찰하려는 것보다 일상에서 쉽게 접할 수 없는 신비하고 특별한 현상을 경험하려는 쪽으로 흘러가게 될 것이다. 예를 들어 어떤 수행자가 아주 아름다운 빛을 경험했다거나, 부처님의 모습을 친견했다거나, 하늘의 음성을 들었다거나, 우주 의식을 경험했다거나, 마음이 일어나기 이전의 본래 자리를 보았다거나, 큰 광명을 경험했다는 등의 특별한 현상을 경험하면 자신이 법을 보았고, 깨달음을 얻었다고 생각할 수 있다. 하지만 이것은 붓다께서 바깥 경계에서 깨달음을 구하지 말라고[22] 설하신 가르침과 정면으로 배치되는 것이다. 붓다께서는 항상 어떤 현상을 경험하는 것 자체가 깨달음이 아니라, 모든 현상, 그것이 비록 원하고 사랑스러운 현상일지라도 그것에 대한 집착이 버려진 상태가 깨달음이라고 분명하게 설하셨다. 따라서 비록 그와 같은 현상을 경험했더라도 그런 경험을 통해서 자신의 마음에서 탐욕, 성냄, 어리석음 등의 해로운 법들이 소멸했는지, 소멸하지 못했는지를 철저하게 검증하는 것이 바람직하다.

"헤마까여, 이 세상에서 보고[見], 듣고[聞], 감지하고[覺], 알게 된[知] 것들, 이것이 비록 사랑스러운 대상일지라도, 그것들에 대한 욕망과 탐욕을 제거한 것이 흔들림이 없는 열반의 경지입니다."

_『숫따니빠따』(1086)

22　『숫따니빠따』(919). 이것은 대승불교의 핵심 경전 중의 하나인 『금강경』에도 다음과 같이 잘 나타나 있다. '만약 색으로써 나를 보려고 하거나, 음성으로써 나를 구한다면, 이 사람은 그릇된 도를 행하는 것이라, 능히 여래를 보지 못하리라[약이색견아(若以色見我) 이음성구아(以音聲求我) 시인행사도(是人行邪道) 불능견여래(不能見如來)].' 『금강경』 제26장.

또 다른 예로 상좌부 아비담마에서는 '열반[23]은 형성됨이 없는 법[無爲法]이고, 열반을 아는 마음을 출세간의 도道와 과果의 마음'[24]이라 하고, 이런 마음이 일어나면 깨달음이라 말한다. 이처럼 아비담마에서는 열반을 의식 또는 마음으로 알 수 있는 대상으로 보고, 열반을 아는 마음이 일어남을 깨달음이라고 말하는 것이다. 이런 방식으로 깨달음을 정의하면 수행을 통해 사성제에 대한 지혜와 바른 기억이 성숙하여 열반을 실현할 수 있는 것이 아니라 열반을 알기만 하면 깨달음이 일어난다고 생각할 위험성이 있다. 말하자면 수행 중에 생각이 사라진 멍한 상태[25]를 경험하거나, 텅 빈 허공을 경험하고는 그것이 열반이고 깨달음을 얻었다고 말할 수도 있는 것이다.

이보다 더 큰 문제는 열반이라는 법이 대상화된다는 점인데 이것은 경전에 나타나는 붓다의 가르침과 부합하지 않는다. 붓다께서는 열반을 아라한이 죽음을 맞이하여 다시 태어나지 않는 상태, 즉 물질과 정신의 법들이 소멸한 상태라고 설하셨다. 그래서 마음 또는 의식이 남아 있는 상태는 열반이 실현되지 않은 상태이다. 반면에 몸과 마음이 남김없이 소멸하면 열반은 실현된다. 그렇지만 열반을 알 수 있는 마음이 소멸한 상태이므로 열반을 알 수 없다. 이런 이유로 열반은 실현하는 것이지 열반이 의식의 대상이 될 수는 없다. 그래서 붓다께

---

23 열반은 형성된 법들이 가라앉은 상태이므로 '고요함[santi]'이라는 고유 성질이 있다고 말한다. 여기서 열반은 물질과 정신이 소멸한 무여열반을 말한다.

24 수다원도와 수다원과, 사다함도와 사다함과, 아나함도와 아나함과, 아라한도와 아라한 과를 말한다.

25 이런 상태는 해태와 혼침의 상태에 빠진 것이지 열반과는 너무도 거리가 멀다.

서는 열반 자체를 직접 분별하여 설하신 적이 없다. 열반을 실현할 수 있는 바른 방법인 팔정도를 설하셨을 뿐이다. 이와 같은 가르침을 바탕으로 생각해 보면 열반이 대상화되고, 열반을 아는 마음이 일어나는 것을 깨달음이라고 정의하는 일은 문제가 있어 보인다.

이상에서 살펴보았듯이 법을 현상 그 자체로만 정의할 때 법이 너무 이상화되어 현실에서 멀어지거나 현상 자체를 경험하는 일이 현상에 대한 통찰보다 중요한 일이 될 수 있음에 주의해야 한다.

> "도반이여, 여섯 가지 감각 접촉의 장소가 남김없이 빛바래어 소멸하고 나면 다른 어떤 것이 있습니까?'라고 말하는 것은 사량분별思量分別할 수 없는 것을 사량분별하는 것입니다."
> …
> "도반이여, 접촉의 조건인 여섯 감각 장소[六處]가 있는 한 사량분별이 있고, 사량분별이 있는 한 여섯 감각 장소가 있습니다. 도반이여, 접촉의 조건인 여섯 감각 장소가 남김없이 빛바래어 소멸할 때 사량분별의 소멸과 사량분별의 적멸이 있습니다."
>
> _「마하꼿티따 경」(A4:174)

4) 개념에만 빠지지 말고 현상을 관찰해야 한다

붓다께서 설하신 법은 현상 자체와 그것의 실상을 통찰한 개념의 조화이다. 다시 말해서 법은 현상 자체이기도 하고, 현상의 실상을 통찰한 개념이기도 하다.

법이 아무리 현상의 실상을 잘 표현하는 개념일지라도 언어가 지닌 한계 때문에 개념은 현상에 대한 전부를 표현하기는 어렵다. 현상에 대한 일부만을 드러낼 수 있을 뿐이다. 그래서 현상의 실상을 분명히 이해하려면 개념에만 빠지지 말고 그 개념이 가리키는 현상을 거듭거듭 관찰함으로써 법에 대한 직접적인 지혜를 계발하여야 한다. 특히 바깥 대상보다도 자신에게 일어나는 물질과 정신 현상들을 관찰함으로써 그 현상의 실상에 대한 통찰을 통해 물질과 정신의 법을 볼 수 있고, 그로 인해 괴로움을 소멸할 수 있는 직접적인 지혜를 계발할 수 있다. 이에 반해 법의 한쪽 측면인 개념에 너무 치우치게 되면 다음의 두 가지 문제가 생긴다.

첫째, 법이 현학적인 지식이나 이론으로 흘러간다. 법의 개념적인 측면에만 빠지다 보면 개념이 가리키는 실제 현상을 관찰하는 수행은 등한시하고 개념을 논리적으로 추론하는 것만 즐기게 된다. 그러면 괴로움을 소멸할 수 있는 직접적인 지혜는 계발되지 않고 법에 대한 현학적인 지식이나 이론만 늘게 된다. 그래서 해로운 법들을 버리고 괴로움을 소멸하기 위한 직접적인 지혜는 계발하지 않고, 불교의 이론에만 집착하면서 불교를 통달한 것처럼 착각해 오히려 그릇된 견해와 자만심만 키울 수 있다.

둘째, 개념을 실체화할 수 있다. 개념은 일단 형성되면 언어적 개념 자체에 빠져서 개념에 관해 생각과 논리로만 이론적으로 접근할 수도 있다. 이런 경우에 개념이 가리키는 실제 현상을 관찰하는 수행을 병행하지 않으므로 개념이 고착되고 실체화될 수 있다. 그로 인해 현상을 잘 이해하기 위해 붙여진 개념이 오히려 현상을 왜곡하는 원인이 될 수도 있다. 예를 들어 마음[citta, 心]이라는 법을 살펴보자. 불교에서는 대상을 아는 특성이 있는 정신 현상을 법으로는 '마음'이라 부른다. 이때 '마음'은 대상을 아는 실제 정신 현상 그 자체일 뿐 아니라 그것이 '대상을 아는' 실상이 있음을 통찰하게 하는 개념이기도 하다. 그런데 어리석은 사람은 '마음'이 가리키는 실제 정신 현상은 관찰하지 않고 마음이라는 개념에만 빠져서 '마음'이라는 실체가 존재한다고 착각하고 그것에 집착해 그 마음을 '진아', '자아', '영혼'이라고 주장한다.

하지만 '마음'이 지칭하는 정신 현상은 대상과의 접촉을 조건으로 일어난다. 다시 말해서 접촉이 있으면 마음이 일어나고 접촉이 없으면 마음이 사라진다. 따라서 마음은 조건을 의지해서 생겨난 연기된 법이므로 무상하고, 무상한 것은 불완전하고 불확실하고 불만족스러우므로 괴로움이고, 무상하고 괴로움인 것은 통제할 수 있는 영원한 주체가 없으므로 나의 것, 나, 나의 자아가 아니다. 그래서 마음은 조건을 의지해서 생겨난 정신의 법일 뿐이지 '자아'나 '진아'와 같은 실체가 아니다. 이처럼 편의상 마음이라 말했지만 그것이 실체화된 것이다.

이같이 개념은 편리하고 유용한 면도 있지만, 개념이 가리키는 실제 현상은 보지 않고 개념에만 빠지게 되면 개념이 실체화되어 실제 현상을 왜곡할 수 있는 위험성이 크다. 이렇게 개념이 가리키는 현상을 보지 않고 개념에만 집착하면 개념을 위한 개념이 되고, 개념이 실체가 될 수 있다는 점을 잊지 말아야 한다. 이에 반해 개념이 현상을 왜곡하지 않게 하려면 개념은 개념일 뿐임을 분명히 꿰뚫어 알고 개념이 가리키는 실제 현상을 함께 보아야만 한다. 그렇게 함으로써 개넘에 빠지지 않으면서 개념을 사용할 수 있다. 그래서 붓다께서는 법을 중도적 입장에서 현상과 개념의 조화로써 설한 것이다.

5) 법은 스스로 보아 알 수 있다

어떤 전통에서는 법은 선정을 얻은 사람이나 깨달은 사람만이 알고 볼 수 있지, 보통 사람들은 알 수도 볼 수 없는 특별한 것이라 주장한다. 그래서 선정이나 깨달음을 얻기 전에는 법을 알 수 없으므로 일상에서 법을 보고 알려고 애쓰는 것은 무의미하다고 말하기도 한다. 하지만 붓다께서는 사람들이 법을 보지 못하는 이유는 법이 특별한 현상이기 때문이 아니라 사람들의 마음이 탐욕과 성냄에 물들어 있기 때문이라고 설하셨다. 법은 현상들의 실상에 대한 통찰을 담고 있으므로 법을 의지하면 현상들의 실상을 통찰할 수 있지만, 탐욕과 성냄으로 가득한 사람들은 현상의 원하는 측면은 좋아하고 집착하며, 원하지 않는 측면은 싫어하고 거부하기 때문에 현상들의 있는 그대로의 실상을 볼 수 없다. 이런 이유로 붓다께서 탐욕과 성냄에 물들어 있는 사람들은 법을 보지 못한다고 설하신 것이다.

> 탐욕과 성냄으로 가득한 자들이 이 법을 깨닫기란 실로 어렵다. 흐름을 거스르고 미묘하고 심오하고 보기 어렵고 미세하여 어둠의 무더기에 덮여 있고 탐욕에 물든 자들은 보지 못한다.
>
> _「성스러운 구함 경」(M26)

붓다의 가르침의 초점은 괴로움의 소멸이다. 그리고 괴로움은 현실에서 나타나는 현상들을 기반으로 일어난다. 그러므로 붓다께서는 철저히 현실에 기반을 두고 괴로움의 소멸에 도움을 주는 법을 설하셨다. 붓다께서는 현실에 나타나는 현상들 속에서 그것들의 실상을 보는 것을 법이라 설하셨지, 현실에서 멀어진 이상적이고 특별한 현상의 실상만을 법이라 설하지 않으셨다. 이처럼 일상적인 삶 속에서 나타나는 현상들 바로 거기에서 현상들의 실상을 통찰하는 것이 법을 보는 것이다. 실제로 사람들이 일상에서 자주 접하는 현상들일수록 세속의 견해로 보는 것이 훨씬 더 익숙할 뿐 아니라 탐욕이나 성냄이 생기기도 쉬우므로 그것들을 붓다의 견해로 보는 것은 더욱 어렵다. 다시 말해서 특별하고 현상들보다 현실에서 자주 접하는 현상들이 탐욕과 성냄에 오염되기도 쉬우므로 특별한 현상들의 실상을 보는 것보다 자주 접하는 현상들의 실상을 보는 것이 오히려 더 어렵다. 그래서 법을 볼 수 있느냐 없느냐의 문제에 있어서 사람들의 마음이 탐욕과 성냄에 오염되어 있는지 그렇지 않은지, 진리의 가르침을 들었는지 아닌지가 중요한 것이다. 현상이 특별한 것인지 아닌지는 그다지 중요하지 않다.

그래서 법을 스스로 보아 알 수 있으려면, 즉 현상들의 실상을 보려면 다음의 두 가지 조건이 갖추어져야 한다. 첫째, 붓다의 가르침인 법을 듣고 배워야 한다. 현상들의 실상은 미묘하고 심오하므로 자신만의 지혜로 현상들의 실상을 보는 것은 매우 어렵고 셀 수 없을 만큼 오랜 시간이 걸릴 수 있다. 하지만 붓다께서 세상에 있는 현상들의 실상을 분명하게 꿰뚫어 보신 후에 그것을 체계적으로 정리한 진리의 가르침인 법을 배워서 의지한다면 시간이 오래 걸리지 않고, 법을 스스로 보아 알 수 있다. 둘째, 탐욕과 성냄이 가라앉아 고요하고 청정하고 집중된 마음인 바른 삼매[26]가 필요하다. 탐욕과 성냄이 있으면 현상의 원하는 측면만 보거나 싫어하는 측면만 보는 식으로 현상을 왜곡해서 이해하기 때문에 그 실상을 볼 수 없다. 하지만 바른 삼매가 있으면 현상의 실상을 있는 그대로 볼 수 있으므로 물질과 정신의 법을 꿰뚫어 알 수 있다. 결론적으로 바른 삼매를 계발한 사람이 붓다의 가르침인 법을 의지한다면 누구나 법을 스스로 보아 알 수 있다. 예를 들어 자신에게 대상에 집착하는 정신 현상이 일어나면 탐욕이 일어남을 있는 그대로 꿰뚫어 알고, 대상을 싫어하는 정신 현상이 일어나면 성냄이 일어남을 있는 그대로 꿰뚫어 아는 것이 법을 스스로 보아 아는 것이다.

> "고따마 존자시여, 어떻게 법은 스스로 보아 알 수 있고, 시간이 걸리지 않고, 와서 보라는 것이고, 향상으로 인도하고, 지혜로운 이들이 각자 경험해야 할 것입니까?"
> "시와까여, 그렇다면 이제 그대에게 되물어 보리니 그대가 옳다고 생각하는 대로 설명해 보라.
> 시와까여, 이를 어떻게 생각하는가? 그대에게 안으로 탐욕이 있으면 '내게는 안으로 탐욕이 있다.'라고 꿰뚫어 알고, 그대에게 안으로 탐욕이 없으면 '내게는 안으로 탐욕이 없다.'라고 꿰뚫어 아는가?"

---

26 삼매에는 찰나 삼매, 근접 삼매, 몰입 삼매의 세 가지 형태가 있다. 이 중에서 몰입 삼매인 선정만을 의미하는 것은 아니다. 찰나 삼매나 근접 삼매도 가능하다.

"그렇습니다, 세존이시여."

"시와까여, 그대가 안으로 탐욕이 있으면 '내게는 안으로 탐욕이 있다.'라고 꿰뚫어 알고, 안으로 탐욕이 없으면 '내게는 안으로 탐욕이 없다.'라고 꿰뚫어 알 때, 그와 같이 법은 스스로 보아 알 수 있다.

시와까여, 이를 어떻게 생각하는가? 그대에게 안으로 성냄이 있으면 … 어리석음이 있으면 … 탐욕과 함께한 법들이 있으면 … 성냄과 함께한 법들이 있으면 … 어리석음과 함께한 법들이 있으면 '내게는 안으로 어리석음과 함께한 법들이 있다.'라고 꿰뚫어 알고, 그대에게 안으로 어리석음과 함께한 법들이 없으면 '내게는 안으로 어리석음과 함께한 법들이 없다.'라고 꿰뚫어 아는가?"

"그렇습니다, 세존이시여."

"시와까여, 그대가 안으로 어리석음과 함께한 법들이 있으면 '내게는 안으로 어리석음과 함께한 법들이 있다.'라고 꿰뚫어 알고, 그대에게 안으로 어리석음과 함께 한 법들이 없으면 '내게는 안으로 어리석음과 함께한 법들이 없다.'라고 꿰뚫어 알 때, 그와 같이 법은 스스로 보아 알 수 있고, 시간이 걸리지 않고, 와서 보라는 것이고, 향상으로 인도하고, 지혜로운 이들이 각자 경험해야 할 것이다."

_「스스로 보아 알 수 있음 경 1」(A6:47)

바른 삼매를 계발한 사람이 붓다의 가르침인 법을 의지한다면 누구나

법을 스스로 보아 알 수 있지만, 법을 보는 정도나 깊이는 지혜와 삼매의 수준에 따라 천차만별이다. 다시 말해서 지혜가 둔하고 삼매가 약한 사람은 거친 형태의 법만을 볼 수 있는 반면에 지혜가 예리하고 삼매가 강한 사람은 더 미세한 법들도 분명하게 볼 수 있다. 예를 들어 지혜가 약한 사람은 중독, 강한 집착, 식탐 등의 거친 탐욕은 볼 수 있다. 하지만 지혜와 삼매가 강한 사람은 정당함으로 포장된 집착, 오랜 시간 습성화된 견해, 자신의 수행 경지에 대한 자만, 지혜에 대한 집착 등과 같은 미세한 탐욕도 볼 수 있다. 더 나아가 지혜와 삼매가 성숙해질수록 물질과 정신의 법의 특성, 물질과 정신의 법의 일어남, 물질과 정신의 법의 소멸, 물질과 정신의 법의 소멸로 인도하는 도 닦음에 대한 지혜도 더 깊어지고 예리해져서 사성제라는 진리의 법을 더 분명하게 볼 수 있다.

3

법을 알고 보면
괴로움이
소멸한다

1) 붓다의 견해는 사성제의 견해이다

붓다께서 세상에 있는 현상들의 실상을 꿰뚫어 보신 후에 그것들을 괴로움과 괴로움의 소멸의 관점에서 분류한 것을 법이라 한다. 더 나아가 이 법을 괴로움과 괴로움의 소멸의 구조로 체계적으로 정리하여 설하신 것이 네 가지 성스러운 진리인 사성제이다. 첫째, 물질과 정신의 법들의 개별적인 특성과 공통된 특성에 대한 진리는 고성제이다. 다시 말해서 존재는 물질과 정신의 법들이고, 그것들은 무상하고 괴로움이며 무아라는 진리가 고성제이다. 둘째, 물질과 정신의 법들의 일어남에 대한 진리는 집성제이다. 다시 말해서 탐욕, 성냄, 어리석음을 뿌리로 하는 해로운 법들을 조건으로 물질과 정신의 법들, 즉 괴로움이 일어난다는 진리가 집성제이다. 셋째, 물질과 정신의 법의 소멸에 대한 진리는 멸성제이다. 다시 말해서 해로운 법들의 소멸이 물질과 정신의 법, 즉 괴로움의 소멸이라는 진리가 멸성제이다. 넷째, 물질과 정신의 법의 소멸로 인도하는 도 닦음에 대한 진리는 도성제이다. 다시 말해서 팔정도를 포함한 탐욕 없음, 성냄 없음, 어리석음 없음을 뿌리로 하는 유익한 법들은 물질과 정신의 소멸, 즉 괴로움의 소멸로 인도하는 도 닦음이라는 진리가 도성제이다. 그래서 붓다께서 세상을 이해하는 관점인 붓다의 견해는 한마디로 사성제의 관점 또는 사성제의 견해라고 할 수 있다.

그런데 사성제는 고성제, 집성제, 멸성제, 도성제의 네 가지 진리를 의미하므로 사성제의 견해는 고성제의 견해, 집성제의 견해, 멸성제의 견해, 도성제의 견해라고 할 수 있다. 좀 더 구체적으로 고성제의 견해는 존재는 물질과 정신의 법이며, 그것들은 조건을 의지해서 생겨난 법이므로 무상하고 괴로움이며 무아임을 보는 견해이다. 집성제의 견해는 탐욕, 성냄, 어리석음을 뿌리로 하는 법을 해로운 법이고 버려야 할 법이라 보는 견해를 말한다. 멸성제의 견해는 해로운 법의 소멸이 괴로움의 소멸이라고 보는 견해이다. 도성제의 견해는 팔정도를 포함한 탐욕 없음, 성냄 없음, 어리석음 없음을 뿌리로 하는 유익한 법들이 괴로움의 소멸로 인도하는 도 닦음이고, 계발해야 할 법이라고 보는 견해이다. 이처럼 붓다의 견해는 사성제의 견해이므로 붓다의 견해는 때로는 고성제의 견해로, 때로는 집성제의 견해로, 때로는 멸성제의 견해로, 때로는 도성제의 견해로 작용한다.

2장‥법이란 무엇인가?

2) 사성제의 견해를 통해 법을 본다

붓다의 견해가 사성제의 견해이므로 붓다의 견해로 현상을 보는 것은 사성제의 견해로 현상을 보는 것이다. 이때 사성제의 견해로 현상을 본다는 것은 때로는 고성제의 견해로, 때로는 집성제의 견해로, 때로는 멸성제의 견해로, 때로는 도성제의 견해로 보는 것을 말한다. 이에 대하여 차례로 살펴보자. 첫째, 고성제의 견해는 존재는 물질과 정신의 법들이고, 그것들은 무상하고 괴로움이며 무아라고 보는 견해이다. 그래서 붓다의 견해, 특히 고성제의 견해로 어떤 현상을 본다면 그것의 실상인 법을 볼 수 있을 뿐 아니라 그 법이 무상하고 괴로움이며 무아임을 분명히 꿰뚫어 알 수 있다. 그러면 그 법이 영원하다거나 행복이라거나 '나의 것'이라거나 '나'라거나 '나의 자아'라고 왜곡되게 인식하지 않는다. 따라서 그 법을 자신과 동일시하지 않고 '단지 법이 있구나.'라고 분명히 꿰뚫어 알 수 있다.

예를 들어 사람이 걸어가는 행위를 고성제의 견해로 보면 어떻게 되는지 알아보자. 걸어가는 행위는 '움직이는' 특성이 있으므로 그것을 붓다의 견해, 특히 고성제의 견해로 보면 '바람의 요소'이다. 더구나 바람의 요소는 걸어가려는 의도 등을 의지해서 생겨난 법이므로 무상하고 괴로움이고 무아이다. 따라서 고성제의 견해로 '걸어가는 행위'를 보면 그것은 '바람의 요소'이며, 그것은 무상하고 괴로움이며 나의 것, 나, 나의 자아가 아니라고 꿰뚫어 알 수 있다. 그래서 걸어가는 행위를 자신과 동일시하면서 '내가 걸어간다.'라는 식으로 보지 않고, '단지 바람의 요소가 있구나.'라고 꿰뚫어 볼 수 있다.

또 다른 예로 돈에 대한 애착을 고성제의 견해로 보면 어떻게 되는

지 알아보자. 애착은 대상에 '집착하는' 특성이 있으므로 그것을 붓다의 견해, 특히 고성제의 견해로 보면 '탐욕'이다. 더구나 탐욕은 돈과 마음의 접촉을 의지해서 생겨난 법이므로 그것은 무상하고 괴로움이며 무아이다. 따라서 고성제의 견해로 애착을 보면 그것은 '탐욕'이며, 그것은 무상하고 괴로움이며 나의 것, 나, 나의 자아가 아니라고 꿰뚫어 볼 수 있다. 그래서 애착을 자신과 동일시하면서 '내가 돈에 대하여 애착한다.'라고 보지 않고 '단지 탐욕이 있구나.'라고 꿰뚫어 볼 수 있다.

또 다른 예로 애착을 탐욕이라고 꿰뚫어 아는 바른 앎을 고성제의 견해로 보면 어떻게 되는지 살펴보자. 바른 앎은 '대상을 꿰뚫어 아는' 특성이 있으므로 그것을 붓다의 견해, 특히 고성제의 견해로 보면 '지혜[慧]'이다. 더구나 지혜는 애착과 마음의 접촉을 통해 생겨난 법이므로 무상하고 괴로움이며 무아이다. 따라서 애착을 탐욕이라고 꿰뚫어 아는 '바른 앎'을 고성제의 견해로 보면 '지혜'이며, 그것은 무상하고 괴로움이며 나의 것, 나, 나의 자아가 아니라고 꿰뚫어 볼 수 있다. 그래서 지혜를 자신과 동일시하여 '나는 지혜가 있다.'거나 '지혜는 내 것이다.'라고 보지 않고 '단지 지혜가 있구나.'라고 꿰뚫어 볼 수 있다. 정리해 보면 붓다의 견해, 특히 고성제의 견해로 현상을 보면 그것의 실상인 법을 볼 수 있을 뿐 아니라 그것이 무상하고 괴로움이며 무아임을 꿰뚫어 볼 수 있다. 그래서 그 법을 자신과 동일시하지 않고 단지 '법이 있구나.'라고 꿰뚫어 알 수 있다.

둘째, 집성제의 견해는 정신의 법 중에서 탐욕, 성냄, 어리석음을 뿌리로 하는 법들을 해로운 법이고, 버려야 할 법이라고 보는 견해이다. 존재의 실상인 물질과 정신의 법들은 무상하고 괴로움이고 무아이므로 그것에는 영원하면서 현상을 통제하는 자아는 없지만, 그것들의 작용마저 없는 것은 아니다. 특히 정신의 법 중에 탐욕, 성냄, 어리석음을 뿌리로 하는 법들은 괴로움이 일어나게 하므로 해로운 법이다. 그래서 집성제의 견해는 탐욕, 성냄, 어리석음을 뿌리로 하는 법들을 해로운 법으로 꿰뚫어 보는 견해이다. 그런데 해로운 법은 괴로움의 소멸에 방해가 되는 법이므로 '버려야 할 법'이다. 정리해 보면 집성제의 견해는 탐욕, 성냄, 어리석음을 뿌리로 하는 법들을 해로운 법이고, 버려야 할 법이라고 보는 견해이다. 예를 들어 친구에 대한 짜증을 고성제의 견해를 통해서 '성냄'이라는 법으로 본다면, 집성제의 견해를 통해서는 해로운 법이고, 버려야 할 법이라고 볼 수 있다. 또 돈에 대한 애착을 고성제의 견해를 통해 '탐욕'이라는 법으로 본다면, 집성제의 견해를 통해서는 해로운 법이고, 버려야 할 법이라고 볼 수 있다. 이처럼 집성제의 견해를 통해 탐욕, 성냄, 어리석음을 뿌리로 하는 탐욕, 자만, 사견, 성냄, 질투, 인색, 후회, 해태와 혼침, 어리석음, 양심 없음, 수치심 없음, 들뜸, 의심 등의 법들을 해로운 법이고, 버려야 할 법이라고 꿰뚫어 볼 수 있다.

멸성제의 견해는 해로운 법들의 소멸이 괴로움의 소멸이라고 보는 견해이다. 정신의 법 중에서 무명無明[27]과 갈애를 포함하는 해로운 법들이 소멸하면 아라한이 되고, 아라한이 죽음을 맞이하면 존재가 다시 태어나지 않는다. 그러면 물질과 정신의 법들이 다시 형성되지

---

27 무명은 명지明智가 없다는 뜻이므로 법으로는 어리석음과 같다.

않게 되므로 괴로움이 소멸하고 완전한 행복이 실현됨을 꿰뚫어 보는 견해가 멸성제의 견해이다. 그래서 멸성제의 견해를 통해 해로운 법들의 완전한 소멸이 괴로움의 소멸이라는 것을 꿰뚫어 볼 수 있다. 그런데 괴로움의 소멸은 실현해야 할 것이므로 멸성제의 견해는 해로운 법의 소멸은 실현해야 할 것이라고 보는 견해라고도 할 수 있다. 정리해 보면 멸성제의 견해는 해로운 법의 소멸이 괴로움의 소멸이고, 실현해야 할 것이라고 보는 견해이다.

도성제의 견해는 정신의 법 중에서 팔정도를 포함한 탐욕 없음, 성냄 없음, 어리석음 없음을 뿌리로 하는 법들을 유익한 법이라고 보는 견해이다. 존재의 실상인 물질과 정신의 법들은 무상하고 괴로움이고 무아이므로 그것에는 영원하면서 현상을 통제하는 자아는 없지만, 그것들의 작용마저 없는 것은 아니다. 특히 정신의 법 중에 팔정도를 포함한 탐욕 없음, 성냄 없음, 어리석음 없음을 뿌리로 하는 법들은 괴로움의 소멸로 인도한다. 그래서 도성제의 견해는 탐욕 없음, 성냄 없음, 어리석음 없음을 뿌리로 하는 법들을 유익한 법이라고 꿰뚫어 보는 견해이다. 그런데 유익한 법은 괴로움의 소멸에 도움을 주므로 '계발해야 할 법'이다. 정리해 보면 도성제의 견해는 팔정도를 포함한 탐욕 없음, 성냄 없음, 어리석음 없음을 뿌리로 하는 법들을 유익한 법이고, 계발해야 할 법이라고 꿰뚫어 보는 견해이다.

예를 들어 짜증을 성냄이라고 꿰뚫어 아는 바른 앎을 고성제의 견해를 통해서 지혜라는 법으로 본다면, 도성제의 견해를 통해서는 유익한 법이고, 계발해야 할 법이라고 볼 수 있다. 또 애착을 탐욕이라고 꿰뚫어 아는 바른 앎을 고성제의 견해를 통해서 지혜라는 법으로 본다면, 도성제의 견해를 통해서는 유익한 법이고, 계발해야 할 법이라고 볼 수 있다. 마찬가지로 도성제의 견해를 통해서 팔정도, 즉 바른 견해, 바른 사유, 바른 말, 바른 행위, 바른 생계, 바른 정진, 바른 기억, 바른 삼매도 유익한 법이고, 계발해야 할 법이라고 꿰뚫어 볼 수 있다. 이처럼 도성제의 견해를 통해 정신의 법 중 탐욕 없음, 성냄 없음, 어리석음 없음을 뿌리로 하는 팔정도, 일곱 가지 깨달음의 구성 요소[28], 신심, 평온, 고요함, 연민, 함께 기뻐함 등의 법들을 유익한 법이고, 계발해야 할 법이라고 꿰뚫어 볼 수 있다.

　　종합해 보면 붓다의 견해는 사성제의 견해이다. 사성제의 견해는 때로는 고성제의 견해, 때로는 집성제의 견해, 때로는 멸성제의 견해, 때로는 도성제의 견해로 나타난다. 이때 고성제의 견해는 존재의 실상이 물질과 정신의 법임을 꿰뚫어 볼 뿐 아니라 그것이 무상하고 괴로움이며 무아임을 꿰뚫어 보는 견해이다. 집성제의 견해는 정신의 법 중에 탐욕, 성냄, 어리석음을 뿌리로 하는 법들은 해로운 법이고, 버려야 할 법이라고 꿰뚫어 보는 견해이다. 멸성제의 견해는 해로운 법의 소멸이 괴로움의 소멸로 인도하고, 실현해야 할 것이라고 꿰뚫어 보는 견해이다. 도성제의 견해는 정신의 법 중에 탐욕 없음, 성냄 없음, 어리석음 없음을 뿌리로 하는 법들은 유익한 법이고, 계발해야 할 법이라고 꿰뚫어 보는 견해이다. 이처럼 붓다의 견해, 즉 사성제의 견해를 통해 법을 볼 수 있다.

28 　기억[念], 법의 조사[擇法], 정진精進, 희열喜悅, 고요함[輕安], 삼매三昧, 평온平穩을 말한다.

3) 법을 보면 사성제를 알 수 있다

법은 괴로움과 괴로움의 소멸을 기준으로 현상들을 그것의 실상에 따라 분류하여 설한 것이다. 그러므로 붓다께서 설한 법은 개념을 위한 개념이 아니라 실제 현상과 그 현상들의 실상을 나타내는 개념의 조화이다. 그래서 사성제의 견해를 바탕으로 존재를 이루는 현상들의 실상인 물질과 정신의 법들, 해로운 법, 유익한 법을 스스로 보아 알 수 있다. 그러면 물질과 정신의 법들에 대한 무수히 많은 직접적인 지혜가 계발될 뿐 아니라 그것을 잊지 않는 바른 기억도 함께 계발된다. 그럼으로써 법에 대한 지혜와 그것에 대한 바른 기억들이 무수히 많이 축적된다. 이를 바탕으로 법을 괴로움과 괴로움의 소멸의 구조로 정리하여 통찰하면 사성제를 꿰뚫어 알 수 있다. 다시 말해서 물질과 정신의 법, 물질과 정신의 법의 특성, 물질과 정신의 법의 일어남, 물질과 정신의 법의 소멸, 물질과 정신의 법의 소멸로 인도하는 도 닦음 등에 관해 바르게 사유하고 조사함으로써 사성제를 직접 꿰뚫어 알 수 있다.

> "그가 그렇게 기억하면서 머물 때 그는 통찰지로써 그 법을 조사하고 점검하고 탐구한다. 비구들이여, 비구가 그렇게 기억하면서 통찰지로써 그 법을 조사하고 점검하고 탐구할 때, 그때 그에게 법을 조사하는 깨달음의 구성 요소가 생긴다."
>
> _「들숨날숨기억 경」(M118)

예를 들어 사성제의 견해를 통해 자신에게 일어나는 애착, 집착, 욕심, 탐착, 갈애, 취착取著 등의 다양한 정신 현상들을 '탐욕'이라고 꿰뚫어 볼 수 있다. 이렇게 집착하는 특성이 있는 다양한 정신 현상들을 거듭 거듭 관찰함으로써 그것들을 탐욕이라는 법으로 간단명료하게 꿰뚫어 볼 수 있고, 탐욕에 대한 지혜와 바른 기억들이 많이 축적된다. 그러면 탐욕에 대한 바른 기억을 바탕으로 탐욕을 괴로움과 괴로움의 소멸의 구조로 조사할 수 있다.

먼저 탐욕은 왜 일어나는지 조사할 수 있다. 첫째, 탐욕은 대상과 마음의 접촉을 통해서 일어난다. 둘째, 탐욕은 어리석은 마음 기울임을 조건으로 일어난다. 왜냐하면 존재는 무상하고 괴로움이며 무아이므로 집착할 만한 가치가 없는데, 존재는 영원하고 행복이고 자아가 있다고 어리석게 마음을 기울이는 것을 조건으로 탐욕이 일어나기 때문이다.

이렇게 탐욕은 접촉이나 어리석은 마음 기울임 등을 조건으로 생겨난 법이므로 탐욕은 무상하고 괴로움이며 무아임을 직접적인 지혜로 꿰뚫어 알 수 있다. 이를 통해 고성제의 한 단편을 통찰할 수 있다. 또 탐욕을 자신의 경험을 바탕으로 조사해 보면 탐욕이 있을 때는 원하는 것을 얻어도 그것이 사라질까 두려워하고 초조했으며, 원하는 것을 얻지 못하면 그 자체로 마음에 괴로움이 일어남을 스스로 알 수 있으므로 탐욕은 해로운 법이라 꿰뚫어 알 수 있다. 이를 통해 집성제의 한 단편을 통찰할 수 있다. 또 탐욕이 사라졌을 때 괴로움이 사라지고 고요하고 안정적인 행복이 일어나는 것을 보고 탐욕의 완전한 소멸이 괴로움의 소멸로 인도할 것임을 법답게 추론할 수 있다. 이를 통해 멸성제의 한 단편을 통찰할 수 있다. 또 탐욕이 해로운 법이라면 탐욕을 어떻게 버릴 것인지 방법을 조사할 수 있다. 나중에 자세히 설명하겠지만, 팔정도, 즉 계戒, 정定, 혜慧를 실천함으로써 탐욕을 버릴 수 있음을 꿰뚫어 알 수 있다. 이를 통해 도성제의 한 단편을 통찰할 수 있다. 이처럼 사성제의 견해를 통해 탐욕이라는 법을 보고, 그것에 대한 바른 기억을 바탕으로 탐욕을 조사함으로써 사성제의 한 단편을 꿰뚫어 알 수 있다.

앞의 예를 일반화해 보자. 먼저 사성제의 견해를 통해 자신에게 일어나는 다양한 현상들을 거듭거듭 관찰함으로써 그것들을 물질과 정신의 법으로 간단명료하게 꿰뚫어 볼 수 있다. 그럼으로써 물질과 정신의 법들에 대한 지혜와 바른 기억들이 무수히 많이 축적된다. 이렇게 생긴 물질과 정신의 법들에 대한 바른 기억을 바탕으로 물질과 정신의 법들을 조사하면 사성제를 꿰뚫어 알 수 있다.

먼저 물질과 정신의 법들이 왜 일어나는지 조사할 수 있다. 물질의 법들은 음식, 업, 마음과 온도를 조건으로 일어나고, 정신의 법들은 감각 기능과 대상과의 접촉을 조건으로 일어난다. 더구나 유익한 법은 '지혜로운 마음 기울임'을 조건으로 일어나고, 해로운 법들은 '어리석은 마음 기울임'을 조건으로 일어난다. 이처럼 물질과 정신의 법들에 대한 바른 기억을 바탕으로 물질과 정신의 법들의 원인을 조사함으로써 물질과 정신의 법들은 여러 조건에 의해 생겨난 법이므로 무상하고 괴로움이며 무아임을 꿰뚫어 알 수 있다. 특히 물질과 정신의 법들이 괴로움이라는 고성제를 직접적인 지혜로 꿰뚫어 알 수 있다. 이를 통해 고성제는 철저히 알아야 할 진리라는 것도 스스로 꿰뚫어 알 수 있다.

또 정신의 법 중에서 탐욕, 성냄, 어리석음 등의 해로운 법은 과거에도 괴로움을 주었고, 현재에도 괴로움을 주고, 미래에도 괴로움을 줄 것임을 자신의 체험을 바탕으로 조사하여 알 수 있다. 예를 들어 자신에게 일어난 수많은 명예에 대한 집착을 탐욕이라 꿰뚫어 본 후에 그것을 자신의 경험을 바탕으로 조사해 보면 명예에 집착이 있을 때는 명예를 얻어도 그것이 사라질까 두려워하고 초조했으며, 명예를 얻지 못하면 그 자체로 화살을 맞은 것처럼 마음이 괴로움을 스스로 꿰뚫어 알 수 있다. 더 나아가 선정을 얻은 후에 천안통[29]이 생긴 사람은 명예에 대한 집착이 과거 생과 현생에서만 자신을 괴롭게 하는 것이 아니라 미래 생에도 자신을 지옥, 축생, 아귀의 악처에 태어나게 하여 괴롭게 할 것을 스스로 꿰뚫어 알 수 있다. 이처럼 명예에 대한 집착, 즉 탐욕의 재난과 위험을 자신의 경험을 바탕으로 조사함으로써 탐욕은 해로운 법임을 스스로 꿰뚫어 알 수 있다.

마찬가지로 자신의 수행 체험을 바탕으로 나머지 해로운 법들의 재난과 해로움을 조사해 보면 해로운 법들이 일어나는 순간도 괴로웠고, 해로운 법들이 일어났음을 생각할 때도 괴로웠으며, 나중에 나쁜 결과가 일어날 것을 두려워할 때도 괴로웠다. 이렇게 해로운 법들의 재난과 위험을 자신의 경험을 바탕으로 조사함으로써 해로운 법들은 실제로 괴로움이 일어나게 하는 법임을 스스로 꿰뚫어 알 수 있다. 더 나아가 선정을 얻은 후에 천안통이 생긴 사람은 해로운 법들이 과거 생과 현생에서만 존재를 괴롭게 하는 것이 아니라 미래 생에도 존재

29　존재들이 자신이 지은 업에 의해서 선처와 악처에 태어남을 보는 신통을 말한다.

를 악처에 태어나게 하여 괴롭게 할 것을 스스로 꿰뚫어 알 수 있다.

이처럼 자신의 수행 체험을 기반으로 해로운 법들의 재난과 해로 움을 조사함으로써 해로운 법들을 조건으로 괴로움이 일어난다고 천 명한 집성제를 직접적인 지혜로 꿰뚫어 알 수 있다. 이를 통해 집성제 는 버려야 할 진리라는 것도 스스로 꿰뚫어 알 수 있다.

또 탐욕, 성냄, 어리석음 등의 해로운 법들이 버려지면 괴로움이 소멸할 것임을 조사하여 꿰뚫어 알 수 있다. 예를 들어 자신에 일어난 탐욕이 소멸했을 때 괴로움이 사라지고 고요하고 안정적인 행복이 일 어나는 것을 직접 체험할 수 있다. 이런 경험을 통해 탐욕이 완전히 소 멸하면 괴로움이 소멸할 것임을 법답게 추론할 수 있다. 궁극적으로 아라한이 된다면 탐욕이 완전히 소멸했을 때는 최상의 행복을 경험할 뿐 아니라 다시는 어떤 존재로도 태어나지 않아서 괴로움이 소멸할 것을 직접적인 지혜로 스스로 꿰뚫어 알 수 있다. 이처럼 자신의 수행 체험을 바탕으로 탐욕을 조사함으로써 탐욕이 소멸하면 괴로움이 소 멸할 수 있음을 법다운 추론이나 직접적인 지혜로 꿰뚫어 알 수 있다.

마찬가지로 자신의 수행 체험을 바탕으로 나머지 해로운 법들이 소멸했을 때 괴로움이 사라지고 고요하고 평화로운 행복이 일어나는 것을 직접 체험할 수 있다. 이런 경험을 통해 나머지 해로운 법들이 완 전히 소멸하면 괴로움이 소멸할 것임을 법답게 추론할 수 있다. 궁극 적으로 아라한이 된다면 나머지 해로운 법들이 완전히 소멸해 최상의 행복을 얻을 뿐 아니라 다시는 어떤 존재로도 태어나지 않음을 직접 적인 지혜로 스스로 꿰뚫어 알 수 있다. 이같이 자신에게 일어난 해로 운 법들을 조사함으로써 해로운 법들이 소멸하면 괴로움이 소멸할 수 있음을 천명한 멸성제를 법다운 추론이나 직접적인 지혜로 꿰뚫어 알수 있다. 이를 통해 멸성제는 실현해야 할 진리라는 것도 스스로 알 수 있다.

또 정신의 법 중에서 팔정도를 포함한 탐욕 없음, 성냄 없음, 어리석음 없음 등의 유익한 법들은 과거에도 행복하게 했고, 현재에도 행복하게 하고, 미래에도 행복하게 할 일임을 자신의 체험을 바탕으로 조사하여 알 수 있다. 예를 들어 자신의 수행 체험을 바탕으로 팔정도를 조사해 보면, 바른 견해, 즉 사성제의 견해를 바탕으로 이해하고, 사유하고, 말하고, 행동하고, 생계를 유지하고, 정진하고, 기억하고, 삼매를 계발하면 마음이 고요해지고 안정적인 행복이 일어나는 것을 직접 체험할 수 있다. 더 나아가 선정을 얻은 후에 천안통이 생긴 사람은 팔정도를 계발하면 과거 생과 현생에만 행복하게 하는 것이 아니라 미래 생에도 존재를 선처에 태어나게 하여 행복하게 하고, 궁극적으로는 다시 태어나지 않게 하여 괴로움을 완전히 소멸할 수 있다는 것을 법다운 추론으로 꿰뚫어 알 수 있다. 이처럼 자신의 수행 체험을 바탕으로 팔정도의 이익과 유익함을 조사함으로써 팔정도가 괴로움의 소멸로 인도하는 유익한 법임을 스스로 꿰뚫어 알 수 있다.

마찬가지로 나머지 유익한 법들의 이익과 유익함을 조사해 보면 유익한 법들이 일어나는 순간도 행복했고, 유익한 법들이 일어났음을 생각할 때도 행복했고, 나중에 좋은 결과가 일어날 것을 이해할 때도 행복했다. 이렇게 유익한 법들의 이익과 유익함을 자신의 경험을 바탕으로 조사함으로써 유익한 법들은 실제 괴로움의 소멸로 인도하는 법임을 스스로 꿰뚫어 알 수 있다. 더 나아가 선정을 얻은 후에 천안통이 생긴 사람은 유익한 법들이 과거 생과 현생에서만 존재를 행복하게 하는 것이 아니라 미래 생에도 존재를 인간이나 천상의 선처에 태어나게 하여 행복하게 할 것임을 스스로 꿰뚫어 알 수 있다. 이처럼 자신의 수행 체험을 기반으로 유익한 법들의 이익과 유익함을 조사함으로써 유익한 법들은 괴로움의 소멸로 인도한다고 천명한 도성제를 직접적인 지혜로 꿰뚫어 알 수 있다. 이를 통해 도성제는 계발해야 할 진리라는 것도 스스로 꿰뚫어 알 수 있다.

이상을 종합해 보자. 사성제의 견해를 통해 존재를 이루는 다양한 현상들을 거듭거듭 관찰하여 그것들의 실상인 물질과 정신의 법들을 보게 되면, 물질과 정신의 법들에 대한 지혜와 그것들에 대한 바른 기억들이 무수히 많이 축적된다. 이렇게 생긴 물질과 정신의 법들에 대한 바른 기억을 바탕으로 물질과 정신의 법의 특성, 물질과 정신의 법의 일어남, 물질과 정신의 법의 소멸, 물질과 정신의 법의 소멸로 인도하는 도 닦음 등을 조사함으로써 네 가지 성스러운 진리인 사성제를 직접적인 지혜로 꿰뚫어 알 수 있다. 달리 말하면 물질과 정신의 법들에 대한 지혜와 바른 기억을 바탕으로 물질과 정신의 법을 괴로움과 괴로움의 소멸의 구조로 정리하여 통찰함으로써 사성제를 직접적으로 꿰뚫어 알 수 있다. 한마디로 법을 보면 사성제를 꿰뚫어 알 수 있다.

그런데 만약 존재를 이루는 현상들을 관찰함으로써 생긴 물질과 정신의 법들에 대한 지혜와 바른 기억을 조사하는 과정이 없다면 관찰 수행을 통해 얻은 수행 체험은 축적되지만, 그것이 지혜로 확립되지 않을 수 있다. 어떤 수행자가 '나는 수행 중에 이런 체험을 했고, 저런 체험을 했다.'라고 무용담을 늘어놓을지라도 여전히 원하는 대상에 집착하고, 원치 않는 대상은 싫어한다면 그가 바른 수행을 했다고 볼 수 없다. 수행 중에 아무리 좋은 체험을 했다고 하더라도 그것을 통해 해로운 법을 버리는 지혜가 계발되지 않는다면 그 경험은 한때 좋았던 추억으로만 남을 수밖에 없다. 그래서 수행 중에 어떤 경험을 했는지가 중요한 것이 아니라 그런 경험을 통해 어떤 지혜가 계발되었으며, 그 지혜로 인해 어떤 해로운 법들이 버려졌는지가 훨씬 더 중요하다. 수행 중에 좋은 체험을 했다면 그런 체험들을 괴로움과 괴로움의 소멸의 구조로 조사함으로써 사성제를 꿰뚫어 아는 방향으로 노력해야 한다. 그렇게 한다면 수행자의 체험이 한때의 경험으로 끝나지 않고, 사성제에 대한 지혜가 계발되고, 그 지혜에 대한 기억이 완전하게 확립될 수 있다. 그러면 바른 지혜가 행주좌와 어느 순간에도 작용할 수 있게 되므로 그 지혜를 통해서 해로운 법을 버리고 괴로움을 소멸할 수 있다.

4) 법을 알고 보면 괴로움이 소멸한다

앞서 설명했듯이 붓다의 견해, 즉 사성제의 견해를 통해서 법을 볼 수 있다. 법을 본 후에는 법을 괴로움과 괴로움의 소멸의 구조로 정리하여 조사함으로써 사성제를 알 수 있다. 이처럼 물질과 정신의 법을 보면 사성제를 스스로 알 수 있고, 사성제를 스스로 알게 되면 사성제의 견해가 더 분명해지므로 더욱 명확하게 법을 스스로 볼 수 있다. 이렇게 사성제의 견해를 통해 법을 볼 수 있고[passati, 見], 법을 보면 사성제를 알 수 있고[jānāti, 知], 다시 사성제를 알면 사성제의 견해를 통해 법을 볼 수 있고, 법을 보면 사성제를 알게 되는 과정을 반복하는 것을 '법을 알고[知] 본다[見]'라고 한다. 이때 법을 알고 봄으로써 생긴 사성제에 대한 지혜를 특별히 지견[ñāṇa-dassana, 知見]30이라고 한다.

지知와 견見은 둘 다 지혜를 뜻하지만 뉘앙스의 차이가 있다고 할 수 있다. 지는 법을 조사함으로써 사성제를 '아는[知]' 것을 강조한 표현이고, 견은 사성제의 견해를 통해서 법을 '보는[見]' 것을 강조한 표현이라 이해할 수 있다. 다시 말해서 물질과 정신의 현상들을 관찰할 때 사성제의 견해, 즉 사성제에 대한 지혜의 눈[眼]으로 현상을 보는 것, 즉 법을 보는 것은 견이고, 법을 보고 생긴 지혜와 이전에 생긴 지혜를 종합하여 괴로움과 괴로움의 소멸의 구조로 조사함으로써 사성제를 아는 것은 지라고 할 수 있다. 이렇게 지와 견은 마치 동전의 양면처럼 하나의 현상을 관찰할 때 생기는 지혜의 다른 측면일 뿐이므로 지견知見으로 표현하는 것으로 볼 수 있다.

법을 알고 보면 괴로움이 소멸한다

불교의 수행에서 법을 알고[知] 보는[見] 것은 아주 중요하다. 사성제의 견해로 법을 보고, 법을 조사함으로써 사성제를 알고, 다시 사성제

---

30 지견은 냐냐ñāṇa 닷사나dassana의 번역인데 ñāṇa는 '알다[知]'라는 뜻의 동사 자나띠jānāti에서 파생된 중성명사이고, dassana는 '보다[見]'라는 뜻의 동사 빳사띠passati에서 파생된 중성명사이다. 이처럼 ñāṇa dassana는 문자 그대로 '앎'과 '봄'을 의미하기 때문에 지견이라 번역한 것이다.

의 견해로 법을 보고, 법을 조사함으로써 사성제를 아는 과정을 반복하다 보면 사성제에 대한 지견이 성숙할 뿐 아니라 그것을 잊지 않는 바른 기억이 확립되어 간다. 이처럼 법을 알고 보는 수행을 열심히 하다 보면 사성제에 대한 지견 또는 지혜와 바른 기억이 성숙해 가다가 결국에는 사성제에 대한 지혜와 바른 기억이 확립된다. 이를 사성제에 대한 기억 확립[sati-paṭṭhāna, 念處]이라 한다. 이때 사성제에 대한 기억이 부분적으로 확립된 존재를 유학有學[31]이라 하고, 사성제에 대한 기억이 완전하게 확립된 존재를 무학無學 또는 아라한이라고 한다.

이렇게 법을 알고 보는 수행을 지속하여 사성제에 대한 기억이 확립되었다는 것은 사성제에 대한 지견 또는 지혜가 생겼고, 그것을 언제나 절대 망각하지 않음을 뜻한다. 이것은 도성제가 계발되었음을 뜻한다. 그러면 존재의 실상이 물질과 정신의 법이고, 물질과 정신의 법들 자체가 괴로움임이 철저히 알아진다. 이것은 고성제가 철저히 알아졌음을 뜻한다. 또 물질과 정신의 법들이 괴로움임을 꿰뚫어 알면 그것들이 집착할만한 가치가 없음을 꿰뚫어 알 수 있으므로 해로운 법들은 버려진다. 이것은 집성제가 버려졌음을 뜻한다. 또 해로운 법이 버려지면 괴로움의 소멸이 실현된다. 이것은 멸성제가 실현되었음을 의미한다. 종합해 보면 법을 알고 보는 수행을 함으로써 도성제는 계발되고, 고성제는 철저히 알아지고, 집성제는 버려지고, 멸성제는 실현된다. 이 점이 불교의 수행에서 왜 법을 알고 보아야만 하는지

---

31   수다원, 사다함, 아나함을 말한다.

에 대한 분명한 이유이다.

"비구들이여, 나는 알고 보는 자에게 번뇌가 멸진한다고 말하지, 알지 못하고 보지 못하는 자에게 번뇌가 멸진한다고 말하지 않는다. 비구들이여, 그러면 무엇을 알고 보기 때문에 번뇌가 멸진하는가? 비구들이여, '이것이 괴로움이다.'라고 알고 보기 때문에 번뇌가 멸진한다. '이것이 괴로움의 일어남이다.'라고 알고 보기 때문에 번뇌가 멸진한다. '이것이 괴로움의 소멸이다.'라고 알고 보기 때문에 번뇌가 멸진한다. '이것이 괴로움의 소멸로 인도하는 도 닦음이다.'라고 알고 보기 때문에 번뇌가 멸진한다."

_「번뇌의 멸진 경」(S56:25)

3장

연기

1

연기

1) 연기

붓다께서는 세상의 모든 현상을 그것의 실상에 따라 괴로움과 괴로움의 소멸의 관점에서 물질과 정신의 법으로 분류하셨다. 그런 후에 '물질과 정신의 법들은 어떻게 일어나는가?'에 대하여 깊이 관찰하셨다. 이에 대하여 붓다께서는 조물주가 창조했다거나 우연히 생겨났다고 보는 극단적인 견해를 극복하고 모든 법은 '조건을 의지해서 일어난다'라는 연기의 진리를 깨달으셨다. 다시 말해서 '세상의 모든 법은 조건을 의지해서 일어나고, 조건이 없으면 일어나지 않는다.'라는 연기의 법을 깨달은 것이다. 연기는 붓다께서 만드신 이론이 아니라 세상에 있는 현상들이 일어나는 조건에 관한 진리를 붓다께서 발견하시고, 깨달으신 것뿐이다. 이와 같은 연기에 대한 통찰을 기반으로 물질과 정신의 법들이 일어나는 조건을 알 수 있고, 법들의 일어남을 알면 법들의 소멸도 알 수 있다. 더 나아가 연기에 대한 통찰을 기반으로 법들의 소멸로 인도하는 도 닦음도 알 수 있다. 정리하면 연기의 통찰을 통해서 사성제를 꿰뚫어 알 수 있다.

이처럼 연기는 불교에서 가장 중요한 진리의 법 중 하나이므로 수행자는 연기를 반드시 통찰해야 한다. 그런데 연기를 통찰하려면 다음의 두 가지 조건이 필요하다. 하나는 붓다의 가르침을 의지하는 것이다. 왜냐하면 연기는 참으로 미묘하고 심오한 법이므로 스스로 깨닫는 일은 거의 불가능하기 때문이다. 그래서 연기를 깨달은 붓다의 가르침을 의지해야 스스로 연기를 통찰할 수 있다. 이것이 올바른 길이고 가장 빠른 길이다. 다른 하나는 탐욕과 성냄 등이 없는 마음 상태인 바른 삼매[1]가 있어야 한다. 연기는 심오한 법이므로 탐욕과 성냄 등이 가득하여 마음이 오염되고 불안정하고 집중되지 못한 사람들은 연기를 꿰뚫어 볼 수 없다. 하지만 청정하고 고요하고 집중된 마음인 바른 삼매를 기반으로 법이 일어나는 조건을 통찰한다면 연기를 꿰뚫어 볼 수 있다. 이같이 붓다의 가르침을 의지하고 바른 삼매를 기반으로 물질과 정신의 법들의 조건을 통찰하면 연기를 꿰뚫어 알 수 있다. 더 나아가 연기를 기반으로 사성제를 꿰뚫어 알 수 있으므로 윤회에서 벗어나 괴로움을 소멸할 수 있다.

---

1 앞서 이야기하였듯 몰입된 삼매인 선정만을 의미하는 것이 아니다. 찰나 삼매나 근접 삼매도 가능함에 주의하라.

"아난다여, 그와 같이 말하지 말라. 아난다여, 그렇게 말하지 말라. 이 연기는 참으로 심오하다. 그리고 참으로 심오하게 드러난다. 아난다여, 이 법을 깨닫지 못하고 꿰뚫지 못하기 때문에 이 사람들은 실에 꿰어진 구슬처럼 얽히게 되고 베 짜는 사람의 실타래처럼 헝클어지고 문자 풀처럼 엉키어서 처참한 곳, 불행한 곳, 파멸처, 윤회를 벗어나지 못한다."

_「대인연경」(D15)

연기[paṭicca samuppāda, 緣起]를 이해하려면 먼저 조건[paccaya, 緣]을 아는 것이 중요하다. 조건은 빳짜야paccaya의 번역으로서 이는 prati(~에 대하여)+√i(to go)에서 파생된 남성명사이고 문자적으로는 '그것을 향해서 가다'라는 의미이지만, 불교에서는 '조건' 또는 '원인'이라는 의미로 쓰인다. 그래서 paccaya를 조건으로 번역한 것이다. 조건의 특징은 결과가 일어나도록 도와주는 것이다. 그러므로 '그것을 의지하여 결과가 일어난다'고 해서 조건이라 한다. 또 의지한다는 말은 '그것이 있어야 결과가 일어나고, 그것이 없으면 결과가 일어나지 않는다'는 것을 의미한다. 예를 들어 '태어남을 의지해서 늙음·죽음이 있다.'라고 할 때 태어남은 늙음·죽음이 일어나도록 도와주는 법이므로 '조건'이다. 그런데 이 구절은 '태어남이 있으므로 늙음·죽음이 있다.'를 뜻할 뿐 아니라 '태어남이 없으면 늙음·죽음도 없다.'라는 의미도 포함하고 있다. 이처럼 조건은 결과가 일어나도록 도와주는 법을 말한다.

더구나 조건이 있으면 그것의 결과, 즉 조건을 의지해서 생겨난 법이 있기 마련인데 이것을 '조건 따라 생긴 법'이라 부른다. 예를 들어 '태어남을 의지해서 늙음·죽음이 있다.'라고 할 때 태어남이 조건이라면 늙음·죽음은 '조건 따라 생긴 법'이다. 이처럼 조건뿐 아니라 조건 따라 생긴 법을 함께 드러내면 조건이 어떤 법의 원인이 되는지가 분명하게 나타난다. 그래서 단순히 조건만을 말하지 않고 조건과 조건 따라 생긴 법의 인과 관계를 함께 드러내는 것을 연기라고 한다. 연기는 빠띳자paṭicca 사뭅빠다samuppāda의 번역으로 빠띳짜paṭicca는 prati(~에 대하여)+√i(to go)에서 파생된 동명사로써 '의지하여'라는 뜻이다. 사뭅빠다samuppāda는 saṁ(함께)+ud(위로)+√pad(to go)에서 파생된 남성명사로써 문자적으로 '함께 위로 간다'라는 뜻이지만, 불교에서는 '일어남', '발생'이라는 의미로 쓰인다. 종합하면 '의지하여 일어남'을 뜻하는데 이것을 '조건 발생'이라는 의미로 보아서 중국에서는 연기緣起라고 번역한 것이다. 이처럼 조건과 연기는 둘 다 어떤 법이 일어나는 원인을 나타내지만, 연기는 조건뿐 아니라 조건 따라 생긴 법까지 함께 드러낸다는 차이점이 있다. 예를 들어 '무명을 조건으로 의도적 행위가 있다.'라고 표현할 때는 연기라고 부르지만, 의도적 행위가 일어나는 원인인 무명을 언급할 때는 조건이라 부른다.

> "비구들이여, 그러면 어떤 것이 연기인가? 비구들이여, 태어남을 조건으로 늙음·죽음이 있다. … 존재를 조건으로 태어남이 있다. … 취착을 조건으로 존재가 있다. … 갈애를 조건으로 취착이 있다. … 느낌을 조건으로 갈애가 있다. … 접촉을 조건으로 느낌이 있다. … 여섯 감각 장소를 조건으로 접촉이 있다. … 정신·물질을 조건으로 여섯 감각 장소가 있다.

… 의식을 조건으로 정신·물질이 있다. … 의도적 행위를 조건으로 의식이 있다. … 비구들이여, 무명을 조건으로 의도적 행위가 있다. 이것은 여래들께서 출현하신 후이거나 출현하시기 이전에도 존재하는 요소이며, 법으로 확립된 것이고, 법으로 결정된 것이며, 이것에 조건 되는 성질이다. 여래는 이것을 완전하게 깨달았고 관통하였다. 완전하게 깨닫고 관통한 뒤 '보라, 무명을 조건으로 의도적 행위가 있다.'라고 알게 하고 가르치고 천명하고 확립하고 드러내고 분석하고 명확하게 한다."

"비구들이여, 이같이 여기서 진실함, 거짓이 아님, 다른 것으로부터 생겨나는 것이 아님, 이것의 조건 짓는 성질, 이것을 일러 연기라 한다."

_「조건 경」(S12:20)

2) 연기된 법

연기를 이해하면 연기된 법[paṭiccasamuppanna dhamma[2], 緣而生法]을 분명히 꿰뚫어 알 수 있다. 연기된 법은 연기에 의해서 생겨난 법이란 뜻인데 이것은 조건을 의지해서 생긴 법과 같은 뜻이므로 '조건 따라 생

---

[2] 빠띳자 사뭅빤냐paṭiccasamuppanna는 연기를 뜻하는 paṭicca samuppāda의 과거분사이므로 '연기된'이라는 뜻이고 dhamma는 법을 의미하므로 paṭiccasamuppanna dhamma는 연기된[緣而生] 법法을 의미한다.

긴 법'을 의미한다. 또 조건 따라 생긴 법은 조건을 의지해서 만들어지고 형성된 법이라 할 수 있으므로 '형성된 법[saṅkhāta[3] dhamma, 有爲法]'이라고도 한다. 그래서 연기된 법 그리고 조건 따라 생긴 법과 형성된 법은 같은 의미이다. 그러면 연기된 법에는 어떤 것들이 있는가? 붓다께서는 연기의 가르침을 통해 '세상의 모든 것들은 정신과 물질의 법들이고, 물질과 정신의 법들은 조건을 의지해서 일어난다.'라고 설하셨으므로 세상의 모든 법, 즉 정신과 물질의 법들은 모두 연기된 법이다.

　또 십이연기의 경우에는 늙음·죽음은 태어남을 조건으로, 태어남은 존재를 조건으로, 존재는 취착을 조건으로, 취착은 갈애를 조건으로, 갈애는 느낌을 조건으로, 느낌은 접촉을 조건으로, 접촉은 여섯 감각 장소를 조건으로, 여섯 감각 장소는 정신·물질을 조건으로, 정신·물질은 의식을 조건으로, 의식은 의도적 행위를 조건으로, 의도적 행위는 무명을 조건으로 생겨난 법이다. 그러므로 늙음·죽음, 태어남, 존재, 취착, 갈애, 느낌, 접촉, 여섯 감각 장소, 정신·물질, 의식, 의도적 행위의 열한 가지 요소는 연기된 법들이다. 그런데 경전에서 '무명은 번뇌를 조건으로 일어난다.'[4]라고 설하셨기 때문에 무명도 역시 연기된 법이다. 따라서 십이연기의 열두 가지 요소들은 모두 연기된 법이다. 특히 존재의 실상을 나타내는 여섯 감각 장소, 정신·물질도 연기된 법이다. 더불어 연기된 법들은 조건에 의해서 생겨난 법이므로 소

3　상카따saṅkhāta는 상카야띠saṅkhāyati의 과거분사이다. saṃ(함께)+√kṛ(to do, make)에서 파생된 남성명사이다. saṅkhāra는 '형성', '현상', '형성된 것', '조건 따라 만들어진 것'이라는 뜻을 지닌다.

4　「바른 견해 경」(M9).

멸하기 마련이고, 사라지기 마련인 특성이 있다. 그래서 연기된 법들은 무상하고 괴로움이며 무아라는 특성이 있다.

> "비구들이여, 그러면, 어떤 것이 연기된 법들인가? 비구들이여, 늙음·죽음은 무상하고, 형성되었고, 조건에 의해 생겨난 것이고, 부서지기 마련인 법이며, 사라지기 마련인 법이며, 탐욕이 빛바래기 마련인 법이며, 소멸하기 마련인 법이다. … 태어남은 … 존재는 … 취착은 … 갈애는 … 느낌은 … 접촉은 … 여섯 감각 장소는 … 정신·물질은 … 의식은 … 의도적 행위들은 … 무명은 무상하고, 형성되었고, 조건에 의해 생겨난 것이고, 부서지기 마련인 법이며, 사라지기 마련인 법이며, 탐욕이 빛바래기 마련인 법이며, 소멸하기 마련인 법이다."
>
> _「조건 경」(S12:20)

여기서 한 가지 주의할 점은 연기된 법뿐 아니라 조건 또는 연기도 무상하고 괴로움이며 무아라는 것이다. 조건과 조건 따라 생긴 법 또는 연기된 법의 인과 관계에서 조건은 항상 조건만 가능하고, 조건 따라 생긴 법은 항상 조건 따라 생긴 법만 가능한 것은 아니다. 예를 들어 '느낌을 조건으로 갈애가 일어난다.'에서는 갈애는 조건 따라 생긴 법이다. 하지만 '갈애를 조건으로 취착이 일어난다.'에서는 갈애는 조건이다. 이처럼 하나의 법이 조건 따라 생긴 법이 될 수도 있고, 조건이 될 수도 있다. 그래서 조건도 무상하고 괴로움이며 무아라고 할 수 있다. 이처럼 '조건 따라 생긴 법', 즉 '연기된 법'뿐 아니라 조건도 무상하고 괴로움이며 무아임을 잊지 말아야 한다.

3) 십이연기

붓다께서는 존재의 실상인 물질과 정신을 보신 후에 물질과 정신의 법들이 조건을 의지해서 일어남을 분명히 꿰뚫어 보셨다. 그런데 존재의 실상이 물질과 정신의 법들이므로 존재도 조건을 의지해서 태어난다고 할 수 있다. 그래서 붓다께서는 '존재란 무엇이며, 현재의 존재는 무엇을 조건으로 태어났으며, 무엇을 조건으로 다음 생에 다시 태어날 것인가?' 등의 질문에 대한 해답을 '조건'과 '조건 따라 생긴 법' 또는 '연기'와 '연기된 법'의 인과 관계로 정리하여 설하셨다. 붓다께서는 이와 같은 연기에 대한 가르침을 한 가지 인과 관계로 설한 이연기二緣起[5]부터 열한 가지 인과 관계로 설한 십이연기十二緣起까지 다양하게 설하셨다. 이 중에서 가장 체계적인 가르침은 연기와 연기된 법의 인과 관계를 열한 가지로 설한 십이연기이다. 십이연기를 분명히 이해하면 나머지 이연기부터 십일연기十一緣起[6]까지를 이해하는 것은 그다지 어렵지 않다. 그래서 여기서는 십이연기에 대하여만 자세히 설명하겠다.

십이연기는 두 가지 형태로 설해졌다. 하나는 '무명을 조건으로

---

5   예를 들면 '접촉을 조건으로 괴로움이 일어난다.'라고 설한 것이 이연기이다. 「우빠와나 경」(S12:26).

6   예를 들면 십이연기에서 무명이 빠진 것이 십일연기이다. 「사문·바라문 경」(S12:13).

의도적 행위가, 의도적 행위를 조건으로 의식이 … 존재를 조건으로 태어남이, 태어남을 조건으로 늙음·죽음이 있다.'라고 원인을 중심으로 하여 결과를 드러내는 방식으로 열한 가지 인과 관계를 정리하여 설한 것이다. 다른 하나는 '늙음·죽음은 태어남을 조건으로, 태어남은 존재를 조건으로 … 의식은 의도적 행위를 조건으로, 의도적 행위는 무명을 조건으로 일어난다.'라고 결과를 중심으로 하여 원인을 찾는 방식으로 열한 가지 인과 관계를 정리해 설한 것이다. 이와 같은 두 가지 방식 중에서 십이연기의 열한 가지 인과 관계에 대해 결과로부터 원인을 찾아가는 방식으로 먼저 자세히 살펴본 후 원인으로부터 결과를 드러내는 방식을 간단히 정리하기로 하겠다.

2

십이연기의
해설

1) 늙음·죽음은 태어남을 조건으로 일어난다

존재들이 살면서 겪는 괴로움은 육체적 고통과 정신적 고통의 두 가지가 있다. 육체적 고통은 몸 의식을 통해 경험하는 육체적 괴로운 느낌을 말한다. 예를 들어 배고픔, 목마름, 추위와 더위, 몸에 생겨난 날카롭고 찌르는 자극 등을 통해 일어나는 괴로운 느낌이 육체적 괴로움이다. 정신적 고통은 마음 의식을 통해서 경험하는 정신적 괴로운 느낌을 말한다. 예를 들어 짜증, 분노, 우울, 공포, 슬픔, 스트레스, 두려움, 근심, 탄식, 절망 등의 성냄[7]과 함께 일어나는 괴로운 느낌을 말

7　　성냄은 대상을 '싫어하는' 특징이 있는 정신 현상들을 말한다.

한다. 이렇게 정신적 고통은 항상 성냄과 함께 일어나고, 성냄이 일어나면 정신적 고통도 함께 일어난다.

또 존재들이 살면서 겪는 괴로움 중에서 피할 수 없는 대표적인 것이 늙음과 죽음이다. 늙음은 존재들의 육신이 늙고, 노쇠하고, 수명이 감소하고, 감각 기능이 허약해지는 것을 말한다. 늙음의 징표로는 머리가 희어지고, 치아가 부러지고, 피부가 주름지는 것 등이 있다. 죽음은 존재들의 생명 기능이 끝남, 시체가 됨, 몸이 무너짐, 사망, 다섯 무더기의 부서짐 등을 말한다. 이렇게 존재들은 늙고 죽음에 가까이 가면서 통증, 쇠약함 등의 육체적 고통과 우울, 두려움, 불안, 공포 등의 정신적 고통을 경험하게 된다. 이처럼 존재들은 살아가면서 늙음·죽음과 수많은 괴로움을 경험한다.

그러면 존재들은 왜 이같이 늙음·죽음[老死]과 수많은 괴로움을 경험하는 것일까? 이에 대한 원인은 여러 가지가 있다. 교통사고로 죽을 수도 있고, 자외선으로 인해 늙을 수도 있고, 돈이 없어서 괴로움을 겪을 수도 있고, 큰 병이 들어 괴로움을 겪을 수도 있지만, 이것들은 모든 경우에 적용될 수 있는 가장 주된 원인은 아니다.

만약 존재가 태어나지 않았다면 몸과 마음이 없으므로 육체적 고통이 없고, 정신적 고통도 없고, 늙음·죽음은 당연히 없을 것이다. 그래서 붓다께서는 늙음·죽음이 일어나는 가장 주된 원인은 태어남[生]이라고 분명하게 꿰뚫어 보시고 '태어남을 조건으로 늙음·죽음이 있다.'라고 설하신 것이다. 이처럼 붓다께서는 십이연기에서 인과 관계를 나타낼 때 결과가 일어나게 하는 많은 조건 중 진실하고, 거짓이 아니고, 어떤 경우에도 적용되는 가장 주된 원인을 드러내신다는 점을 주의해야 한다. 나머지 인과 관계의 경우에도 마찬가지로 이해할 수 있다.

> "비구들이여, 그러자 나에게 이런 생각이 들었다. '무엇이 있을 때 늙음·죽음이 있으며 무엇을 조건으로 하여 늙음·죽음이 있는가?'라고. 비구들이여, 그러자 나는 지혜로운 마음 기울임[如理作意]**8**을 통해서 마침내 '태어남이 있을 때 늙음·죽음이 있으며, 태어남을 조건으로 하여 늙음·죽음이 있다.'라고 통찰지로써 관통하였다."
>
> _「사꺄무니 고타마 경」(S12:10)

태어남[jāti, 生]은 자띠jāti의 번역인데 jāti는 √jan(낳다, 태어나다)에서 파생된 여성명사이다. 태어남이란 일반적으로는 출생, 탄생 등의 의미이지만, 붓다의 견해로는 '다섯 무더기의 나타남' 또는 '여섯 감각 장소가 생겨남'을 말한다.

　다섯 무더기에서 물질 무더기는 물질에 해당하고, 느낌 무더기, 인식 무더기, 형성 무더기, 의식 무더기는 정신에 해당한다. 그래서 '다섯 무더기의 나타남'은 '물질과 정신의 나타남'이라고도 할 수 있다. 물질·정신이 있으면 눈, 귀, 코, 혀, 몸, 마음의 여섯 감각 장소가 있다. 여섯 감각 장소는 물질의 감각 장소와 정신의 감각 장소로 나눌 수

8　yoniso manasikāra의 번역이다. 지혜롭게, 진리에 부합되게 마음을 기울이는 것을 의미한다.

있다. 눈, 귀, 코, 혀, 몸은 물질의 감각 장소로서 각각 형색, 소리, 냄새, 맛, 감촉을 감지하는 역할을 하고, 마음은 정신의 감각 장소로 법을 아는 역할을 한다. 여섯 감각 장소는 물질과 정신이 있는 존재에게만 있으므로 태어남을 '여섯 감각 장소가 생겨남'이라고도 할 수 있다.

이처럼 존재가 태어나면 물질·정신 또는 다섯 무더기 또는 여섯 감각 장소가 형성된다. 물질과 정신이 있으면 물질의 감각 장소와 정신의 감각 장소가 있다. 물질의 감각 장소가 있으면 수많은 육체적 고통이 있고, 늙다가 죽음을 맞이하는 늙음·죽음이 있고, 정신의 감각 장소가 있으면 마음과 대상과의 접촉을 통해서 수많은 정신적 고통이 일어난다. 따라서 태어남을 조건으로 늙음·죽음과 갖가지 육체적 고통과 정신적 고통이 일어난다.

2) 태어남은 존재를 조건으로 일어난다

존재로 태어났기 때문에 늙음·죽음과 수많은 괴로움이 있다면 존재는 무엇을 조건으로 태어났는가? 붓다께서는 숙명통과 천안통을 바탕으로 존재는 이생에만 있는 것이 아니라 과거 생에도 있었으며 과거 생에 있으면서 지었던 유익한 업이나 해로운 업을 조건으로 현생에 태어났다고 스스로 알고 보셨다. 다시 말해서 '업을 조건으로 태어남이 있다.'라고 꿰뚫어 보신 것이다. 이때 업 자체가 존재는 아니지만, 업은 존재가 태어나게 하는 원인 또는 조건이므로 붓다께서는 업을 존재[bhāva, 有]라고도 설하셨다. 그래서 '업을 조건으로 태어남이 있다.'라는 말은 '존재를 조건으로 태어남이 있다.'라고 하는 것과 같은 뜻이다. 그러면 존재에 관하여 먼저 살펴보자.

> "비구들이여, 그러자 나에게 이런 생각이 들었다. '무엇이 있
> 을 때 태어남이 있으며 무엇을 조건으로 하여 태어남이 있는
> 가?'라고. 비구들이여, 그러자 나는 지혜로운 마음 기울임을
> 통해서 마침내 '존재가 있을 때 태어남이 있으며, 존재를 조
> 건으로 하여 태어남이 있다.'라고 통찰지로써 관통하였다."
>
> _「사꺄무니 고타마 경」(S12:10)

존재는 바와bhāva의 번역인데 bhāva는 √bhū(to become)에서 파생된
남성명사이다. 존재는 두 가지 의미가 있는데 하나는 재생으로서의
존재이고, 다른 하나는 업으로서의 존재이다. 이에 대하여 알아보자.
첫째, 재생으로서의 존재[upapatti bhāva, 生有]**9**는 말 그대로 재생再生 또
는 태어남[生]을 말한다. 다시 말해서 실제 욕계, 색계, 무색계에 재생
한, 즉 다시 태어난 존재를 뜻한다. 그래서 이때의 존재는 욕계 존재,
색계 존재, 무색계 존재의 세 가지로 나누어 볼 수 있다. 먼저 욕계 존
재는 감각적 욕망[kāma, 欲]의 영역[avacara, 界]인 욕계[kāmāvacara, 欲界]

---

9 욕계, 색계, 무색계의 서른한 가지 세상에 관한 자세한 설명은 『일묵 스님이 들려주는
초기불교 윤회 이야기』(불광출판사, 2019)를 참고하라. 여기서는 서른한 가지 세상에 대하
여 간단히만 설명한다.

에 태어난 존재를 말한다. 욕계에는 지옥[10], 축생[11], 아귀[12], 아수라[13]
와 같은 악처와 인간[14]과 여섯 가지 천상[15]과 같은 선처의 열한 가지

---

10 지옥[niraya, 地獄]은 니라야niraya의 번역인데 ni는 '없다'라는 뜻이고 aya는 '행복', '즐거움'이란 뜻이다. 그래서 지옥은 한마디로 행복은 없고 괴로움만이 있는 세상을 말한다. 악처 중에서 제일 괴로움이 많은 곳이다.

11 축생[tiracchāna yoni, 畜生]은 띠랏차나tiracchāna 요니yoni의 번역인데 tiracchāna는 '옆으로'라는 뜻이고 yoni는 '모태'라는 뜻이다. 그래서 축생은 곧게 서서 걷지 못하고 옆으로, 즉 네 발로 걷거나 움직이는 존재를 말한다. 한마디로 동물을 말한다.

12 아귀[peta, 餓鬼]는 뻬따peta의 번역인데 문자적으로 '아버지에 속하는'을 뜻하므로 조상신을 의미한다. 이것이 불교에서는 '행복에서 멀리 떨어진 존재'라는 의미로 쓰인다. 아귀는 주로 배가 고픈데 먹지 못하고, 목이 마르지만 마시지 못하는 고통을 받는 존재로만 알려져 있다. 하지만 이와 같은 아귀뿐 아니라 지옥에 태어난 존재 못지않게 극심한 고통을 받는 아귀도 많이 있다.

13 아수라는 아귀나 저급한 천인에 포함된다. 그래서 초기경전에서 보통 아수라는 따로 분류하지 않는 경우가 많다.

14 인간[manussa, 人間]은 마눗사manussa의 번역인데 manussa는 마누Manu의 후손이라는 의미이다. 하지만 불교에서 manussa는 마음이 탐욕, 성냄, 어리석음에서부터 탐욕 없음, 성냄 없음, 어리석음 없음이 넘쳐나는 존재를 말한다. 인간 세상에는 극악무도한 사람에서부터 붓다나 아라한이 될 수 있을 만큼 강력한 지혜를 가진 사람들도 있고, 매우 고통 받은 사람에서부터 아주 행복한 사람들도 있다. 이처럼 인간 세상은 매우 다양한 형태의 사람들이 있다. 이런 의미로 인간 세상에는 지옥, 축생, 아귀, 아수라, 인간, 천상의 육도六道가 모두 존재한다고 말한다.

15 욕계 천상은 인간계보다 감각적 욕망의 즐거움이 훨씬 많다. 인간 세상에서 누리는 즐거움을 '이슬 한 방울'이라 한다면 천상계 존재들이 누리는 즐거움은 바닷물에 비유할 수 있을 정도로 즐거움이 크다. 욕계 천상은 사천왕천四天王天, 삼십삼천三十三天, 야마천夜摩天, 도솔천兜率天, 화락천化樂天, 타화자재천他化自在天의 여섯 가지가 있다. 욕계 천상도 유익한 업의 정도에 따라 수명이나 즐거움의 정도에 차이가 있다. 그래서 위로 올라갈수록 수명도 더 길고, 즐거움도 훨씬 많다. 욕계 천상의 수명은 인간보다 훨씬 길다. 예를 들어 삼십삼천의 최대 수명은 천상의 시간으로 일천 년인데 삼십삼천의 하루는 인간 세상의 일백 년과 같다. 주석서에 따르면 천상세계에서는 열여섯에서 이십 대 정도의 젊은 용모로 태어나 항상 그 모습으로 살아가며, 치아가 부러지지 않은 채 그대로 있고, 늙지 않아 흰머리나 주름이 없고, 병도 들지 않는다. 천상의 음식은 찌꺼기가 남지 않고 완전히 소화되기 때문에 대소변도 없다고 한다. 천인들은 몸은 광채가 나고 말로 표현할 수 없을 만큼 아름다워 쳐다보기만 해도 정신이 혼미해진다고 한다. 그래서 천상에서는 감각적 쾌락에 빠져 계를 지키거나 수행을 하기가 어렵다. 그래서 천상의 복이 다하면 죽어서 악처에 태어날 수도 있다.

세상이 있다. 이와 같은 욕계 세상 중 한 곳에 태어난 존재를 욕계 존재라고 한다. 다음으로 색계 존재[16]는 아주 미세한 물질[rūpa, 色]이 있는 영역인 색계[rūpāvacara, 色界]에 태어난 존재를 말한다. 색계에는 세 가지의 색계 초선천[17], 세 가지의 색계 이선천[18], 세 가지의 색계 삼선천[19], 일곱 가지의 색계 사선천[20]의 열여섯 가지 세상이 있다. 이와 같

---

16 색계는 색계 선정 중 한 가지를 얻어야 태어날 수 있는 곳이다. 색계 존재는 몸이 아주 미세한 물질로 이루어져 있고, 몸의 광채가 뛰어나고, 음식을 먹지 않아도 되고, 남자와 여자의 구분이 없다. 그래서 코 의식, 혀 의식, 몸 의식은 일어나지 않고 눈 의식, 귀 의식, 마음 의식의 세 가지 의식만 있다. 욕계 천상보다 수명도 훨씬 길고 행복함의 정도도 훨씬 크다.

17 색계 초선천에는 범중천梵衆天, 범보천梵輔天, 대범천大梵天이 있다. 대범천의 천인은 왕이고, 범보천의 천인들은 대신들, 범중천의 천인들은 일반 국민이라고 생각하면 된다.

18 색계 이선천에는 소광천少光天, 무량광천無量光天, 광음천光音天이 있다. 소광천의 존재는 빛이 약하고, 무량광천의 존재는 무량하게 빛을 발한다. 광음천에 있는 존재는 마치 벼락 칠 때 번쩍하는 것처럼 빛난다고 한다.

19 색계 삼선천에는 소정천少淨天, 무량정천無量淨天, 변정천遍淨天이 있다. '정淨'이라는 말은 '깨끗하다'라는 뜻이다. 이선천의 존재들이 내는 빛이 쪼개진 빛이라면 삼선천의 존재들이 내는 빛은 마치 보석이 한 덩어리로 있을 때 내는 빛처럼 아름다운 빛이다. 특히 변정천의 존재들은 온몸이 아주 아름다운 빛으로 뒤덮여 있다고 한다.

20 색계 사선천은 색계 천상계 중 제일 높은 세상이다. 이곳은 다른 색계 세상에 비할 수 없을 만큼 큰 좋은 결과가 일어나는 곳이다. 색계 사선천에는 광과천廣果天, 무상유정천無想有情天, 정거천淨居天이 있고, 정거천에는 무번천無煩天, 무열천無熱天, 선현천善現天, 선견천善見天, 색구경천色究竟天이 있다. 광과천은 '광대한 결과'를 가진 천상이라는 의미이다. 색계 사선천은 다른 색계 천상에 비교하여 그 복의 결과가 엄청나게 크다는 말이다. 무상유정천의 존재는 말 그대로 살아 있는 생명체이지만[有情] 인식이 없는[無想] 존재이다. 인식이 없다는 것은 마음과 심리 현상들이 일어나지 않는다는 것이다. 즉 이곳의 존재들은 마음은 없고 몸만 존재한다. 몸은 체온도 있고 생명 기능도 존재하기 때문에 생명이 없는 물질과는 전혀 다르다. 이곳의 존재가 죽으면 반드시 욕계에 태어나는데 이때 마음이 다시 일어난다. 정거천은 아주 깨끗한 존재들이 머무는 곳이다. 이곳에는 아무나 태어날 수 없으며 감각적 욕망과 성냄이 완전히 소멸한 아나함[不還者]만이 태어날 수 있다. 아나함은 정거천에 태어나면 그곳에서 아라한이 되어 열반에 든다. 그래서 정거천은 아나함이나 아라한만이 머무는 곳이다. 정거천은 다시 믿음, 정진, 기억, 삼매, 지혜의 기능의 차이에 따라 태어나는 세상으로 무번천, 무열천, 선현천, 선견천, 색구경천으로 나누어진다.

은 색계 세상 중 한 곳에 태어난 존재를 색계 존재라고 한다. 끝으로 무색계 존재는 물질이 없는[arūpa, 無色] 영역인 무색계[arūpāvacara, 無色界][21]에 태어난 존재를 말한다. 무색계는 공무변처空無邊處, 식무변처識無邊處, 무소유처無所有處, 비상비비상처非想非非想處의 네 가지가 있다. 이와 같은 무색계 중 한 가지로 태어난 존재를 무색계 존재라고 한다. 정리해 보면 재생으로서의 존재에서 존재는 '재생' 또는 '태어남'과 같은 의미이다. 또 존재에는 열한 가지의 욕계 존재, 열여섯 가지의 색계 존재, 네 가지의 무색계 존재가 있다.

둘째, 업으로서의 존재[kamma bhāva, 業有]는 업을 의미한다. 업 자체가 존재는 아니지만, 업은 다음 생에 존재를 태어나게 하는 잠재력이 있으므로 존재라고 말하는 것이다. 그러므로 여기서 말하는 존재를 분명히 이해하려면 업을 이해해야 한다. 업[kamma, 業]은 깜마kamma의 번역인데 kamma는 √kṛ(to do)에서 파생된 중성명사이다. kamma는 문자적으로는 '행위'를 뜻하지만, 불교에서는 의도를 의미하는 업으로 정착되었다. 그래서 붓다께서는 의도가 업이고, 의도한 뒤 몸과 말과 마음을 통해서 업을 짓는다고 설하셨다. 좀 더 구체적으로 유익한 법과 함께하는 의도는 유익한 업이고, 해로운 법과 함께하는 의도는 해로운 업이다.

---

21 무색계는 실제로 궁전과 같은 물리적 공간이 있는 세상이 아니라는 점에 주의해야 한다. 무색계 존재는 물질은 없고 마음만 있는 존재이므로 물리적 공간이 필요 없고 공간의 제약을 받지 않는다. 무색계 존재는 색계 존재들과 비교하여 훨씬 더 행복하고 수명도 훨씬 길다.

"비구들이여, 의도가 업이라고 나는 말하노니 의도한 뒤 몸과 말과 마음을 통해 업을 짓는다."

_「꿰뚫음 경」(A6:63)

업이 있으면 업의 결과가 있다. 다시 말해서 유익한 업은 좋은 결과가 일어나게 하고, 해로운 업은 나쁜 결과가 일어나게 한다. 이를 한마디로 인과응보因果應報라 한다. 이와 같은 업과 업의 결과를 이해하려면 업뿐 아니라 업의 잠재력을 분명히 알아야 한다. 업은 의도이고, 업은 감각 기능과 대상과의 접촉을 조건으로 생겨난 법이므로 업 자체는 조건이 없어지면 사라지기 마련이다. 하지만 업이 업의 결과를 생기게 하는 가능성은 사라지지 않고 남아 있는데 이를 업의 잠재력[kamma-satti, 業力]이라 부른다. 이런 업의 잠재력으로 인해 적당한 조건이 갖추어졌을 때 업의 결과가 일어나는 것이다. 비유하면 사과 씨앗을 땅에 심었을 때 씨앗은 사라지지만, 씨앗이 사과를 맺을 수 있는 잠재력은 남아서 적당한 조건이 갖추어지면 씨앗의 잠재력이 사과를 생기게 하는 것처럼. 이처럼 업은 생멸할지라도 업의 잠재력으로 인해 업의 결과가 생겨나는 것이다. 여기서 주의할 점은 업의 잠재력은 그것이 실체로써 존재하고 어딘가에 저장되어 있다가 업의 결과를 일으키는 것이 아니라, 단지 업의 결과를 맺는 가능성을 말할 뿐이라는 것이다. 비유하면 사과 씨앗에 사과를 맺을 잠재력이 있다고 하는 것과 같다. 이때 사과 씨앗 안에 사과를 맺을 잠재력이 실체로써 존재하거나 어딘가에 저장되어 있는 것은 아니다. 단지 사과 씨앗에는 햇빛, 물, 거름 등의 적당한 조건이 갖추어지면 사과 열매를 맺는 가능성이 있을 뿐이다.

이상으로 업에 대하여 살펴보았다. 그런데 일부 사람들은 불교에서 말하는 업을 잘못 이해하여 결정론이나 숙명론[22]과 혼동하기도 한다. 다시 말해서 a라는 업을 지으면 반드시 A라는 결과만 일어나고, b라는 업을 지으면 반드시 B라는 결과만 일어난다고 생각하는 것이다. 하지만 이것은 사실이 아니다. 왜냐하면 어떤 업의 결과는 그 업만으로 일어나는 것이 아니라 다른 업들과의 상호 관계 속에서 생겨나기 때문이다. 붓다께서는 경전[23]에서 '조그만 잔에 담긴 물에 소금 한 줌을 넣으면 그 물은 너무 짜서 마실 수가 없다. 하지만 갠지스 강에 소금 한 줌을 집어넣으면 그 물은 마시지 못할 만큼 짜지지 않을 것이다.'라고 설하셨다. 이 가르침을 통해서 한 가지 업에 한 가지 결과만 정해져 있는 것이 아님을 분명히 알 수 있다. 경전에서는 비록 똑같은 업을 지었더라도 어떤 사람에게는 무거운 결과가 일어나고, 어떤 사람에게는 가벼운 결과가 일어날 수 있음을 명확하게 보여준다.

예를 들어 평소에 보시하지 않고, 계도 지키지 않고, 수행도 실천하지 않은 사람은 해로운 업들은 많고 유익한 업들은 거의 없다. 이 사람의 경우에는 빵 한 개를 훔치는 해로운 업을 지었더라도 다른 많은 해로운 업들이 그 해로운 업의 결과가 익는 것을 도와주고 지원해 줌으로써 그 업의 결과가 훨씬 무거워진다. 그래서 빵 한 개를 훔치는 해로운 업을 짓고도 감옥에 가게 된다. 마치 조그만 잔에 담긴 물에 소금 한 줌을 넣으면 그 물은 너무 짜서 마실 수가 없는 것과 같다. 이에 반

---

22 세상의 모든 것은 다 결정되어 있다고 바라보는 것이다.
23 「소금 덩이 경」(A3:99).

3장··연기

해 평소 보시를 많이 하고, 계도 잘 지키고, 수행도 열심히 실천한 사람은 유익한 업들은 많고 해로운 업들은 거의 없다. 이 사람의 경우에는 빵 한 개를 훔치는 해로운 업을 지었더라도 많은 유익한 업들이 그 해로운 업의 결과가 익는 것을 방해하고 막아 줌으로써 그 업의 결과가 훨씬 가벼워진다. 그래서 빵 한 개를 훔치는 해로운 업을 짓더라도 간단한 훈계를 받는 정도로 끝날 수 있다. 마치 갠지스 강에 소금 한 줌을 집어넣으면 그 물은 마시지 못할 만큼 짜지지 않는 것과 같다.

위의 두 사람은 똑같이 빵 한 개를 훔치는 해로운 업을 지었지만 한 사람은 감옥에 가고 다른 사람은 훈계 정도로 끝났다. 이처럼 업과 업의 결과는 다른 업들과의 관계 속에서 일어나므로 똑같은 업을 지었다고 하여 반드시 같은 결과를 초래하는 게 아니다. 그래서 업과 업의 결과에 대한 가르침을 결정론이나 숙명론처럼 받아들여서는 안 되고 여러 가지 업들의 상호 관계 속에서 이해해야 한다. 이렇게 업의 상호 관계를 바르게 이해한다면 지금까지 살면서 해로운 업을 많이 지었더라도 걱정하거나 두려워하기만 하지 말고 오히려 지금부터라도 유익한 업을 많이 짓도록 열심히 노력해야 한다. 그러면 유익한 업이 강물처럼 불어나서 짠 소금과 같은 이전의 해로운 업들을 희석해 해로운 업의 결과가 크게 일어나지 않게 될 것이다. 그러면 업에 대한 바른 이해를 바탕으로 다시 존재에 대하여 알아보자.

앞서 설명했듯이 업 자체가 존재는 아니지만 업은 다음 생에 존재를 태어나게 하는 잠재력이 있으므로 업을 존재라고도 한다. 그래서 업과 존재는 같은 의미이다. 존재는 그것이 어느 세상에 태어나게 하느냐에 따라 크게 세 가지로 나눌 수 있다. 존재를 욕계에 태어나게 하는 유익한 업이나 해로운 업은 욕계 존재^(업)이고, 존재를 색계에 태어나게 하는 유익한 업은 색계 존재^(업)이며, 존재를 무색계에 태어나게 하는 유익한 업은 무색계 존재^(업)이다. 이처럼 존재는 욕계 존재, 색계 존재, 무색계 존재의 세 가지로 나눌 수 있다.

> "비구들이여, 그러면 어떤 것이 존재인가? 비구들이여, 세 가지 존재가 있나니 욕계의 존재, 색계의 존재, 무색계의 존재가 있다. 비구들이여, 이를 일러 존재라 한다."
>
> _「분석 경」(S12:2)

태어남은 업을 조건으로 일어난다

지금까지 존재의 두 가지 의미, 즉 재생으로서의 존재, 업으로서의 존재에 대해 살펴보았다. 십이연기의 '존재를 조건으로 태어남이 있다.'라는 인과 관계에서는 존재가 업을 의미한다. 그래서 위의 인과 관계는 '업을 조건으로 태어남이 있다.'라고 해도 무방하다. 그러므로 지금부터 '업'이라 표현하겠다. 그러면 어떻게 업을 조건으로 태어남이[24] 있는지 살펴보자.

존재들은 삶을 살면서 이루 셀 수 없이 많은 업을 짓는다. 그러다가 수명이 다하여 죽음을 맞이할 때 자신이 이전에 지었던 수많은 업

---

24   자세한 설명은 『일묵 스님이 들려주는 초기불교 윤회 이야기』를 참고하라.

중에서 가장 강력한 업 한 가지가 임종 때 나타난다. 이때의 업은 무거운 업[25], 임종 가까이에 지은 업[26], 습관적인 업[27], 이미 지은 업[28]의 순서대로[29] 수많은 업 중에서 한 가지가 결정된다. 그리고 임종 때 나타난 한 가지 업을 조건으로 다음 생에 서른한 가지 세상 중 하나에 태어난다. 다시 말해서 임종 때 나타난 업을 조건으로 태어남이 있다.

그렇다면 이전에 지었던 수많은 업 중에 임종 때 나타나지 않은 나머지 업들은 아무런 역할을 하지 않는가? 물론 그렇지 않다. 임종 때 나타난 업으로 인해 다음 생에 서른한 가지 세상 중 어디에 태어날지가 결정된다. 하지만 이전에 지었던 나머지 업들은 다음 생에 태어난 존재의 삶의 과정에서 많은 영향을 준다. 더구나 세 번째 생 이후의 태어남과 삶의 과정에도 많은 영향을 줄 수 있다. 그러면 존재들이 지었던 수많은 업 중에 임종 때 나타난 업과 그 외의 나머지 업들이 윤회

---

25 무거운 업은 승가를 분열시킨 업, 부처님 몸에 피를 낸, 아라한을 죽인 업, 어머니를 죽인 업, 아버지를 죽인 업을 말한다. 이들은 다른 어떤 업보다 먼저 작용하여 다음 생에 무조건 무간지옥無間地獄에 태어나게 한다. 그래서 위의 다섯 가지 업을 오무간업五無間業이라고도 한다.

26 임종 가까이에 지은 업은 죽음에 가까워졌을 때 지은 업을 의미한다. 그렇기 때문에 생생하고 강력해서 다음 생에 존재로 태어나게 할 잠재력이 아주 높은 업이다.

27 습관적인 업은 삶의 과정에서 습관적으로 지었던 유익하거나 해로운 업을 말한다. 습관적으로 계속 반복하여 지은 업이므로 상당히 강력한 업이 된다.

28 이미 지은 업은 앞의 세 가지를 제외한 업을 총칭하는 말이다. 이생에 지은 업뿐 아니라 과거 생에 지었던 모든 업도 포함된다. 이생에 지은 업 중에서 적당한 업이 없다면 과거 생에 지은 업이 다음 생에 존재로 태어나게 할 수 있다. 예를 들어 무상유정천의 존재는 마음이 없으므로 그 생에서는 새로운 업을 지을 수 없다. 그래서 무상유정천에서 죽으면 과거 생에 이미 지은 업을 조건으로 다음 생에 태어난다.

29 수많은 업 중에 어떤 것이 실제 존재를 태어나게 하는 업이 되느냐는 획일적으로 정해진 규칙이 있는 것이 아니라 업들 사이의 상호관계를 바탕으로 이루어지기 때문에 위의 순서는 변할 수 있음에 주의해야 한다.

의 과정에서 각각 어떤 역할을 하는지 네 가지의 경우로 나누어 좀 더 자세히 살펴보자.

첫째, 평상시에 해로운 업을 주로 지었으며 다음 생에 악처에 태어나는 경우이다. 평상시에 해로운 업을 주로 짓고 있는 사람이 이전에도 해로운 업을 많이 지었거나, 이후에도 참회하지 않고 계속 해로운 업을 지었거나, 임종 가까이서 그릇된 견해에 깊이 빠지면 임종 때에 필연적으로 해로운 업 중 가장 강력한 한 가지가 나타나 그 해로운 업을 조건으로 지옥이나 축생 등의 악처에 태어난다.

예를 들어 『담마빠다』(『법구경』) 주석서[30]에 보면 쭌다라는 이름을 가진 돼지 백정의 이야기가 있다. 쭌다는 평생 돼지를 죽이는 일을 했다. 그는 돼지를 잡을 때 먼저 육질을 부드럽게 하기 위해 돼지를 모난 몽둥이로 마구 때리고, 그런 다음 살아 있는 돼지의 입을 벌려 내장 속에 있던 음식물들이 모두 다 씻겨 나올 때까지 뜨거운 물을 부어서 죽였다. 맛있는 돼지고기를 만들기 위해 형언할 수 없는 해로운 업을 평생 지어 온 것이다.

게다가 이 돼지 백정은 살면서 한 번도 유익한 업을 지은 적이 없었다. 자신의 집 가까이에 있는 절에 붓다께서 머물고 계셨지만 한 숟가락도 공양 올린 적이 없었다. 이렇게 살다가 중병이 들어 죽을 때가 가까워지니 마음속에는 자신이 태어날 지옥의 뜨거운 불길이 보이기 시작하고, 손과 발이 오그라들고 무릎과 다리는 펴지지 않아서 돼지

---

30 『법구경 이야기』(옛길, 2008) 제1권 게송 15번 이야기를 참고하라.

처럼 기어 다니고, 돼지처럼 비명을 질러댔다. 이 돼지 백정은 워낙 오랫동안 해로운 업을 지어 왔기 때문에 죽기 전부터 지옥의 모습이 눈앞에 나타났을 뿐 아니라 지옥과 비슷한 형태의 삶을 살다가 임종 때는 살생의 해로운 업이 나타나서 지옥에 태어났다고 한다.

> "아난다여, 여기서 생명을 죽이고, 주지 않은 것을 가지고, 삿된 음행을 하고, 거짓말을 하고, 중상모략하고, 욕설하고, 잡담하고, 탐욕스럽고, 악의를 가지고, 삿된 견해를 가진 사람이 몸이 무너져 죽은 뒤 처참한 곳, 불행한 곳, 파멸의 곳, 지옥에 태어나는 것은 이전에 그가 괴로움을 겪을 악업을 행했거나 이후에 그가 괴로움을 겪을 악업을 행했거나 임종 시에 삿된 견해를 가지고 거기에 깊이 빠졌기 때문이다."
>
> _「업 분석의 긴 경」(M136)

더구나 내생에 존재를 태어나게 하는 업을 제외한 나머지 해로운 업들도 이들이 지닌 업의 잠재력은 있으므로 적당한 조건이 갖추어지면 나쁜 결과를 일으킨다. 다시 말해서 나머지 해로운 업들은 현생이나 내생이나 세 번째 생 이후에 원하지 않는 대상이나 일을 많이 경험하게 하거나 지옥, 축생, 아귀의 악처에 태어나게 하는 나쁜 결과를 일으킨다. 예를 들어 돼지 백정 쭌다는 지옥에 태어나게 만든 업을 제외한 나머지 해로운 업들이 현생에 돼지처럼 살게 하는 괴로움을 겪게 하였다. 또 내생에 지옥에 태어났을 때는 더 예리한 창에 찔린다거나 더 뜨거운 불에 태워지는 등의 더 많은 고통을 겪게 하는 괴로운 결과가 일어나게 한다. 더구나 현생과 내생에서 해로운 업의 잠재력이 다하지 않으면 세 번째 생 이후에 다시 지옥에 태어나거나 다른 악처, 즉 축생이나 아귀에 태어나 수많은 고통을 겪는 괴로운 결과를 일으킨다.

> "그가 여기서 생명을 죽이고 … 삿된 견해를 가지는 것은 현생에서 과보를 받거나 혹은 바로 다음 생이나 후세에 과보를 받을 것이다."
>
> _「업 분석의 긴 경」(M136)

둘째, 평상시에 해로운 업들을 주로 지었지만, 다음 생에 선처에 태어나는 경우이다. 평소 해로운 업을 주로 지었던 존재가 이전에 유익한 업을 지었거나, 이후에 진실로 참회하고 유익한 업을 지었거나, 죽음 가까이서 바른 견해를 확고히 한다면 필연적으로 임종 때에 유익한 업 중 가장 강력한 한 가지가 나타나서 그 유익한 업을 조건으로 인간이나 천상의 선처에 태어난다.

예를 들어 아비담마 해설서에 언급된 소나 스님의 이야기를 살펴보자. 소나 스님은 최상의 깨달음을 얻으신 아라한이었고, 그의 아버지는 평생 짐승을 잡아서 산 사냥꾼이었는데 나이가 들어 출가해 스님이 되었다. 아버지가 임종이 가까워지자 자기 아들인 소나 스님에게 자꾸 큰 개들이 자기를 물려고 쫓아온다고 하면서 그 개들을 쫓아 달라고 하였다. 소나 스님은 큰 개가 물려고 쫓아오는 것은 아버지가 지옥에 태어날 징조라는 것을 아셨다.

그래서 아버지가 죽음 가까이에 유익한 업을 짓도록 도와주기 위하여 제자를 시켜 꽃을 가져오게 해 탑의 뜰에 깔게 하였다. 그런 뒤 아버지를 모셔와 "스님을 위하여 꽃을 공양 올렸습니다. 부처님께 예배하십시오."라고 말했다. 그러자 아버지의 마음에 불佛·법法·승僧의 삼보三寶에 대한 청정한 신심과 희열이 일어났으며 "아들아! 저리 비켜라. 새어머니가 온다."라고 말하며 죽음을 맞이하였다. '새로운 어머니가 온다.'라고 말한 것은 천상의 천녀天女가 보인다는 것을 뜻하고, 그것은 천상에 태어날 것을 암시하는 것이다. 이처럼 소나 스님의 아버지는 평소에 살생으로 인한 해로운 업들을 많이 지었으므로 원래 지옥에 태어날 위기에 처했었다. 하지만 아라한인 아들의 도움으로 죽음 가까이에서 삼보에 대한 청정한 신심을 일으키는 아주 유익한 업을 지었고, 그 업을 조건으로 다음 생에 선처인 천상에 태어난 것이다. 이처럼 평소에 해로운 업을 많이 지었더라도, 죽음 가까이서 아주 유익한 업을 짓는다면 임종 때에 그 유익한 업이 나타나 천상과 같은 선처에 태어날 수 있다.

> "아난다여, 여기서 생명을 죽이고, 주지 않은 것을 가지고, 삿된 음행을 하고, 거짓말을 하고, 중상모략하고, 욕설하고, 잡담하고, 탐욕스럽고, 악의를 가지고, 삿된 견해를 가진 사람이 몸이 무너져 죽은 뒤 좋은 곳, 천상에 태어나는 것은 이전에 그가 즐거움을 누릴 선업을 행했거나 이후에 그가 즐거움을 누릴 선업을 행했거나 임종 시에 바른 견해를 가지고 그것을 확고히 수용했기 때문이다."
>
> _「업 분석의 긴 경」(M136)

그런데 다음 생에 존재를 태어나게 하는 업이 되지 못한 나머지 해로운 업들이 아무 의미도 없이 사라지는 것인가? 물론 그렇지 않다. 이들이 지닌 업의 잠재력은 남아 적당한 조건이 갖추어지면 나쁜 결과가 일어난다. 다시 말해서 해로운 업들은 현생이나 내생이나 세 번째 생 이후에 악처에 태어나게 하거나, 원하지 않는 대상이나 바라지 않는 일들을 많이 경험하게 만드는 괴로운 결과를 생산한다. 예를 들어 소나 스님의 아버지도 다음 생에서는 유익한 업을 조건으로 천상에 태어나는 좋은 결과가 생겼다. 하지만 사냥꾼으로서 지었던 살생으로 인한 해로운 업들로 인해 천상에서의 수명이 짧거나 천상에서 즐기는 감각적 즐거움의 정도가 작을 수 있다. 더구나 살생의 해로운 업들의 잠재력이 세 번째 생 이후에도 남아 있다면 적당한 조건이 갖추어질 때 그것이 악처에 태어나게 하여 수많은 고통을 겪는 괴로운 결과를 생산할 수 있다.

> "그가 여기서 생명을 죽이고 … 삿된 견해를 가지는 것은 현생에서 과보를 받거나 혹은 바로 다음 생이나 후세에 과보를 받을 것이다."
>
> _「업 분석의 긴 경」(M136)

셋째, 평상시에 유익한 업들을 주로 지었지만 다음 생에 악처에 태어나는 경우이다. 평상시에 유익한 업을 주로 지었던 존재가 이전에는 해로운 업을 지었거나, 이후에도 해로운 업을 지었거나, 죽음 가까이서 그릇된 견해에 깊이 빠진다면 임종 때 해로운 업이 나타나서 그 해로운 업을 조건으로 지옥, 축생, 아귀 등의 악처에 태어난다.

예를 들어 『담마빠다』 주석서[31]에 나오는 띳사 스님의 이야기를 살펴보자. 이분은 평생 계도 잘 지키고 수행도 열심히 하면서 살았다. 그러던 어느 날 아주 좋은 가사 천을 보시받았는데 이 스님은 아직 깨달음을 얻은 성자가 아니었기 때문에 가사에 대한 애착이 생겼다. 이 스님은 '보시받은 천으로 내일 가사를 만들어 입어야겠다.'라고 집착하고 있었는데 그날 저녁에 먹은 것이 심하게 체해서 갑자기 죽음을 맞게 되었다.

그래서 이 스님은 가사에 대한 애착이 있는 마음으로 죽음을 맞이했기 때문에 임종 때 가사에 애착하는 해로운 업이 나타나서 다음 생에 가사에 붙은 '이'로 태어났다. 이 스님의 경우는 평소에 유익한 업을 주로 지었지만, 죽음 가까이서 지은 가사에 집착하는 해로운 업 때문에 '이'로 태어난 것이다. 이렇게 평소 유익한 업을 주로 지었더라도 죽음 가까이서 아주 해로운 업을 짓게 되면 악처에 태어날 수 있다. 물론 이 스님은 이전 생에 스님이었을 때 평생 유익한 업을 주로 지었으므로 '이'로서의 짧은 삶을 마감할 때 스님 시절에 지었던 유익한 업 중 한 가지가 나타나서 그 업을 조건으로 천상에 태어났다고 한다.

이상에서 살펴본 둘째와 셋째 경우를 종합해 보면 임종 때에 어떤 업이 나타나느냐는 윤회에서 아주 중요하다. 평소에 유익한 업을 주로 지었더라도 죽음 가까이서 해로운 업들을 지음으로써 어리석게

---

31 『법구경 이야기』 제3권 게송 240번 이야기를 참고하라.

죽음을 맞이하면 임종 때 그 해로운 업 중 한 가지가 나타나서 악처에 태어날 수 있다. 반면 평소에 해로운 업을 주로 지었더라도 죽음 가까이서 유익한 업들을 지음으로써 지혜롭게 죽음을 맞이하면 임종 때 그 유익한 업 중 한 가지가 나타나서 선처에 태어날 수도 있다. 그래서 죽음에 가까이 갈수록 지혜롭게 마음을 기울여 유익한 업들을 많이 짓는 것이 아주 중요하다.

> "아난다여, 여기서 생명을 죽이는 것을 삼가고, 주지 않은 것을 가지는 것을 삼가고, 삿된 음행을 삼가고, 거짓말을 삼가고, 중상모략을 삼가고, 욕설을 삼가고, 잡담을 삼가고, 탐욕스럽지 않고, 악의를 가지지 않고 바른 견해를 가진 사람이 몸이 무너져 죽은 뒤 처참한 곳, 불행한 곳, 파멸의 곳, 지옥에 태어나는 것은 이전에 그가 괴로움을 겪을 악업을 행했거나 이후에 그가 괴로움을 겪을 악업을 행했거나 임종 시에 삿된 견해를 가지고 거기에 깊이 빠졌기 때문이다."
>
> _「업 분석의 긴 경」(M136)

그런데 다음 생에 존재를 태어나게 하는 업이 되지 못한 나머지 유익한 업들이 아무 의미도 없이 사라지는 것인가? 물론 그렇지 않다. 이들이 지닌 업의 잠재력은 남아 적당한 조건이 갖추어지면 좋은 결과가 일어난다. 다시 말해서 유익한 업들은 현생이나 내생이나 세 번째 생 이후에서 선처에 태어나게 하거나, 원하는 대상이나 바라는 일을 많이 경험하게 만드는 행복한 결과를 생산할 수 있다. 예를 들어 띳사 스님은 죽음 가까이서 지은 해로운 업 중 한 가지를 조건으로 내생에 '이'로 태어났다. 하지만 '이'로서의 짧은 삶을 마감할 때 스님이었을 때 지었던 유익한 업 중의 한 가지가 나타나서 그 유익한 업을 조건으로 세 번째 생에는 천상에 태어났다고 한다.

> "그가 여기서 생명을 죽이는 것을 삼가고 … 바른 견해를 가
> 지는 것은 현생에서 과보를 받거나 혹은 바로 다음 생이나
> 후세에 과보를 받을 것이다."
>
> _「업 분석의 긴 경」(M136)

넷째, 평상시에 유익한 업을 주로 지었으며 다음 생에 선처에 태어나는 경우이다. 평상시에 유익한 업을 주로 지은 존재가 이전에도 유익한 업을 많이 지었거나, 이후에도 유익한 업을 지었거나, 죽음 가까이서 바른 견해를 확고히 하면 필연적으로 임종 때 유익한 업이 나타나서 그 유익한 업을 조건으로 인간, 천상 등의 선처에 태어난다.

예를 들어 붓다 당시의 아나따삔디까 장자의 경우를 살펴보자. 이분은 부처님을 처음 뵙고 난 후에 청정한 신심이 일어나 수다원이 되었기 때문에 신심 있는 재가자로서 열심히 법문을 듣고 수행하였다. 또 붓다의 큰 후원자가 되어 붓다께서 바른 법을 널리 전할 수 있도록 기원정사[32]를 기부하는 큰 공덕을 지었으며, 평소에도 항상 승

---

32 제따 왕자가 소유한 숲인 제따 숲[jetavana, 祇園]을 당대의 거부였던 아나따삔디까 장자가 매입하여 그곳에다 건립한 사찰[精舍]이다. 붓다께서 열아홉 안거를 보내시고 많은

가를 위해 음식이나 가사 등의 필수품을 보시했다. 이렇게 아나따삔 띠까 장자는 평생 이루 셀 수 없이 많은 유익한 업을 지었다. 그러다가 나이가 들어 죽음에 가까워졌을 때 사리뿟따 존자와 아난 존자를 초 청하여 최상의 법문을 들은 후 죽음을 맞이하고 욕계 천상세계인 도 솔천에 태어났다고 한다. 이처럼 아나따삔띠까 장자는 평생 유익한 업을 지었고 바른 견해를 확고히 가진 상태에서 죽음을 맞이했기 때 문에 임종 때 유익한 업 중 한 가지가 나타나 그 유익한 업을 조건으로 선처인 도솔천에 태어난 것이다.

> "아난다여, 여기서 생명을 죽이는 것을 삼가고, 주지 않은 것
> 을 가지는 것을 삼가고, 삿된 음행을 삼가고, 거짓말을 삼가
> 고, 중상모략을 삼가고, 욕설을 삼가고, 잡담을 삼가고, 탐욕
> 스럽지 않고, 악의를 가지지 않고 바른 견해를 가진 사람이
> 몸이 무너져 죽은 뒤 좋은 곳, 천상에 태어나는 것은 이전에
> 그가 즐거움을 누릴 선업을 행했거나 이후에 그가 즐거움을
> 누릴 선업을 행했거나 임종 시에 바른 견해를 가지고 그것을
> 확고히 수용했기 때문이다."
>
> _「업 분석의 긴 경」(M136)

그런데 다음 생에 존재를 태어나게 하는 업이 되지 못한 나머지 유익

법을 설하신 곳이므로 붓다 당시의 대표적인 사찰이다.

한 업들은 아무 의미 없이 사라지는 것인가? 물론 그렇지 않다. 이들이 지닌 업의 잠재력은 남아 적당한 조건이 갖추어지면 좋은 결과가 일어난다. 다시 말해서 다른 유익한 업들은 현생이나 내생이나 세 번째 생 이후에서 선처에 태어나게 하거나, 원하는 대상이나 바라는 일 등을 경험하게 만드는 행복한 결과를 생산할 수 있다. 예를 들어 아나따삔디까 장자의 경우에 평생 지었던 유익한 업 중 한 가지는 천상에 태어나게 했다. 더구나 나머지 유익한 업들은 천상에 태어나서는 일반 천인들보다 더 큰 궁전에서 살고, 더 좋은 음식을 먹고, 더 많은 감각적 즐거움을 누리는 등의 좋은 결과가 생기게 한다.

> "그가 여기서 생명을 죽이는 것을 삼가고 … 바른 견해를 가
> 지는 것은 현생에서 과보를 받거나 혹은 바로 다음 생이나
> 후세에 과보를 받을 것이다."
>
> _「업 분석의 긴 경」(M136)

이상으로 임종 때 나타난 업과 나머지 업들의 상호 관계를 통해서 '업을 조건으로 태어남이 있다.'에 관하여 살펴보았다. 지금부터는 업이 어떤 세상에 태어나게 하는지에 초점을 맞추어 알아보자. 앞서 임종 때 나타난 업을 조건으로 다음 생에 태어난다고 설명했다. 그래서 임종 때 나타난 업이 무엇이냐에 따라 태어나는 곳이 달라지는데 이에 따라 욕계 업, 색계 업, 무색계 업으로 나눌 수 있다. 다시 말해서 욕계 세상 중 한 곳에 태어나게 하는 업은 욕계 업이고, 색계 세상 중 한 곳으로 태어나게 하는 업은 색계 업, 무색계 존재 중 하나로 태어나게 하는 업은 무

색계 업이다. 그러면 세 가지 업에 대하여 좀 더 자세히 살펴보자.

첫째, 욕계 업은 욕계 해로운 업과 욕계 유익한 업으로 나눌 수 있다. 욕계 해로운 업은 몸과 말 그리고 마음으로 짓는 업의 세 가지가 있다. 몸으로 짓는 업[身業]은 살생, 도둑질, 삿된 음행을 할 때의 의도를 말한다. 말로써 짓는 업[口業]은 거짓말, 거친 말, 이간질하는 말, 쓸데없는 말을 할 때의 의도를 말한다. 마음으로 짓는 업[意業]은 탐욕, 적의, 그릇된 견해와 함께하는 의도를 말한다. 이와 같은 욕계 해로운 업을 조건으로 지옥, 축생, 아귀, 아수라와 같이 괴로움이 많은 곳에 태어난다. 더불어 삶의 과정에서도 병듦, 가난, 비난 등의 원하지 않는 일들을 많이 경험하는 나쁜 결과가 일어나게 한다.

또 욕계 유익한 업도 몸과 말 그리고 마음으로 짓는 업의 세 가지가 있다. 몸으로 짓는 업은 살생을 삼가고, 도둑질을 삼가고, 삿된 음행을 삼가는 의도를 말한다. 말로써 짓는 업은 거짓말을 삼가고, 거친 말을 삼가고, 이간질하는 말을 삼가고, 쓸데없는 말을 삼가는 의도를 말한다. 마음으로 짓는 업은 탐욕을 버리고, 적의를 버리고, 그릇된 견해를 버리는 의도를 말한다. 이와 같은 욕계 유익한 업을 조건으로 인간이나 욕계 천상과 같이 행복이 많은 곳에 태어난다. 더불어 삶의 과정에서는 건강함, 부자, 존경 등의 원하는 일을 많이 경험하는 좋은 결과가 일어나게 한다.

정리해 보면 욕계 유익한 업을 조건으로 욕계 선처에 태어나고, 욕계 해로운 업을 조건으로 욕계 악처에 태어난다. 한마디로 욕계 업 다시 말해 욕계 존재를 조건으로 욕계 세상에 태어난다.

"세존이시여, '존재, 존재'라고 말합니다. 세존이시여, 도대체 어떻게 존재가 있게 됩니까?" "아난다여, 욕계의 과보를 가져오는 업이 존재하지 않는다면 욕계의 존재를 천명할 수 있는가?" "그렇지 않습니다, 세존이시여." "아난다여, 이처럼 업은 들판이고 알음알이는 씨앗이고 갈애는 수분이다. 중생들은 무명의 장애로 덮이고 갈애의 족쇄에 계박되어 저열한 [욕]계에 의식을 확립한다. 이와 같이 내생에 다시 존재[再有]하게 된다. 아난다여, 이런 것이 존재이다."

_「존재 경」(A3:76)

둘째, 색계 업은 색계 선정禪定과 함께하는 의도를 말한다. 다시 말해서 색계 업은 색계 초선初禪과 함께하는 의도, 색계 이선二禪과 함께하는 의도, 색계 삼선三禪과 함께하는 의도, 색계 사선四禪과 함께하는 의도를 말한다. 여기서 몰입 삼매인 색계 선정을 얻기 전의 의도는 욕계 유익한 업이라는 점에 주의해야 한다. 예를 들어 색계 선정에 아주 가까이 간 근접 삼매와 함께하는 의도는 욕계 유익한 업이다. 색계 업은 색계에 태어나는 조건이 되는 업을 말한다. 그래서 임종 때 색계 네 가지 선정 중 한 가지에 들어서 죽음을 맞이하면 다음 생에 열여섯 가지 색계 세상 중의 한 곳에 태어난다.

색계 초선의 업은 색계 초선천, 즉 범중천梵衆天, 범보천梵輔天, 대범천大梵天 중 한 곳에 존재를 태어나게 한다. 색계 초선을 얕게 닦았으면 범중천에, 색계 초선을 중간쯤 닦았으면 범보천에, 색계 초선을 깊게 닦았으면 대범천에 태어난다. 색계 이선의 업은 색계 이선천, 즉 소광천少光天, 무량광천無量光天, 광음천光音天 중 한 곳에 태어나게 한다. 색계 이선을 얕게 닦았으면 소광천에, 중간쯤 닦았으면 무량광천에, 깊게 닦았으면 광음천에 태어난다. 색계 삼선의 업은 색계 삼선천, 즉 소정천少淨天, 무량정천無量淨天, 변정천遍淨天 중 한 곳에 태어나게 한다. 색계 삼선을 얕게 닦았으면 소정천에, 중간쯤 닦았으면 무량정천에, 깊게 닦았으면 변정천에 태어난다. 색계 사선의 업은 색계 사선천, 즉 광과천廣果天, 무상유정천無想有情天, 정거천淨居天에 태어나게 한다. 특히 아나함의 색계 사선의 업은 정거천, 즉 무번천無煩天, 무열천無熱天, 선현천善現天, 선견천善見天, 색구경천色究竟天 중 한 곳에 태어나게 한다. 정리해 보면 색계 업을 조건으로 색계 세상에 태어나게 한다. 다시 말해서 색계 존재를 조건으로 색계 세상에 태어난다.

> "아난다여, 색계의 과보를 가져오는 업이 존재하지 않는다면 색계의 존재를 천명할 수 있는가?" "그렇지 않습니다, 세존이시여." "아난다여, 이처럼 업은 들판이고 알음알이는 씨앗이고 갈애는 수분이다. 중생들은 무명의 장애로 덮이고 갈애의 족쇄에 계박되어 중간의 [색]계에 의식을 확립한다. 이와 같이 내생에 다시 존재[再有]하게 된다. 아난다여, 이런 것이 존재이다."
>
> _「존재 경」(A3:76)

셋째, 무색계 업은 무색계 선정과 함께하는 의도를 말한다. 다시 말해서 무색계 업은 공무변처와 함께하는 의도, 식무변처와 함께하는 의도, 무소유처와 함께하는 의도, 비상비비상처와 함께하는 의도를 말한다. 여기서 몰입 삼매인 무색계 선정을 얻기 전의 의도는 욕계 유익한 업이라는 것에 주의해야 한다. 예를 들어 무색계 선정에 아주 가까이 간 근접 삼매와 함께하는 의도는 욕계 유익한 업이다. 무색계 업은 무색계에 태어나는 조건이 되는 업을 말한다. 그래서 임종 때 무색계 네 가지 선정 중 한 가지에 들어서 죽음을 맞이하면 네 가지 무색계 존재 중 하나로 태어난다. 공무변처의 업은 공무변처 존재로 태어나게 하고, 식무변처의 업은 식무변처 존재로, 무소유처의 업은 무소유처 존재로, 비상비비상처의 업은 비상비비상처 존재로 태어나게 한다. 정리해 보면 무색계 업을 조건으로 무색계 존재로 태어난다. 다시 말해서 무색계 존재를 조건으로 무색계 세상에 태어난다.

이상을 종합해 보면 욕계 업을 조건으로 욕계 세상에 태어나고, 색계 업을 조건으로 색계 세상에 태어나고, 무색계 업을 조건으로 무색계에 태어난다. 그런데 업이 곧 존재이므로 욕계 존재를 조건으로 욕계 세상에 태어나고, 색계 존재를 조건으로 색계 세상에 태어나고, 무색계 존재를 조건으로 무색계에 태어난다. 따라서 붓다께서 '존재를 조건으로 태어남이 있다.'라고 설하신 것이다.

> "아난다여, 무색계의 과보를 가져오는 업이 존재하지 않는다면 무색계의 존재를 천명할 수 있는가?" "그렇지 않습니다, 세존이시여." "아난다여, 이처럼 업은 들판이고 알음알이는 씨앗이고 갈애는 수분이다. 중생들은 무명의 장애로 덮이고 갈애의 족쇄에 계박되어 수승한 [무색]계에 의식을 확립한다. 이와 같이 내생에 다시 존재[再有]하게 된다. 아난다여, 이

런 것이 존재이다."

_「존재 경」(A3:76)

그런데 붓다께서는 왜 간단히 '업을 조건으로 태어남이 있다.'라고 하지 않고 '존재를 조건으로 태어남이 있다.'라고 표현하셨을까? 이것에 대한 이유는 두 가지 정도로 유추해 볼 수 있다. 첫째, 화생化生[33]의 경우를 염두에 둔 것이다. 화생의 경우는 업을 조건으로 즉시 완전한 모습의 존재로 태어난다. 그래서 '존재를 조건으로 태어남이 있다.'라고 설하신 것은 화생을 염두에 둔 것이다. 둘째, 존재(업)는 존재(태어남)를 기반으로 일어남을 중의적으로 표현한 것이라 볼 수 있다. 먼저 존재(태어남)가 있으므로 수많은 존재(업)를 짓게 된다. 그러면 이 존재(업) 중 하나를 조건으로 다음 생에 존재(태어남)가 있다. 더구나 현생에 존재(태어남)는 이전 생에 지었던 존재(업) 중 하나를 조건으로 태어났다. 또 이전 생에 존재(업)들을 지으려면 그 생에 존재(태어남)가 있어야 한다. 이렇게 끊임없이 윤회하는 과정에서 '존재(태어남)가 있으므로 존재(업)가 있고, 존재(업)를 조건으로 존재(태어남)가 있다.'라는 것을 중의적으로 표현하기 위해서 '존재를 조건으로 태어남이 있다.'라고 설했다고 추론해 볼 수 있다. 종합해 보면 '업을 조건으로 태어남이 있

---

33 존재가 태어나는 방식에는 네 가지, 즉 태를 통해 태어나는 태생胎生, 습한 곳에서 태어나는 습생濕生, 알에서 태어나는 난생卵生, 업에 의해 즉시 존재가 태어나는 화생이 있다. 이들 중 태생, 난생, 습생은 존재의 몸이 완전하게 형성되는 데 일정한 기간이 필요하지만, 화생의 경우는 업에 의해 즉시 완전한 모습의 존재가 생겨난다. 예를 들어 지옥이나 천상의 존재는 화생이다.

다.'라는 것보다 '존재를 조건으로 태어남이 있다.'라고 표현하는 것이 존재가 태어나는 구조를 좀 더 분명하게 나타낼 수 있다.

3) 존재는 취착을 조건으로 일어난다

존재를 조건으로 태어남이 있다면 존재는 무엇을 조건으로 일어나는 가? 붓다께서는 스스로 알고 보신 지혜로 '취착을 조건으로 존재가 있다.'라고 설하셨다. 그러면 취착에 대하여 먼저 살펴보자.

> "비구들이여, 그러자 나에게 이런 생각이 들었다. '무엇이 있을 때 존재가 있으며 무엇을 조건으로 하여 존재가 있는가?' 라고. 비구들이여, 그러자 나는 지혜로운 마음 기울임을 통해서 마침내 '취착이 있을 때 존재가 있으며, 취착을 조건으로 하여 존재가 있다.'라고 통찰지로써 관통하였다."
>
> _「사꺄무니 고타마 경」(S12:10)

취착[upādāna, 取]은 우빠다나upādāna의 번역이다. upādāna는 upa(위로)+ā(향하여)+√dā(to give)에서 파생된 중성명사인데 '받아들임'이라는 문자적인 뜻에서 취착取着으로 정착되었다. 취착은 갈애가 반복되면서 강력해진 상태를 말한다. 갈애나 취착은 모두 '대상에 집착하는' 특성이 있으므로 법으로는[34] 같다. 단지 취착이 갈애보다 더 강한 집

---

34 탐욕, 갈애, 취착, 욕망 등은 모두 '대상에 집착하는' 특성이 있으므로 법으로는 같다.

착일 뿐이다. 그러면 취착이란 무엇인가? 존재, 즉 업의 조건이 되는 취착은 네 가지 형태가 있다. 첫째, 감각적 욕망에 대한 취착이다. 감각적 욕망은 여섯 의식, 즉 눈 의식, 귀 의식, 코 의식, 혀 의식, 몸 의식, 마음 의식의 대상인 형색, 소리, 냄새, 맛, 감촉, 법들을 거머쥐고 집착하고 즐기고자 하는 욕망을 뜻한다. 이런 감각적 욕망에 대한 간절한 애착, 애정, 집착 등이 감각적 욕망에 대한 취착이다.

둘째, 견해에 대한 취착이다. 견해에 대한 취착은 그릇된 견해[35] 들에 대한 취착을 말한다. 예를 들어 죽으면 끝이라고 주장하는 단멸斷滅의 견해, 인과를 부정하는 견해 등의 그릇된 견해에 대한 취착을 말한다.

셋째, 계행과 의례 의식에 대한 취착이다. 여기서 말하는 계행은 불교에서 말하는 바른 계율과는 다른 의미이다. 계행과 의식에 대한 취착은 '나는 소처럼 살 것이다.', '개처럼 살 것이다.' 등의 서원을 세운 후에 항상 소나 개처럼 행동함으로써 해탈할 수 있다는 견해에 취착하는 것을 말한다.

넷째, 자아의 교리에 대한 취착이다. 붓다께서 진리를 깨달으신 후에 존재는 물질과 정신의 법들이며, 그것들은 무상하고 괴로움이며 자아는 없다고 설하셨다. 하지만 어리석은 사람들은 '자아', '영혼', '진아'가 있다고 집착한다. 이렇게 자아가 있다는 견해에 대하여 취착하는 것을 자아의 교리에 대한 취착이라 한다.

---

35   여기에서 '그릇된 견해'란 다음에 나오는 그릇된 견해인 계행과 의례 의식에 대한 취착, 자아의 교리에 대한 취착을 제외한 모든 그릇된 견해를 말한다.

이 네 가지 중 감각적 욕망에 대한 취착을 제외한 나머지 세 가지는 법으로는 그릇된 견해[邪見]라고 할 수 있다. 그러면 취착을 조건으로 어떻게 존재, 즉 업이 일어나는지 살펴보자.

첫째, 취착을 조건으로 욕계 해롭거나 유익한 업이 있다. 먼저 취착에 압도되어 취착을 버리려고 정진하지 않는다면 취착을 조건으로 해로운 업이 일어난다. 예를 들면 음식에 대한 취착이 있을 때 취착과 함께하는 해로운 의도인 욕계 해로운 업이 생겨난다. 또 재물에 대한 취착이 있을 때 재물을 얻지 못하거나 얻었던 재물을 잃게 되면 성냄이 일어난다. 이때 취착을 조건으로 성냄과 함께하는 의도인 욕계 해로운 업이 일어난다. 또 인과를 부정하는 그릇된 견해에 대한 취착을 바탕으로 사람을 죽이는 행위를 할 때 살생과 함께하는 의도인 욕계 해로운 업이 일어난다. 이처럼 취착을 조건으로 욕계 해로운 업이 있다.

역으로 취착에 압도되지 않고 버리려 노력한다면 취착을 조건으로 욕계 유익한 업이 일어난다. 예를 들어 취착이 일어날 때 취착을 취착이라 알아차리면 취착을 꿰뚫어 아는 지혜가 생긴다. 그러면 취착을 조건으로 지혜와 함께하는 의도인 욕계 유익한 업이 일어난다. 또 취착이 일어날 때 취착은 무아임을 알아차리면 취착이 무아임을 꿰뚫어 아는 지혜가 생긴다. 그러면 취착을 조건으로 지혜와 함께하는 의도인 욕계 유익한 업이 일어난다. 또 취착을 조사함으로써 취착이 해로운 법이라는 가르침에 대한 신심이 생길 수 있다. 그러면 취착을 조건으로 신심과 함께하는 의도인 욕계 유익한 업이 일어난다. 이처럼 취착을 조건으로 욕계 유익한 업이 있다.

둘째, 취착을 조건으로 색계 업이나 무색계 업이 일어난다. 어떤 수행자들은 색계나 무색계의 존재에 취착하여 색계나 무색계 존재로 태어나기 위해 색계 선정이나 무색계 선정을 얻는다. 그러면 취착을 조건으로 색계 선정의 업이나 무색계 선정의 업이 일어난다. 또 취착은 괴로움의 원인이므로 그것은 해로운 법이고, 버려야 할 법이라고 아는 수행자는 취착하고 있는 대상이 무상하고 괴로움이고 무아라는 지혜를 계발해야 한다. 그런데 이런 지혜의 기반은 바른 삼매이므로 이런 지혜를 계발하기 위해서 색계 선정이나 무색계 선정을 닦는다. 그러면 취착을 조건으로 색계 선정의 업이나 무색계 선정의 업이 일어난다. 이처럼 취착을 조건으로 색계 업이나 무색계 업이 일어난다.

종합해 보면 취착을 조건으로 욕계 업, 색계 업, 무색계 업이 있다. 다시 말해서 취착을 조건으로 욕계 존재, 색계 존재, 무색계 존재가 있다. 따라서 붓다께서 '취착을 조건으로 존재가 있다.'라고 설하신 것이다.

4) 취착은 갈애를 조건으로 일어난다

취착을 조건으로 존재가 있다면 취착은 무엇을 조건으로 있는 것인가? 붓다께서는 스스로 알고 보신 지혜로써 '갈애[taṇhā, 愛]를 조건으로 취착이 있다.'라고 설하셨다. 그러면 갈애에 대하여 먼저 살펴보자.

> "비구들이여, 그러자 나에게 이런 생각이 들었다. '무엇이 있을 때 취착이 있으며 무엇을 조건으로 하여 취착이 있는가?'라고. 비구들이여, 그러자 나는 지혜로운 마음 기울임을 통해

서 마침내 '갈애가 있을 때 취착이 있으며, 갈애를 조건으로 하여 취착이 있다.'라고 통찰지로써 관통하였다."

_「사꺄무니 고타마 경」(S12:10)

갈애는 '대상에 집착하는' 특성이 있는 심리 현상이다. 법으로는 '탐욕'과 같지만, 마치 목마른 사람이 물을 찾는 것처럼 대상에 집착하는 심리 현상을 강조하기 위해 쓰인 용어라 할 수 있다. 갈애는 마치 달구어진 냄비에 얇은 고기가 달라붙듯이 대상에 집착하여 떨어지지 않으려는 속성이 있다. 갈애는 집착하는 대상이 무엇인지에 따라서 여섯 가지, 즉 형색에 대한 갈애, 소리에 대한 갈애, 냄새에 대한 갈애, 맛에 대한 갈애, 감촉에 대한 갈애, 법에 대한 갈애가 있다. 그러면 여섯 가지 갈애는 어떻게 일어나는가? 눈과 형색이 접촉할 때 형색에 대한 갈애가, 귀와 소리가 접촉할 때 소리에 대한 갈애가, 코와 냄새가 접촉할 때 냄새에 대한 갈애가, 혀와 맛이 접촉할 때 맛에 대한 갈애가, 몸과 감촉이 접촉할 때 감촉에 대한 갈애가, 마음과 법이 접촉할 때 법에 대한 갈애가 일어난다.

또 갈애는 세 가지, 즉 감각적 욕망에 대한 갈애, 존재에 대한 갈애, 존재하지 않음에 대한 갈애로 나눌 수 있다. 첫째, 감각적 욕망에 대한 갈애는 단순히 대상을 즐기고 갈망하고 집착하는 심리 현상을 말한다. 수면욕睡眠欲, 식욕食欲, 성욕性欲, 재욕財欲, 명예욕名譽欲이 대표적인 감각적 욕망에 대한 갈애이다. 둘째, 존재에 대한 갈애는 현상이 영원하기를 갈망하고 집착하는 심리 현상을 말한다. 예를 들면 내가 영원히 존재하기를 갈망하고 집착하는 것은 존재에 대한 갈애이다. 셋째 존재하지 않음에 대한 갈애는 현상이 소멸하기를 갈망하고 집착하는 심리 현상을 말한다. 예를 들어 사람이 죽으면 모든 것이 소멸하고 끝이기를 갈망하고 집착하는 것은 존재하지 않음에 대한 갈애이다.

이와 같은 다양한 형태의 갈애가 강력해지면 취착이라 한다. 단순히 여섯 대상을 갈망하고 집착하는 감각적 욕망에 대한 갈애가 강력해지면 감각적 욕망에 대한 취착이 된다. 또 자아가 영원히 존재한다는 견해에 집착하는 갈애가 강력해지면 자아의 교리에 대한 취착이 된다. 또 존재는 영원하다고 집착하는 영원함의 견해[常見], 존재는 죽으면 끝이고 소멸할 것이라 집착하는 단멸의 견해[斷見], 인과는 없다고 집착하는 인과 부정의 견해 등에 대한 갈애가 강력해지면 견해에 대한 취착이 된다. 계행과 의례 의식을 통해서 열반을 실현할 수 있다는 견해에 대한 갈애가 강력해지면 계행과 의례 의식에 대한 취착이 된다. 이처럼 갈애가 강력해지면 감각적 욕망에 대한 취착, 계행과 의례 의식에 대한 취착, 견해에 대한 취착, 자아의 교리에 대한 취착이 된다. 따라서 붓다께서 '갈애를 조건으로 취착이 있다.'라고 설하신 것이다.

지금까지 살펴본 것을 잠깐 정리해 보면 갈애를 조건으로 취착이 있고, 취착을 조건으로 존재가 있고, 존재를 조건으로 태어남이 있다. 이를 통해 존재가 태어나기 위해서는 반드시 두 가지 조건이 필요함을 분명히 알 수 있다. 다시 말해서 '갈애'와 '취착' 그리고 '업' 또는 '존재'의 두 가지 조건[36]이 갖추어졌을 때 태어남이 있다. 이때 업 또

---

36 갈애와 취착은 모두 대상에 '집착하는' 특성이 있으므로 법으로는 같다. 그래서 하나의
조건으로 본다. 또 존재와 업은 동의어이므로 하나의 조건이다. 따라서 두 가지 조건이

는 존재는 욕계, 색계, 무색계의 서른한 가지 세상 중 한 곳에 존재를 태어나게 하는 데 직접적인 역할을 한다. 하지만 갈애와 취착은 존재로 태어나기를 갈망하고 집착함으로써 업이 존재를 다시 태어나게 할 수 있도록 도와주고 지원해 주는 역할을 한다. 그래서 비록 업이 있더라도 갈애와 취착이라는 동력이 없다면, 그 업은 존재를 태어나게 할 수 없다. 예를 들어 아라한의 경우 갈애와 취착이 소멸하였으므로 설사 업이 남아 있더라도 그 업이 다음 생에 태어나게 할 수 없다. 그래서 아라한은 죽음을 맞이하면 다시 태어나지 않는 것이다. 이처럼 존재가 태어나기 위해서는 업 또는 존재뿐 아니라 갈애와 취착이라는 동력이 꼭 필요하다는 점을 잊지 말아야 한다.

5) 갈애는 느낌을 조건으로 일어난다

갈애를 조건으로 취착이 일어난다면 갈애는 무엇을 조건으로 있는가? 붓다께서는 스스로 알고 보신 지혜로써 '느낌을 조건으로 갈애가 있다.'라고 설하셨다. 그러면 느낌에 대하여 먼저 살펴보자.

> "비구들이여, 그러자 나에게 이런 생각이 들었다. '무엇이 있을 때 갈애가 있으며 무엇을 조건으로 하여 갈애가 있는가?' 라고. 비구들이여, 그러자 나는 지혜로운 마음 기울임을 통해

라 한다.

서 마침내 '느낌이 있을 때 갈애가 있으며, 느낌을 조건으로
하여 갈애가 있다.'라고 통찰지로써 관통하였다."

느낌[受]은 대상에 대하여 행복 또는 괴로움 또는 괴롭지도 행복하지
도 않음을 경험하고 느끼는 심리 현상을 말한다. 위의 세 가지 느낌은
대상과의 접촉을 통해서 일어난다. 다시 말해서 눈과 형색이 접촉할
때 형색에 대하여 행복 또는 괴로움 또는 괴롭지도 행복하지도 않음의
세 가지 느낌 중의 한 가지가 일어나는데 이것을 눈 접촉에서 생긴 느
낌이라 한다. 마찬가지로 귀와 소리, 코와 냄새, 혀와 맛, 몸과 감촉, 마
음과 법이 접촉할 때 행복 또는 괴로움 또는 괴롭지도 행복하지도 않
음의 세 가지 느낌 중 한 가지가 일어나는데 이들을 각각 귀 접촉에서
생긴 느낌, 코 접촉에서 생긴 느낌, 혀 접촉에서 생긴 느낌, 몸 접촉에
서 생긴 느낌, 마음 접촉에서 생긴 느낌이라 한다.

　　이렇게 여섯 대상에 대하여 괴로운 느낌이나 행복한 느낌이나 괴
롭지도 행복하지도 않은 느낌이 생겨나는데 이때 세 가지 느낌에는
잠재 성향[anusaya, 潛在性向][37]이 잠재되어 있다. 첫째, 행복한 느낌은
존재들이 좋아하고 원하는 것이므로 그것을 환영하고 계속 즐기고자

37 　잠재 성향은 아누사야anusaya의 번역이다. anusaya는 anu(따라서)+√śī(to lie)에서 파
　　생된 남성명사인데 문자적으로는 '따라서 누운'이라는 뜻에서 '잠재 성향'으로 정착
　　되었다. 잠재 성향은 평소에는 마음의 흐름 속에 잠재되어 있다가 조건이 갖추어지
　　면 일어나는 해로운 심리 현상을 말한다. 구체적으로 감각적 욕망, 존재에 대한 욕망,
　　성냄, 무명(어리석음), 자만, 의심, 사견의 일곱 가지 해로운 심리 현상이다. 영어에서는
　　underlying tendency라고 번역한다.

움켜쥐면 탐욕의 잠재 성향이 일어난다. 둘째, 괴로운 느낌은 존재들이 거부하고 원하지 않는 것이므로 그것에 대하여 근심하고 상심하고 슬퍼하는 성냄의 잠재 성향이 일어난다. 셋째, 괴롭지도 행복하지도 않은 느낌은 그것이 일어날 때 분명하지 않기 때문에 그것의 일어남과 사라짐과 달콤함과 재난과 벗어남을 있는 그대로 알지 못하는 어리석음[無明]의 잠재 성향이 일어난다.

> "도반 위사카여, 즐거운 느낌에는 탐욕의 잠재 성향이 잠재
> 해 있고, 괴로운 느낌에는 적의의 잠재 성향이 잠재해 있고,
> 괴롭지도 즐겁지도 않은 느낌에는 무명의 잠재 성향이 잠재
> 해 있습니다."
>
> _「교리문답의 짧은 경」(M44)

하지만 세 가지 느낌에 잠재 성향이 항상 잠재해 있는 것은 아니다. 행복한 느낌이 일어날 때 만약 그것을 즐기지 않고 환영하지 않고 움켜쥐지 않으면 탐욕의 잠재 성향이 일어나지 않는다. 괴로운 느낌이 일어날 때 만약 그것을 근심하지 않고 상심하지 않고 슬퍼하지 않으면 적의의 잠재 성향이 일어나지 않는다. 괴롭지도 즐겁지도 않은 느낌이 일어날 때 만약 그것의 일어남과 사라짐과 달콤함과 재난과 벗어남을 있는 그대로 꿰뚫어 알면 무명의 잠재 성향이 일어나지 않는다. 이렇게 느낌에 대하여 지혜롭게 마음을 기울이느냐 어리석게 마음을 기울이느냐에 따라 잠재 성향이 일어날 수도 있고 일어나지 않을 수도 있다.

만약 언제나 행복한 느낌을 느끼지만 그것을 즐기거나 움켜쥐지 않고, 괴로운 느낌[38]을 느끼지만 그것에 대해 근심하거나 상심하거나 슬퍼하지 않고, 괴롭지도 행복하지도 않은 느낌에 대하여는 그것의 일어남과 사라짐과 달콤함과 재난과 벗어남을 있는 그대로 꿰뚫어 안다면 탐욕의 잠재 성향, 성냄의 잠재 성향, 무명의 잠재 성향이 일어나지 않는다. 이렇게 느낌이 일어날 때 그것을 집착하거나 싫어하지 않고 '단지 느낌이 있구나.'라고 있는 그대로 꿰뚫어 안다면 탐욕, 성냄, 어리석음의 잠재 성향이 소멸한다. 잠재 성향이 소멸하면 괴로움을 완전히 소멸하고 열반을 실현할 수 있다.

> "도반 위사카여, 모든 즐거운 느낌에 탐욕의 잠재 성향이 잠재해 있는 것은 아니고, 모든 괴로운 느낌에 적의의 잠재 성향이 잠재해 있는 것은 아니고, 모든 괴롭지도 즐겁지도 않은 느낌에 무명의 잠재 성향이 잠재해 있는 것은 아닙니다."
>
> _「교리문답의 짧은 경」(M44)

그러면 느낌을 조건으로 어떻게 갈애가 일어나는지 살펴보자. 첫째, 행복한 느낌은 달콤하고 즐거운 것이므로 영원히 지속하기를 바라거나 계속 즐기기를 갈망하면서 집착한다. 그래서 행복한 느낌을 조건으

---

38 아라한의 경우에는 성냄과 함께하는 정신적인 괴로움이 완전히 소멸하였다. 하지만 몸을 통해서 발생하는 육체적인 괴로운 느낌은 일어날 수 있다. 부처님께서도 등에 종기가 생겨 괴로움을 겪으신 적이 있다.

3장··연기

로 존재에 대한 갈애나 감각적 욕망에 대한 갈애가 일어난다. 둘째, 괴로운 느낌은 고통스럽고 불쾌한 것이므로 그것을 불만족스러워하고 사라져서 다시 일어나지 않기를 바란다. 그래서 괴로운 느낌을 조건으로 존재하지 않음에 대한 갈애가 일어난다. 셋째, 괴롭지도 행복하지도 않은 느낌은 달콤하지도 불쾌하지도 않으므로 괴로움은 아니다. 그래서 괴롭지도 행복하지도 않은 느낌을 경험할 때도 그것이 영원히 지속하기를 바라거나 계속 즐기기를 갈망하면서 집착한다. 그래서 괴롭지도 행복하지도 않은 느낌을 조건으로도 존재에 대한 갈애나 감각적 욕망에 대한 갈애가 일어난다. 종합해 보면 두 가지, 즉 행복한 느낌과 괴롭지도 행복하지도 않은 느낌을 조건으로는 존재에 대한 갈애나 감각적 욕망에 대한 갈애가 일어나고, 괴로운 느낌을 조건으로는 존재하지 않음에 대한 갈애가 일어난다. 따라서 붓다께서는 '느낌을 조건으로 갈애가 있다.'라고 설하신 것이다.

6) 느낌은 접촉을 조건으로 일어난다

느낌을 조건으로 갈애가 일어난다면 느낌은 무엇을 조건으로 있는가? 붓다께서는 스스로 알고 보시고 지혜로써 '접촉을 조건으로 느낌이 일어난다.'라고 설하셨다. 그러면 접촉에 대하여 먼저 살펴보자.

> "비구들이여, 그러자 나에게 이런 생각이 들었다. '무엇이 있을 때 느낌이 있으며 무엇을 조건으로 하여 느낌이 있는가?'라고. 비구들이여, 그러자 나는 지혜로운 마음 기울임을 통해

서 마침내 '접촉이 있을 때 느낌이 있으며, 접촉을 조건으로
하여 느낌이 있다.'라고 통찰지로써 관통하였다."

_「사꺄무니 고타마 경」(S12:10)

접촉[phassa, 觸]은 팟사phassa의 번역이다. phassa는 눈 등의 감각 기능
과 형색 등의 대상이 만나서 눈 의식 등의 의식[識]이 일어나는 것을 말
한다. 다시 말해서 형색과 눈을 조건으로 눈 의식[眼識]이 일어나는 것
을 형색에 대한 접촉[39], 귀와 소리를 조건으로 귀 의식[耳識]이 일어나
는 것을 소리에 대한 접촉[40], 냄새와 코를 조건으로 코 의식[鼻識]이 일
어나는 것을 냄새에 대한 접촉[41], 맛과 혀를 조건으로 혀 의식[舌識]이
일어나는 것을 맛에 대한 접촉[42], 감촉과 몸을 조건으로 몸 의식[身識]
이 일어나는 것을 감촉에 대한 접촉[43], 법과 마음을 조건으로 마음 의
식[意識]이 일어나는 것을 법에 대한 접촉[44]이라 한다. 이처럼 여섯 감
각 기능과 여섯 대상과의 접촉을 통해 여섯 의식이 일어난다. 그런데 의
식이 대상을 분별하여 알 때 대상에 대한 느낌도 항상 함께 일어난다.

"도반이여, 그런데 느낌과 인식과 의식이라고 하는 이 법들

---

39   눈 접촉이라고도 한다.
40   귀 접촉이라고도 한다.
41   코 접촉이라고도 한다.
42   혀 접촉이라고도 한다.
43   몸 접촉이라고도 한다.
44   마음 접촉이라고도 한다.

3장··연기

은 결합하여 있지, 분리되어 있지 않습니다. 그리고 이 법들을 잘 분리하여 차이점을 드러내는 것이 가능하지 않습니다. 도반이여, 느끼는 그것을 인식하고, 인식하는 그것을 분별하여 압니다."

_「교리문답의 긴 경」(M43)

그래서 접촉을 조건으로 대상에 대하여 행복한 느낌, 괴로운 느낌, 괴롭지도 행복하지도 않은 느낌의 세 가지 느낌 중 한 가지가 일어난다. 다시 말해서 눈과 형색의 접촉을 조건으로 형색에 대한 행복한 느낌, 괴로운 느낌, 괴롭지도 행복하지도 않은 느낌 중 한 가지가 일어난다. 마찬가지로 귀와 소리, 코와 냄새, 혀와 맛, 몸과 감촉, 마음과 법의 접촉을 조건으로 각각 소리, 냄새, 맛, 감촉, 법[현상]에 대한 행복한 느낌, 괴로운 느낌, 괴롭지도 행복하지도 않은 느낌 중 한 가지가 일어난다. 따라서 붓다께서 '접촉을 조건으로 느낌이 있다.'라고 설하신 것이다.

7) 접촉은 여섯 감각 장소를 조건으로 일어난다

접촉을 조건으로 느낌이 있다면 접촉은 무엇을 조건으로 있는가? 붓다께서는 스스로 알고 보신 지혜로써 여섯 감각 장소[六處]를 조건으로 접촉이 있다고 설하셨다. 그러면 감각 장소에 대하여 먼저 살펴보자.

"비구들이여, 그러자 나에게 이런 생각이 들었다. '무엇이 있을 때 접촉이 있으며 무엇을 조건으로 하여 접촉이 있는가?'

라고. 비구들이여, 그러자 나는 지혜로운 마음 기울임을 통해서 마침내 '여섯 감각 장소가 있을 때 접촉이 있으며, 여섯 감각 장소를 조건으로 하여 접촉이 있다.'라고 통찰지로써 관통하였다."

_「사꺄무니 고타마 경」(S12:10)

감각 장소[āyatana, 處]는 아야따나āyatana의 번역인데 āyatana는 ā(이리로)+√yat/yam(to move)에서 파생된 중성명사이다. āyatana는 문자적으로 '이쪽으로 오다'라는 뜻을 지닌다. 그래서 중국에서는 문자적인 뜻을 중시하여 입入으로 번역하기도 하고, 이것이 대상을 감지하는 장소나 의식이 일어나는 토대 등의 뜻을 중시할 때는 처處라고 번역하기도 한다. 감각 장소는 어떤 대상을 감지하는 장소인지에 따라 여섯 가지로 나눌 수 있다. 다시 말해서 형색을 감지하는 것은 눈 감각 장소[眼處], 소리를 감지하는 것은 귀 감각 장소[耳處], 냄새를 감지하는 것은 코 감각 장소[鼻處], 맛을 감지하는 것은 혀 감각 장소[舌處], 감촉을 감지하는 것은 몸 감각 장소[身處], 법을 감지하는 것은 마음[mano] 감각 장소[意處]로 분류할 수 있다. 여기서 눈, 귀, 코, 혀, 몸, 마음은 안의[內] 여섯 감각 장소라 하고, 형색, 소리, 냄새, 맛, 감촉, 법은 밖의[外] 여섯 감각 장소라고 부르기도 한다.

　　여섯 감각 장소 중 눈, 귀, 코, 혀, 몸은 물질 감각 장소이고, 마음은 정신 감각 장소이다. 물질 감각 장소, 즉 눈, 귀, 코, 혀, 몸은 각각 형색, 소리, 냄새, 맛, 감촉을 감지하는 역할을 할 뿐이지 대상을 분별하여 알지는 못한다. 하지만 정신 감각 장소, 즉 마음은 법을 감지하는 역할과 동시에 대상을 분별하고 아는 역할까지 담당한다. 예를 들어 마음에 어릴 적 모습이 떠오르면 마음이 그것을 분별하여 안다. 마음은 법뿐 아니라 형색, 소리, 냄새, 맛, 감촉을 분별하고 아는 역할도 담당한다. 예를 들어 눈에서 마음과 형색이 접촉할 때 형색을 분별하고 아는 것은 '눈'이 아니라 '마음(눈 의식)'이다. 마찬가지로 귀, 코, 혀, 몸에서 소리, 냄새, 맛, 감촉이 접촉할 때 소리, 냄새, 맛, 감촉을 분별하여 아는 것은 '마음(귀 의식, 코 의식, 혀 의식, 몸 의식)'이다. 이처럼 여섯 대상, 즉 형색, 소리, 냄새, 맛, 감촉, 법을 아는 것은 마음(눈 의식, 귀 의식, 코 의식, 혀 의식, 몸 의식, 마음 의식)이다. 이같이 마음은 어떤 감각 장소를 통해서 대상을 분별하여 아느냐에 따라 눈 의식, 귀 의식, 코 의식, 혀 의식, 몸 의식, 마음 의식의 여섯 가지 의식[六識]으로 나누어진다.

　종합해 보면 눈이 형색을 감지하면 눈 의식이 일어나는데 이를 눈 접촉[眼觸]이라 한다. 귀가 소리를 감지하면 귀 의식이 일어나는데 이를 귀 접촉[耳觸]이라 한다. 코가 냄새를 감지하면 코 의식이 일어나는데 이를 코 접촉[鼻觸]이라 한다. 혀가 맛을 감지하면 혀 의식이 일어나는데 이를 혀 접촉[舌觸]이라 한다. 몸이 감촉을 감지하면 몸 의식이 일어나는데 이를 몸 접촉[身觸]이라 한다. 마음이 법을 감지하면 마음 의식이 일어나는데 이를 마음 접촉[意觸]이라 한다. 이처럼 안의 여섯 감각 장소, 눈, 귀, 코, 혀, 몸, 마음이 있으면 밖의 여섯 감각 장소, 즉 형색, 소리, 냄새, 맛, 감촉, 법을 감지하게 되고, 이를 통해 여섯 의식, 즉 눈 의식, 귀 의식, 코 의식, 혀 의식, 몸 의식, 마음 의식이 일어나는데 이것을 여섯 접촉[六觸], 즉 눈 접촉, 귀 접촉, 코 접촉, 혀 접촉, 몸 접촉, 마음 접촉이라 한다. 따라서 붓다께서는 '여섯 감각 장소를 조건으로 접촉이 있다.'라고 설하신 것이다.

8) 여섯 감각 장소는 정신·물질을 조건으로 일어난다

여섯 감각 장소를 조건으로 접촉이 일어난다면 여섯 감각 장소는 무엇을 조건으로 있는가? 붓다께서는 스스로 알고 보신 지혜로써 '정신·물질[名色]을 조건으로 여섯 감각 장소가 있다.'라고 설하셨다. 그러면 정신·물질에 관하여 먼저 살펴보자.

> "비구들이여, 그러자 나에게 이런 생각이 들었다. '무엇이 있을 때 여섯 감각 장소가 있으며 무엇을 조건으로 하여 여섯 감각 장소가 있는가?'라고. 비구들이여, 그러자 나는 지혜로운 마음 기울임을 통해서 마침내 '정신·물질이 있을 때 여섯 감각 장소가 있으며, 정신·물질을 조건으로 하여 여섯 감각 장소가 있다.'라고 통찰지로써 관통하였다."
>
> _「사까무니 고타마 경」(S12:10)

정신은 대상으로 '기울면서 작용하는' 특성이 있다. 정신은 마음과 심리 현상들[心所]이 결합한 것을 뜻할 때도 있고, 심리 현상들만을 뜻할 때도 있으므로 상황과 문맥에 따라 판단하면 된다. 마음은 대상을 아는 특성이 있는 정신 현상들을 말하는데, 마음은 대상을 단지 알기 때문에 대상의 이모저모를 분별하여 알기 위해서는 마음을 도와주는 심리 현상들의 역할이 필요하다. 심리 현상들 중 느낌, 인식, 의도, 접촉,

마음 기울임[作意] 등은 인지 작용에서 기본적인 것들이고, 탐욕 없음, 성냄 없음, 어리석음 없음 등의 유익한 심리 현상과 탐욕, 성냄, 어리석음 등의 해로운 심리 현상들은 좀 더 분화된 심리 현상들이다.

물질은 네 가지 근본 물질과 그것에서 파생된 물질로 나누어진다. 근본 물질은 땅의 요소[地大], 물의 요소[水大], 불의 요소[火大], 바람의 요소[風大]를 말하고, 파생된 물질은 눈, 귀, 코, 혀, 몸, 형색, 소리, 냄새, 맛, (감촉)⁴⁵ 등을 말한다.

앞서 여섯 감각 장소는 눈, 귀, 코, 혀, 몸를 뜻하는 다섯 가지 물질 감각 장소와 마음을 의미하는 정신 감각 장소로 나누어진다고 설명했다. 그러면 정신·물질을 조건으로 어떻게 여섯 감각 장소가 일어나는지 살펴보자. 이 인과 관계를 쉽게 설명하면 물질이 있으므로 눈, 귀, 코, 혀, 몸의 다섯 물질 감각 장소가 있고, 정신이 있으므로 마음을 뜻하는 정신 감각 장소가 있다고 이해할 수 있다. 하지만 이에 대한 좀 더 명확한 이해를 위해 다섯 가지 경우로 나누어서 살펴보자.

첫째, 물질을 조건으로 물질 감각 장소가 있다. 물질 감각 장소, 즉 눈, 귀, 코, 혀, 몸은 파생된 물질이고, 그것은 근본 물질을 조건으로 생겨난 물질이므로 '물질(근본 물질)을 조건으로 물질 감각 장소(파생된 물질)가 있다.'라고 할 수 있다.

둘째, 물질을 조건으로 마음 감각 장소가 있다. 물질 감각 장소,

---

45 감촉은 땅의 요소, 물의 요소, 불의 요소, 바람의 요소의 근본 물질을 뜻한다. 실제 몸으로 감지하는 대상은 단단함, 액체, 따뜻함, 움직임 등이고, 이들은 근본 물질의 한 형태이기 때문이다. 그래서 파생된 물질이 아니다.

즉 눈, 귀, 코, 혀, 몸을 조건으로 각각 눈 의식, 귀 의식, 코 의식, 혀 의식, 몸 의식이 일어난다. 그런데 다섯 의식은 마음이 어떤 감각 장소를 통해서 일어나느냐에 따라 분류한 것일 뿐이므로 눈, 귀, 코, 혀, 몸(물질 감각 장소)을 조건으로 마음이 있다고 할 수 있다. 그래서 '물질을 조건으로 마음 감각 장소가 있다.'라고 할 수 있다.

셋째, 정신을 조건으로 물질 감각 장소가 있다. 눈, 귀, 코, 혀, 몸의 물질 감각 장소는 살아 있는 생명체에게만 있기 때문에 업을 조건으로 생긴 물질[46]이다. 업을 조건으로 생긴 물질은 마음과 심리 현상들이 있을 때 생겨나므로[47] 마음과 심리 현상을 조건으로 눈, 귀, 코, 혀, 몸의 물질 감각 장소가 생겨난다고 할 수 있다. 그런데 마음과 심리 현상들을 합쳐서 정신이라고도 하므로 '정신을 조건으로 물질 감각 장소가 있다.'라고 할 수 있다.

넷째, 정신을 조건으로 마음 감각 장소가 있다. 마음과 심리 현상들은 항상 함께 일어나고 함께 사라지기 때문에 마음과 심리 현상들은 서로 조건이 된다. 그래서 심리 현상들을 조건으로 마음이 일어난다고 할 수 있다. 그런데 심리 현상들만을 정신이라 할 수 있고, 마음이 곧 마음 감각 장소이므로, '정신을 조건으로 마음 감각 장소가 있다.'라고 할 수 있다.

---

46 업을 조건으로 생긴 물질은 존재가 지었던 이전의 업들을 조건으로 생겨나는 물질이다. 현대의 과학으로 말하면 유전적인 원인에서 생겨나는 물질들을 뜻한다고 말할 수도 있다. 이런 물질들을 통해서 존재의 몸이 형성되는 것이다.

47 마음과 심리 현상들이 일어나지 않으면 죽어서 시체가 되기 때문에 업을 조건으로 생긴 물질이 다시 생기지 않는다. 예외적으로 무상유정천의 존재는 마음과 심리 현상들이 없지만, 전생에 지은 업을 조건으로 업에서 생긴 물질이 생성된다.

3장··연기

다섯째, 정신·물질을 조건으로 마음 감각 장소가 있다. 예를 들어 눈을 조건으로 눈 의식과 그것과 함께하는 심리 현상들이 일어난다. 이때 눈은 '물질'이고, 눈 의식과 함께하는 심리 현상들은 '정신'이라 할 수 있고, 눈 의식은 '마음 감각 장소'이다. 그래서 '물질(눈)과 정신(심리 현상들)을 조건으로 마음 감각 장소(눈 의식)가 일어난다.'라고 할 수 있다. 마찬가지로 귀, 코, 혀, 몸을 조건으로 각각 귀 의식, 코 의식, 혀 의식, 몸 의식과 그것들과 함께하는 심리 현상들이 있다. 그래서 물질(귀, 코, 혀, 몸)과 정신(그것과 함께하는 심리 현상들)을 조건으로 마음 감각 장소(귀 의식, 코 의식, 혀 의식, 몸 의식)가 있다. 따라서 '정신·물질을 조건으로 마음 감각 장소가 있다.'라고 할 수 있다.

종합해 보면 첫째와 둘째 경우는 물질을 조건으로 물질 감각 장소 또는 마음 감각 장소가 있다. 그래서 '물질을 조건으로 여섯 감각 장소가 있다.'라고 할 수 있다. 셋째와 넷째 경우는 정신을 조건으로 물질 감각 장소 또는 마음 감각 장소가 있다. 그래서 '정신을 조건으로 여섯 감각 장소가 있다.'라고 할 수 있다. 다섯째 경우는 '정신·물질을 조건으로 마음 감각 장소가 있다.'라고 할 수 있고, 마음 감각 장소도 여섯 감각 장소에 포함되므로 '정신·물질을 조건으로 여섯 감각 장소가 있다.'라고 할 수 있다. 이와 같은 다섯 가지 경우를 종합하여 붓다께서는 '정신·물질을 조건으로 여섯 감각 장소가 있다.'라고 설하신 것이다.

9) 정신·물질은 의식을 조건으로 일어난다

정신·물질을 조건으로 여섯 감각 장소가 있다면 정신·물질은 무엇을 조건으로 있는가? 붓다께서는 스스로 알고 보신 지혜로써 '의식을 조건으로 정신·물질이 있다.'라고 설하셨다. 그러면 의식에 대하여 먼저 살펴보자.

> "비구들이여, 그러자 나에게 이런 생각이 들었다. '무엇이 있을 때 정신·물질이 있으며 무엇을 조건으로 하여 정신·물질이 있는가?'라고. 비구들이여, 그러자 나는 지혜로운 마음 기울임을 통해서 마침내 '의식이 있을 때 정신·물질이 있으며, 의식을 조건으로 하여 정신·물질이 있다.'라고 통찰지로써 관통하였다."
>
> _「사꺄무니 고타마 경」(S12:10)

의식[識]은 대상을 분별하는 특성이 있는 정신 현상들을 말한다. 의식은 여섯 감각 장소 중 어떤 감각 장소를 통해서 일어나느냐에 따라 여섯 가지로 나눌 수 있다. 다시 말해서 눈과 형색이 접촉할 때 일어나면 눈 의식, 귀와 소리가 접촉할 때 일어나면 귀 의식, 코와 냄새가 접촉할 때 일어나면 코 의식, 혀와 맛이 접촉할 때 일어나면 혀 의식, 몸과 감촉이 접촉할 때 일어나면 몸 의식, 마음과 법이 접촉할 때 일어나면 마음 의식이라 한다. 이렇게 의식은 어떤 감각 장소를 통해서 일어나느냐에 따라 여섯 의식으로 나누어진다. 하지만 여섯 의식도 '의식' 또는 '마음'이라는 것을 잊지 말아야 한다.

> "비구들이여, 마치 어떤 것을 조건하여 불이 타면 그 불은 그

조건에 따라 이름을 얻나니, 장작으로 인해 불이 타면 장작
불이라고 하고, 지저깨비로 인해 불이 타면 모닥불이라고 하
고, 짚으로 인해 불이 타면 짚불이라고 하고, 소똥으로 인해
불이 타면 소똥 불이라고 하고, 왕겨로 인해 불이 타면 왕겨
불이라고 하고, 쓰레기로 인해 불이 타면 쓰레기 불이라고
하는 것과 같다."

_「갈애멸진의 긴 경」(M38)

그러면 어떻게 의식을 조건으로 물질과 정신이 있는지 살펴보자.

불교에서는 한 생에서 죽음을 맞이하고 다음 생에 태어나는 것을
'재생'[48]이라 하고, 재생 때 한 생에서 최초로 일어나는 의식을 상좌부
아비담마에서는 나머지 의식들과 구분하기 위해 특히 '재생연결의식'
이라 부른다. 또 재생 이후부터 죽음에 이를 때까지를 '삶의 과정'이라
하는데 이때도 당연히 의식이 일어난다. 그런데 재생 때 일어나는 최
초의 의식은 현재의 조건보다 이전 생의 조건이 제일 중요하지만, 삶
의 과정에서 일어나는 의식은 이전의 생의 조건보다도 현생의 조건을
더 많이 의지해서 일어난다. 이렇게 두 가지 의식은 서로 다른 점이 있
으므로 두 가지 경우를 나누어서 살펴본다.

첫째, 재생 때의 경우이다. 의식은 마음, 마노와 같은 뜻이므로 재

---

48 불교에서의 재생은 전생의 존재를 조건으로 이생의 존재가 태어나는 것이지만, 전생의
존재와 이생의 존재는 다르다. 이에 반해 힌두교에서는 존재에게 영원한 자아 또는 영
혼이 있어서 그것이 헌 옷을 버리고 새 옷을 갈아입듯이 헌 몸을 버리고 새 몸을 얻는
것이라 주장한다. 그래서 몸은 바뀌지만 자아는 변하지 않고 같다고 말한다.

생 시 최초의 의식이 일어날 때 심리 현상들, 즉 정신도 함께 일어난다. 더구나 재생 시 최초의 의식이 일어날 때 업을 조건으로 생긴 미세한 물질도 함께 일어나서 존재의 몸이 형성되는 시작이 된다. 이렇게 재생 시 최초의 의식이 일어날 때 심리 현상들, 즉 정신과 업을 조건으로 생긴 미세한 물질이 함께 일어난다. 그래서 '의식을 조건으로 정신·물질이 있다.'라고 할 수 있다.

둘째, 삶의 과정의 경우이다. 삶의 과정에서 의식은 조건 따라 생멸하면서 계속 이어진다. 그런데 의식이 일어날 때마다 의식과 함께하는 심리 현상들, 즉 정신과 업을 조건으로 생긴 물질이 함께 생겨난다. 이때 업에서 생긴 물질들로 인해 눈, 귀, 코, 혀, 몸의 감각 장소가 점차 완전하게 갖추어지고 유지될 수 있다. 이렇게 삶의 과정에서도 의식을 조건으로 심리 현상들, 즉 정신과 업에서 생긴 물질이 있다. 그래서 '의식을 조건으로 정신·물질이 있다.'라고 할 수 있다.

이처럼 재생연결 때나 삶의 과정 때 의식을 조건으로 정신·물질이 있다. 따라서 붓다께서는 '의식을 조건으로 정신·물질이 있다.'라고 설하신 것이다.

"아난다여, 만일 의식이 모태에 들지 않았는데도 정신·물질이 모태에서 발전하겠는가?" "아닙니다, 세존이시여." "아난다여, 의식이 모태에 들어간 뒤 잘못되어 버렸는데도 정신·물질이 [오온을 구비한] 그러한 상태를 생기게 하겠는가?" "아닙니다, 세존이시여." "아난다여, 의식이 동자나 동녀와 같은 어린아이일 때 잘못되어 버렸는데도 정신·물질이 향상하고 증장하고 번창하겠는가?" "아닙니다, 세존이시여."

_「대인연경」(D15)

10) 의식은 의도적 행위를 조건으로 일어난다

의식을 조건으로 정신·물질이 있다면 의식은 무엇을 조건으로 있는
가? 붓다께서는 스스로 알고 보신 지혜로써 '의도적 행위를 조건으로
의식이 있다.'라고 설하셨다.

> "비구들이여, 그러자 나에게 이런 생각이 들었다. '무엇이 있을
> 때 의식이 있으며 무엇을 조건으로 하여 의식이 있는가?'라고.
> 비구들이여, 그러자 나는 지혜로운 마음 기울임을 통해서 마침
> 내 '의도적 행위들이 있을 때 의식이 있으며, 의도적 행위들을
> 조건으로 하여 의식이 있다.'라고 통찰지로써 관통하였다."
>
> _「사꺄무니 고타마 경」(S12:10)

'의도적 행위를 조건으로 의식이 있다.'라는 인과 관계를 설명하기 전
에 이것은 앞서 설명한 '존재를 조건으로 태어남이 있다.'라는 인과 관
계와 서로 같은 구조를 지니고 있음을 이해해야 한다. 왜냐하면 앞으로
설명하겠지만 의도적 행위는 업 또는 존재와 같은 뜻이고, 재생 때 최초
의 의식이 일어남은 태어남과 같은 의미이기 때문이다. 단지 두 가지 인
과 관계의 차이점이 있다면 '존재를 조건으로 태어남이 있다.'는 화생化
生의 존재가 태어나는 모습에 초점이 맞추어져 있고, '의도적 행위를 조

건으로 의식이 있다.'는 태생胎生, 난생卵生, 습생濕生의 존재가 태어나는 모습에 초점이 맞추어져 있다는 점이라 할 수 있다. 다시 말해서 앞서 설명한 '존재를 조건으로 태어남이 있다.'라는 인과 관계는 화생의 경우에 존재(업)를 조건으로 즉시 완전한 모습의 존재로 태어남을 분명하게 보여준다. 다시 말해서 존재가 성숙해 가는 과정이 필요하지 않다.

하지만 '의도적 행위를 조건으로 의식이 있다.'라는 인과 관계는 태생, 난생, 습생의 경우에 재생 때 최초의 의식이 일어난 이후부터 점차 존재의 모습이 성숙해 가다가 나중에 여섯 감각 장소가 잘 갖추어진 온전한 존재가 되는 과정을 보여준다. 이것은 '의도적 행위를 조건으로 의식이, 의식을 조건으로 정신·물질이, 정신·물질을 조건으로 여섯 감각 장소가 있다.'라는 인과 관계를 통해서 알 수 있다. 이처럼 두 가지 인과 관계가 다소 차이는 있지만, 업을 조건으로 존재가 어떻게 태어나는지에 대하여 드러낸다는 점에서는 같은 구조를 지니고 있다. 그래서 앞서 '존재를 조건으로 태어남이 있다.'라는 인과 관계에서 설명한 내용은 '의도적 행위를 조건으로 의식이 있다.'라는 인과 관계를 설명할 때에도 그대로 적용될 수 있으므로 자세한 것은 앞에서 설명한 내용을 참고하면 된다.

그러면 먼저 의도적 행위[saṅkhāra, 行]가 무엇인지 살펴보자. 상카라saṅkhāra는 saṁ(함께)+√kṛ(to do, make)에서 파생된 남성명사이다. 여기서 saṅkhāra[49]는 좁은 의미로 의도를 바탕으로 일어나는 몸과 말과

---

49 saṅkhāra는 넓은 의미로 정신과 물질 전체를 뜻하는 형성된 법을 의미하기도 하고, 느낌과 인식을 제외한 심리 현상들인 형성 무더기를 의미하기도 하며, 단지 의도[cetanā]

마음으로 짓는 행위를 뜻하는 '의도적 행위'를 말하는데 앞서 설명한 '업' 또는 '존재'와 동의어이다. 의도적 행위는 세 가지, 즉 욕계 의도적 행위, 색계 의도적 행위, 무색계 의도적 행위로 나눌 수 있다. 차례로 살펴보자.

첫째, 욕계 의도적 행위는 욕계 해로운 의도적 행위와 욕계 유익한 의도적 행위로 나누어진다. 욕계 해로운 의도적 행위는 몸과 말과 마음으로 짓는 의도적 행위가 있다. 몸으로 짓는 의도적 행위는 살생, 도둑질, 삿된 음행 등을 말한다. 말로서 짓는 의도적 행위는 거짓말, 거친 말, 이간질, 쓸데없는 말 등을 말한다. 마음으로 짓는 의도적 행위는 탐욕, 적의, 사견 등을 말한다. 이와 같은 욕계 해로운 의도적 행위를 공덕이 되지 않는 의도적 행위라고도 한다.

욕계 유익한 의도적 행위는 몸과 말과 마음으로 짓는 의도적 행위가 있다. 몸으로 짓는 의도적 행위는 살생하지 않음, 도둑질하지 않음, 삿된 음행을 하지 않음 등을 말한다. 말로써 짓는 의도적 행위는 진실한 말, 부드러운 말, 화합시키는 말, 법다운 말 등을 말한다. 마음으로 짓는 의도적 행위는 탐욕 없음, 적의 없음, 바른 견해 등을 말한다.

둘째, 색계 의도적 행위는 네 가지 색계 선정, 즉 색계 초선, 색계 이선, 색계 삼선, 색계 사선과 함께하는 의도이고, 마음으로 짓는 의도적 행위이다. 이와 같은 욕계 유익한 의도적 행위와 색계 의도적 행위를 합쳐서 공덕이 되는 의도적 행위라고도 한다.

를 바탕으로 일어나는 의도적 행위를 뜻하기도 한다. 여기서는 의도적 행위를 뜻한다.

셋째 무색계 의도적 행위는 네 가지 무색계 선정, 즉 공무변처, 식무변처, 무소유처, 비상비비상처와 함께하는 의도이고, 마음으로 짓는 의도적 행위이다. 이와 같은 무색계 의도적 행위는 흔들림 없는 의도적 행위라고도 한다. 이처럼 의도적 행위는 욕계 의도적 행위, 색계 의도적 행위, 무색계 의도적 행위의 세 가지가 있다. 그러면 의도적 행위를 조건으로 어떻게 의식이 있는지 알아보자.

앞서 '존재를 조건으로 태어남이 있다.'에서 설명한 것과 마찬가지로 한 생의 삶을 마감하는 임종에 이르게 되면 이전에 지었던 수많은 업 중에서 가장 강력한 '업' 또는 '존재' 또는 '의도적 행위'가 임종 때 나타난다. 이때 나타난 '업' 또는 '의도적 행위'를 조건으로 욕계, 색계, 무색계의 삼계三界 중 한 곳의 존재로 태어난다. 다시 말해서 재생 때 욕계 해로운 의도적 행위를 조건으로 욕계 악처인 지옥, 축생, 아귀, 아수라 중의 한 곳에 태어나고, 욕계 유익한 의도적 행위를 조건으로 욕계 선처인 인간이나 여섯 가지 욕계 천상 중 한 곳에 태어난다. 또 색계 의도적 행위를 조건으로 색계의 세 가지 색계 초선천, 세 가지 색계 이선천, 세 가지 색계 삼선천들, 일곱 가지 색계 사선천 중 한 곳으로 태어난다. 또 무색계 의도적 행위를 조건으로 공무변처, 식무변처, 무소유처, 비상비비상처 중 한 곳의 존재로 태어난다.

그런데 욕계, 색계, 무색계의 삼계 중 한 곳으로 태어난다는 말은 그곳에 태어난 존재에게 최초로 '의식'[50]이 일어난다는 것과 같은 의

---

50   상좌부 아비담마에서는 재생연결의식이라 부른다.

미이다. 그래서 위의 인과 관계는 '욕계 해로운 의도적 행위를 조건으로 욕계 악처의 존재에 최초로 의식이 일어나고, 욕계 유익한 의도적 행위를 조건으로 욕계 선처의 존재에 최초로 의식이 일어난다. 또 색계 의도적 행위를 조건으로 색계의 존재에게 최초로 의식이 일어난다. 또 무색계 의도적 행위를 조건으로 무색계의 존재에 최초로 의식이 일어난다.'라는 말과 같은 뜻이다. 정리해 보면 업 또는 의도적 행위를 조건으로 욕계, 색계, 무색계의 삼계 중 한 곳으로 태어나고, 태어난 존재에게 최초로 의식이 일어난다. 간단히 말해 의도적 행위를 조건으로 태어난 존재에게 최초의 의식이 일어난다. 따라서 '의도적 행위를 조건으로 의식이 일어난다.'라고 할 수 있다.

이상에서는 '의도적 행위를 조건으로 의식이 있다.'라는 인과 관계를 재생 때 의도적 행위를 조건으로 태어난 존재에게 최초의 의식이 일어난다는 관점에서 주로 살펴보았다. 하지만 재생이 일어난 이후부터 죽음에 이를 때까지의 삶의 과정에서도 이전에 일어난 업 또는 의도적 행위를 조건으로 의식이 일어난다. 먼저 해로운 의도적 행위를 조건으로 원하지 않은 일이나 바라지 않는 대상을 많이 경험하는 의식이 일어날 수 있다. 예를 들어 사람을 죽이거나 도둑질을 많이 한 사람은 건강이 나빠지거나 남의 비난을 받거나 감옥에 가는 등의 나쁜 결과들이 일어난다. 이런 일들을 경험할 때마다 괴로운 느낌과 함께한 의식이 일어난다. 이같이 삶의 과정에서도 해로운 의도적 행위를 조건으로 의식이 일어난다. 또 유익한 의도적 행위를 조건으로 원하는 일이나 바라는 대상을 경험하는 의식이 일어날 수 있다. 예를 들어 기부나 봉사를 실천하고 계를 지키고 삼매와 지혜를 많이 닦은 사람은 건강이 좋아지거나 남의 칭찬을 받거나 선정을 얻거나 깨달음을 얻는 등의 좋은 결과들이 일어난다. 이런 일들을 경험할 때마다 행복한 느낌과 함께한 의식이 있다. 이같이 삶의 과정에서도 '의도적 행위를 조건으로 의식이 일어난다'. 종합해 보면 재생 때뿐 아니라 삶의 과정에서도 '의도적 행위를 조건으로 의식이 일어난다.'라고 할 수 있다. 따라서 붓다께서는 '의도적 행위를 조건으로 의식이 있다.'라고 설하신 것이다.

11) 의도적 행위는 무명을 조건으로 일어난다

의도적 행위를 조건으로 의식이 있다면 의도적 행위는 무엇을 조건으로 일어나는가? 붓다께서는 스스로 알고 보신 지혜로써 '무명을 조건으로 의도적 행위가 있다.'라고 설하셨다. 그러면 무명에 대하여 먼저 살펴보자.

> "비구들이여, 그러자 나에게 이런 생각이 들었다. '무엇이 있을 때 의도적 행위가 있으며 무엇을 조건으로 하여 의도적 행위가 있는가?'라고. 비구들이여, 그러자 나는 지혜로운 마음 기울임을 통해서 마침내 '무명이 있을 때 의도적 행위가 있으며, 무명을 조건으로 하여 의도적 행위가 있다.'라고 통찰지로써 관통하였다."
>
> _「사까무니 고타마 경」(S12:10)

무명 [avijjā, 無明]은 아윗자avijjā의 번역인데 avijjā는 a (부정어)+√vid (to know, to feel)에서 파생된 여성명사이다. 그래서 avijjā는 현상의 실상 實相을 있는 그대로 꿰뚫어 알지 못하는 어리석음 [癡]51을 의미한다. 그래서 불교에서 말하는 무명은 한마디로 사성제에 대한 무지를 말한다. 다시 말해서 괴로움에 대한 무지, 괴로움의 일어남에 대한 무지, 괴로움의 소멸에 대한 무지, 괴로움의 소멸로 인도하는 도 닦음에 대한 무지를 말한다. 그런데 다섯 무더기 자체가 괴로움이므로 어리석음은 다섯 무더기에 대한 무지, 다섯 무더기의 일어남에 대한 무지, 다섯 무더기의 소멸에 대한 무지, 다섯 무더기의 소멸에 이르는 길에 대한 무지라고도 할 수 있다. 예를 들어 탐욕에 대한 무지, 탐욕의 일어남에 대한 무지, 탐욕의 완전한 소멸에 대한 무지, 탐욕을 소멸하는 방법에 대한 무지가 무명이다.

> "비구들이여, 그러면 어떤 것이 무명인가? 비구들이여, 괴로움에 대한 무지, 괴로움의 일어남에 대한 무지, 괴로움의 소멸에 대한 무지, 괴로움의 소멸로 인도하는 도 닦음에 대한 무지이다. — 비구들이여, 이를 일러 무명이라 한다."
>
> _「분석 경」(S12:2)

예를 들어 탐욕이 일어날 때 탐욕이라고 알지 못하고, 성냄이 일어날

---

51 무명, 어리석음은 둘 다 '현상의 실상을 꿰뚫어 알지 못하는' 특성이 있으므로 법으로는 같다.

때 성냄이라고 알지 못하는 것은 무명이다. 왜냐하면 존재의 실상인 물질과 정신의 법을 알지 못하는 것은 괴로움의 성스러운 진리인 고성제에 대한 무지이기 때문이다. 또 해로운 법들과 유익한 법들을 알지 못하는 것도 무명이다. 왜냐하면 해로운 법을 해로운 법이라고 알지 못하는 것은 괴로움의 일어남의 성스러운 진리인 집성제에 대한 무지이고, 유익한 법을 유익한 법이라고 알지 못하는 것은 괴로움의 소멸로 인도하는 도 닦음의 성스러운 진리인 도성제에 대한 무지이기 때문이다.

연기를 알지 못하는 것도 무명이다. 왜냐하면 연기의 일어남을 알지 못하는 것은 집성제에 대한 무지이고, 연기의 사라짐을 알지 못하는 것은 괴로움의 소멸의 성스러운 진리인 멸성제에 대한 무지이기 때문이다. 또 형성된 법들, 즉 다섯 무더기의 법들의 세 가지 특성인 무상, 고, 무아를 알지 못하는 것도 무명이다. 왜냐하면 형성된 법들의 세 가지 특성을 알지 못하는 것은 고성제에 대한 무지이기 때문이다. 고성제를 알지 못하는 무명 때문에 형성된 법들, 즉 다섯 무더기가 영원하고 행복이고 자아가 있다고 잘못 알고 다섯 무더기에 대하여 집착하는 갈애가 일어나는 것이다. 이렇게 무상한 것을 영원한 것으로, 괴로움인 것을 행복으로, 무아인 것을 자아가 있다고 잘못 아는 무명이 있으면 인식의 전도, 마음의 전도, 견해의 전도가 일어난다.

> "비구들이여, 무상에 대해서 영원하다는 … 괴로움에 대해서 행복이라는 … 무아에 대해서 자아라는 … 부정[52]한 것에 대해

---

52 부정[asubha, 不淨]은 아름답지 않다는 것을 의미한다. 정淨은 수바subha의 번역인데 '아

서 깨끗하다는 인식의 전도, 마음의 전도, 견해의 전도가 있다."

_「전도 경」(A4:49)

위의 네 가지 인식의 전도, 마음의 전도, 견해의 전도를 버리지 않고서
는 괴로움에서 벗어날 수 없다. 특히 불교의 목적은 괴로움의 소멸이기
때문에 괴로움을 행복으로 잘못 아는 인식의 전도, 마음의 전도, 견해
의 전도를 버리는 것이 아주 중요하다. 그렇지 않으면 괴로움을 행복으
로 착각하고 좇기 때문에 마치 동쪽으로 가기를 원하면서 서쪽으로 가
는 사람처럼 아무리 노력해도 괴로움을 소멸할 수 없다. 하지만 전도를
버리고 괴로움을 괴로움으로, 행복을 행복으로 있는 그대로 꿰뚫어 본
다면 괴로움을 소멸하고 완전한 행복인 열반을 실현할 수 있을 것이다.
이를 위해서는 무명을 버리고 명지를 계발해야 한다.

명지[vijjā, 明智]는 무명의 정반대이다. 명지는 윗자vijjā의 번역인
데 vijjā는 √vid(to know, to feel)에서 파생된 여성명사이다. 그래서 명
지는 현상의 실상을 꿰뚫어 아는 지혜를 뜻한다. 무명이 네 가지 성스
러운 진리에 대한 무지라면, 명지는 네 가지 성스러운 진리에 대한 지
혜를 의미한다. 다시 말해서 괴로움에 대한 지혜, 괴로움의 일어남에
대한 지혜, 괴로움의 소멸에 대한 지혜, 괴로움의 소멸로 인도하는 도
닦음에 대한 지혜를 말한다. 그런데 다섯 무더기 자체가 괴로움이므
로 명지는 다섯 무더기에 대한 지혜, 다섯 무더기의 일어남에 대한 지

름다운', '깨끗한'이라는 의미이다. 그래서 부정不淨은 아수바asubha의 번역이고, '아름답
지 않은', '깨끗하지 않은'이라는 의미이다.

혜, 다섯 무더기의 소멸에 대한 지혜, 다섯 무더기의 소멸에 이르는 길에 대한 지혜라고도 할 수 있다. 예를 들어 탐욕을 있는 그대로 꿰뚫어 아는 지혜, 탐욕의 원인을 꿰뚫어 아는 지혜, 탐욕의 완전한 소멸이 괴로움의 소멸을 실현한다고 꿰뚫어 아는 지혜, 탐욕을 버리는 방법을 꿰뚫어 아는 지혜가 명지이다.

> "세존이시여, '명지, 명지'라고들 합니다. 세존이시여, 어떤 것이 명지이고 어떻게 해서 명지에 도달하게 됩니까?" "비구여, 괴로움에 대한 지혜, 괴로움의 일어남에 대한 지혜, 괴로움의 소멸에 대한 지혜, 괴로움의 소멸로 인도하는 도 닦음에 대한 지혜 ― 이것을 일러 명지라 하고 이렇게 해서 명지에 도달하게 된다."
>
> _「명지 경」(S56:18)

예를 들어 탐욕이 일어날 때 탐욕이라고 꿰뚫어 알고, 성냄이 일어날 때 성냄이라고 꿰뚫어 아는 지혜가 명지이다. 왜냐하면 존재의 실상인 물질과 정신의 법을 꿰뚫어 아는 것은 괴로움의 성스러운 진리인 고성제에 대한 지혜이기 때문이다. 또 해로운 법을 해로운 법이라고 꿰뚫어 알고, 유익한 법을 유익한 법이라고 꿰뚫어 아는 지혜가 명지이다. 왜냐하면 해로운 법을 해로운 법이라고 꿰뚫어 아는 지혜는 괴로움의 일어남의 진리인 집성제에 대한 지혜이고, 유익한 법을 유익한 법이라고 꿰뚫어 아는 지혜는 괴로움의 소멸로 인도하는 도 닦음의 진리인 도성제에 대한 지혜이기 때문이다.

연기를 꿰뚫어 아는 지혜도 명지이다. 왜냐하면 연기의 일어남을 꿰뚫어 아는 것은 집성제에 대한 지혜이고, 연기의 사라짐을 꿰뚫어 아는 것은 멸성제에 대한 지혜이기 때문이다. 또 형성된 법들, 즉 다섯 무더기의 법들의 세 가지 특성인 무상, 고, 무아를 꿰뚫어 아는 지혜도 명지이다. 왜냐하면 형성된 법들의 세 가지 특성을 꿰뚫어 아는 것은 괴로움의 진리인 고성제에 대한 지혜이기 때문이다. 고성제를 꿰뚫어 아는 명지로 인해 형성된 법들, 즉 다섯 무더기가 영원하지 않고 괴로움이고, 무아라고 있는 그대로 꿰뚫어 알면 다섯 무더기에 대하여 집착하는 갈애가 소멸한다. 이렇게 무상함을 무상함으로, 괴로움을 괴로움으로, 무아인 것을 무아라고, 부정한 것을 부정한 것으로 꿰뚫어 아는 명지가 있으면 인식의 전도, 마음의 전도, 견해의 전도를 버릴 수 있다.

> "비구들이여, 무상에 대해서 무상하다는 … 괴로움에 대해서
> 괴로움이라는 … 무아에 대해서 무아라는 … 부정한 것에 대
> 해서 부정하다는 바른 인식, 바른 마음, 바른 견해가 있다."
>
> _「전도 경」(A4:49)

그러면 무명을 조건으로 어떻게 의도적 행위가 일어나는지 차례로 살펴보자. 첫째, 무명을 조건으로 욕계 의도적 행위가 있다. 예를 들어 무명은 해로운 법들의 뿌리이다. 사성제에 대한 무지 때문에 다섯 무더기, 즉 물질과 정신이 영원하고 행복이고 자아라는 어리석음이 일어난다. 이로 인해 물질과 정신에 대한 탐욕이 일어나고 탐욕이 충족되지 않으면 성냄이 일어난다. 이처럼 무명을 조건으로 해로운 법들이 일어

나고, 그로 인해 욕계 해로운 의도적 행위가 일어난다. 그래서 무명을 조건으로 욕계 해로운 의도적 행위가 있다. 반면에 욕계 천상이 영원하고 행복이라고 잘못 아는 무명을 기반으로 욕계 천상에 태어나기 위해서 보시하고 봉사하고 계를 지킨다면 욕계 유익한 의도적 행위가 일어난다. 또 무명을 대상으로 무명이 해롭다는 것을 관찰할 때 지혜가 일어나고, 그로 인해 욕계 유익한 의도적 행위가 일어난다. 그래서 무명을 조건으로 욕계 유익한 의도적 행위가 일어난다. 종합하면 무명을 조건으로 욕계 의도적 행위가 있다.

둘째, 무명을 조건으로 색계 의도적 행위가 있다. 예를 들어 무명을 극복하기 위해 지혜의 기반이 되는 색계 선정을 닦으면 색계 선정을 얻을 수 있고, 그로 인해 색계 의도적 행위가 일어난다. 또 색계 세상이 영원하고 행복이라고 잘못 아는 무명을 기반으로 색계 세상에 태어나기 위해 색계 선정을 닦으면 색계 선정을 얻을 수 있고, 그로 인해 색계 의도적 행위가 일어난다. 그래서 무명을 조건으로 색계 유익한 의도적 행위가 일어난다. 셋째, 무명을 조건으로 무색계 의도적 행위가 있다. 예를 들어 무색계 존재가 영원하고 행복이라는 잘못 아는 무명을 기반으로 무색계에 태어나기 위해 무색계 선정을 계발할 때 무색계 선정을 얻을 수 있고, 그로 인해 무색계 의도적 행위가 일어난다. 또 무명을 극복하기 위해 지혜의 기반이 되는 무색계 선정을 계발할 때 무색계 선정을 얻을 수 있고, 그로 인해 무색계 의도적 행위가 일어난다. 그래서 무명을 조건으로 무색계 의도적 행위가 일어난다.

종합해 보면 '무명을 조건으로 의도적 행위가 일어난다.'라고 할 수 있다. 따라서 붓다께서 '무명을 조건으로 의도적 행위가 있다.'라고 설하신 것이다.

그런데 십이연기의 열한 가지 인과 관계에서 '무명을 조건으로 의도적 행위가 있다'라는 인과 관계가 끝이므로 '무명이 모든 현상이 일어나는 근원이 아닌가?'라는 의문이 일어날 수 있다. 하지만 불교에서는 무명을 기반으로 모든 것이 발생하는 것이 아니라 무명도 번뇌[āsava, 煩惱]라는 조건으로 인해 생겨난다고 분명하게 설한다. 그러면 번뇌란 무엇인가? 번뇌는 아사와āsava의 번역인데 āsava는 ā(향하여)+√sru(to flow)에서 파생된 남성명사이다. 문자적으로는 '흐르는 것'이라는 뜻에서 윤회의 주된 원인을 뜻하는 번뇌로 정착되었다. 번뇌는 마치 물이 빈틈을 통해 흘러나오듯이 아라한이 되기 전의 모든 존재의 마음에서 흘러나오는 것이라는 의미를 내포하고 있다. 번뇌는 감각적 욕망, 존재에 대한 욕망, 무명의 세 가지를 말하는데 앞의 두 가지는 법으로는 갈애에 해당하므로 번뇌는 법으로는 갈애와 무명이라고 말할 수 있다. 십이연기에서 살펴보았듯이 무명과 갈애는 태어남의 주된 원인이다. 그래서 번뇌는 윤회의 주된 원인을 한마디로 표현하는 용어라고 할 수 있다.

그러면 번뇌를 조건으로 어떻게 무명이 일어나는가? 무명이 있으면 어리석게 마음을 기울이기 때문에 그로 인해 다시 무명이 일어날 수 있다. 그래서 무명을 조건으로 무명이 일어난다. 또 감각적 욕망이나 존재에 대한 갈애가 있으면 갈애에 압도되어 마음이 오염되고 고요하지 못하고 집중되어 있지 않다. 이런 마음으로는 현상의 실상을 있는 그대로 꿰뚫어 볼 수 없으므로 무명이 일어난다. 그래서 갈애를 조건으로 무명이 일어난다. 종합하면 무명과 갈애를 조건으로 무명이 일어난다. 한마디로 '번뇌를 조건으로 무명이 있다.'라고 할 수 있다. 이것은 무명도 '모든 현상이 일어나는 근원'이 아니라 무명도 번 뇌라는 조건에 의해서 생겨난 연기된 법임을 의미한다.

> "번뇌가 일어나기 때문에 무명이 일어납니다. 번뇌가 소멸하 기 때문에 무명이 소멸합니다."
>
> _「바른 견해 경」(M9)

끝으로 한 가지만 더 언급하자면 붓다께서는 무명과 갈애를 조건으로 윤회하는 존재들에게 윤회의 시작점은 알 수 없다고 설하셨다. 하지만 존재들이 시작도 알 수 없는 오랜 세월 동안 윤회하면서 수많은 괴로움 과 혹독함, 재앙을 겪었다는 점을 분명히 꿰뚫어 보셨고 더 나아가 윤회 의 원인이 무명과 갈애라는 것도 분명히 꿰뚫어 보셨다. 그래서 붓다께 서는 윤회의 시작점과 같은 괴로움의 소멸과 관계없는 현학적인 논의보 다는 괴로움의 원인인 무명과 갈애를 버리고 윤회에서 벗어나 괴로움을 소멸하는 방법에 초점을 맞추어 설하신 것뿐이다. 이처럼 붓다께서는 철저히 존재들의 괴로움을 소멸하는 데 초점을 맞추어 법을 설했다는 점을 잊지 말고 명심해야 한다.

> "비구들이여, 그 시작을 알 수 없는 것이 바로 윤회다. 무명에 덮이고 갈애에 묶여서 치달리고 윤회하는 중생들에게 [윤회 의] 처음 시작점은 결코 드러나지 않는다 … 비구들이여, 이 같이 오랜 세월 그대들은 괴로움을 겪었고 혹독함을 겪었고

재앙을 겪었고 무덤을 증가시켰다. 비구들이여, 그러므로 형
성된 것들은 모두 염오해야 마땅하며 그것에 대한 탐욕이 빛
바래도록 해야 마땅하며 해탈해야 마땅하다."

_「풀과 나무 경」(S15:1)

12) 십이연기의 일어남과 소멸

십이연기는 두 가지, 즉 일어남의 구조와 소멸의 구조로 나누어 볼 수
있다. 일어남의 구조는 '무명을 조건으로 의도적 행위가 있고, 의도적
행위를 조건으로 의식이 있고 … 태어남을 조건으로 늙음·죽음이 있
다.' 또는 '태어남을 조건으로 늙음·죽음이 있고, 존재를 조건으로 태
어남이 있고 … 무명을 조건으로 의도적 행위가 있다.'라는 방식으로
연기 구조를 드러내는 것을 말한다. 이를 순관[anuloma, 順觀]이라고도
한다. 소멸의 구조는 '무명이 소멸하면 의도적 행위가 소멸하고, 의도
적 행위가 소멸하면 의식이 소멸하고 … 태어남이 소멸하면 늙음·죽
음이 소멸한다.'라는 방식으로 연기 구조를 드러내는 것을 말한다. 이
를 역관[paṭiloma, 逆觀]이라고도 한다. 이처럼 십이연기는 두 가지 구조
가 있다. 지금까지는 두 가지 중에서 십이연기의 일어남의 구조, 특히
결과를 기준으로 원인을 찾는 방식으로 설명했다.

"비구들이여, 태어남을 조건으로 늙음·죽음이 있다 … 존재를
조건으로 태어남이 있다 … 취착을 조건으로 존재가 있다 … 갈
애를 조건으로 취착이 있다 … 느낌을 조건으로 갈애가 있다 …

접촉을 조건으로 느낌이 있다 … 여섯 감각 장소를 조건으로 접
촉이 있다 … 정신·물질을 조건으로 여섯 감각 장소가 있다 …
의식을 조건으로 정신·물질이 있다 … 의도적 행위들을 조건
으로 의식이 있다 … 무명을 조건으로 의도적 행위가 있다.”

_「조건 경」(S12:20)

그러면 이제는 십이연기의 일어남의 원인을 기준으로 그 원인의 결과
를 드러내는 방식으로 간단히 살펴보자. 무명은 사성제에 대한 무지
를 말하는데 무명에 빠지고 무명에 압도되면 해로운 의도적 행위들
이 일어나고, 무명을 꿰뚫어 알고 무명을 극복하려고 노력하면 유익
한 의도적 행위들이 일어난다. 그래서 무명을 조건으로 의도적 행위
들이 일어난다. 의도적 행위는 업을 뜻하므로 유익한 의도적 행위를
조건으로 인간, 욕계 천상, 색계, 무색계와 같은 선처의 존재에 최초의
의식이 일어나고, 해로운 의도적 행위를 조건으로 지옥, 축생, 아귀 등
악처의 존재에 최초의 의식이 일어난다. 또 재생 때나 삶의 과정에서
나 의식이 일어날 때는 이와 함께하는 심리 현상들[정신]과 업을 조건
으로 생긴 물질이 일어난다. 그래서 의식을 조건으로 정신·물질이 일
어난다. 또 간략히 말하면 정신을 조건으로 마음 감각 장소가 생기고,
물질을 조건으로 눈, 귀, 코, 혀, 몸의 다섯 감각 장소가 생긴다. 그래서
정신·물질을 조건으로 여섯 감각 장소가 일어난다.

　　여섯 감각 장소를 조건으로 감각 기능과 대상이 만나서 의식[識]
이 일어나는 접촉이 있고, 접촉을 조건으로 의식과 함께 느낌이 일어
난다. 행복한 느낌이나 괴롭지도 행복하지도 않은 느낌을 조건으로

감각적 욕망에 대한 갈애나 존재에 대한 갈애가 일어나고, 괴로운 느낌을 조건으로 존재하지 않음에 대한 갈애가 일어난다. 그래서 느낌을 조건으로 갈애가 일어난다. 이런 갈애가 강해지면 취착이 되는데 취착에 압도되면 해로운 존재가 일어나고, 취착을 꿰뚫어 알고 극복하려고 노력하면 유익한 존재가 일어난다. 여기서 존재는 업과 동의어임을 상기하라. 그래서 취착을 조건으로 존재가 있다. 유익한 존재는 선처에, 해로운 존재는 악처에 태어나게 한다. 그래서 존재를 조건으로 태어남이 있다. 태어남이 있으면 늙고 병들고 죽고, 육체적 고통과 정신적 괴로움이 일어난다. 그래서 태어남을 조건으로 늙음·죽음과 근심·탄식·육체적 고통·정신적 고통·절망이 발생한다. 또 태어났다는 사실은 무명이 남아 있음을 의미한다. 그러므로 다시 '무명을 조건으로 의도적 행위가 있고, 의도적 행위를 조건으로 의식이 있고 … 태어남을 조건으로 늙음·죽음이 있다.'라는 식으로 십이연기의 수레바퀴가 돌아간다. 이렇게 중생들의 윤회는 끊임없이 계속 이어지는 것이다.

> "무명을 조건으로 의도적 행위가, 의도적 행위를 조건으로 의식이, 의식을 조건으로 정신·물질이, 정신·물질을 조건으로 여섯 감각 장소가, 여섯 감각 장소를 조건으로 접촉이, 접촉을 조건으로 느낌이, 느낌을 조건으로 갈애가, 갈애를 조건으로 취착이, 취착을 조건으로 존재가, 존재를 조건으로 태어남이, 태어남을 조건으로 늙음·죽음과 근심·탄식·육체적 고통·정신적 고통·절망이 발생한다. 이같이 전체 괴로움의

무더기가 발생한다."

_「깟짜나곳따 경」(S12:15)

그러면 십이연기의 소멸에 대하여도 살펴보자. 불교의 수행을 통해 아라한이 되면 사성제에 대한 지혜와 바른 기억이 완전하게 확립되므로 무명과 갈애가 완전히 소멸한다. 왜냐하면 사성제에 대한 무지가 무명이고, 무명으로 인해 갈애가 생기기 때문이다. 그런데 아라한은 무명이 소멸하였으므로 새로운 업 또는 의도적 행위는 짓지 않지만, 이전에 지었던 업들마저 소멸하는 것은 아니다. 그렇지만 아라한이 수명이 다하여 죽게 되면 다시 태어나지 않으므로 물질과 정신의 법들이 소멸하고, 그로 인해 모든 업 또는 의도적 행위가 소멸한다. 이때에서야 비로소 '무명이 소멸하면 의도적 행위가 소멸한다.'라고 말할 수 있다. 더 나아가 의도적 행위가 소멸하면 의식도 소멸하고, 의식이 소멸하면 정신·물질도 소멸하고 … 태어남이 소멸하면 늙음·죽음도 소멸한다. 이처럼 십이연기의 소멸은 아라한이 죽음을 맞이할 때 비로소 실현된다는 점에 주의해야 한다. 십이연기의 소멸이 실현되면 십이연기의 수레바퀴가 부서지므로 중생들의 윤회는 완전히 끝나고, 열반을 실현하게 되는 것이다.

"그러나 무명이 남김없이 빛바래어 소멸하므로 의도적 행위가 소멸하고, 의도적 행위가 소멸하므로 의식이 소멸하고, 의식이 소멸하므로 정신·물질이 소멸하고, 정신·물질이 소멸하므로 여섯 감각 장소가 소멸하고, 여섯 감각 장소가 소멸하므로 접촉이 소멸하고, 접촉이 소멸하므로 느낌이 소멸하고, 느낌이 소멸하므로 갈애가 소멸하고, 갈애가 소멸하므로 취착이 소멸하고, 취착이 소멸하므로 존재가 소멸하고, 존재가 소멸하므로 태어남이 소멸하고, 태어남이 소멸하므로 늙음·죽음과 근심·탄식·육체적 고통·정신적 고통·절망이 소멸한다. 이같이 전체 괴로움의 무더기가 소멸한다."

_「깟짜나곳따 경」(S12:15)

3

십이연기의
의미

1) 십이연기의 구조

십이연기에 나타나는 열한 가지 인과 관계를 통해 재생 때뿐 아니라 삶의 과정에서 매 순간 일어나는 여러 현상이 무엇을 조건으로 일어 나는지 분명히 알 수 있다. 예를 들어 삶의 과정에서 몸과 말과 마음으 로 짓는 업은 어떻게 일어나는가? 십이연기에서 '무명을 조건으로 의 도적 행위가 있다.'라고 했으므로 무명이 있으면 삶의 과정에서 수많 은 업이 일어난다. 또 '갈애와 취착을 조건으로 존재가 있다.'라고 했 으므로 무명, 갈애, 취착을 조건으로 삶의 과정에서 수많은 업이 일어 난다. 또 삶의 과정에서 의식은 어떻게 일어나는가? 십이연기에서 '여 섯 감각 장소를 조건으로 접촉이 있다.'라고 했으므로 접촉을 조건으 로 의식이 일어남을 분명히 알 수 있다. 이처럼 십이연기를 통해 삶의 과정에서 매 순간 일어나는 현상들이 무엇을 조건으로 일어나는지 분명히 알 수 있다.

이와 더불어 십이연기는 '존재란 무엇인가? 존재가 어떻게 태어났으며, 존재가 죽으면 어디로 가는가?'라는 윤회의 큰 흐름에 관한 해답도 분명하게 제시한다. 이에 대하여 현생을 중심으로 윤회의 큰 흐름을 간단히 정리해 보자.

먼저 과거 생에 무명이 있으면 괴로움은 행복으로, 행복은 괴로움이라고 잘못 안다. 이런 무명을 바탕으로 자신이 행복이라고 생각하는 것을 얻기 위해서 몸과 말과 마음으로 수많은 의도적 행위들을 짓는다. 이 중 가장 강력한 의도적 행위를 조건으로 현생에 태어나고, 태어난 존재에게 현생에 최초의 의식이 일어난다. 그래서 무명과 의도적 행위는 현생에 태어나게 하는 과거 생의 원인이다. 다음으로 현생에 태어나고, 최초의 의식이 일어난 순간부터 정신·물질이 이어지면서 점차 여섯 감각 장소가 갖추어진다. 그러면 여섯 감각 장소를 조건으로 바깥 여섯 대상과의 접촉이 일어나면서 여섯 의식이 일어나고, 더불어 느낌이 일어난다. 또 느낌을 조건으로 갈애가 일어나고, 갈애가 강력해지면 취착이 되는데, 그 취착으로 인해 업 또는 존재가 생긴다. 이렇게 현생에 최초의 의식부터 존재까지는 현재이다. 그중에서도 의식부터 느낌까지는 과거 생의 원인에 의해 현생에 태어났으므로 생긴 결과이다. 태어나서 여섯 감각 장소가 형성되면 접촉을 통해서 의식과 더불어 느낌이 일어나는 것은 태어남으로 인해 생기는 당연한 결과이다. 그래서 현생의 결과라고 하는 것이다.

그런데 지혜롭게 마음을 기울이면 갈애, 취착을 극복함으로써 유익한 존재(업)가 생겨나 이생에서 행복하게 할 뿐 아니라 다음 생에 선처에 태어나게 할 수 있고, 궁극적으로는 괴로움의 소멸로 인도할 수도 있다. 역으로 어리석게 마음을 기울이면 갈애, 취착에 압도되어 해로운 존재(업)가 생겨나 이생에서 괴롭게 할 뿐 아니라 다음 생에 악처에 태어나게 한다. 그래서 갈애부터 존재까지는 내생에 다시 태어나게 하는 현재의 원인이라 할 수 있다. 또 갈애, 취착, 존재를 조건으로 내생에 태어나고, 늙음·죽음이 있으므로 태어남과 늙음·죽음은 미래의 결과라고 할 수 있다. 정리해 보면 십이연기는 현생을 중심으로 삼아 과거 생의 원인에 의해서 현생의 결과들이 있고, 현생의 원인에 의해서 미래 생의 결과가 일어나는 윤회의 큰 흐름에 대해서도 설명하고 있다.

(i) **과거의 원인과 현재의 결과**
무명과 의도적 행위를 조건으로 의식, 물질·정신, 여섯 감각 장소, 접촉, 느낌이 있다.

(ii) **현재의 원인과 미래의 결과**
갈애, 취착, 존재를 조건으로 태어남, 늙음·죽음이 있다.

위의 구조는 현생을 기준점으로 정리한 것이다. 만약 첫 번째 전생을 기준점으로 한다면 십이연기는 (i) 두 번째 전생의 원인과 첫 번째 전생의 결과, (ii) 첫 번째 전생의 원인과 현생의 결과를 보여준다. 만약 두 번째 전생을 기준점으로 한다면 십이연기는 (i) 세 번째 전생의 원인과 두 번째 전생의 결과, (ii) 두 번째 전생의 원인과 첫 번째 전생의 결과를 드러내는 것이 된다. 또 다음 생을 기준점으로 한다면 십이연기는 (i) 현생의 원인과 다음 생의 결과, (ii) 다음 생의 원인과 두 번째 미래 생의 결과가 된다. 이같이 십이연기는 삶의 과정에서 매 순간 일어나는 현상들이 무엇을 조건으로 일어나는지를 분명히 보여줄 뿐 아니라 '존재란 무엇이고, 어떻게 태어났으며, 죽으면 어디로 가는가?'라는 질문에 대하여 윤회의 큰 흐름을 체계적으로 설한 가르침이다. 후자에 대하여 좀 더 자세히 살펴보자.

2) 존재란 무엇인가?

십이연기에서 '의식을 조건으로 정신·물질이, 정신·물질을 조건으로 여섯 감각 장소가 있다.'라는 가르침은 '존재란 무엇인가?'라는 질문에 대한 해답을 제시한다. 화생은 처음부터 정신·물질 또는 여섯 감각 장소를 갖춘 완전한 존재의 모습으로 태어난다. 그러나 화생을 제외한 태생, 난생, 습생은 처음 태어날 때는 의식과 미완성의 물질로 이루어져 있지만, 정신·물질이 생멸하면서 이어짐에 따라 정신·물질이 점차 번성하면서 완성된 존재의 모습이 되고, 여섯 감각 장소도 온전하게 갖추어진다. 그런데 앞서 정신·물질은 다섯 무더기와 같은 의미라고 했으므로 결국 존재로 태어남은 정신·물질이 나타남, 다섯 무더기가 나타남, 또는 여섯 감각 장소가 생김이라고 할 수 있다. 이것은 존재의 실상이 정신·물질, 다섯 무더기, 여섯 감각 장소라는 것을 명확하게 보여준다.

"비구들이여, 그러면 어떤 것이 태어남인가? 이런저런 중생들의 무리로부터 이런저런 중생들의 태어남, 출생, 도래함, 생김, 탄생, 다섯 무더기의 나타남, 감각 장소[處]를 획득함 — 비구들이여, 이를 일러 태어남이라 한다."

_「분석경」(S12:2)

더불어 십이연기에서 '여섯 감각 장소를 조건으로 접촉[觸]이, 접촉을 조건으로 느낌이, 느낌을 조건으로 갈애가, 갈애를 조건으로 취착이, 취착을 조건으로 존재가 있다.'라는 가르침은 '태어난 존재가 어떻게 업을 짓는가?'라는 질문에 대한 해답을 보여준다. 여섯 감각 장소가 있으면 여섯 대상과의 접촉을 통해 대상을 분별하여 아는 의식이 일어나는데 이때 의식과 함께 대상에 대한 느낌도 일어난다. 행복한 느낌이나 평온한 느낌은 원하고 좋아하는 것이므로 그것들을 조건으로 감각적 욕망에 대한 갈애나 존재에 대한 갈애가 일어난다. 괴로운 느낌은 싫어하고 불만족스러운 것이므로 그것을 조건으로 존재하지 않음에 대한 갈애가 일어난다. 이런 갈애가 강력해지면 취착이 된다. 취착에 빠지거나 압도당하면 해로운 존재(업)가 일어나고, 취착의 해로움을 이해하고 그것을 버리고 극복하고자 정진하면 유익한 존재(업)가 일어난다. 이처럼 여섯 감각 장소가 있으면 접촉이 있고, 접촉을 조건으로 갈애, 취착, 존재가 일어난다. 그래서 한마디로 '접촉을 조건으로 업 또는 존재가 일어난다.'라고 할 수 있다.

"비구들이여, 손이 있으므로 취하고 버림을 식별할 수 있다.

발이 있으므로 나아가고 물러감을 식별할 수 있다. 마디가 있으므로 굽히고 폄을 식별할 수 있다. 배가 있으므로 배고 프고 목마름을 식별할 수 있다. 비구들이여, 그와 같이 눈이 있으므로 눈의 감각 접촉을 조건으로 하여 안으로 즐거움과 괴로움이 일어난다. 귀가 있으므로…코가 있으므로… 혀가 있으므로…몸이 있으므로…마음이 있으므로 마음 접촉을 조건으로 하여 안으로 즐거움과 괴로움이 일어난다."

_「손발의 비유 경 1」(S35:236)

3) 존재는 어떻게 태어났으며, 존재가 죽으면 어디로 가는가?

현재 태어난 존재의 실상은 정신·물질 또는 여섯 감각 장소이고, 존재는 접촉을 조건으로 업을 짓는다. 그러면 '존재는 어떻게 태어났으며, 존재가 죽으면 어디로 가는가?'라는 질문에 대하여 살펴보자.

존재는 어떻게 태어났는가?

'무명을 조건으로 의도적 행위가, 의도적 행위를 조건으로 의식이 있다.'라는 가르침은 '존재는 어떻게 태어났는가?'라는 질문에 대한 해답을 분명하게 드러낸다. 무명은 사성제에 대한 무지를 말한다. 그래서 무명에 빠지거나 압도당하면 해로운 의도적 행위가 일어나지만, 무명의 해로움을 이해하고 무명을 버리고 극복하고자 정진하면 유익한 의도적 행위가 일어난다. 해로운 의도적 행위는 악처에 최초의 의식이 일어나게 하고, 유익한 의도적 행위는 선처에 최초의 의식이 일어나게 한다. 이렇게 무명과 의도적 행위를 조건으로 선처나 악처에 최초의 의식이 일어난다. 이처럼 존재는 무명과 의도적 행위를 조건으로 태어난다. 이것은 존재가 창조주에 의해서 태어난 것도 아니고 우연히 태어난 것도 아니고 무명과 의도적 행위라는 조건을 의지해서 태어났다는 것을 분명하게 보여준다.

존재가 죽으면 어떻게 되는가?

'갈애를 조건으로 취착이, 취착을 조건으로 존재가, 존재를 조건으로 태어남이 있다.'라는 가르침은 '존재가 죽으면 어떻게 되는가?'라는 질문에 대한 해답을 제시한다. 존재가 태어나면 삶의 과정에서 갈애와 취착을 조건으로 수많은 해로운 존재(업)나 유익한 존재(업)을 짓는다. 이때 해로운 존재(업)는 지옥이나 축생 등의 욕계 악처에 태어나게 하고, 유익한 존재(업)는 인간이나 욕계 천상, 색계, 무색계의 선처에 태어나게 한다. 이처럼 존재가 죽을 때 갈애와 취착이 남아 있다면 갈애와 취착 그리고 존재(업)를 조건으로 선처 또는 악처에 태어날 수밖에 없다. 더구나 태어남이 있으면 늙음·죽음과 근심·탄식·육체적 고통·정신적 고통·절망을 경험하게 된다. 그래서 붓다께서는 태어남은 괴로움이라고 설한 것이다.

　이에 반해 바른 수행을 통해 갈애와 취착이 완전히 소멸한 아라한이 죽으면 다시 태어나지 않는다. 왜냐하면 존재가 태어나려면 다시 태어나기를 갈망하고 열망하는 '갈애'와 '취착'이 필수적이다. 만약 갈애와 취착이 없다면 존재를 다시 태어나게 할 동력이 없으므로 비록 '업' 또는 '존재'가 있다고 하더라도 다시 태어날 수 없다. 다시 태어나지 않으면 늙음·죽음과 근심·탄식·육체적 고통·정신적 고통·절망이 소멸하게 되므로 괴로움이 완전히 소멸한다. 정리하면 존재에게 갈애와 취착이 남아 있으면 다시 태어나지만, 갈애와 취착이 완전히 소멸하였다면 다시 태어나지 않는다. 이처럼 십이연기는 '존재란 무엇이며, 존재는 어떻게 태어났으며, 존재는 어디로 갈 것인가?'라는 근원적인 질문에 대한 해답도 분명하게 보여준다.

4

연기는
중간의
가르침이다

1) 상견과 단견

모든 사람은 괴로움에서 벗어나 진정한 행복을 실현하길 원한다. 하지만 현실은 그렇지 못하다. 대부분 사람은 수많은 괴로움을 겪으면서 살아가고, 일부 사람들은 괴로움은 적고 많은 행복을 누리면서 살아간다. 그런데 현재 삶이 행복한 사람일지라도 늙고 병들고 죽는 근원적인 괴로움에서 벗어날 수는 없다. 이처럼 태어난 존재는 괴로움에서 완전히 벗어날 수는 없다. 그래서 '나는 무엇인가? 행복과 괴로움은 왜 일어나는가? 나는 왜 태어났으며, 죽으면 어떻게 되는가?'라는 것은 존재에게 가장 근원적인 질문이라 할 수 있다. 이 질문에 대하여 많은 사람이 나름의 해답을 제시했는데 이들 중 대표적인 것은 두 가지로 요약할 수 있다.

하나는 '나'라는 존재는 세상의 창조자에 의해 생겨났으며, 존재에게는 '영혼', '진아', '자아' 등으로 불리는 주체가 있고, 그것이 영원하다고 주장하는 견해인 상견[sassata diṭṭhi, 常見]이다. 이것은 사람들이 극락이나 천국과 같은 세상에 태어나 영원히 행복하게 살기를 바라는 갈망이 반영된 견해라고 할 수 있다.

다른 하나는 존재에는 삶을 통제하는 주체도 없을 뿐 아니라 존재는 우연히 태어난 것이며, 죽으면 끝이라고 주장하는 견해인 단견[uccheda diṭṭhi, 斷見]이다. 이것은 사람들이 죽으면 모든 것이 끝나서 괴로움도 소멸하기를 바라는 갈망이 반영된 견해라고 할 수 있다. 상견과 단견은 과거는 물론 현재도 사람들이 지니는 일반적이고 대표적인 견해라고 할 수 있다.

2) 연기는 중간의 가르침이다

붓다께서도 '나는 무엇인가? 나는 왜 태어났으며, 죽으면 어떻게 되는가? 괴로움은 소멸할 수 있는가?'라는 질문에 대한 해답을 찾기 위해 출가하셨다. 이후 여러 시행착오를 거치셨지만, 결국 어린 시절 경험하셨던 선정을 바탕으로 숙명통, 천안통, 누진통의 세 가지 초월적인 지혜[53]를 통해서 스스로 알고 보신 해답을 발견하셨다. 다시 말해서 '존재는 조건이 있으면 태어나지만, 조건이 없으면 태어나지 않는다.'

---

53 숙명통, 천안통, 누진통을 세 가지 명지라는 의미에서 삼명三明이라 한다. 붓다께서는 스스로를 '삼명을 가진 자'라고 말씀하셨다. 「왓차곳따 삼명경」(M71).

라는 연기의 진리를 깨달으신 것이다.

붓다께서 발견하신 연기는 논리적인 추론이나 전해들은 것을 통해서가 아니라 당신 스스로 얻은 초월지를 통해 존재의 실상을 알고 봄으로써 깨달은 진리이다.

붓다께서는 연기를 다양한 형태로 설하셨는데 그중에서 가장 체계적인 가르침이 십이연기이다. 그러므로 십이연기를 통해 설명하면 나머지의 경우는 쉽게 이해할 수 있을 것이다.

붓다께서는 십이연기에서 '갈애를 조건으로 취착이, 취착을 조건으로 존재가, 존재를 조건으로 태어남이 있다.'라고 설하셨다. 이 가르침들은 '갈애를 조건으로 태어남이 있다.'라고 요약할 수 있다. 더 나아가 '갈애가 있으면 태어남이 있고, 갈애가 없으면 태어남이 없다.'라고 말할 수 있다. 이와 같은 연기의 가르침을 통해 상견이나 단견이 한쪽 극단에 불과하고, 그릇된 견해임을 분명하게 꿰뚫어 알 수 있다.

첫째, '갈애를 조건으로 태어남이 있다.'라는 측면은 아무리 '존재는 죽으면 끝이다.'라고 주장하고 열망하며 집착할지라도 갈애가 남아 있다면 다시 태어날 수밖에 없음을 보여준다. 이를 통해 존재는 죽으면 무조건 끝이고 다시 태어나지 않는다고 주장하는 단견을 부정한다.

둘째, '갈애가 없으면 태어남이 없다.'라는 측면은 아무리 '존재에는 자아가 있고 영원하다.'라고 주장하고 열망하며 집착할지라도 갈애가 소멸하면 태어남이 없다는 것을 의미한다. 이를 통해 존재에 '영혼', '진아', '자아'가 있으며 그것은 영원하다고 주장하는 상견을 부정한다. 이처럼 붓다께서는 상견과 단견의 두 극단을 모두 버리고 '갈애가 있으면 태어남이 있고, 갈애가 없으면 태어남이 없다.'라고 중간[majjhima,

中]⁵⁴에 의해서 법을 설하셨다. 이런 이유로 연기를 중간의 가르침이 라 한다.

> "깟짜야나여, '모든 것은 있다.'라는 이것이 하나의 극단이고 '모든 것은 없다.'라는 이것이 두 번째 극단이다. 깟짜야나여, 이러한 양극단을 의지하지 않고 중간에 의해서 여래는 법을 설한다.
> 무명을 조건으로 의도적 행위가, 의도적 행위를 조건으로 의식 이, 의식을 조건으로 정신·물질이, 정신·물질을 조건으로 여섯 감각 장소가, 여섯 감각 장소를 조건으로 접촉이, 접촉을 조건 으로 느낌이, 느낌을 조건으로 갈애가, 갈애를 조건으로 취착이, 취착을 조건으로 존재가, 존재를 조건으로 태어남이, 태어남을 조건으로 늙음·죽음과 근심·탄식·육체적 고통·정신적 고통· 절망이 발생한다. 이같이 전체 괴로움의 무더기가 발생한다.
> 그러나 무명이 남김없이 빛바래어 소멸하므로 의도적 행위 가 소멸하고, 의도적 행위가 소멸하므로 의식이 소멸하고, 의 식이 소멸하므로 정신·물질이 소멸하고, 정신·물질이 소멸 하므로 여섯 감각 장소가 소멸하고, 여섯 감각 장소가 소멸 하므로 접촉이 소멸하고, 접촉이 소멸하므로 느낌이 소멸하 고, 느낌이 소멸하므로 갈애가 소멸하고, 갈애가 소멸하므로

---

54 초기경전에서는 중간[中]과 중도中道를 구분해서 사용한다. 중간은 '연기'를 뜻하고, 중 도는 '팔정도'를 뜻한다. 중도의 실천을 통해서 중간을 꿰뚫어 알게 된다고 말할 수 있다.

취착이 소멸하고, 취착이 소멸하므로 존재가 소멸하고, 존재
가 소멸하므로 태어남이 소멸하고, 태어남이 소멸하므로 늙
음·죽음과 근심·탄식·육체적 고통·정신적 고통·절망이 소
멸한다. 이같이 전체 괴로움의 무더기가 소멸한다."

_「깟짜나곳따 경」(S12:15)

3) 연기와 사성제

지금까지 연기에 대하여 자세히 살펴보았다. 불교에서 연기를 꿰뚫어
아는 일은 매우 중요하다. 연기를 꿰뚫어 알아야 불교를 바르게 이해
할 수 있고, 불교의 정수인 사성제를 깨달아 해로운 법들을 버리고 괴
로움을 소멸할 수 있다. 그러면 연기에 대한 통찰을 기반으로 어떻게
사성제에 대한 지혜가 계발될 수 있는지 살펴보자.

연기된 법은 괴로움이다

'세상의 모든 현상은 조건을 의지해서 일어난다.'라는 진리가 연기이
다. 그래서 존재의 실상인 물질과 정신의 법들도 조건을 의지해서 일어
나므로 그것 역시 연기된 법이다. 그런데 연기된 법들은 조건에 의해
생겨난 법들이므로 조건이 소멸하면 사라지기 마련이다. 그러므로 연
기된 법들은 무상하다. 또 무상한 것은 불확실하고 불완전하고 불만족
스러움을 의미하므로 괴로움이다. 또 무상하고 괴로움인 것은 나의 것,
나, 나의 자아가 아니므로 무아이다. 종합하면 존재의 실상인 물질과

정신의 법들은 연기된 법이므로 무상하고 괴로움이고 무아이다. 이런 통찰을 통해 존재의 실상인 물질과 정신의 법들은 무상하고 무아라는, 특히 괴로움이라는 고성제를 꿰뚫어 알 수 있다.

이렇게 존재의 실상인 물질과 정신의 법들이 괴로움임을 꿰뚫어 알았다면 그것들이 무엇을 조건으로 일어나는지 조사할 수 있다. 붓다께서는 십이연기를 통해서 '갈애를 조건으로 취착이, 취착을 조건으로 존재가, 존재를 조건으로 태어남이 있다.'라고 설하셨는데 이는 '갈애를 조건으로 태어남이 있다.'라고 요약할 수 있다. 그런데 고성제를 통해 태어남, 즉 물질과 정신의 법들은 괴로움이라고 분명히 알 수 있다. 그러므로 '갈애를 조건으로 괴로움이 일어난다.'라고 말할 수 있다. 이런 통찰을 통해 '갈애를 조건으로 괴로움이 일어난다.'라고 천명한 집성제를 꿰뚫어 알 수 있다.

정리해 보면 물질과 정신의 법들은 연기된 법이므로 괴로움임을 천명한 진리가 고성제이다. 그리고 물질과 정신의 법, 즉 괴로움은 갈애를 조건으로 일어난다고 천명한 진리가 집성제이다.

연기된 법의 소멸이 괴로움의 소멸이다

집성제를 통해 '갈애를 조건으로 태어남, 즉 괴로움이 있다.'라고 분명히 알 수 있다. 그래서 갈애가 소멸하면 다시 태어남, 즉 괴로움이 소멸한다. 이렇게 다시 태어나지 않는 상태, 물질과 정신의 법들이 소멸한 상태를 특히 '형성됨이 없는 법' 또는 '연기됨이 없는 법'이라 한다. 다시 말해서 물질과 정신의 법들, 즉 연기된 법이 무상하고 괴로움이고 무아임을 꿰뚫어 알면 연기된 법에 대한 갈애가 버려지게 되고 그러면 다시 태어나지 않으므로 연기된 법이 다시 생겨나지 않는다. 결국 괴로움이 완전히 소멸하고, 완전한 행복이 실현된다. 이렇게 연기된 법이 소멸한 상태를 '연기됨이 없는 법' 또는 '형성됨이 없는 법' 또는 '열반涅槃'이라 한다. 한마디로 '연기됨이 없는 법'은 연기된 법의 완전한 소멸, 괴로움의 완전한 소멸, 열반의 실현을 말한다.

> "아난다여, 그러하다. 아난다여, 이러한 두 가지 요소들이 있
> 으니 형성된 요소와 형성됨이 없는 요소이다. 아난다여, 이러
> 한 두 가지 요소들을 알고 볼 때 그는 요소에 능숙한 비구라
> 고 불릴만하다."
>
> _「여러 종류의 요소 경」(M114)

이처럼 갈애가 소멸하면 태어남이 없고, 태어남이 없으면 물질과 정신의 법들, 즉 연기된 법들이 소멸하고, 괴로움이 소멸한다. 다시 말해서 갈애가 소멸하면 괴로움이 소멸한다고 천명한 진리가 멸성제이다. 이 때 괴로움을 소멸하려면 갈애를 버려야 하는데 그러면 갈애를 어떻게 소멸할 것인가? 갈애는 무명을 조건으로 일어난다. 다시 말해서 존재는 영원하고 행복이고 자아가 있다고 잘못 아는 무명을 조건으로 갈애가 일어난다. 그러므로 존재의 실상이 물질과 정신의 법들이고, 그것들은 연기된 법이므로 무상하고 괴로움이며 무아임을 꿰뚫어 아는 수행을 통해서 무명이 버려진다. 무명이 버려지면 갈애가 소멸하고 괴로움도 소멸한다. 이같이 물질과 정신의 법들, 즉 연기된 법들에 대한 갈애

를 버림으로써 괴로움의 소멸로 인도하는 수행을 붓다께서는 팔정도로 정리하여 설하셨다. 그러므로 팔정도가 괴로움의 소멸로 인도하는 도 닦음임을 천명한 진리가 도성제이다.

정리해 보면 갈애를 소멸하면 괴로움이 소멸한다고 천명한 진리가 멸성제이다. 또 팔정도가 갈애를 소멸하고, 괴로움의 소멸로 인도하는 도 닦음임을 천명한 진리가 도성제이다. 이처럼 연기를 통찰하면 사성제를 꿰뚫어 알 수 있다.

연기와 사성제

사성제를 연기된 법과 연기된 법의 소멸이라는 측면에서 다시 한 번 정리해 보자. 존재의 실상은 물질과 정신의 법들이고, 물질과 정신의 법들은 그것들에 대한 갈애를 조건으로 생겨난 연기된 법이다. 이때 연기된 법이 무상하고 괴로움이며 무아라는, 특히 괴로움이라는 진리가 고성제이다. 그리고 연기된 법은 갈애를 조건으로 일어난다는 진리가 집성제이다. 따라서 연기된 법에 관하여 꿰뚫어 알면 고성제와 집성제를 꿰뚫어 알 수 있다. 고성제와 집성제는 한마디로 '연기된 법은 괴로움이다.'라는 진리를 드러낸다.

역으로 연기된 법들이 괴로움이므로 연기된 법들의 소멸이 괴로움의 소멸이라는 진리가 멸성제이다. 연기된 법들에 대한 갈애를 소멸하여, 괴로움의 소멸로 인도하는 도 닦음이 팔정도라는 진리가 도성제이다. 그러므로 연기된 법들의 완전한 소멸이 괴로움의 소멸이라는 진리가 멸성제이다. 그리고 연기된 법들의 소멸로 인도하는 도 닦음이 팔정도라는 진리가 도성제이다. 따라서 연기된 법의 소멸과 그 것의 소멸로 인도하는 도 닦음을 꿰뚫어 알면 멸성제와 도성제를 꿰 뚫어 알 수 있다. 멸성제와 도성제는 한마디로 '연기된 법의 소멸이 괴로움의 소멸이다.'라는 진리를 드러낸다.

종합하면 연기된 법과 연기된 법의 소멸에 관한 통찰을 통해서 사성제를 꿰뚫어 알 수 있다. 한마디로 사성제는 '연기된 법들은 괴로움이고, 연기된 법들의 소멸이 괴로움의 소멸이다.'라는 진리를 드러낸다.

> "형성된 것들은 참으로 무상하여 일어났다가는 사라지는 법이라네. 일어났다가는 다시 소멸하나니 이들의 가라앉음이 진정한 행복이라네."
>
> _「난다나 경」(S1:11)

4장

사성제

1

불교는
사성제이다

1) 불교는 괴로움과 괴로움의 소멸에 대한 가르침이다

앞서 연기에 대한 통찰을 통해 사성제를 꿰뚫어 알 수 있음을 살펴보았다. 그러면 이제부터 사성제에 관하여 알아보자. 존재들이 경험하는 괴로움을 소멸하기 위한 출발점은 괴로움과 행복에 대한 올바른 이해이다. 괴로움을 괴로움으로, 행복을 행복으로 보는 바른 견해를 가져야 괴로움을 버리고 행복을 실현할 수 있다. 하지만 괴로움을 행복으로, 행복을 괴로움으로 잘못 아는 왜곡된 견해를 가진 사람은 행복한 길을 버리고 괴로운 길을 갈 것이기 때문에 행복을 실현하는 것은 애초 불가능하다. 왜냐하면 잘못된 견해를 가지고 잘못된 방향으로 노력했기 때문이다. 그래서 진정한 행복을 실현하기 위해서는 괴로움과 행복을 있는 그대로 보는 지혜가 필요하다. 어리석음이 있으면 괴로움을 행복으로, 행복을 괴로움으로 잘못 알지만, 지혜가 있으면 행복은 행복으로, 괴로움은 괴로움으로 있는 그대로 꿰뚫어 안다. 행복이라 착각한 것이 사실은 괴로움이라는 것을 분명히 이해하면 다시는 그것에 집착하여 추구하지 않는다. 달리 말해 괴로움은 괴로움으로, 행복은 행복으로 분명히 안다면 다시는 괴로움을 행복으로 착각하면서 추구하지 않게 된다. 그래서 괴로움에서 벗어나고자 하는 사람은 먼저 괴로움과 행복에 대한 바른 이해가 선행되어야 한다. 괴로움과 행복에 대한 바른 이해가 전제되어야 괴로움은 버리고 행복은 계발하는 바른 노력을 기울임으로써 괴로움의 소멸, 즉 완전한 행복을 실현할 수 있기 때문이다.

이런 이유로 붓다께서는 괴로움과 괴로움의 소멸에 대한 가르침에 초점을 맞추어 법을 설하셨는데 이것이 네 가지 성스러운 진리인 사성제이다. 사성제는 괴로움의 성스러운 진리인 고성제, 괴로움의 일어남의 성스러운 진리인 집성제, 괴로움의 소멸의 성스러운 진리인 멸성제, 괴로움의 소멸로 인도하는 도 닦음의 성스러운 진리인 도성제를 말한다. 이 중에서 고성제와 집성제는 '괴로움'에 대하여 체계적으로 정리한 가르침으로, 고성제는 괴로움이란 무엇인지를 분명하게 드러내는 가르침이고, 집성제는 괴로움이 일어나는 원인을 설한 가르침이다. 또 멸성제와 도성제는 '괴로움의 소멸'에 대하여 체계적으로 정리한 가르침이다. 멸성제는 괴로움의 소멸을 실현할 수 있다는 것을 천명한 가르침이고, 도성제는 괴로움의 소멸로 인도하는 구체적인 수행 방법이 팔정도임을 드러내는 가르침이다. 이처럼 불교는 괴로움과 괴로움의 소멸에 관한 가르침이라 할 수 있고, 이것을 체계적으로 정리한 것이 사성제이다.

> "장하고 장하구나, 아누라다여. 아누라다여, 나는 이전에도
> 지금에도 괴로움과 괴로움의 소멸을 천명할 뿐이다."
>
> _「아누라다 경」(S22:86)

사성제는 괴로움과 괴로움의 소멸에 대한 가르침이므로 관념적인 이론이나 사상과는 달리 괴로움의 소멸에 직접 도움이 되는 가르침이다. 그래서 붓다께서는 항상 사성제에 주안점을 두고 법을 설하셨지 괴로움의 소멸에 아무런 도움이 되지 않는 현학적인 이론이나 단순한 지적 욕구를 충족하기 위한 세속적인 가르침에 대하여는 거의 설하지 않으셨다. 왜냐하면 관념적이고 현학적인 이론이나 사상은 탐욕을 버리게 하거나, 최상의 지혜를 얻게 하거나, 깨달음을 얻어 괴로움을 소멸하는 것에 아무런 도움이 되지 않기 때문이다. 붓다께서 법을 설하실 때 괴로움의 소멸에 직접 도움이 되는 가르침에 초점을 맞추어 설하셨다는 점은 다음 경전에 분명하게 드러나 있다.

> 한때 세존께서는 꼬삼비에서 심사빠 숲에 머무셨다. 그때 세존께서는 심사빠 잎사귀를 조금 손에 들고 비구들을 불러서 말씀하셨다.
> "비구들이여, 이를 어떻게 생각하는가? 내가 손에 조금 들고 있는 이 심사빠 잎사귀들과 이 심사빠 숲 전체에 있는 저 잎사귀들 가운데서 어느 것이 더 많은가?" "세존이시여, 세존께서

손에 조금 들고 계시는 그 심사빠 잎사귀들은 아주 적습니다. 이 심사빠 숲 전체에 있는 저 잎사귀들이 훨씬 더 많습니다."

"비구들이여, 그와 같이 내가 최상의 지혜로 안 것들 가운데 내가 가르치지 않은 것이 훨씬 더 많다. 내가 가르친 것은 아주 적다. 비구들이여, 그러면 나는 왜 가르치지 않았는가? 비구들이여, 그것들은 이익을 주지 못하고 그것들은 청정범행의 시작에도 미치지 못하고 염오로 인도하지 못하고 탐욕의 빛바램으로 인도하지 못하고 소멸로 인도하지 못하고 고요함으로 인도하지 못하고 최상의 지혜로 인도하지 못하고 바른 깨달음으로 인도하지 못하고 열반으로 인도하지 못하기 때문이다. 그래서 나는 그것들을 가르치지 않았다."

"비구들이여, 그러면 나는 무엇을 가르쳤는가? 비구들이여, 나는 이것은 괴로움이라고 가르쳤다. 나는 이것은 괴로움의 일어남이라고 가르쳤다. 나는 이것은 괴로움의 소멸이라고 가르쳤다. 나는 이것은 괴로움의 소멸로 인도하는 도 닦음이라고 가르쳤다."

"비구들이여, 그러면 왜 나는 이것을 가르쳤는가? 비구들이여, 이것은 참으로 이익을 주고 이것은 청정범행의 시작이고 염오로 인도하고 탐욕의 빛바램으로 인도하고 소멸로 인도하고 고요함으로 인도하고 최상의 지혜로 인도하고 바른 깨달음으로 인도하고 열반으로 인도하기 때문이다. 그래서 나는 이것을 가르쳤다."

_「심사빠 숲 경」(S56:31)

262

붓다께서는 사성제 외에도 많은 가르침을 다양하게 설하셨다. 실제로 불교의 가르침은 팔만사천법문이라고 할 정도로 매우 방대하다. 하지만 붓다께서 설한 모든 가르침은 괴로움과 괴로움의 소멸이라는 오직 하나의 지향점을 향하여 설해졌기 때문에 당신께서 설한 모든 법은 사성제에 내포되고 사성제를 벗어나지 않는다. 예를 들어 물질과 정신, 다섯 무더기, 열두 가지 감각 장소[十二處][1], 열여덟 가지 요소[十八界][2] 등은 존재의 실상을 천명한 진리인 고성제에 내포된다. 그리고 십이연기의 일어남[3]은 집성제에, 십이연기의 소멸[4]은 멸성제에, 서른일곱 가지의 깨달음의 구성 요소[5]는 도성제에 내포된다. 또 정신의 법 중에서 해로운 법들은 집성제에, 유익한 법들은 도성제에 포함되고, 형성된 법들은 고성제에, 형성됨이 없는 법, 즉 열반은 멸성제에 포함된다. 이처럼 불교의 모든 가르침은 사성제에 포함되고 사성제를 벗어나지 않으므로 불교는 한마디로 사성제라고 할 수 있다.

---

1 열두 가지의 감각 장소는 눈, 귀, 코, 혀, 몸, 마음의 '안의 여섯 감각 장소'와 형색, 소리, 냄새, 맛, 감촉, 법의 '밖의 여섯 감각 장소'를 말한다.

2 열여덟 가지 요소는 눈, 귀, 코, 혀, 몸, 마음의 '여섯 감각 기능'과 형색, 소리, 냄새, 맛, 감촉, 법의 '여섯 대상'과 눈 의식, 귀 의식, 코 의식, 혀 의식, 몸 의식, 마음 의식의 '여섯 의식'을 뜻한다.

3 '무명을 조건으로 의도적 행위가, 의도적 행위를 조건으로 의식이 … 태어남을 조건을 늙음·죽음이 일어난다.' 등과 같이 십이연기의 일어남을 말한다.

4 '무명이 소멸하면 의도적 행위가 소멸하고, 의도적 행위가 소멸하면 의식이 소멸하고 … 태어남이 소멸하면 늙음·죽음이 소멸한다.' 등과 같이 십이연기의 소멸을 말한다.

5 서른일곱 가지 깨달음의 구성 요소는 네 가지 기억의 확립[四念處], 네 가지 바른 정진[四正勤], 네 가지 성취 수단[四如意足], 다섯 가지 기능[五根], 다섯 가지 힘[五力], 일곱 가지 깨달음의 구성 요소[七覺支], 여덟 가지 성스러운 길[八正道]을 뜻한다.

> "도반들이여, 예를 들면 움직이는 생명들의 발자국은 그 어
> 떤 것이든 모두 코끼리 발자국 안에 놓이고, 또한 코끼리 발
> 자국이야말로 그들 가운데 최상이라고 불리나니 그것은 큰
> 치수 때문입니다. 도반들이여, 유익한 법은 그 어떤 것이든
> 모두 네 가지 성스러운 진리에 내포됩니다. 무엇이 넷인가
> 요? 괴로움의 성스러운 진리, 괴로움의 일어남의 성스러운
> 진리, 괴로움의 소멸의 성스러운 진리, 괴로움의 소멸로 인도
> 하는 도 닦음의 성스러운 진리입니다."
>
> _「코끼리 발자국 비유의 긴 경」(M28)

2) 사성제는 진리의 가르침이다

붓다께서는 숙명통, 천안통, 누진통의 세 가지 초월적인 지혜를 얻어
서 진리를 스스로 알고 보신 후에 최상의 바른 깨달음을 얻으셨다. 바
른 깨달음을 얻으신 후에 당신이 깨달은 진리를 괴로움과 괴로움의
소멸이라는 관점에서 체계적으로 정리하여 설한 가르침이 사성제이
다. 다시 말해 사성제는 붓다께서 스스로 깨달은 진리를 중생들이 이
해할 수 있는 언어로 개념화하여 체계적으로 설한 가르침이다. 이처
럼 사성제는 괴로움의 소멸을 위해서 존재의 실상을 있는 그대로 드
러낸 것이기 때문에 사성제는 관념적인 이론이나 사상 체계가 아니라
진리의 가르침이다.

관념적인 이론이나 사상은 틀려서 변할 수도 있지만, 진리는 시
대가 다르다고 해서 틀리거나 변할 수 없다. 진리는 하나일 수밖에 없

으므로 누가 설하더라도 표현만 다를 뿐 내용은 같아야 한다. 진리는 붓다가 태어나기 전이나 태어나신 후이거나 관계없이 있는 것이다. 붓다께서는 최상의 지혜로써 이런 진리를 발견하여 깨달으시고, 그것을 네 가지 성스러운 진리, 즉 사성제로 정리하여 설하신 것뿐이다. 그래서 사성제는 있는 그대로의 진리에 대한 가르침이고, 법으로 확립된 것이고, 법으로 결정된 진리의 가르침이다. 그러면 사성제 중에 고성제부터 좀 더 자세히 살펴보자.

> "비구들이여, 이러한 네 가지 성스러운 진리는 진실하고, 거짓이 아니고, 그렇지 않은 것이 아니다. 그래서 성스러운 진리라고 한다."
>
> _「진실함 경」(S56:27)

2

고성제:
괴로움의
성스러운
진리

1) 존재의 실상은 다섯 무더기이다

'들어가며'에서 살펴보았듯이 붓다께서 출가하신 목적은 괴로움의 소
멸이었다. 출가하신 후에 최상의 행복과 최악의 고행을 경험했지만
당신이 원하는 깨달음을 얻지는 못했다. 그러자 붓다께서는 괴로움과
행복을 경험하는 존재 자체에 관심을 기울이시고, 당신이 어린 시절
경험했던 선정을 기반으로 존재의 실상을 꿰뚫어 보는 수행을 통해서
사성제를 깨달아 괴로움을 소멸하셨다. 그래서 사성제의 시작점은 괴
로움과 행복을 경험하는 존재의 실상을 통찰하는 것이다. 그러면 먼
저 존재들이 경험하는 괴로움과 행복에 대하여 살펴보자.

　존재들이 겪는 괴로움은 사랑하는 사람과 헤어지는 고통, 미워하
는 사람과 만나는 고통, 원하는 것을 얻지 못하는 고통 그리고 육체적

고통, 정신적 고통, 슬픔, 비탄, 탄식 등이 있다. 더 나아가 태어나서 세월이 흐름에 따라 젊음을 유지하지 못하고 몸이 늙는 괴로움, 건강하지 못하고 몸이 아파 병이 드는 괴로움, 영원히 살고 싶어도 죽을 수밖에 없는 괴로움, 즉 생로병사의 괴로움이 있다. 그런데 앞서 십이연기에서 설명했듯이 존재들이 겪는 괴로움과 행복은 접촉을 조건으로 일어나고, 접촉은 여섯 감각 장소를 조건으로 일어나고, 여섯 감각 장소가 갖추어진[6] 존재를 세속적인 관점에서 '나'라고 부르므로 이 모든 괴로움의 근원에는 '나'라고 불리는 존재가 있다. 물론 외적인 환경이나 대상도 괴로움과 행복이 일어나는 원인이 될 수 있지만, 가장 근원적인 원인은 여섯 감각 장소를 갖춘 '나'라고 불리는 존재가 있기 때문이다.

이같이 '나'라고 불리는 존재는 모든 행복과 괴로움이 일어나는 원천이기 때문에 괴로움을 소멸하고 완전한 행복을 실현하려면 먼저 존재의 실상에 대해 있는 그대로 꿰뚫어 아는 지혜를 계발하는 것이 가장 중요하고 선행되어야 할 일이다. 그런데 존재의 실상은 매우 심오하고 미묘하므로 스스로 꿰뚫어 알기는 매우 어렵다. 그래서 붓다께서는 다른 존재들도 당신처럼 진리를 깨닫는 것을 도와주기 위한 목적으로 당신이 깨달은 진리를 법으로 정리하여 설하신 것이다. 그래서 붓다께서 설한 진리의 가르침인 법을 의지해서 수행하는 것이 진리를 깨달을 수 있는 가장 빠르고 안전한 길이다. 그러면 붓다께서

---

6   존재에 따라서는 여섯 감각 장소가 모두 갖추어지지 않을 수도 있다. 예를 들어 무색계 존재는 마음[mano]의 감각 장소만 있다.

4장··사성제

는 존재의 실상은 무엇이라고 설하셨는가? 앞서 설명했듯이 붓다께서는 '나'라는 존재의 실상[7]은 물질과 정신의 법들의 결합 또는 다섯 무더기, 즉 물질 무더기, 느낌 무더기, 인식 무더기, 형성 무더기, 그리고 의식 무더기의 결합이라고 설하셨다. 그러면 다섯 무더기에 대하여 차례로 살펴보자.

> "비구들이여, 그러면 어떤 것이 자기 존재인가? 취착의 대상이 되는 다섯 가지 무더기[五取蘊]라는 것이 그에 대한 대답이다. 어떤 것이 다섯인가? 취착의 대상이 되는 물질의 무더기, 취착의 대상이 되는 느낌의 무더기, 취착의 대상이 되는 인식의 무더기, 취착의 대상이 되는 형성들의 무더기, 취착의 대상이 되는 의식의 무더기이다. 비구들이여, 이를 일러 자기 존재라 한다."
>
> _「자기 존재 경」(S22:105)

물질 무더기

다섯 무더기 중의 첫 번째는 물질 무더기[rūpa khandha, 色蘊]이다. 물질은 '변형되는' 특징이 있는 모든 현상을 말한다. 예를 들어 선반 위에 올려진 컵이 바람에 떨어지면 깨지면서 모양이 변한다. 우리의 몸도

---

7   때로는 여섯 감각 장소로 설하시기도 한다.

극심한 추위에 노출되면 살이 얼고 나중에는 세포가 파괴되어 죽는다. 이렇게 컵이나 몸과 같이 바람이나 추위와 같은 외부적 영향에 의해서 그 형태가 변하는 특성이 있는 현상들을 물질이라 한다. 이런 물질은 크게 근본 물질과 파생된 물질의 두 가지로 나눌 수 있다.

근본 물질은 모든 물질을 이루는 기본적인 네 가지 요소인 땅의 요소, 물의 요소, 불의 요소, 바람의 요소를 말한다. 땅의 요소는 '단단하고 견고한' 특성이 있는 물질 현상을 말하고, 물의 요소는 '물과 액체인' 특성이 있는 물질 현상, 불의 요소는 '불과 뜨겁거나 차가운' 특성이 있는 물질 현상, 바람의 요소는 '바람과 바람의 기운(움직임)'의 특성이 있는 물질 현상을 뜻한다.

파생된 물질은 근본 물질에 의해서 생겨난 물질들을 뜻한다. 파생된 물질은 주로 정신이 일어나는 것을 도와주는 감각 기능과 대상을 기준으로 나누어졌다고 볼 수 있다. 형색, 소리, 냄새, 맛, 감촉은 눈 의식, 귀 의식, 코 의식, 혀 의식, 몸 의식의 대상이 되는 역할을 하는 대상[境]의 물질이고, 눈, 귀, 코, 혀, 몸은 그 대상을 감지하는 역할을 하는 감각 기능[根]의 물질이다. 이외에도 존재의 몸을 지탱해 주는 음식의 물질, 남녀를 구분하는 남성의 물질과 여성의 물질, 살아 있는 생명체의 몸임을 나타내는 생명 기능[命根]의 물질이 파생된 물질이다. 이처럼 물질은 근본 물질과 파생된 물질로 이루어져 있다.

그런데 붓다께서는 왜 물질이 아닌 물질 무더기라고 하셨는가? 무더기는 칸다khandha의 번역인데 집합, 모임이라는 뜻이다. 그래서 물질 무더기는 물질들의 '집합', '모임'이라는 의미이다. 존재의 실상을 나타내는 물질은 단순히 한 가지 형태의 물질만으로 말할 수 없다. '존재의 현재 몸을 구성하는 물질, 과거에 존재했던 몸을 구성했던 물질, 미래에도 있을 몸을 구성하는 물질, 자신의 몸을 이루는 물질, 다른 존재의 몸을 이루는 물질, 거친[8] 형태의 물질, 미세한 형태의 물질, 저열한[9] 형태의 물질, 수승한 형태의 물질, 가까이 있는 물질, 멀리 있는 물질' 등을 모두 합쳐서 말하기 때문이다. 그래서 붓다께서는 단순히 물질이라 하지 않고 물질 무더기라고 말씀하신 것이다. 나머지 네 가지 느낌 무더기, 인식 무더기, 형성 무더기, 의식 무더기도 마찬가지로 이해하면 된다. 이처럼 물질 무더기는 다양한 물질들의 총집합체를 말한다.

> "비구들이여, 그것이 어떠한 물질이건 — 그것이 과거의 것
> 이건 미래의 것이건 현재의 것이건 안의 것이건 밖의 것이건
> 거칠건 미세하건 저열하건 수승하건 멀리 있건 가까이 있건
> — 이를 일러 물질의 무더기[色蘊]라 한다."
>
> _「무더기 경」(S22:48)

느낌 무더기

다섯 무더기 중의 두 번째는 느낌 무더기[vedanā khandha, 受蘊]이다. 느낌은 대상을 '느끼는' 특징이 있는 정신 현상들을 말한다. 불교에서 말

---

8 예를 들어 욕계 존재의 몸은 거친 형태의 물질로, 색계 존재의 몸은 미세한 물질로 이루어져 있다.

9 예를 들어 곤충의 몸은 저열한 물질이, 인간의 몸은 수승한 물질이다.

하는 느낌은 단지 행복, 괴로움, 괴롭지도 즐겁지도 않음의 세 가지를 느끼는 것을 말한다. 여기서 괴롭지도 즐겁지도 않은 느낌을 평온[upekkhā, 捨]한 느낌이라고도 한다. 앞서 설명했듯이 세속에서는 단순한 기분뿐 아니라 좋아하고 싫어하는 감정 등의 다양한 의미로 느낌이라는 용어를 사용하지만, 불교에서는 대상을 좋아하거나 싫어하는 감정 등은 탐욕과 성냄 등으로 이해하고 느낌은 탐욕과 성냄으로 발전하기 전에 일어나는 단순한 기분만을 의미한다. 그래서 세속에서 일반적으로 말하는 느낌과 불교에서 말하는 느낌은 의미가 다르다는 것에 주의해야 한다.

느낌을 좀 더 세분화하면 행복은 육체적 행복과 정신적 행복으로 나눌 수 있고, 괴로움은 육체적 괴로움과 정신적 괴로움으로 나눌 수 있다. 느낌은 전적으로 정신의 현상이지만 몸 의식과 함께 일어나는 느낌은 육체의 느낌이라 부르고, 마음 의식과 함께 일어나는 느낌은 정신의 느낌이라고 부른다. 이같이 느낌은 육체의 행복한 느낌과 육체의 괴로운 느낌, 정신의 행복한 느낌, 정신의 괴로운 느낌, 그리고 평온의 다섯 가지로 좀 더 세분화해 분류할 수도 있다.

육체의 행복[sukha]은 가벼움, 부드러움, 편안한 자극 등의 원하는 감촉을 경험할 때 일어나며, 마음을 활기차게 하고 몸을 편안하게 한다. 육체적 괴로움[dukkha]은 통증, 가려움, 불편한 자극 등의 원하지 않는 감촉을 경험할 때 일어나고, 마음을 고통스럽게 하고 시들게 한다. 정신적 행복[somanassa]은 원하는 대상을 경험할 때 일어나며, 정신의 만족이나 즐거움으로 나타난다. 정신적 괴로움[domanassa]은 원하지 않는 대상을 경험할 때 일어나며, 정신의 불만족이나 고통으로 나타난다.

평온[upekkhā]은 그저 그런 대상을 경험할 때 일어나며, 마음을 활기차게 하지도 않고, 시들게도 하지 않게 하고, 무덤덤한 느낌으로 나타난다. 이 같이 느낌은 대상을 어떻게 경험하느냐에 따라 다섯 가지로 나눌 수 있지만, 이들은 모두 대상을 느낀다는 특성이 있음은 같다. 이렇게 대상을 느끼는 특성이 있는 모든 정신 현상을 느낌이라 한다. 그리고 이와 같은 다양한 느낌들의 총집합체를 느낌 무더기라 한다.

> "비구들이여, 그것이 어떠한 느낌이건 ― 그것이 과거의 것
> 이건 미래의 것이건 현재의 것이건 안의 것이건 밖의 것이건
> 거칠건 미세하건 저열하건 수승하건 멀리 있건 가까이 있건
> ― 이를 일러 느낌의 무더기[受蘊]라 한다."
>
> _「무더기 경」(S22:48)

인식 무더기

다섯 무더기 중의 세 번째는 인식 무더기[saññā khandha, 想蘊]이다. 인식은 대상에 대한 표상을 만들고 이름을 붙이는 특성이 있다. 그래서 인식은 '바로 이것이 같은 것이구나.'라고 다시 인식할 수 있는 표상을 만들고 이름을 붙이는 역할을 한다. 예를 들어 시간을 아는 데 사용하는 물건을 보았다고 하자. 이때 그 물건을 보고 그것의 모양, 색깔 등에 대해 표상을 만들고 '시계'라는 이름을 붙이는 것이 인식의 역할이다. 이런 인식 작용은 개념 작용과 밀접한 관계가 있다. 인식이 사물에 대한 표상을 취하고 그것에 대해 사회적인 약속으로 적당한 이름을 붙임으로써

개념화가 가능해지기 때문이다. 이렇게 인식은 표상이나 개념을 만들어 대상을 다시 인식할 때 '이것(현상)이 그것(명칭)이구나.' 또는 '그것(명칭)이 이것(현상)이구나.'라고 알 수 있도록 도와주는 정신 현상이다.

이렇게 일단 시계라는 개념이 형성되면 처음에 본 시계와 똑같지는 않더라도 같은 기능을 하는 다른 물건을 보면 다시 시계라고 인식할 수 있다. 서로 똑같은 것은 아니지만 특징이나 쓰임새 등이 같기 때문이다. 이같이 이전에 본 것을 다음에 볼 때도 그것이 무엇이라고 인식하기 위한 표시로써 표상이나 명칭을 만드는 정신 현상이 인식이다. 이렇게 대상의 표상을 만들거나 명칭을 붙이는 특성이 있는 정신 현상들을 인식이라 한다. 그리고 이와 같은 다양한 인식들의 총집합체를 인식 무더기라 한다.

> "비구들이여, 그것이 어떠한 인식이건 — 그것이 과거의 것
> 이건 미래의 것이건 현재의 것이건 안의 것이건 밖의 것이건
> 거칠건 미세하건 저열하건 수승하건 멀리 있건 가까이 있건
> — 이를 일러 인식의 무더기[想蘊]라 한다."
>
> _「무더기 경」(S22:48)

앞서 설명했듯이 인식과 더불어 대상을 인지하는 정신 현상은 의식[識]과 지혜[慧]가 있다. 이때 인식은 현상을 단순하게 개념화하여 아는 것이고, 의식은 그 개념에 대하여 생각하고 분별함으로써 그 현상에 관해 좀 더 자세히 아는 것이다. 지혜는 현상의 실상에 대하여 통찰해 괴로움을 소멸할 수 있을 정도로 깊이 꿰뚫어 아는 것이다. 이처럼

인식은 현상을 깊이 통찰하기보다 단순하게 개념화하여 아는 것이기 때문에 현상을 인식할 때 인식의 전도[saññā vipallāsa, 想顚倒]가 일어나기 쉽다. 예를 들어 어두울 때 길을 가다가 땅바닥에 떨어진 나무 막대기를 보고 뱀으로 인식해서 깜짝 놀랄 때가 있다. 형태가 길고 땅에서 기어 다니는 것은 뱀이라고 단순하게 개념화하여 인식해 놓았기 때문에 나무 막대기를 뱀으로 착각하는 인식의 왜곡이 일어난 것이다.

또 다른 예로 사람들은 거울에 자신을 비추어 보면서 어리석게 마음을 기울임으로써 '저것이 나다. 저것이 나의 자아이다.'라고 자신의 몸을 '나'라고 단순하게 인식[10]한다. 더구나 이와 같은 '나'라는 인식이 지속하여 반복되다 보면 나중에는 자신의 몸을 '나'라고 인식한 것이 고착된다. 그러면 '나'라는 인식이 실체화되어 실제로 자신의 몸이 '나'라고 고집해 집착하는 아견我見이 생길 뿐 아니라 그로 인해 '나'라는 인식도 더욱 확고해진다. 하지만 사람의 몸은 죽을 수밖에 없으므로 무상하고 괴로움이며 무아이다. 그러므로 몸이 '나'라는 인식은 몸에 관한 어리석음으로 인해 생긴 그릇된 인식이고, 전도된 인식이다. 이처럼 인식은 전도가 일어나기 쉽다.

> "접촉을 조건으로 느낌이 있습니다. 느낀 것을 인식하고, 인식한 것을 생각[vitakka]하고, 생각한 것을 사량분별하고, 사량분별한 것을 원인으로 하여 과거와 현재와 미래의 눈으로

---

10 이를 아상[atta saññā, 我相]이라 한다.

알아지는 형색들에 대해 사랑분별이 함께한 인식의 더미[11]
가 사람에게 일어납니다."

_「꿀 덩어리 경」(M18)

그러면 이와 같은 인식의 전도는 어떻게 버려질 수 있는지 살펴보자. 인식의 전도는 현상들에 관한 어리석음을 기반으로 일어나므로 현상들의 실상을 있는 그대로 꿰뚫어 아는 지혜를 계발하면 인식의 전도가 버려질 수 있다. 앞의 예에서 '나'라는 인식이 지칭하는 실제 현상은 사람의 몸이다. 그런데 몸의 실상은 물질이고, 몸은 업과 음식 등의 조건을 의지해서 생겨난 것이므로 무상하고, 무상한 것은 괴로움이며, 무상하고 괴로움인 것은 나의 것, 나, 나의 자아가 아니다. 이와 같은 통찰을 통해 몸은 '내가 아니다.' 또는 '무아이다.'라는 바른 인식이 계발된다. 이렇게 몸은 무아라는 바른 인식이 계발되면 몸이 '나'라고 인식하는 '전도된 인식'은 버려지게 된다.

　　정리해 보면 전도된 인식은 현상들에 관한 어리석음을 기반으로 생겨나고, 그로 인해 수많은 해로운 법들이 생겨난다. 다시 말해서 존재의 실상을 꿰뚫어 알지 못하면 존재는 영원하다는 인식, 행복이라는 인식, 자아가 있다는 인식, 아름답다는 인식이 생겨나는데 이것이 그릇된 인식이고, 전도된 인식이다. 이런 전도된 인식을 기반으로 '내가 아름답게 영원히 행복하게 살기를' 집착하는 존재에 대한 갈애와

11　빠빤짜papañca 산냐saññā 상카saṅkha의 번역이다. 사랑분별[papañca, 戱論]을 통해 생긴 고정관념이라 볼 수 있다.

4장‥사성제

더불어 해로운 법들이 생겨난다. 이처럼 전도된 인식을 조건으로 해로운 법이 일어나므로 전도된 인식은 버려야 할 것이다.

반면에 바른 인식은 현상들을 꿰뚫어 아는 지혜를 기반으로 생겨나고, 그로 인해 수많은 유익한 법들이 생겨난다. 다시 말해서 존재의 실상은 물질과 정신의 법이고, 그것들은 무상하고 괴로움이며 무아임을 꿰뚫어 앎으로써 존재는 무상하다는 인식, 괴로움이라는 인식, 무아라는 인식, 부정不淨이라는 인식이 생겨난다. 이것이 바른 인식이고, 전도되지 않은 인식이다. 이와 같은 바른 인식을 기반으로 '존재 자체가 무상하고 괴로움이고 무아이고 아름답지 않다.'라고 통찰하는 지혜와 더불어 유익한 법들이 계발된다. 이처럼 바른 인식을 조건으로 유익한 법들이 일어나므로 바른 인식은 계발해야 할 것이다. 따라서 바른 인식을 계발하여 전도된 인식을 버리는 일은 불교의 수행에서 매우 중요하다.

형성 무더기

다섯 무더기 중 네 번째는 형성 무더기[saṅkhāra khandha, 行蘊]이다. 형성은 상카라saṅkhāra의 번역이다. saṅkhāra는 saṁ(함께)+√kṛ(to do, make)에서 파생된 남성명사인데 '형성', '현상', '형성된 것', '조건 따라 만들어진 것'이라는 뜻이 있다. saṅkhāra는 형성된 것이라는 의미로 다섯 무더기 전체를 뜻할 때도 있지만, 여기서 saṅkhāra는 느낌과 인식을 제외한 나머지 심리 현상들을 뜻하는 말이다. 형성의 무더기에 속하는 접촉, 의도, 탐욕, 성냄, 어리석음, 신심, 탐욕 없음, 성냄 없음,

지혜, 자비 등은 자신을 계속 형성하게 할 뿐 아니라 다섯 무더기를 계속 '형성하는' 특성이 있다. 이런 의미에서 saṅkhāra를 형성[行]이라고 번역한 것이다.

> "비구들이여, 그러면 왜 형성이라 부르는가? 형성된 것을 계속해서 형성한다고 해서 형성이라고 한다. 그러면 어떻게 형성된 것을 계속 형성하는가? 물질이 물질이게끔 형성된 것을 계속 형성한다. 느낌이 느낌이게끔 형성된 것을 계속 형성한다. 인식이 인식이게끔 형성된 것을 계속 형성한다. 형성[行]들이 형성[行]들이게끔 형성된 것을 계속 형성한다. 의식이 의식이게끔 형성된 것을 계속 형성한다. 비구들이여, 그래서 형성된 것을 계속 형성한다고 해서 형성이라고 한다.
>
> _「삼켜버림 경」(S22:79)

예를 들어 탐욕이 일어나면 그것은 다시 탐욕이 일어나게 하는 조건이 될 수 있다. 성냄이 일어나면 그것은 다시 성냄이 일어나는 조건이 될 수 있다. 더구나 탐욕이나 성냄을 조건으로 해로운 업들을 많이 지으면 죽은 후에 지옥, 축생, 아귀 등의 악처에 태어나면서 다섯 무더기가 형성된다. 이같이 탐욕과 성냄은 계속 탐욕과 성냄을 형성할 뿐 아니라 다섯 무더기가 다시 형성되게 하는 조건이 된다. 반면에 탐욕 없음이 일어나면 그것은 다시 탐욕 없음이 일어나는 조건이 된다. 성냄 없음이 일어나면 그것은 다시 성냄 없음이 일어나는 조건이 된다. 더구나 탐욕 없음과 성냄 없음을 조건으로 유익한 업들을 많이 지으면 죽은 후에는 천상이나 인간의 선처에 태어나면서 다섯 무더기가 형성된다. 이같이 탐욕 없음과 성냄 없음은 계속 탐욕 없음과 성냄 없음이 형성할 뿐 아니라 다섯 무더기가 다시 형성되게 하는 조건이 될 수 있다. 이처럼 계속 '형성하는' 특성이 있는 심리 현상들을 '형성'이라 한다. 그리고 이와 같은 다양한 형성의 총집합체를 형성 무더기라고 하는 것이다.

> "비구들이여, 그것이 어떠한 형성이건 ─ 그것이 과거의 것
> 이건 미래의 것이건 현재의 것이건 안의 것이건 밖의 것이건
> 거칠건 미세하건 저열하건 수승하건 멀리 있건 가까이 있건
> ─ 이를 일러 형성 무더기[行蘊]라 한다."
>
> _「무더기 경」(S22:48)

형성은 느낌과 인식을 제외한 모든 심리 현상을 말하는데 다른 것과 같아지는 법, 해로운 법, 유익한 법의 세 가지로 나누어 볼 수 있다. 해로운 법은 탐욕과 성냄 등과 같이 괴로움의 소멸을 실현하는 데 방해가 되는 심리 현상들이고, 유익한 법은 괴로움의 소멸에 도움이 되는 탐욕 없음, 성냄 없음 등의 심리 현상들을 말한다. 그리고 다른 것과 같아지는 법들은 접촉, 의도 등과 같이 스스로는 유익하지도 해롭지도 않지만, 유익한 법과 결합하면 유익한 법이 되고 해로운 법과 결합하면 해로운 법이 되는 심리 현상들이다. 예를 들어 의도 자체는 유익하지도 해롭지도 않지만, 탐욕과 함께하는 의도는 해로운 의도가 되고 지혜와 함께하는 의도는 유익한 의도가 된다.

다시 말하면 해로운 법들은 탐욕, 자만, 사견, 성냄, 질투, 인색, 후

회, 어리석음, 들뜸, 의심 등의 심리 현상들을 말한다. 해로운 법에 대하여는 집성제에서 자세히 설명할 것이다. 유익한 법들은 탐욕 없음, 성냄 없음, 어리석음 없음(지혜), 평온, 양심, 수치심, 신심, 고요함, 연민, 함께 기뻐함 등의 심리 현상들을 말하는데 이들에 대하여는 도성제에서 자세히 설명할 것이다. 다른 것들과 같아지는 법[12]들은 접촉, 의도, 마음 기울임, 희열, 의욕, 일으킨 생각, 정진, 기억, 삼매 등을 말하는데 이들에 대하여 간단히 살펴보자.

접촉[觸]은 '접촉하는' 특성이 있다. 접촉은 눈, 귀, 코, 혀, 몸, 마음과 형색, 소리, 냄새, 맛, 감촉, 법이 부딪히게 하여 눈 의식, 귀 의식, 코 의식, 혀 의식, 몸 의식, 마음 의식이 일어나게 하는 특성이 있다. 이렇게 접촉이 있으면 의식이 일어나고, 접촉이 없다면 의식은 일어날 수 없다. 그래서 접촉은 의식이 일어나는 데 있어서 꼭 필요한 심리 현상이다. 더구나 접촉을 조건으로 의식이 일어날 때 의식이 유익한 법들과 결합하면 유익한 접촉이라 할 수 있고, 해로운 법들과 결합하면 해로운 접촉이라 할 수 있다.

의도[思]는 대상을 알기 위해 '의도하는' 특성이 있다. 의도는 대상을 알기 위해 의도할 뿐 아니라 함께 일어난 다른 심리 현상들이 자신의 역할을 잘 수행하도록 자극하고 격려하는 역할도 담당한다. 이렇게 의도는 총사령관처럼 모든 심리 현상을 총괄하는 역할을 담당하기 때문에 심리 현상들의 책임자라고 할 수 있다. 이런 이유로 불교에

---

12   느낌과 인식도 다른 것과 같아지는 법이다.

서는 의도를 업이라 한다. 의도가 해로운 법들과 결합하면 해로운 업이 되어 지옥에, 또는 축생이나 아귀로 태어나는 원인이 된다. 반면에 의도가 유익한 법들과 결합하면 유익한 업이 되어 천상이나 인간으로 태어나는 원인이 될 뿐 아니라 궁극적으로 깨달음을 얻어 괴로움을 소멸할 수 있는 조건이 된다. 그래서 의도는 형성 무더기에 속하는 심리 현상 중에 제일 중심적인 역할을 한다고 볼 수 있다.

마음 기울임[作意]은 함께 일어난 정신들을 대상으로 '향하게 하는' 특징이 있다. 비유하면 배를 목적지로 향하게 하는 배의 방향키와 같다. 마음 기울임은 유익한 법들과 결합하면 유익한 마음 기울임이라 말하고, 해로운 법들과 결합하면 해로운 마음 기울임이라 말한다. 다시 말해서 대상에 지혜롭게 마음을 기울이면 유익한 법이 일어나지만, 어리석게 마음을 기울이면 해로운 법들이 일어난다. 예를 들어 몸에는 영원한 자아가 있다고 잘못 아는 어리석음을 바탕으로 몸에 마음을 기울이면 몸에 대한 갈애가 일어나지만, 몸이 무상하고, 괴로움이며, 무아라고 꿰뚫어 아는 지혜를 바탕으로 몸에 마음을 기울이면 몸을 꿰뚫어 아는 지혜가 일어난다.

희열[pīti, 喜悅][13]은 '기뻐하는' 특징이 있는 심리 현상을 말한다. 희열은 몸과 마음을 새롭게 하는 역할을 하고 의기양양하게 하는 역할을 한다. 앞서 설명한 행복[樂]은 느낌 무더기에 속하고 대상을 직접 경험함으로써 오는 즐거움이라면, 희열은 형성 무더기에 속하고 원하

---

13 삐띠pīti는 √prī(to please)에서 파생된 여성명사이며 '환희', '희열', '기쁨'이라는 뜻을 지닌다. 그래서 pīti를 희열로 번역한 것이다.

는 대상을 만남으로써 일어나는 기쁨을 말한다. 비유하면 희열은 피로에 지친 여행자가 오아시스를 발견함으로써 생기는 기쁨이고, 행복은 오아시스에 도달하여 물을 마신 후 편히 쉬면서 경험하는 즐거움이다.

희열은 두 가지 종류가 있다. 하나는 형색, 소리, 냄새, 맛, 감촉을 즐기고 집착하는 감각적 욕망과 같이 해로운 법을 의지해서 일어나는 희열이고, 다른 하나는 감각적 욕망과는 상관없고 해로운 법들과도 상관없이 유익한 법들을 기반으로 일어나는 희열이다. 해로운 법들과 함께 일어나는 희열은 해로운 법이 늘어나는 조건이 되고, 유익한 법들과 함께 일어나는 희열은 유익한 법이 늘어나는 조건이 될 수 있다.

의욕[chanda, 欲][14]은 '하고 싶어 하는' 특성이 있는 심리 현상이다. 마치 사람이 손을 뻗어 원하는 물건을 잡듯 의욕은 원하는 대상을 구하고자 하는 역할을 한다. 의욕은 탐욕과 구분해야 한다. 탐욕은 대상에 달라붙어 집착하면서 포기하지 않으려는 심리 현상이라면, 의욕은 단지 원하는 일을 하고 싶어 하는 심리 현상일 뿐이다. 예를 들어 수행을 잘하고 싶어 하는 심리 현상은 의욕이지만, 수행의 결과에 집착하여 그것을 포기하지 못하는 심리 현상은 탐욕이다. 이렇게 탐욕은 대상에 끈끈이처럼 달라붙는 해로운 심리 현상을 말하지만, 의욕은 단순히 대상을 구하고 원하는 심리 현상을 말한다. 그래서 의욕은 유익할 수도 있고 해로울 수도 있다. 예를 들어 결과에만 집착하는 탐욕을 바탕으로 무엇을 이루고자 하는 의욕은 해로운 의욕이다. 하지만 결

---

14 찬다chanda는 √chanda/chad(to please)에서 파생된 남성명사인데 '의욕', '열의', '의향', '하고자 함', '원함'이라는 뜻을 지닌다.

과가 일어나게 하는 조건이 무엇인지 분명히 꿰뚫어 아는 지혜와 함께 그 조건을 성숙시키려고 하는 의욕은 유익한 의욕이다.

이외에도 다른 것과 같아지는 심리 현상들에는 일으킨 생각, 정진, 기억, 삼매 등이 있지만, 이들은 팔정도에서 팔사도八邪道[15]와 비교하면서 자세히 설명하겠다.

이상으로 간단히 형성 무더기에 대하여 간단히 살펴보았다. 그런데 여기서 한 가지 의문이 생긴다. 붓다께서는 왜 느낌과 인식은 형성 무더기에 포함하지 않고 느낌 무더기와 인식 무더기로 따로 분류하여 설하셨는가 하는 점이다. 그 이유는 느낌과 인식은 괴로움이 일어나는 조건인 갈애의 주된 원인이기 때문이다. 갈애는 느낌과 인식을 조건으로 성장하고 강해진다. 갈애를 살찌우는 데 느낌이 밥과 같은 역할을 한다면 인식은 반찬과 같은 역할을 한다. 예를 들어 사랑하는 여자를 볼 때 일어난 행복한 느낌을 조건으로 갈애가 일어난다. 하지만 그 여인의 웃는 모습, 몸짓, 손짓 등 세세한 부분까지 표상을 떠 올리면 그녀에 대한 행복한 느낌이 더 다양해지고 갈애는 더 강해진다. 이렇게 윤회의 원인인 갈애가 일어나는 데 느낌은 직접적인 원인이 되고, 인식은 느낌을 도와주는 역할을 한다. 이렇게 느낌과 인식은 직간접적으로 갈애가 일어나는 것을 도와주는 중요한 역할을 하는 것이다. 이런 이유로 붓다께서는 느낌 무더기와 인식 무더기를 형성 무더기에 포함하지 않고 따로 분류하여 설명하신 것이라 볼 수 있다.

---

15 그릇된 견해, 그릇된 사유, 그릇된 말, 그릇된 행위, 그릇된 생계, 그릇된 정진, 그릇된 기억, 그릇된 삼매를 말한다.

의식 무더기

다섯 무더기의 마지막은 의식 무더기[viññāṇa khandha, 識蘊]이다. 의식은 대상을 '분별하는' 특성이 있다. 그러면 무엇을 분별하여 아는가? 신맛과 단맛을 분별하고, 좋고 싫음을 분별하고, 아름다움과 추함 등을 분별한다. 이처럼 의식은 대상을 분별하는 역할을 한다. 의식은 어떤 감각 기능과 대상이 접촉하여 일어나는지에 따라 여섯 가지로 나눌 수 있다. 다시 말해서 눈과 형색이 접촉하여 생겨난 의식은 눈 의식[cakkhu viññāṇa, 眼識], 귀와 소리가 접촉하여 생겨난 의식은 귀 의식[sota viññāṇa, 耳識], 코와 냄새가 접촉하여 생겨난 의식은 코 의식[ghāna viññāṇa, 鼻識], 혀와 맛이 접촉하여 생겨난 의식은 혀 의식[jivhā viññāṇa, 舌識], 몸과 감촉이 접촉하여 생겨난 의식은 몸 의식[kāya viññāṇa, 身識], 마음과 법이 접촉하여 생겨난 의식은 마음 의식[mano viññāṇa, 意識]이라 한다. 이렇게 대상을 분별하는 특징이 있는 모든 정신 현상을 의식이라 한다. 그리고 이와 같은 다양한 의식의 총집합체를 의식 무더기라고 한다.

> "비구들이여, 그것이 어떠한 의식이건 — 그것이 과거의 것이건 미래의 것이건 현재의 것이건 안의 것이건 밖의 것이건 거칠건 미세하건 저열하건 수승하건 멀리 있건 가까이 있건 — 이를 일러 의식 무더기[識蘊]라 한다."
>
> _「무더기 경」(S22:48)

의식과 동의어로 마음[citta, 心]과 마노mano[意]가 있다. 앞서 설명했듯

4장··사성제

이 마음[citta]은 대상을 아는 주도자라는 측면에서 주로 언급되고, 마노mano는 대상을 아는 감각 장소[處]라는 측면에서 언급되고, 의식은 다섯 무더기 중의 의식 무더기 또는 여섯 가지 의식, 즉 눈 의식, 귀 의식, 코 의식, 혀 의식, 몸 의식, 마음 의식으로 주로 언급된다. 이렇게 세 가지는 쓰이는 용례는 다르지만 모두 '대상을 아는' 특성은 같으므로 법으로는 같다. 그래서 의식과 마음은 같은 의미로 이해하면 된다.

'의식' 또는 '마음'은 그것이 괴로움의 소멸에 유익한지 아닌지에 따라 유익한 의식, 해로운 의식, 무기無記 의식의 세 가지로 분류할 수 있다. 유익한 의식은 괴로움의 소멸에 유익한 의식을 말하고, 해로운 의식은 괴로움의 소멸에 해로운 의식을 말한다. 예를 들어 탐욕과 함께하는 의식은 해로운 의식이고, 지혜와 함께하는 의식은 유익한 의식이 된다. 무기 의식은 유익하지도 해롭지도 않은 의식을 말한다.

무기 의식의 대표적인 두 가지는 결과 의식과 작용만 하는 의식이다. 먼저 결과 의식은 업의 결과로 일어나는 의식을 말한다. 유익하거나 해로운 업의 결과로 일어나는 의식을 말하므로 그 자체가 유익하거나 해로울 수 없다. 만약 그렇다면 결과 의식이 다시 업이 될 것이므로 업의 결과가 영원히 멈추지 않을 것이기 때문이다. 다음으로 작용만 하는 의식은 번뇌를 소멸한 아라한에게 일어나는 마음 의식을 말한다. 아라한은 해로운 법을 완전히 소멸한 존재이므로 해롭거나 유익한 법이 없다. 그래서 아라한의 마음 의식은 마치 거울이 사물을 비추듯 단지 작용만 할 뿐이다.

또 의식은 그것이 세 가지 세상[三界] 중 어느 곳에 태어나게 하는 조건이냐에 따라 네 가지로 나눌 수 있다. 어떤 의식이 욕계에 태어나게 하는 원인이 되면 욕계 의식, 색계에 태어나게 하는 원인이 되면 색계 의식, 무색계에 태어나는 원인이 되면 무색계 의식, 삼계를 벗어나게 하는 깨달음의 의식은 출세간出世間 의식이라 부른다.

이렇게 의식은 괴로움의 소멸에 유익한지 아닌지에 따라 유익한 의식, 해로운 의식, 해롭지도 유익하지도 않은 의식으로 나눌 수 있고, 어느 세상에 태어나게 하는지에 따라 욕계 의식, 색계 의식, 무색계 의식, 출세간 의식으로 나눌 수 있다. 그런데 의식과 마음은 동의어이므로 마음은 괴로움의 소멸에 유익한지 아닌지에 따라 유익한 마음, 해로운 마음, 해롭지도 유익하지도 않은 마음으로 나눌 수 있고, 어느 세상에 태어나게 하는지에 따라 욕계 마음, 색계 마음, 무색계 마음, 출세간의 마음으로 나눌 수 있다.

이상으로 존재의 실상인 다섯 무더기에 대하여 간단히 살펴보았다. 이와 같은 다섯 무더기가 조건을 의지해 생멸하면서 상속하고 있는 상태를 사람들은 관습적 표현으로 '나' 또는 '존재'라고 부를 뿐이다. 그래서 '존재'라는 것은 명칭일 뿐이고, 그것의 실상은 다섯 무더기의 결합에 불과하다. 마치 수많은 부품이 모여서 사람이나 물건을 실어나르는 것을 '마차'라고 이름하듯이 다섯 무더기가 결합하여 여러 상황과 조건을 따라 말도 하고, 행동도 하고, 생각도 하는 그것을 '존재'라고 이름할 뿐이다. 이런 의미에서 붓다께서는 존재의 실상은 다섯 무더기의 결합일 뿐이라고 설하신 것이다.

> "왜 그대는 '존재'라고 상상하는가? 마라여, 그대는 견해에
> 빠졌는가? 단지 형성된 것들의 더미일 뿐 여기서 존재라고

할 만한 것을 찾을 수 없도다. 마치 부품들을 조립한 것이 있
을 때 '마차'라는 명칭이 있는 것처럼 무더기들이 있을 때 '존
재'라는 인습적 표현이 있을 뿐이로다."

_「와지라 경」(S5:10)

왜 다섯 무더기인가?

붓다께서는 왜 존재를 물질 무더기, 느낌 무더기, 인식 무더기, 형성
무더기, 의식 무더기의 다섯 가지 구성 요소로 구분하셨는가? 그 이
유는 이들 다섯 무더기가 '나'라는 존재의 실상일 뿐 아니라 존재들이
'나'라고 착각하고 집착하는 대표적인 후보들이기 때문이다. 이렇게
존재들이 '나'라고 집착하는 대표적인 후보들을 드러내고, 더 나아가
그것들이 조건을 의지해서 생겨난 형성된 법임을 보여주심으로써 존
재들이 '나'라고 집착하는 것은 무상하고 괴로움이고 나의 것, 나, 나
의 자아가 아님을 천명하기 위해 다섯 무더기로 나누어 설하셨다고
볼 수 있다. 그러면 존재들이 다섯 무더기를 어떻게 '나', '자아', '진아'
라고 집착하는지 좀 더 자세히 살펴보자.

첫째, 존재들은 물질 무더기를 '나'라고 집착한다. 존재들은 몸이
아프면 내가 아프다고 고통스러워하고, 몸이 죽으면 내가 사라진다고
두려워한다. 이렇게 몸을 자신과 동일시하면서 몸이 곧 '나'라고 인식
하고 집착한다. 이때 어리석은 사람은 집착의 대상은 현재의 몸뿐 아
니라 과거 어릴 때의 기억 속의 몸이나, 미래에 나이가 들었을 때의 예
상되는 몸이나, 건강할 때 몸이나, 아플 때의 몸이나, 자신과 관련된

어떠한 몸이라도 모두 '나'라고 인식하고 집착한다. 다시 말해서 지금의 몸만을 '나'라고 집착하는 것이 아니라, 과거와 현재, 미래의 몸이나 어떤 형태이든지 '몸' 또는 '물질'의 총집합체, 즉 물질 무더기에 대하여 '나'라고 인식하며 집착하는 것이다.

둘째, 느낌 무더기를 '나'라고 집착한다. 존재들은 살아가면서 때로는 행복을 느끼고, 때로는 괴로움을 느낀다. 이때 어리석은 사람은 행복이나 괴로움을 느끼는 것을 주재하는 '느끼는 주체', '느끼는 자'가 있으며 그것이 '나'라고 잘못 인식한다. 그래서 현재 느끼는 작은 행복, 큰 행복, 미세한 행복 등의 느낌뿐 아니라 과거에 경험했고 미래에 경험하게 될 느낌이나 모든 형태의 느낌, 즉 느낌 무더기에 대하여 '나'라고 잘못 알고 집착한다. 다시 말해서 지금의 느낌만을 '나'라고 집착하는 것이 아니라, 과거와 현재, 미래의 느낌이나 어떤 형태이든지 느낌들의 총집합체, 즉 느낌 무더기에 대하여 '나'라고 인식하며 집착하는 것이다.

셋째는 인식 무더기를 '나'라고 집착한다. 존재들은 대상을 만날 때 대상에 적당한 이름을 붙여서 인식한다. 예를 들어 사람을 만날 때 '이 사람은 홍길동이다.', '이 사람은 김철수다.' 등으로 이름을 붙여 인식한다. 그러면 다음에 그 사람들을 만날 때도 '이 사람은 홍길동이다.', '이 사람은 김철수다.'라고 알 수 있다. 이때 어리석은 사람은 대상에 이름을 붙여 인식하는 것을 주재하는 '인식하는 주체', '인식하는 자'가 있으며 그것이 '나'라고 잘못 알고 집착한다. 다시 말해서 지금의 인식만을 '나'라고 집착하는 것이 아니라, 과거와 현재, 미래의 인식이나 어떤 형태이든지 인식들의 총집합체, 즉 인식 무더기에 대하여 '나'라고 인식하며 집착하는 것이다.

넷째, 형성 무더기를 '나'라고 집착한다. 형성은 느낌과 인식을 제외한 의도, 탐욕, 성냄, 지혜, 자애 등의 '형성하는' 특징이 있는 모든 심리 현상을 뜻한다. 존재들은 의도하면서 때로는 집착하고, 싫어하고, 때로는 슬퍼하고, 괴로워하기도 하고, 때로는 좋아하고, 기뻐하고, 때로는 지혜롭고, 어리석다. 이때 어리석은 사람은 이렇게 다양한 심리 현상들이 작용하는 것을 주재하는 '의도하는 주체', '의도하는 자', '행하는 자'가 있으며 그것이 '나'라고 잘못 알고 집착한다. 다시 말해서 지금의 형성만을 '나'라고 집착하는 것이 아니라, 과거와 현재, 미래의 형성이나 어떤 형태이든지 형성들의 총 집합체, 즉 형성 무더기에 대하여 '나'라고 인식하며 집착하는 것이다.

다섯째, 의식 무더기를 '나'라고 집착한다. 의식은 대상을 '분별하는' 특징이 있는 정신 현상들을 말한다. '이것은 짠맛이다.', '이것은 신맛이다.', '이것은 좋아한다.', '이것은 싫어한다.' 등과 같이 대상을 분별하여 안다. 이때 어리석은 사람은 이렇게 대상을 분별하는 것을 주재하는 '의식의 주체', '의식하는 자', '아는 자'가 있으며 그것이 바로 '나', '자아', '진아'라고 잘못 알고 집착한다. 다시 말해서 지금의 의식만을 '나'라고 집착하는 것이 아니라, 과거와 현재, 미래의 의식이나 어떤 형태이든지 의식들의 총집합체, 즉 의식 무더기에 대하여 '나'라고 인식하며 집착하는 것이다.

"비구들이여, 물질이 있을 때, 물질을 취착하고 물질을 천착하여 [불변하는] 자신이 존재한다는 견해[有身見]가 일어난다. 느낌이 … 인식이 … 형성들이 … 의식이 있을 때, 의식을 취착하고 의식을 천착하여 [불변하는] 자신이 존재한다는 견해가 일어난다."

_「유신견 경」(S22:155)

이처럼 다섯 무더기는 존재들이 '나'라고 집착하는 대표적인 후보들이다. 그리고 이렇게 다섯 무더기 중 하나를 '나' 또는 '자아[atman, 自我]'라고 집착하는 견해를 특히 유신견[sakkāya diṭṭhi, 有身見]이라 한다. 붓다께서는 유신견은 다섯 무더기 중 하나마다 네 가지 형태가 있다고 설하셨다. 그러므로 유신견은 스무 가지가 있다. 예를 들어 의식 무더기를 살펴보자. 의식 무더기에 대한 유신견은 의식 무더기를 자아라고 집착하는 견해[16], 의식 무더기 안에 자아가 있다고 집착하는 견해[17], 자아 안에 의식 무더기가 있다고 집착하는 견해[18], 자아가 의식을 소유하고 있다고 집착하는 견해[19]의 네 가지가 있다. 나머지 물질 무더기, 느낌 무더기, 인식 무더기, 형성 무더기도 의식 무더기와 마찬가지로 이해하면 되므로 유신견은 스무 가지가 있다.

그러면 이와 같은 유신견은 왜 생겨나는가? 그것은 다섯 무더기

---

16 마치 등과 등의 빛이 둘이 아니듯 의식이 곧 자아라고 집착하는 견해이다. 예를 들어 몸과 마음을 '알아차리는 의식' 또는 '지켜보는 의식'이 있고, 그것이 자아라고 집착하는 견해이다. 하지만 '알아차리는 의식' 또는 '지켜보는 의식'도 단지 의식일 뿐이다.

17 마치 상자 안에 보석이 숨어 있듯 의식 무더기 안에 자아가 있다고 집착하는 견해이다.

18 마치 꽃에서 꽃향기가 생겨나듯 자아에서 의식이 생겨난다고 집착하는 견해이다.

19 마치 나무 위의 새가 그림자를 소유하듯 자아가 의식을 소유하고 있다고 집착하는 견해이다.

가 조건에 의해 생겨난 연기된 법이므로 무상하고 괴로움이며 무아라는 공통된 특성이 있음을 꿰뚫어 알지 못하기 때문이다. 그래서 유신견을 버리기 위해서는 다섯 무더기가 연기된 법이므로 무상하고 괴로움이며 무아라는 특성이 있음을 꿰뚫어 알아야 한다. 이에 대하여 살펴보자.

> "세존이시여, 어떻게 해서 유신견이 생깁니까?" "비구여, 여기 배우지 못한 범부는 성자들을 친견하지 못하고 성스러운 법에 능숙하지 못하고 성스러운 법에 인도되지 못하고 바른 사람들을 친견하지 못하고 바른 사람들의 법에 능숙하지 못하고 바른 사람들의 법에 인도되지 않아서, 물질을 자아라고 관찰하고 물질을 가진 것이 자아라고 관찰하고 자아 안에 물질이 있다고 관찰하고 물질 안에 자아가 있다고 관찰한다. 느낌을 … 인식을 … 형성들을 … 의식을 자아라고 관찰하고 의식을 가진 것을 자아라고 관찰하고 자아 안에 의식이 있다고 관찰하고 의식 안에 자아가 있다고 관찰한다. 비구여, 이렇게 유신견이 생긴다."
>
> _「보름밤의 긴 경」(M109)

2) 다섯 무더기는 무상하고 괴로움이며 무아이다

십이연기의 가르침에 따르면 다섯 무더기 또는 정신·물질은 무명과 의도적 행위 등의 조건을 의지해서 생겨난 연기된 법 또는 형성된 법이다. 그래서 다섯 무더기는 조건이 사라지면 소멸하기 마련인 법이므로 무상하고, 무상한 것은 괴로움이고, 무상하고 괴로움인 것은 나의 것, 나, 나의 자아라고 할 수 없다. 이에 대하여 좀 더 자세히 살펴보자.

물질은 네 가지 근본 물질과 파생된 물질로 이루어져 있다. 그러면 물질은 무엇을 조건으로 생겨나는지 살펴보자. 십이연기에서 설명했듯이 의도적 행위나 존재, 즉 업을 조건으로 태어남이 있으므로 전생의 업을 조건으로 이생에 최초로 물질이 있다. 이생에 태어난 후에는 음식[āhāra, 食]을 먹지 않으면 존재의 몸이 유지될 수 없다. 그래서 삶의 과정에서는 음식 등을 조건으로 물질이 있다. 이처럼 물질은 업과 음식 등을 조건으로 일어나고, 업과 음식 등의 조건이 소멸하면 물질도 소멸한다. 따라서 물질 무더기는 업과 물질을 조건으로 생겨난 형성된 법이다.

또 느낌, 인식, 형성은 심리 현상들을 말하는데 심리 현상들은 마음[citta, 心] 또는 의식에 속하면서 의식을 도와준다. 그래서 의식이 일어나면 심리 현상들이 있고, 의식이 사라지면 심리 현상들이 사라진다. 그런데 접촉이 있으면 의식이 있고, 접촉이 없으면 의식이 없으므로 접촉이 있으면 심리 현상들이 있고, 접촉이 없으면 심리 현상들이 소멸한다고 할 수 있다. 이처럼 접촉이 있으면 느낌, 인식, 형성들이 있고, 접촉이 소멸하면 느낌, 인식, 형성들이 소멸한다. 따라서 느낌 무더기, 인식 무더기, 형성 무더기는 접촉을 조건으로 생겨난 형성된 법이다.

끝으로 의식(마음)과 그것과 함께하는 심리 현상들(정신)은 함께 일어나고 함께 사라지므로 서로에게 조건이 된다. 다시 말해서 의식을 조건으로 심리 현상들(정신)이 있고, 심리 현상들(정신)을 조건으로 의식이 있다. 그래서 정신을 조건으로 의식이 있다. 또 의식은 접촉을 조건으로 생겨난다. 다시 말해서 눈과 형색을 조건으로 눈 의식이, 귀와 소리를 조건으로 귀 의식이, 코와 냄새를 조건으로 코 의식이, 혀와 맛을 조건으로 혀 의식이, 몸과 감촉을 조건으로 몸 의식, 마음[mano]과 법을 조건으로 마음 의식이 일어난다. 이것은 의식이 일어나기 위해서는 눈, 귀, 코, 혀, 몸 등과 같은 물질의 도움이 필요함을 뜻한다. 따라서 물질을 조건으로 의식이 일어난다. 종합해 보면 정신·물질이 있으므로 의식이 있고, 정신·물질이 소멸하므로 의식이 소멸한다. 따라서 의식은 정신·물질을 조건으로 생겨난 형성된 법이다. 이상에서 간단히 살펴보았듯이 다섯 무더기는 모두 조건에 의해서 생겨난 형성된 법이다.

> "음식이 일어나므로 물질이 일어나고, 음식이 소멸하므로 물질이 소멸한다 … 접촉이 일어나므로 느낌이 일어나고 접촉이 소멸하므로 느낌이 소멸한다 … 접촉이 일어나므로 인식이 일어나고 접촉이 소멸하므로 인식이 소멸한다 … 접촉이 일어나므로 형성들이 일어나고 접촉이 소멸하므로 형성들이 소멸한다 … 정신·물질이 일어나므로 의식이 일어나고 정신·물질이 소멸하므로 의식이 소멸한다."
>
> _「취착의 양상 경」(S22:56)

이처럼 다섯 무더기는 조건에 의해서 생겨난 연기된 법 또는 형성된 법이므로 조건이 있으면 일어나지만 조건이 소멸하면 사라진다. 그래서 다섯 무더기는 소멸하기 마련인 법이고, 사라지기 마련인 법이며, 변하기 마련인 법이므로 무상[anicca, 無常]한 특성이 있다. 아닛짜 anicca는 '영원한[常]'이라는 뜻의 nicca에 부정접두사인 'a'를 붙여서 만들어진 단어이므로 '영원하지 않은', '무상한'이라는 의미이다. 그래서 anicca를 '무상한'이라 번역한 것이다. 무상한 특성이 있다는 것은 현재의 상태가 지금 당장 사라지지는 않더라도 시간의 문제일 뿐 언젠가는 변하고 사라진다는 뜻이다.

현대 과학에 따르면 광활하고 거대한 우주조차도 수명이 있으며 오랜 세월이 지나면 부서지고 변할 수밖에 없다고 말한다. 광활한 우주조차도 그러한데 백 년 내외의 수명을 가진 사람의 몸이야 말해서 무엇하겠는가? 실제 사람의 몸은 일정 기간 비슷한 형태가 유지되므로 같은 몸인 것처럼 인식할 뿐 사실은 끊임없이 변하고 있다. 실제 사람의 몸은 매 순간 세포 분열이 일어나면서 계속 변하고 있으며 몇 년 정도가 지나면 현재의 몸과는 완전히 다른 새로운 몸으로 변한다. 이렇게 물질 무더기는 무상한 특성이 있다.

물질과 비교하여 의식은 훨씬 빨리 변한다. 눈과 형색을 조건으로 눈 의식이 일어나고, 그것을 통해 생긴 형색에 대한 앎을 분별하고 생각하는 마음 의식이 빠르게 생멸한다. 그러다가 소리가 들리면 귀 의식이 일어나고, 그것을 통해 생긴 소리에 대한 앎을 분별하고 생각하는 마음 의식이 빠르게 생멸한다. 이렇게 의식은 대상과 조건에 따라 아주 빠르게 변한다. 붓다께서는 마음보다 빨리 변하는 것을 본 적이 없으며 그것이 얼마나 빨리 변하는지 비유하는 것도 힘들다고[20] 말씀하셨다. 이렇게 의식도 무상한 특성이 있다. 의식이 무상한 특성이 있다는 것은 의식과 함께 작용하는 느낌, 인식, 형성도 역시 무상한 특성이 있음을 의미한다. 이것은 네 가지 정신 무더기 모두가 무상한 특성이 있음을 뜻한다. 종합하면 다섯 무더기는 모두 조건을 의지해서 생겨난 형성된 법이므로 무상한 특성이 있다. 간단히 말하면 다섯 무더기는 무상하다.

> "비구들이여, 물질은 무상하고 느낌은 무상하고 인식은 무상하고 형성은 무상하고 의식은 무상하다."
>
> _「무상 경」(S22:12)

이처럼 다섯 무더기가 연기된 법이므로 무상한 특성이 있다는 것은 붓다께서 세상에 출현하셔서 새롭게 만든 것이 아니라 있는 그대로의 진리를 발견하신 것이다. 그래서 다섯 무더기가 무상한 특성이 있다는 것은 단순히 사상이나 이론이 아니라 있는 그대로의 진리이고, 괴로움의 소멸을 위한 진리이다. 그러므로 '다섯 무더기는 무상하다'는 것은 무상함의 성스러운 진리인 무상성제[anicca ariya sacca, 無常聖諦]라고도 할 수 있다.

---

20 「바르게 놓이지 않음 품」(A1:5:8).

"비구들이여, '모든 형성된 것은 무상하다.'라는 것은 여래들
께서 출현하신 후거나 출현하시기 이전에도 존재하는 요소
이며, 법으로 확립된 것이고, 법으로 결정된 것이다."

_「출현 경」(A3:134)

다섯 무더기는 무상의 특성이 있으므로 다섯 무더기는 변할 수밖에
없고, 변한다는 것은 현재의 상태가 완전무결한 상태가 아니라 불확
실하고, 불만족스럽고, 불완전한 상태임을 뜻한다. 그런데 붓다의 관
점에서 행복은 불만족스러운 것이 전혀 없는 완전무결한 상태를 뜻하
므로 다섯 무더기는 괴로움의 특성이 있다. 앞서 설명했듯이 세속의
관점에서 괴로움은 '괴로운 느낌'을 뜻하지만, 붓다의 관점에서는 괴
로움은 '괴로움의 특성'을 의미함에 주의해야 한다. 이처럼 다섯 무더
기는 무상하므로 괴로움의 특성이 있다.

다섯 무더기가 지니고 있는 괴로움의 특성에 대하여 좀 더 자세
히 살펴보자. 물질 무더기는 업, 마음, 음식, 온도 등의 조건에 의해 생
겨난 형성된 법들이므로 조건이 다하면 부서지고, 무너지고, 소멸하
기 마련인 법이다. 더구나 존재의 몸은 칼에 찔리고, 벌레에 물리고,
늙고 병들고 죽는 괴로움에서 완전히 벗어날 수 없다. 그래서 물질 무
더기는 결점이 있고, 불만족스럽고, 불확실하고, 불완전한 것이므로
괴로움의 특성이 있다. 이렇게 물질 무더기는 괴로움의 특성이 있다.

정신 무더기는 느낌 무더기, 인식 무더기, 형성 무더기, 의식 무더
기를 말하는데 이들은 의식을 중심으로 항상 함께 작용한다. 이들 중
괴로움과 행복을 느끼는 것은 느낌 무더기이다. 그래서 느낌 무더기가

4장··사성제

괴로움의 특성이 있는지 아닌지를 살펴보면 느낌 무더기와 함께하는 정신 무더기가 괴로움의 특성이 있는지 아닌지를 분명히 알 수 있다. 느낌은 괴로운 느낌, 행복한 느낌, 평온한 느낌의 세 가지가 있다. 첫째, 괴로운 느낌은 배고픔, 추위, 통증 등의 육체의 고통이나 근심, 탄식, 슬픔, 비탄 등의 정신의 고통을 말한다. 이러한 괴로운 느낌은 경험하는 자체가 고통이므로 괴로움의 특성이 있다. 이렇게 그 자체가 괴로움의 속성인 것을 '고통인 괴로움의 특성 [dukkha dukkhata, 苦苦性]'이라 부른다. 그래서 괴로운 느낌은 '고통인 괴로움의 특성'이 있다.

둘째, 행복한 느낌은 감각적 욕망의 행복한 느낌과 벗어남의 행복한 느낌의 두 가지가 있다. 이들은 일어날 때는 행복하지만, 변하거나 사라지면 정신적 고통으로 바뀐다. 그래서 행복한 느낌조차도 괴로움의 특성이 있다. 이렇게 변하거나 사라질 때 괴로움이 일어나는 속성이 있는 것을 '사라짐의 괴로움의 특성 [viparināma dukkhata, 壞苦性]'이라 부른다. 그래서 행복한 느낌은 '사라짐의 괴로움의 특성'이 있다.

셋째, 평온한 느낌은 대상에 대한 행복하지도 괴롭지도 않은 무덤덤한 느낌이므로 이들은 일어나거나 사라진다고 해도 고통이 생기지는 않는다. 하지만 평온한 느낌도 접촉이라는 조건을 의지해서 생겨난 형성된 법이므로 변하기 마련이고, 사라지기 마련이므로 무상하다. 무상하다는 것은 불확실하고, 불만족스럽고, 불완전하므로 괴로움의 특성이 있음을 의미한다. 이렇게 조건을 의지해서 형성되었으므로 괴로움인 속성을 '형성됨의 괴로움의 특성 [saṅkhāra dukkhata, 行苦性]'이라 한다. 그래서 평온한 느낌은 '형성됨의 괴로움의 특성'이 있다. 마찬가지로 나머지 정신 무더기, 즉 인식 무더기, 형성 무더기, 의식 무더기도 조건에 의해서 생겨난 연기된 법이므로 '형성됨의 괴로움의 특성'이 있다. 이처럼 평온한 느낌과 나머지 정신 무더기들은 괴로움의 특성이 있다.

종합하면 다섯 무더기는 모두 괴로움의 특성이 있다. 간단히 말하면 다섯 무더기는 괴로움이다.

> "비구들이여, 물질은 괴로움이고 느낌은 괴로움이고 인식은 괴로움이고 형성은 괴로움이고 의식은 괴로움이다."
>
> _「괴로움 경」(S22:13)

이처럼 다섯 무더기가 괴로움의 특성이 있다는 것은 붓다께서 출현하셔서 만들어내신 것이 아니라 붓다께서 있는 그대로의 진리를 발견하시고 깨달으신 것뿐이다. 그래서 다섯 무더기는 괴로움의 특성이 있다는 것은 단순히 사상이나 이론이 아니라 있는 그대로의 진리이고, 괴로움의 소멸을 위한 진리이다. 그러므로 '다섯 무더기는 괴로움이다.'라는 것은 괴로움의 성스러운 진리인 고성제[dukkha ariya sacca, 苦聖諦]라고 할 수 있다.

> "비구들이여, '모든 형성된 것은 괴로움이다.'라는 것은 여래들께서 출현하신 후거나 출현하시기 이전에도 존재하는 요소이며, 법으로 확립된 것이고, 법으로 결정된 것이다."
>
> _「출현 경」(A3:134)

다섯 무더기는 무상한 특성과 괴로움의 특성뿐 아니라 무아[anatta, 無我]의 특성도 있다. 무아는 안앗따anatta의 번역이다. anatta는 '자아[我]'라는 의미의 atta에 부정접두사인 'a'를 붙여서 만들어진 단어인데 '자아가 없다[無我]'라는 것을 뜻한다. 무아를 이해하려면 먼저 자아가 무엇인지를 이해해야 한다. 붓다께서는 '만약 자아가 있다면 자아는 영원하며 다섯 무더기를 통제하거나 주재할 수 있어야 한다.'라고 설하셨다. 예를 들어 어느 나라의 왕이 있다고 하자. 왕은 죄를 저지른 백성들에게는 벌을 주고, 공을 세운 백성들에게는 상을 줄 수 있고, 중죄를 저지른 백성은 사형시킬 수도 있을 것이다. 이렇게 왕은 자신의 의지대로 백성에게 통치권을 행사하면서 나라를 이끌 수 있다. 마찬가지로 다섯 무더기에 자아가 있다면, 자아는 다섯 무더기를 완전하게 통제하거나 주재할 수 있을 것이다. 예를 들어 의식에 자아가 있다면 자아는 의식을 완전하게 제어하고 통제할 수 있어야 한다. 그러므로 '나에게 일어난 의식이 사라지지 않기를. 내 의식이 괴로움을 경험하지 않기를.'이라고 지시한다면 의식은 영원히 사라지지 않고, 괴로움을 다시는 경험하지 않아야 할 것이다.

> "만일 의식이 자아라면 이 의식은 고통이 따르지 않을 것이다. 그리고 의식에 대하여 '나의 의식은 이같이 되기를. 나의 의식은 이같이 되지 않기를.'이라고 하면 그대로 될 수 있을 것이다."
>
> _「무아의 특징 경」(S22:59)

하지만 '나에게 일어난 의식이 사라지지 않기를.'이라고 지시하더라도 의식은 무상한 특성이 있으므로 일어난 의식은 소멸할 수밖에 없다. 또 '내 의식이 괴로움을 경험하지 않기를.'이라고 지시하더라도 의식은 괴로움의 특성이 있으므로 의식은 언젠가는 괴로움을 경험할 수밖에 없다. 이처럼 의식에게 원하는 것을 지시하더라도 원하는 것들이 항상 그대로 이루어지지 않는다. 이것은 의식에 의식을 완전히 통제하거나 주재할 수 있는 자아가 없음을 의미하므로 의식은 무아의 특성이 있다. 여기서 한 가지 주의할 점은 의식이 무아라는 것은 의식을 완전하게 통제할 수 있는 영원한 자아가 없다는 것이지, 의식 중 아무것도 통제할 수 없다는 뜻은 아니란 것이다. 예를 들어 해로운 의식을 버리고 유익한 의식을 계발하는 것은 바른 노력을 통해 충분히 가능한 일이다.

> "비구들이여, 그러나 의식은 무아이기 때문에 의식은 고통이 따른다. 그리고 의식에 대하여 '나의 의식은 이같이 되기를. 나의 의식은 이같이 되지 않기를.'이라고 하더라도 그대로 되지 않는다."
>
> _「무아의 특징 경」(S22:59)

의식 무더기와 마찬가지로 물질 무더기, 느낌 무더기, 인식 무더기, 형성 무더기도 무상한 특성과 괴로움의 특성이 있으므로 그것들을 주재할 수 있는 영원한 자아는 없다. 예를 들어 붓다께서 '내 몸이여, 죽지 말라. 내 몸이여, 육체적 고통을 경험하지 말라.'라고 지시하더라도 그렇게 되지 않는다. 실제 붓다께서도 생전에 등에 종기가 나거나 배탈이 나는 등의 육체적 고통을 경험하셨을 뿐 아니라 수명이 다하신 후에는 죽음을 맞이하실 수밖에 없으셨다. 이처럼 물질 무더기, 느낌 무더기, 인식 무더기, 형성 무더기도 무상한 특성이 있으므로 괴로움의 특성이 있고, 무상하고 괴로움의 특성이 있으므로 나의 것, 나, 나의 자아가 없다. 그래서 물질 무더기, 느낌 무더기, 인식 무더기, 형성 무더기도 무아의 특성이 있다.

　　종합하면 다섯 무더기에는 다섯 무더기를 통제할 수 있는 영원한 자아가 없으므로 무아의 특성이 있다. 간단히 말하면 다섯 무더기는 무아이다.

> "비구들이여, 물질은 무아이고 느낌은 무아이고 인식은 무아
> 이고 형성은 무아이고 의식은 무아이다."
>
> 　　　　　　　　　　　　　　　　　　　　_「무아 경」(S22:14)

이처럼 다섯 무더기가 무아의 특성이 있다는 것은 붓다께서 출현하셔서 만들어내신 것이 아니라 붓다께서 있는 그대로의 진리를 발견하시고 깨달으신 것뿐이다. 그래서 다섯 무더기가 무아의 특성이 있다는 것은 단순히 사상이나 이론이 아니라 있는 그대로의 진리이고, 괴로움의 소멸을 위한 진리이다. 그러므로 '다섯 무더기는 무아이다.'라는 것은 무아의 성스러운 진리인 무아성제[anatta ariya sacca, 無我聖諦]라고 할 수 있다.

"비구들이여, '모든 형성된 것은 무상하다.'라는 것은 여래들께서 출현하신 후거나 출현하시기 이전에도 존재하는 요소이며, 법으로 확립된 것이고, 법으로 결정된 것이다."

_「출현 경」(A3:134)

이상에서 살펴보았듯이 존재의 실상은 다섯 무더기이며, 다섯 무더기는 조건에 의해서 생겨난 연기된 법이므로 무상하고 괴로움이며 무아라는 세 가지 공통된 특성[21]이 있다. 이처럼 존재의 실상을 있는 그대로 드러낸 진리의 가르침을 무상의 성스러운 진리인 무상성제라고 할 수 있고, 괴로움의 성스러운 진리인 고성제라고 할 수도 있고, 무아의 성스러운 진리인 무아성제라고 할 수도 있다. 이 중에 붓다께서는 특히 고성제를 강조하여 설하셨는데 이에 대하여 살펴보자.

3) 고성제: 다섯 무더기 자체가 괴로움이다

앞서 이야기했듯 존재들은 살면서 사랑하는 사람과 헤어지는 고통, 미워하는 사람과 만나는 고통, 원하는 것을 얻지 못하는 고통 그리고 육체적 고통, 정신적 고통, 슬픔, 비탄, 탄식 등의 괴로움을 경험한다. 또 나이가 들어 늙는 괴로움, 병이 들어 고통을 받는 괴로움, 죽음을 두려워하는 괴로움 등의 근원적인 괴로움도 경험한다. 이렇게 존재들

---

21   이를 공상共相이라고도 한다.

은 많은 괴로움을 겪으면서 살아가는데 이 모든 괴로움은 존재를 기반으로 경험하게 되는 것이므로 이 모든 괴로움의 근원에는 '나'라고 불리는 존재가 있다. 그런데 앞서 살펴보았듯이 '나'라고 불리는 존재의 실상은 다섯 무더기이고, 다섯 무더기 자체가 조건을 의지해서 생겨난 연기된 법이므로 무상하고 괴로움이며 무아의 특성이 있다. 특히 존재 자체가 괴로움의 특성이 있는데 이것은 존재로 태어나는 한 괴로움에서 완전히 벗어날 수는 없다는 것을 뜻한다.

물론 한 생 동안에는 괴로움이 전혀 없는 존재로 태어나서 행복하게 살 수도 있다. 예를 들어 무색계 존재는 몸은 없고 정신만 있는 존재이다. 무색계 존재는 몸이 없으므로 몸에서 생기는 고통이 없고, 무색계 선정에 주로 머무는 존재이므로 정신적 불만족도 일어나지 않는다. 다시 말해서 무색계 존재로 살아가는 동안에는 어떤 육체적 고통이나 정신적 고통도 경험하지 않는다. 수명도 매우 길어서 매우 오랜 세월을 행복하게 살 수 있다. 예를 들어 비상비비상처 존재의 최대 수명은 팔만사천 대겁大劫[22]이라 한다. 하지만 무색계 존재도 갈애와 업 등의 조건을 의지해서 태어났으므로 수명이 아무리 길지라도 영원하지는 않다. 이것은 무색계 존재도 죽는 괴로움에서 벗어나지 못함을 의미한다.

더구나 죽음을 맞이할 때 번뇌가 남아 있다면 다시 태어날 수밖에

---

22 우주가 한 번 생겼다가 사라지는 시간을 일 대겁大劫이라 한다. 경전에 다음과 같은 비유가 있다. 가로, 세로, 높이가 일 요자나(약 십일 킬로미터)인 바위산이 있다고 하자. 이때 어떤 사람이 백 년에 한 번 아주 부드러운 비단옷으로 그 바위산을 스침으로써 그것이 다 닳아 없어지려면 이루 셀 수 없는 오랜 시간이 걸릴 것이다. 하지만 이와 같은 시간도 일 대겁에 미치지 못한다. 「산 경」(S15:5).

없는데 어디에 태어날지 불확실하다. 무색계 존재로 다시 태어날 수도 있지만 무색계보다 훨씬 낮은 세상인 욕계에 태어날 수도 있고, 다시 악처에 태어날 수도 있다. 이렇게 갈애가 남아 있는 한은 다람쥐 쳇바퀴 돌 듯이 삼계의 서른한 가지 세상 중 한 곳에 계속 태어날 수밖에 없다. 이런 윤회의 과정에서 존재는 천상과 같이 행복이 가득한 세상에만 태어나는 것이 아니라 지옥, 축생 등의 괴로움이 많은 곳에도 태어나기 마련이므로 언젠가는 괴로움을 경험할 수밖에 없다. 좀 더 근원적으로 보면 윤회가 계속 이어진다는 것은 죽음에서 벗어날 수 없음을 뜻하므로 윤회하는 것 자체가 죽는 괴로움에서 벗어날 수 없다.

이처럼 존재 자체가 무상하고 괴로움이며 무아의 특성이 있으므로 존재로 태어나는 한 괴로움에서 완전히 벗어날 수 없다. 붓다께서는 이와 같은 존재의 실상을 명확히 꿰뚫어 보시고 존재의 실상은 다섯 무더기이며, 다섯 무더기 자체가 무상하고 괴로움이며 무아의 특성이 있음을 천명하신 것이다. 특히 존재 자체가 괴로움의 특성이 있음을 강조하여 설하신 것이 괴로움의 성스러운 진리인 고성제이다. 비록 고성제를 강조하여 드러내셨지만 고성제가 곧 무상성제이고, 무아성제임에 주의해야 한다.

> "비구들이여, 이것이 괴로움의 성스러운 진리이다. 태어남도 괴로움이다. 늙음도 괴로움이다. 병도 괴로움이다. 죽음도 괴로움이다. 근심·탄식·육체적 고통·정신적 고통·절망도 괴로움이다. 싫어하는 [대상]들과 만나는 것도 괴로움이다. 좋아하는 [대상]들과 헤어지는 것도 괴로움이다. 원하는 것을

얻지 못하는 것도 괴로움이다. 요컨대 취착의 [대상이 되는]
다섯 가지 무더기 자체가 괴로움이다. 요컨대 취착의 [대상
이 되는] 다섯 가지 무더기[五取蘊] 자체가 괴로움이다."

_「초전법륜경」(S56:11)

그러면 왜 붓다께서는 무상성제, 무아성제보다 고성제를 강조하여 드
러내셨는가? 이것은 붓다께서 법을 설하시는 이유에서 찾을 수 있다.
붓다께서는 나의 가르침은 괴로움과 괴로움의 소멸에 대한 것이라고
누누이 설하셨다. 무엇이 괴로움인지, 무엇이 괴로움의 소멸인지를
명확히 이해해야 바른 방향으로 노력하여 괴로움에서 벗어날 수 있
기 때문이다. 깨닫지 못한 범부들은 존재, 즉 다섯 무더기가 행복이라
고 잘못 아는 무명 때문에 다섯 무더기에 대하여 집착하는 갈애가 일
어나는 것이다. 이렇게 다섯 무더기에 대한 무명과 갈애가 있으므로
태어남이 있고, 태어남이 있으면 괴로움이 일어나기 때문에 괴로움을
소멸하려면 다섯 무더기에 대한 무명과 갈애를 버려야 한다.

　다섯 무더기에 대한 무명과 갈애를 버리려면 존재, 즉 다섯 무더
기 자체가 불완전하고 불확실한 괴로움의 특성이 있다는 것을 명확
히 꿰뚫어 알아야 한다. 그러면 다섯 무더기가 집착할만한 대상이 아
니라 괴로움의 원천이라는 것을 분명히 꿰뚫어 알게 되므로 다섯 무
더기에 대한 무명과 갈애를 제거하고 괴로움의 소멸인 열반을 실현
할 수 있다. 이처럼 다섯 무더기가 괴로움이라는 고성제를 철저히 꿰
뚫어 알아야 괴로움의 소멸인 열반을 실현할 수 있으므로 붓다께서는
고성제를 강조하여 드러내신 것이라 할 수 있다.

4) 고성제는 철저히 알아야 할 진리이다

존재의 실상은 심오하고 미묘하여 스스로 꿰뚫어 알기 어렵다. 그러므로 진리를 깨달은 성자들을 친견하여 성자들의 가르침을 배우고 듣지 못한 어리석은 사람은 존재의 실상을 있는 그대로 볼 수 없다. 다시 말해서 탐욕과 성냄이 가득한 사람들은 어리석음에 빠져 존재의 실상이 다섯 무더기라는 것도 알 수 없고, 다섯 무더기는 갈애와 업 등의 조건을 의지해서 생겨난 형성된 법이므로 무상하고 괴로움이며 나의 것, 나, 나의 자아가 아니라는 것도 스스로 꿰뚫어 알지 못한다. 그래서 어리석은 사람들은 다섯 무더기가 영원하고 행복의 특성이 있으며 나의 것, 나, 나의 자아라고 잘못 인식해 다섯 무더기를 '자아', '진아', '나'라고 집착한다. 하지만 다섯 무더기는 변하기 마련이므로 그것이 사라질 수밖에 없다. 그때 그의 마음에 해로운 법들이 생겨나서 걱정하고 초조해하고 괴로워하며 동요하게 된다.

> "도반들이여, 여기 배우지 못한 범부는 성자들을 존중하지 않고 성스러운 법에 정통하지 않고 성스러운 법으로 인도되지 않고 바른 사람들을 존중하지 않고 바른 법에 정통하지 않고 바른 법으로 인도되지 않아서 물질을… 느낌을… 인식을… 형성을… 의식을 자아라고 여기고, 의식을 가진 것을 자아라고 여기고, 자아 안에 의식이 있다고 여기고 의식 안에 자아가 있다고 여깁니다. 그런 그의 의식은 변하고 달라집니다. 그의 의식이 변하고 달라지므로 의식은 의식의 변화를 따라 무너져 버립니다. 의식의 변화를 따라 무너져 버림으로 인해 동

요와 [해로운] 법이 생겨나서 마음을 압도하여 머뭅니다. 마음이 압도되어 그는 걱정하고 괴로워하고 애착하고 취착하여 동요합니다. 도반들이여, 이같이 취착하여 동요합니다."

_「요약의 분석 경」(M138)

그러면 다섯 무더기를 '나'라고 잘못 알고 집착하는 무명과 갈애는 어떻게 버려지는가? 앞서 설명했듯이 다섯 무더기는 사람들이 '나'라고 집착하는 대표적인 후보들이며 무명과 갈애, 업 등을 조건으로 생겨난다. 이렇게 다섯 무더기는 조건을 의지해서 생겨난 연기된 법이므로 무상하고 괴로움이며 무아의 특성이 있음을 분명하게 꿰뚫어 안다면, 다섯 무더기 중 하나를 '나'라고 집착하는 그릇된 견해, 특히 유신견이 버려지고, 더 나아가 다섯 무더기에 대한 무명과 갈애도 버려질 것이다. 그러면 다섯 무더기가 변하여 사라지더라도 걱정하지 않고, 초조하지 않고, 괴로움이 일어나지 않고, 동요하지 않는다. 이런 이유로 붓다께서는 존재의 실상을 다섯 무더기라고 드러내시고, 다섯 무더기는 조건을 의지하여 생겨난 연기된 법이므로 무상하고 괴로움이며 무아라고 설하신 것이다.

"도반들이여, 여기 잘 배운 성스러운 제자는 성자들을 존중하고 성스러운 법에 정통하고 성스러운 법으로 인도되고 바른 사람들을 존중하고 바른 법에 정통하고 바른 법으로 인도되고 물질을 … 느낌을 … 인식을 … 형성을 … 의식을 자아라고 여기지 않고, 의식을 가진 것을 자아라고 여기지 않고, 자아 안에 의식이 있다고 여기지 않고 의식 안에 자아가 있다고 여기지 않습니다. 그러나 그의 의식은 변하고 달라집니다. 그의 의식이 변하고 달라지더라도 그의 의식은 의식의 변화를 따라서 무너지지 않습니다. 그래서 의식의 변화를 따라 무너짐으로 인해 동요와 [해로운] 법이 태어나지 않아 마음을 압도하여 머물지 않습니다. 마음이 압도되지 않아서 그는 걱정하고 괴로워하지 않고 애착하지 않고 취착하지 않아서 동요하지 않습니다. 도반들이여, 이같이 취착하지 않아서 동요하지 않습니다."

_「요약의 분석 경」(M138)

이처럼 존재의 실상은 다섯 무더기이고, 다섯 무더기는 무상하고 괴로움이며 무아의 특성이 있음을 천명한 고성제를 철저히 꿰뚫어 알면 다섯 무더기를 영원하고 행복한 자아라고 잘못 아는 무명과 다섯 무더기에 집착하는 갈애가 버려진다. 이렇게 무명과 갈애가 버려지면 존재를 다시 태어나게 하는 동력이 사라지므로 존재는 다시 태어나지 않게 된다. 그런데 존재 자체가 괴로움이므로 존재가 태어나지 않으면 괴로움은 완전히 소멸한다. 이처럼 고성제를 철저히 알면 무명과 갈애가 버려져서 괴로움을 소멸할 수 있다. 이런 이유로 붓다께서는 고성제는 철저히 알아야 할 진리라고 설하신 것이다.

"괴로움의 성스러운 진리는 철저하게 알아야 한다. 괴로움의 일어남의 진리는 버려야 한다. 괴로움의 소멸의 진리는 실현

해야 한다. 괴로움의 소멸로 인도하는 도 닦음의 진리는 닦
아야 한다."

_「철저히 알아야 함 경」(S56:29)

3

집성제:
괴로움의
일어남의 진리

1) 대상이 아니라 마음이다

앞서 의식 또는 마음은 접촉을 조건으로 일어난다고 설명했다. 다시 말해서 안의 여섯 감각 장소, 즉 눈, 귀, 코, 혀, 몸, 마음과 밖의 여섯 감각 장소, 즉 형색, 소리, 냄새, 맛, 감촉, 법을 조건으로 여섯 의식, 즉 눈 의식, 귀 의식, 코 의식, 혀 의식, 몸 의식, 마음 의식이 일어난다. 여기서 눈 의식은 견見이라 하고, 귀 의식은 문聞이라 하고, 코 의식, 혀 의식, 몸 의식을 합쳐서 각覺이라 하고, 마음 의식을 지知라고 부르기도 한다. 그래서 여섯 의식을 통해 여섯 대상을 분별하고 아는 것을 간단히 견문각지見聞覺知로 표현하기도 한다. 이렇게 사람들은 견문각지를 통해서 여섯 대상, 즉 세상[23]을 분별하면서 살아간다.

　　그런데 세상에 있는 모든 현상은 연기된 법이므로 무상하고 괴로움이며 무아이다. 이것은 세상에 있는 모든 현상은 수많은 조건이 서로 영향을 주면서 복잡하게 작용하므로 변하기 마련이고 자신이 원하는 대로 현상들을 통제할 수 없음을 뜻한다. 따라서 조건에 의해 생겨난 세상을 자신이 원하는 대로 바꾸어 괴로움을 소멸하고자 하는 일은 애초에 불가능한 것이다. 그렇다면 어떻게 해야 괴로움을 소멸할 수 있는가? 붓다께서는 이에 대해 깊이 관찰하고 숙고하신 후에 괴로움의 소멸은 대상이 아닌 마음을 변화함으로써 가능한 일이라고 깨달으셨다. 다시 말해서 마음이 탐욕, 성냄, 어리석음에 오염되면 괴로움이 일어나고, 탐욕, 성냄, 어리석음에 오염되지 않으면 괴로움이 소멸하므로 탐욕, 성냄, 어리석음을 완전히 소멸하면 괴로움이 소멸한다고 꿰뚫어 보신 것이다.

이처럼 대상은 마음이 일어나는 중요한 조건이 될 수는 있을지라도 대상을 자신이 원하는 대로 바꾸고 변화함으로써 괴로움을 소멸하는 일은 불가능하다. 하지만 대상을 분별하고 아는 마음을 변화함으로써 괴로움을 소멸하는 것은 가능한 일이다. 다시 말해 탐욕, 성냄, 어리석음에 마음이 오염되면 대상도 오염되어 수많은 괴로움이 일어나지만, 탐욕이 없는 마음, 성냄이 없는 마음, 어리석음이 없는 마음을 계발하여 마음이 청정하면 대상도 청정하고 괴로움이 소멸한다. 이를 붓다께서는 '마음이 청정하면 세상도 청정하고, 마음이 오염되면 세상도 오염된다.'라고 설하신 것이다. 이런 이유로 불교에서는 마음을 대상보다

---

23 여섯 대상은 우리가 사는 세상에 있는 현상들을 말하므로 여섯 대상을 세상이라 할 수도 있다.

훨씬 더 중요하게 여기는 것이다. 한마디로 대상이 아니라 마음이다.

> "비구들이여, 마음이 오염되기 때문에 중생들은 오염되고,
> 마음이 깨끗하기 때문에 중생들은 청정하게 된다."
>
> _「가죽끈 경」(S22:100)

2) 집성제: 갈애를 조건으로 괴로움이 일어난다

존재의 실상은 다섯 무더기이고, 다섯 무더기 자체가 무상하고 괴로움이며 무아의 특성이 있다. 특히 존재는 괴로움의 특성이 있으므로 존재로 태어나는 것 자체가 괴로움의 특성이 있다. 그래서 '존재는 왜 태어나는가?'라는 질문은 '괴로움은 왜 일어나는가?'라는 질문과 같다. 붓다께서는 이 질문에 대한 해답을 십이연기의 가르침에서 두 가지 형태로 설하셨다. 하나는 '무명을 조건으로 의도적 행위가 있고, 의도적 행위를 조건으로 의식이 있다.'라는 가르침이고, 다른 하나는 '갈애를 조건으로 취착이 있고, 취착을 조건으로 존재가 있고, 존재를 조건으로 태어남이 있다.'라는 가르침이다. 이 두 가지는 표현은 다르지만, 둘 다 '존재는 왜 태어나는가?'에 대한 해답을 제시하고 있는 가르침이므로 후자에 대하여만 살펴봐도 충분하다.

후자에서 언급한 '갈애와 취착을 조건으로 존재, 즉 업이 있고, 존재를 조건으로 태어남이 있다.'라는 가르침에서 알 수 있듯이 존재가 다시 태어나기 위해서는 '갈애'와 '취착' 그리고 '존재' 또는 '업'의 두 가지 조건이 꼭 필요하다. 그런데 앞서 설명했듯 아라한이 되면 다시

새로운 업을 짓진 않지만 이전에 지은 업들은 소멸하지 않고 남는다. 하지만 갈애와 취착은 완전히 버려진다. 그래서 아라한이 되면 태어남의 필수적인 두 가지 조건 중 한 가지가 소멸하므로 아라한이 죽으면 다시 태어나지 않는다. 또 그때야 비로소 업이 완전히 소멸하는 것이다. 이처럼 바른 수행을 통해서 아라한이 되면 '갈애'와 '취착'은 완전히 소멸할 수 있지만, '존재' 또는 '업'은 완전히 소멸할 수 없다. 그러므로 갈애와 취착이 좀 더 중요한 원인이라 볼 수 있고 '갈애와 취착을 조건으로 존재가 있고, 존재를 조건으로 태어남이 있다.'라는 가르침은 '갈애를 조건으로 태어남이 있다.'라고 요약할 수 있다. 여기서 태어남은 물질과 정신 또는 다섯 무더기가 형성되는 것이고, 다섯 무더기 자체가 괴로움이므로 태어남은 괴로움이다. 그래서 '갈애를 조건으로 태어남이 있다.'라는 가르침은 '갈애를 조건으로 괴로움이 일어난다.'라고 말할 수 있는데 이것이 괴로움의 일어남의 성스러운 진리인 집성제[dukkha samudaya ariyasacca, 集聖諦]이다.

　이처럼 붓다께서는 괴로움이 일어나는 원인은 바깥 대상이 아니라 마음에서 일어나는 갈애라고 꿰뚫어 보셨다. 이렇게 괴로움의 원인이 대상이 아니라 마음에 있다고 꿰뚫어 보는 통찰은 매우 중요하다. 만약 괴로움의 원인이 바깥 대상에 있다면 그것들은 조건을 의지해서 생겨난 연기된 법들이다. 그러므로 바깥 대상은 무상하고 괴로움이며 나의 것, 나, 나의 자아가 아니므로 그것들은 내 의도대로 통제할 수 없다. 따라서 대상을 자신이 원하는 대로 만듦으로써 괴로움을 소멸하려고 하는 것은 불가능한 일이다. 하지만 괴로움이 일어나는 원인이 마음에서 일어나는 갈애라면 그것은 수행을 통해 소멸할 수 있다. 따라서 마음에서 일어나는 갈애를 버림으로써 괴로움을 소멸하려고 하는 것은 어렵기는 하지만 가능한 일이다.

> "비구들이여, 이것이 괴로움의 일어남의 성스러운 진리이다. 그것은 바로 갈애이니, 다시 태어남을 가져오고 즐김과 탐욕이 함께하며 여기저기서 즐기는 것이다. 즉 감각적 욕망에 대한 갈애, 존재에 대한 갈애, 존재하지 않음에 대한 갈애가 그것이다."
>
> _「초전법륜경」(S56:11)

그러면 '갈애를 조건으로 괴로움이 일어난다.'라고 천명한 집성제에 대하여 좀 더 자세히 살펴보자. 먼저 갈애[愛]에 대하여 살펴보면 그것은 마치 목마른 사람이 물을 찾는 것처럼 대상을 즐기고 집착하는 심리 현상이다. 이런 갈애는 감각적 욕망에 대한 갈애, 존재에 대한 갈애, 존재하지 않음에 대한 갈애의 세 가지로 나눌 수 있다. 첫째, 감각적 욕망에 대한 갈애[kāma taṇhā, 欲愛]는 형색, 소리, 냄새, 맛, 감촉의 다섯 감각 대상에 대하여 좋아하고 즐기고 집착하는 갈애이다. 다시 말해서 좋은 경치를 보고, 아름다운 소리를 듣고, 좋은 향기를 맡고, 맛있는 음식을 먹고, 부드러운 촉감을 경험하는 등을 좋아하고 즐기고 집착하는 갈애를 말한다. 더 나아가 다섯 감각 대상에 대한 앎 또는 정보를 생각하며 좋아하고 즐기고 집착하는 갈애 등도 감각적 욕망에 대한 갈애이다. 이는 욕계의 주된 특징이 감각적 욕망이므로 욕계 존재에게 주로 나타난다.

둘째, 존재에 대한 갈애[bhāva taṇhā, 有愛]는 자신이 경험하는 현상이 영원히 존재하기를 바라는 갈애이다. 예를 들어 행복한 느낌을 경험할 때나 원하는 대상이나 상황을 경험할 때 그것이 영원히 존재하고 지속하기를 바라는 갈애가 일어나는데 이것이 존재에 대한 갈애이다. 또 삼매를 닦는 수행을 통해 선정을 얻은 사람이 색계 선정에 들어서 죽으면 색계 존재로 태어나고, 무색계 선정에 들어서 죽게 되면 무색계 존재로 태어난다. 색계 존재나 무색계 존재들은 주로 선정의 행복을 누리며 지내고, 육체적 고통이나 정신적 고통도 없으며, 수명도 매우 길어서 짧게는 일 겁에서 길게는 수만 겁까지이다. 그러다 보면 자신들이 영원히 죽지 않고 존재하면서 그 행복을 누리기를 열망하는 갈애가 일어나는데 이것이 존재에 대한 갈애이다. 이와 같은 존재에 대한 갈애는 색계나 무색계 존재에게 주로 일어난다.

셋째, 존재하지 않음에 대한 갈애[vibhāva taṇhā, 非有愛]는 자신이 경험하는 현상이 다시 존재하지 않기를 바라는 갈애이다. 예를 들어 괴로운 느낌을 경험할 때나 원하지 않는 대상이나 상황을 경험할 때 그것이 사라지기를 바라는 갈애가 일어나는데 이것이 존재하지 않음에 대한 갈애이다. 또 삶이 힘들어서 자살을 결심하는 사람은 죽어서 다시는 태어나지 않기를 바라면서 자살하는데, 이것이 존재하지 않음에 대한 갈애이다. 이런 갈애는 특히 현재의 삶이 괴롭고 불만족스러운 존재들에게 주로 나타난다. 하지만 자살하는 사람이 죽으면 모든 괴로움이 끝날 것이라고 열망하는 것은 단지 갈애일 뿐, 실제로는 그렇게 되지 않는다. 붓다의 가르침에 따르면 아무리 다시 태어나지 않기를 열망하고 죽는다고 해도 갈애가 남아 있는 한 다시 태어날 수밖에 없다. 더구나 현재 삶에 만족하지 못하여 염증을 느끼고 자살을 선택한 경우는 자칫 괴로움이 많은 악처에 태어날 가능성이 크다. 현재의 괴로움을 피하려다 더 큰 괴로움을 만나게 될 수도 있는 것이다. 그러므로 자살은 결코 현명한 선택이 아님을 명심해야 한다. 이상으로 세 가지 갈애에 대하여 살펴보았다.

그러면 갈애를 조건으로 어떻게 태어남, 즉 괴로움이 일어나는지 살펴보자. 이에 대하여는 십이연기에서 이미 자세히 설명했으므로 여기서는 간단히 살펴본다. 먼저 갈애가 있으면 '업' 또는 '존재'가 일어난다. 다시 말해서 갈애를 조건으로 유익한 업이나 해로운 업이 일어난다. 어리석은 사람들은 갈애에 얽매여서 갈애를 충족하고 즐기기 위해 해로운 업을 짓는다. 다시 말해서 해로운 의도를 가지고 생명을 죽이고, 도둑질하고, 그릇된 음행을 하고, 거짓말하고, 욕설하고, 이간질하는 말을 하고, 쓸데없는 말을 하고, 집착하고, 적의를 가지고, 그릇된 견해를 가지는 등의 해로운 업을 거리낌 없이 짓는다. 이같이 갈애를 조건으로 삶의 과정에서 수많은 욕계 해로운 업들이 생겨난다. 그러다가 임종 때 욕계 해로운 업이 나타나면 해로운 업을 조건으로 다음 생에 지옥, 축생, 아귀 등의 괴로움이 많은 악처에 태어난다. 이처럼 갈애를 조건으로 욕계 해로운 업이, 욕계 해로운 업을 조건으로 악처에 태어남이 있다. 한마디로 갈애를 조건으로 태어남이 있다.

반면에 지혜로운 사람은 갈애에 얽매여서 갈애를 좇는 것은 해롭고 괴로움임을 꿰뚫어 알고 갈애를 버리기 위해 노력하면서 유익한 업을 짓는다. 다시 말해서 유익한 의도를 가지고, 살생을 삼가고 자비를 베풀고, 도둑질을 삼가고 정당하게 돈을 벌고, 그릇된 음행을 삼가고 도덕적인 성생활을 하고, 거짓말을 삼가고 진실을 말하고, 욕설을 삼가고 부드럽게 말하고, 이간질을 삼가고 화합시키는 말을 하고, 쓸데없는 말을 삼가고 법담을 나누고, 탐욕을 버리고 놓아 버림을 계발하고, 적의를 버리고 자애와 연민을 계발하고, 그릇된 견해를 버리고 바른 견해를 계발하는 등의 유익한 업을 짓는다. 이같이 갈애를 조건으로 삶의 과정에서 수많은 욕계 유익한 업이 생겨난다. 그러다가 임종 때 욕계 유익한 업이 나타나면 욕계 유익한 업을 조건으로 다음 생에 욕계 천상에 태어나거나 인간으로 태어나는 등 즐거움이 많은 선처에 태어난다. 이처럼 갈애를 조건으로 욕계 유익한 업이 있고, 욕계 유익한 업을 조건으로 욕계 선처에 태어남이 있다. 한마디로 갈애를 조건으로 태어남이 있다.

또 어떤 사람은 색계는 괴로움은 없고 행복만이 가득함을 꿰뚫어 알고 색계에 대한 갈애를 바탕으로 삼매를 닦음으로써 색계 선정을 얻을 수 있다. 또 색계 선정을 바탕으로 존재의 실상을 꿰뚫어 보면 갈애를 소멸할 수 있다고 통찰하고 삼매를 닦음으로써 색계 선정을 얻을 수도 있다. 이같이 갈애를 조건으로 색계 업이 생겨난다. 그러다가 임종 때 색계 선정에 들어가서 죽음을 맞이하면 색계 업을 조건으로 행복만이 가득한 색계 세상에 태어난다. 이처럼 갈애를 조건으로 색계 업이 있고, 색계 업을 조건으로 색계 선처에 태어남이 있다. 한마디로 갈애를 조건으로 태어남이 있다.

또 어떤 사람은 무색계는 괴로움은 없고 행복만이 가득하다고 알고 무색계에 대한 갈애를 바탕으로 삼매를 닦음으로써 무색계 선정을 얻을 수 있다. 또 무색계 선정을 바탕으로 존재의 실상을 꿰뚫어 보면 갈애를 소멸할 수 있다고 통찰하고 삼매를 닦음으로써 무색계 선정을 얻을 수 있다. 이같이 갈애를 조건으로 무색계 업이 생겨난다. 그러다가 임종 때 무색계 선정에 들어가서 죽음을 맞이하면 무색계 업을 조건으로 행복만이 가득한 무색계 존재로 태어난다. 이처럼 갈애를 조건으로 무색계 업이 있고, 무색계 업을 조건으로 무색계 선처에 태어남이 있다. 한마디로 갈애를 조건으로 태어남이 있다.

　　이상을 종합해 보면 갈애를 조건으로 태어남이 있다. 그런데 태어남, 즉 물질과 정신 또는 다섯 무더기의 형성 그 자체가 괴로움이다. 그러므로 '갈애를 조건으로 괴로움이 있다.'라고 집성제를 천명할 수 있다.

3) 해로운 법을 조건으로 괴로움이 일어난다

붓다께서는 괴로움이 일어나는 원인을 십이연기에서는 무명, 갈애와 취착이라 설하셨고, 집성제에서는 갈애라고 설하셨다. 더 나아가 무명, 갈애와 취착뿐 아니라 '모든 해로운 법들을 조건으로 괴로움이 일어난다.'라고 말할 수도 있다. 이를 이해하기 위해서는 먼저 해로운 법들에 대하여 알아야 한다. 해로운 법들은 탐욕, 성냄, 어리석음을 근원으로 하며 뿌리로 한다. 이 중에서도 어리석음이 가장 근원적인 뿌리라고 할 수 있다. 현상의 실상을 있는 그대로 꿰뚫어 보지 못하는 어리석음으로 인해 현상에 집착하는 탐욕이 생겨난다. 탐욕이 있을 때 충족되지 않으면 현상을 싫어하는 성냄이 생겨난다. 그래서 성냄은 탐욕의 반작용이고, 정반대의 심리 현상이라고 할 수 있다. 그래서 탐욕과 성냄이 동시에 일어날 수는 없으며, 어리석음이 탐욕과 성냄의 뿌리이므로 어리석음과 탐욕이 함께 일어나거나 어리석음과 성냄이 함께 일어난다. 그러면 해로운 법들의 뿌리인 탐욕, 성냄, 어리석음을 중심으로 해로운 법들에 대하여 좀 더 자세히 살펴보자.

> "도반들이여, 그러면 무엇이 해로움의 뿌리입니까? 탐욕이
> 해로움의 뿌리입니다. 성냄이 해로움의 뿌리입니다. 어리석
> 음이 해로움의 뿌리입니다. 도반들이여, 이를 일러 해로움의
> 뿌리라 합니다."
>
> _「바른 견해 경」(M9)

어리석음 뿌리

어리석음[moha, 癡]은 모하moha의 번역인데 moha는 √muh(to dazed)에서 파생된 남성명사이다. 또 √muh(to dazed)에서 파생된 동사 뮤하띠muyhati는 '어리석게 하다', '얼빠지게 하다', '어리둥절하게 하다'라는 뜻을 지닌다. 그래서 moha는 '어리석음', '미혹함'이라는 의미이다. 어리석음은 '대상의 실상을 꿰뚫어 보지 못하는' 특성이 있는 심리 현상을 말한다. 앞서 설명한 무명도 법으로는 어리석음과 같다. 그래서 어리석음 또는 무명은 좀 더 정확히 말하면 네 가지 성스러운 진리에 대한 무지를 말한다. 다시 말해서 어리석음은 존재의 실상이 다섯 무더기이고, 다섯 무더기가 무상하고 괴로움이며 무아라는 진리에 대한 무지, 다섯 무더기가 일어나는 원인이 무명과 갈애를 포함한 해로운 법이라는 진리에 대한 무지, 해로운 법의 소멸이 괴로움의 소멸이라

는 진리에 대한 무지, 해로운 법들의 소멸로 인도하는 도 닦음이 팔정도를 포함한 유익한 법이라는 진리에 대한 무지를 말한다.

예를 들면 탐욕에 대한 무지도 어리석음이다. 탐욕이 일어나는 원인에 대한 무지도 어리석음이다. 탐욕이 무상하고 괴로움이며 무아라는 것에 대한 무지도 어리석음이다. 탐욕은 해로운 법이라는 것에 대한 무지도 어리석음이다. 탐욕의 소멸이 괴로움의 소멸이라는 것에 대한 무지도 어리석음이다. 탐욕의 소멸로 인도하는 도 닦음이 팔정도라는 것에 대한 무지도 어리석음이다. 또 성냄에 대한 무지도 어리석음이다. 성냄이 일어나는 원인에 대한 무지도 어리석음이다. 성냄이 무상하고 괴로움이고 무아라는 것에 대한 무지도 어리석음이다. 성냄은 해로운 법이라는 것에 대한 무지도 어리석음이다. 성냄의 소멸로 인도하는 도 닦음이 팔정도라는 것에 대한 무지도 어리석음이다.

어리석음을 뿌리로 하는 해로운 법들은 양심 없음, 수치심 없음, 들뜸, 의심이 있다. 양심 없음[ahirika24, 無慚]은 해로운 행위에 대하여 '부끄러움이 없는' 특성이 있는 심리 현상이다. 양심 없음은 스스로 존중하지 않고 양심적이지 않기 때문에 생겨난다. 예를 들어 양심이 없는 사람은 자신이 해로운 행위를 하는 것을 부끄러워하지 않으므로 해로운 행위를 거리낌 없이 행한다. 수치심 없음[anottappa25, 無愧]은

---

24 아히리까ahirika는 √hrī(to be shamed)에서 파생된 여성명사 'hiri'에 부정 접두어 'a'와 경시하고 비하하는 뜻을 지닌 접미사 'ka'가 결합한 단어이다.

25 아놋따빠anottappa는 ottappa에 부정 접두어 'an'을 붙여서 만들어진 단어이다. 옷따빠 ottappa는 ud(up)+√tap(to burn)에서 파생된 중성명사인데 문자적으로 마음을 태우고 속을 끓이는 의미를 내포하고 있다.

해로운 행위에 대하여 '두려움이 없는' 특성이 있는 심리 현상이다. 수치심 없음은 타인을 존중하지 않고 두려워하지 않기 때문에 생겨난다. 예를 들어 수치심이 없는 사람은 해로운 행위를 함으로써 타인에게 해를 끼치거나 타인의 비난이나 벌을 받는 것을 두려워하지 않으므로 해로운 행위를 거리낌 없이 행한다. 이처럼 양심 없음과 수치심 없음을 기반으로 해로운 마음들이 일어나고 해로운 행위들이 거리낌 없이 행해진다. 그래서 양심 없음과 수치심 없음은 모든 해로운 마음과 함께 일어난다.

> "비구들이여, 두 가지 검은 법이 있다. 무엇이 둘인가? 양심 없음과 수치심 없음이다. 비구들이여, 이것이 두 가지 검은 법이다."
>
> _「검음 경」(A2:1:7)

들뜸[uddhacca**26**, 掉擧]은 대상에 마음이 고요하게 머물지 못하고 '동요하는' 특성이 있는 심리 현상이다. 들뜸이 있으면 바람에 흔들리는 깃발처럼 마음이 동요하고 산란하다. 해로운 마음이 일어나면 마음이 안정되지 않고 들뜨게 되므로 들뜸도 모든 해로운 마음과 함께 일어난다.

정리해 보면 어리석고 부끄러워하지도 않고 두려워하지도 않고

26　웃닷짜uddhacca는 ud(up)+√dhṛ(to hold, 유지하다)의 동명사 형태로서 중성명사로서 정착되었다. 문자적으로는 '위로 올라가 있는 상태'라는 의미를 내포하고 있으므로 들뜸을 뜻한다.

들떠 있는 마음을 기반으로 해로운 마음이 일어나고 해로운 행위들이 거리낌 없이 행해진다. 그래서 어리석음, 양심 없음, 수치심 없음, 들뜸은 모든 해로운 마음과 함께한다.

의심[vicikicchā27, 疑心]은 '의심하는' 특성이 있는 심리 현상이다. 의심은 마치 지도나 나침반이 없는 사막에서 길을 찾는 사람처럼, 어느 한 가지를 결정하지 못하고 의심하여 생각이 이리저리 계속 움직이게 한다. 그래서 의심이 많은 사람은 계속 이리저리 생각하면서 의심만 하고 실제 수행을 실천하기는 어렵다. 의심은 대상을 분명히 꿰뚫어 알지 못하는 어리석음을 뿌리로 하지만, 모든 해로운 마음과 함께하는 심리 현상은 아니다. 의심은 의심스러운 상황이 있을 때는 일어나지만, 그렇지 않을 때는 일어나지 않는다.

이상으로 어리석음을 뿌리로 하는 양심 없음, 수치심 없음, 들뜸, 의심에 대하여 간단히 살펴보았다. 그러면 이들을 왜 어리석음을 뿌리로 하는 법이라고 말하는가? 해로운 법들의 위험을 모르는 어리석음으로 인해 양심 없음과 수치심 없음이 일어난다. 또 대상을 분명하게 꿰뚫어 알지 못하는 어리석음으로 인해 불안하고 의심하는 들뜸과 의심이 일어난다. 이런 이유로 양심 없음, 수치심 없음, 들뜸과 의심을 어리석음을 뿌리로 하는 법이라 한다. 다음으로 탐욕을 뿌리로 하는 법들에 대하여 알아보자.

---

27 위찌낏차띠vicikicchati는 vi(분리해서)+√cit(to think)+√cit+sa(열의, 희구동사, 소망형)에서 만들어진 동사인데 '자꾸자꾸 생각하고 싶어 하다'라는 뜻을 지닌다. vicikicchati에서 파생된 여성명사가 위찌낏차vicikicchā이다. 그래서 의심으로 번역하였다.

탐욕 뿌리

탐욕[lobha, 貪]은 로바lobha의 번역인데 lobha는 √lubh(be lustful)에서 파생된 남성명사이다. 또한 √lubh의 동사가 룹바띠lubbhati인데 '집착하다', '갈망하다'라는 뜻이므로 lobha를 탐욕이라 번역한 것이다. 탐욕은 대상을 '집착하는' 특성이 있는 심리 현상을 말한다. 탐욕은 마치 뜨겁게 달아오른 양은 냄비 위에 고깃덩어리 하나를 던져 넣으면 순식간에 달라붙는 것처럼, 대상에 달라붙어서 떨어지지 않고 포기하지 않으려는 마음 상태이다. 탐욕과 쓰임새, 뉘앙스는 다소 다르지만, 갈애渴愛, 욕탐[abhijjhā, 慾貪], 취착取着 등은 모두 대상에 집착하는 특성이 있으므로 법으로는 탐욕과 같다.

탐욕은 형색, 소리, 냄새, 맛, 감촉, 법에 대한 탐욕의 여섯 가지로 나눌 수 있다. 또 감각적 욕망에 대한 탐욕, 존재에 대한 탐욕, 존재하지 않음에 대한 탐욕의 세 가지로 나눌 수도 있다. 여기서 한 가지 주목할 점은 감각적 욕망의 정반대가 성냄이라는 것이다. 일반적으로 사람들은 원하는 대상에 대한 감각적 욕망이 충족되지 않으면 대상을 싫어하는 성냄이 일어나고, 성냄이 있으면 음식, 음악, 영화 등의 다소 구하기 쉬운 다른 대상에 대한 감각적 욕망을 충족함으로써 불만족을 해소하려 한다. 이렇게 감각적 욕망과 성냄은 서로 정반대이지만 서로에게 조건이 되므로 감각적 욕망이 소멸하면 성냄도 소멸하고, 성냄이 소멸하면 감각적 욕망도 소멸한다. 예를 들어 아나함[28]이 되면

---

28   아나함은 감각적 욕망, 성냄, 그릇된 견해, 의심, 후회, 질투, 인색 등을 완전히 소멸한 성자를 말한다. 아나함은 욕계에는 다시 태어나지 않으므로 불환자不還者라고 한다.

감각적 욕망과 성냄이 완전히 소멸한다.

　탐욕을 뿌리로 하는 해로운 법은 그릇된 견해와 자만이 있다. 그릇된 견해[micchā diṭṭhi²⁹, 邪見]는 '사성제와 부합하지 않는 견해'라는 특성이 있다. 그릇된 견해는 성스러운 제자들을 친견하여 바른 견해인 사성제를 듣고 배우지 않으므로 생겨난다. 붓다께서는 그릇된 견해를 가진 사람은 자신뿐 아니라 다른 사람들까지도 바른 법에서 멀어지게 하고 삿된 법에 빠지게 할 뿐 아니라 현생에서는 수많은 괴로움을 겪고, 죽으면 지옥, 축생, 아귀 등의 악처에 태어난다고 설하셨다. 이런 이유로 그릇된 견해는 크게 비난받아 마땅하고 수행자가 절대 빠져서는 안 되는 것이다. 그런데 그릇된 견해가 있으면 어리석음으로 인해 그것에 집착하고 거머쥐는 탐욕이 함께하므로 그릇된 견해는 탐욕을 뿌리로 한다.

> "비구들이여, 이것과 다른 어떤 단 하나의 법도 이렇듯 크게
> 비난받는 것을 나는 보지 못하나니 그것은 바로 삿된 견해이
> 다. 비구들이여, 삿된 견해는 가장 크게 비난받는 것이다."
>
> ＿「막칼리 품」(A1:18:3)

29　밋차micchā는 '그릇된', '삿된'이라는 뜻이고, 딧티diṭṭhi는 √dṛṣ(to see)에서 파생된 여성 명사이며 '견해', '이론', '원칙' 등의 뜻을 지닌다. 그래서 micchā diṭṭhi는 그릇된 견해, 즉 사견邪見을 의미한다.

자만[māna[30], 自慢]은 자신과 남을 비교하며 '자신을 내세우는' 특성이 있는 심리 현상이다. 그래서 자만에 빠진 사람은 자신을 드러내기를 좋아하고 허영심이 강하다. 자만은 자신이 남보다 우월하다는 마음뿐 아니라 자신이 남보다 열등하다는 마음이나 자신과 남이 동등하다는 마음도 포함하는 심리 현상을 말한다. 그러므로 자만은 우월함[31]뿐 아니라 열등함[32], 동등함의 세 가지 형태로 나타난다.

그런데 자만이 있으면 어리석음으로 인해 '자신을 내세우는 일'에 집착하고 거머쥐는 탐욕이 함께하므로 자만은 탐욕을 뿌리로 한다.

정리해 보면 그릇된 견해가 사성제와 부합하지 않는 견해를 뜻하는 심리 현상이라면, 자만은 나와 남을 비교하며 자신을 내세우는 심리 현상이다. 그리고 그릇된 견해와 자만이 있으면 그것에 집착하는 탐욕이 함께하므로 그릇된 견해와 자만은 탐욕을 뿌리로 하는 법이라 한다. 다음으로 성냄을 뿌리로 하는 법들에 관하여 알아보자.

> "어떤 세 가지 자만을 버려야 하는가? 자만, 열등감, 우월감
> 이다. 이러한 세 가지 자만을 버려야 한다."
>
> _「갈애 경」(A6:106)

---

30 마나māna는 √man(to think)에서 파생된 남성명사인데 '나'를 생각한다는 의미에서 자만 自慢을 의미한다.

31 우월함은 아띠마나atimāna의 번역으로 atimāna는 ati+māna로 분해할 수 있는데 'ati'는 위를 뜻하는 접두사이다. 그래서 atimāna는 자신을 남보다 높게 생각하는 우월함을 의미한다.

32 열등함은 오마나omāna의 번역으로 omāna는 o+māna로 분해할 수 있는데 'o'는 아래를 뜻하는 접두사이다. 그래서 omāna는 자신을 남보다 아래로 생각하는 열등함을 의미한다.

성냄 뿌리

성냄[dosa, 瞋]은 도사dosa의 번역인데 dosa는 √dviş(to hate)에서 파생된 남성명사이다. 또한 √dviş(to hate)에서 파생된 동사 둣사띠dussati는 '나쁘게 되다', '타락하다'라는 뜻을 지니므로 dosa는 현재 상태를 더 나빠지게 만든다는 의미를 내포하고 있다. 성냄은 대상을 '싫어하는' 특성이 있는 심리 현상을 말한다. 성냄은 성난 독사처럼 잔인하고 거친 마음이므로 자신을 현재보다 더 나쁜 상태로 만들고, 자신이 쌓아 온 공덕을 한순간에 태워 버릴 수도 있다. 마치 자신이 의지하는 집을 태워 버리는 숲속의 불처럼. 이런 의미에서 성냄을 화火라고 번역하기도 한다. 성냄은 적의[vyāpāda, 敵意], 악의[paṭigha, 惡意], 우울, 분노, 짜증, 절망, 허무, 공포, 슬픔, 스트레스 등의 형태로 나타난다. 그런데 이들의 쓰임새와 뉘앙스는 다소 다르지만, 모두 대상을 싫어하는 특성이 있으므로 법으로는 성냄과 같다.

성냄을 뿌리로 하는 해로운 심리 현상은 질투, 인색, 후회가 있다. 질투[issā³³, 嫉妬]는 '타인의 성공을 싫어하는' 특성이 있는 심리 현상이다. 질투가 있는 사람은 타인의 성공을 좋아하지 않고 싫어하며 시기한다. 인색[maccariya³⁴, 吝嗇]은 '자신의 성공을 남에게 베푸는 것을 싫어하는' 특성이 있는 심리 현상이다. 인색한 사람은 다른 사람과 자

33　질투는 잇사issā의 번역인데 issā는 √īrş(to be jealuos)에서 파생된 여성명사이다. 또한 √īrş(to be jealuos)에서 파생된 동사는 issati는 '질투하다'라는 뜻을 지닌다.

34　맛차리아macchariya는 어근이 없는 중성명사이다. 주석서인 「위방가」에서는 macchariya를 mā(없기를)+경이로움(macchariya)으로 해석하여 '이런 경이로움이 내게만 있고 타인에겐 없기를!'이라는 의미로 풀이한다. 그래서 macchariya는 인색으로 번역했다.

4장 ·· 사성제

신의 성공을 나누는 것을 싫어하고 함께 나누는 일을 피하는 등 치사하게 행동한다. 후회[kukkucca35, 惡作]는 유익한 일을 행하지 않은 것이나 해로운 일을 행한 것을 싫어하여 나중에 '속을 태우는' 특성이 있는 심리 현상이다. 후회가 많은 사람은 자신이 지은 과거의 잘못을 떠올리며 항상 괴로워한다.

이처럼 질투는 남의 성공을 싫어하고, 인색은 자신의 성공을 나누는 것을 싫어하고, 후회는 자신이 잘못한 것을 싫어한다. 이런 이유로 질투, 인색, 후회는 성냄을 뿌리로 하는 법이라 한다.

끝으로 탐욕이나 성냄을 뿌리로 하는 심리 현상은 해태[thīna36, 懈怠]와 혼침[middha37, 昏沈]이다. 해태와 혼침은 항상 함께 작용하는데 해태는 '게으른' 특성이 있는 심리 현상이고, 혼침은 '무기력한' 특성이 있는 심리 현상이다. 그래서 해태와 혼침이 있는 사람은 마음이 게으르고 무기력하므로 멍한 상태에 있거나 졸음에 빠지게 된다. 다시 말해서 해태와 혼침에 빠진 마음에서는 절대 지혜가 생겨날 수 없는데 이것이 해태와 혼침의 가장 해로운 점이다. 그러면 해태와 혼침이

---

35 꾹꿋짜kukkucca는 ku(bad)+kata(√kr. to do의 과거분사)가 합성된 kukkata의 추상명사이고 중성명사이다. 그래서 kukkucca는 전에 지은 행위에 대하여 '잘못(du) 했구나(kata)'라고 후회하면서 안달복달하는 후회로 번역한 것이다. 이를 중국에서는 '악惡을 행했다[作]'라는 말 그대로 직역하여 악작惡作으로 번역했다.

36 티나thīna는 √styai/styā(to stiffen) 또는 √stim(to stiffen)에서 파생된 중성명사이다. 마음이 뻣뻣해지고 굳어져서 느리고 게으른 상태를 말한다. 그래서 thīna는 느리고 게으른 심리 현상인 해태로 번역했다.

37 밋다middha는 √mid(to be fat)에서 파생된 중성명사이다. 몸이 비대한 사람이 지둔하듯이 마음이 무기력해진 상태를 말한다. 그래서 middha는 무기력한 심리 현상인 혼침으로 번역했다.

326

어떻게 탐욕이나 성냄을 뿌리로 하는지 살펴보자. 예를 들어 좌선 중에 편안하면서 졸리는 마음 상태가 있는데 그것을 즐기고 있는 것은 탐욕을 뿌리로 하는 해태와 혼침에 빠진 것이다. 또 좌선 중에 따분함이나 지루함으로 인해 졸음에 빠지는 경우가 있는데 이런 경우는 성냄을 뿌리로 하는 해태와 혼침에 빠진 것이다. 이런 이유로 해태와 혼침은 탐욕이나 성냄을 뿌리로 하는 법이라 한다.

이상으로 해로운 법들에 대하여 알아보았다. 그러면 이제 어떻게 해로운 법들을 조건으로 괴로움이 일어나는지에 대하여 살펴보자.

먼저 해로운 법들을 조건으로 해로운 업들이 일어난다. 어리석은 사람들은 탐욕, 성냄, 어리석음을 뿌리로 하는 해로운 법에 얽매이고 빠져서 생명을 죽이고, 도둑질하고, 그릇된 음행을 하고, 거짓말하고, 욕설하고, 이간질하는 말을 하고, 쓸데없는 말을 하고, 집착하고, 적의를 가지고, 그릇된 견해를 가지는 등의 해로운 업을 짓는다. 이와 같은 해로운 업은 세 가지 형태의 괴로움이 일어나게[38] 한다고 붓다께서는 설하셨다. 첫째, 자신에게 해로운 업들이 내재해 있다는 것을 생각할 때 괴로움이 일어난다. 예를 들어 '내가 살생했구나.', '내가 도둑질을 했구나.', '내가 거짓말을 했구나.'라고 알아차릴 때 괴로움이 생겨난다. 둘째, 해로운 업을 조건으로 현생에 감옥에 갈 수도 있고, 벌금을 낼 수도 있고, 지혜로운 사람들에게 비난받는 등 현생에 나쁜 결과가 일어날 때 괴로움이 일어난다. 또 아직 일어나지는 않았을지라도 나

---

38 「어리석은 자와 현명한 자 경」(M129).

4장‥사성제

뽄 결과가 일어날 수 있는 잠재력이 내재해 있음을 생각할 때 괴로움이 일어난다. 셋째, 죽음에 가까이 가면 이생에서 몸과 말과 마음으로 저지른 나쁜 행위가 그를 덮고 에워싼다. 그러면 내생에 악처에 태어날 수밖에 없음을 알게 되므로 근심하고 가슴을 치면서 울부짖고 두려워하는 등의 괴로움이 일어난다. 더 나아가 임종 때 해로운 업이 나타나서 지옥, 축생, 아귀 등의 악처에 태어나면 더 큰 괴로움이 일어난다. 이처럼 해로운 법을 조건으로 해로운 업이 일어나고, 해로운 업을 조건으로 괴로움이 일어난다. 한마디로 '해로운 법들을 조건으로 괴로움이 일어난다.'라고 할 수 있다.

이렇게 해로운 법을 조건으로 괴로움이 일어남에도 붓다께서는 어떤 이유로 십이연기의 가르침에서는 괴로움이 일어나는 원인으로 무명 또는 갈애와 취착만을 언급하셨는가? 왜냐하면 붓다께서는 모든 존재에게 적용될 수 있는 가장 주된 원인을 밝히셨기 때문이다. 예를 들어 아나함이 되면 성냄은 모두 소멸하므로 성냄은 아나함이 태어날 수 있는 조건이 될 수 없다. 하지만 무명 또는 갈애와 취착은 아라한이 되어야만 소멸하므로 무명 또는 갈애와 취착은 아라한을 제외한 모든 존재가 태어나는 원인이 된다. 그래서 십이연기에서는 해로운 법들의 뿌리인 탐욕, 성냄, 어리석음 중에서 성냄은 제외하고 무명, 갈애와 취착만을 설하신 것이다.[39]

더 나아가 갈애가 있다는 것은 대상의 실상을 꿰뚫어 보지 못하

---

39 갈애와 취착은 대상에 '집착하는' 특성이 있으므로 법으로는 탐욕(lobha, 貪)이다. 무명도 대상을 '잘못 아는' 특성이 있으므로 법으로는 어리석음과 같다.

는 무명이 있음을 뜻한다. 다시 말해서 집착하는 대상이 무상하고 괴로움이고 무아이므로 집착할만한 가치가 없음을 꿰뚫어 보는 명지가 없으므로, 즉 무명이 있으므로 대상에 집착하는 갈애가 일어난다. 이렇게 갈애는 항상 무명과 함께 일어난다. 그래서 '무명 또는 갈애와 취착을 조건으로 괴로움이 일어난다.'라는 말은 '갈애를 조건으로 괴로움이 일어난다.'라고 줄여도 무방하다. 그래서 붓다께서는 '갈애를 조건으로 괴로움이 일어난다.'라는 가장 단순한 구조로 괴로움의 일어남의 성스러운 진리인 집성제를 설하신 것이다.

　종합해 보면 깨달음을 얻지 못한 보통 사람의 경우는 '해로운 법을 조건으로 괴로움이 일어난다.'라고 말해서 아무 문제가 없다. 하지만 해로운 법 중에서 사견, 의심, 질투, 인색 등은 수다원이 되면 완전히 소멸하므로 이것들은 수다원에게 괴로움이 일어나는 원인이 될 수 없다. 또 감각적 욕망, 성냄, 후회 등은 아나함이 되면 완전히 소멸하므로 이것들은 아나함에게 괴로움이 일어나는 원인이 될 수 없다. 그래서 아라한을 제외한 모든 존재에게 적용되는 인과 관계를 드러내려면 '해로운 법을 조건으로 괴로움이 일어난다.'라는 것보다는 '무명 또는 갈애와 취착을 조건으로 괴로움이 일어난다.'라고 나타내야 명확하다. 이처럼 깨닫지 못한 보통 사람인지 유학인지에 따라 적용되는 범위의 차이가 다소 있음을 잊지 않는다면, 괴로움이 일어나는 원인이 무명, 갈애와 취착뿐 아니라 모든 해로운 법이라 확장해서 이해해도 무방하다. 따라서 '해로운 법을 조건으로 괴로움이 일어난다.'라고 할 수 있다.

4) 집성제는 버려야 할 진리이다

집성제는 괴로움이 일어나는 원인이 갈애임을 천명한 진리이다. 이 것을 일반화하면 집성제는 괴로움이 일어나는 원인이 해로운 법이라고 천명한 진리라고 말할 수 있다. 이처럼 해로운 법을 조건으로 괴로움이 일어나므로 해로운 법들이 소멸하면 괴로움의 소멸이 실현된다. 그래서 갈애를 포함한 해로운 법들은 버려야 할 법이다. 다시 말해서 집성제는 버려야 할 진리이다. 이처럼 탐욕, 성냄, 어리석음을 뿌리로 하는 해로운 법들은 버려야 할 법이라고 분명히 꿰뚫어 아는 것은 불교의 수행에서 매우 중요한 지혜이다. 이런 지혜가 없으면 버려야 할 법들을 계발하고, 계발해야 할 법들을 버릴 수도 있기 때문이다. 따라서 해로운 법은 버려야 할 법이라고 명확히 알 수 있도록 해 주는 진리가 집성제이다.

> "괴로움의 성스러운 진리는 철저하게 알아야 한다. 괴로움의 일어남의 진리는 버려야 한다. 괴로움의 소멸의 진리는 실현해야 한다. 괴로움의 소멸로 인도하는 도 닦음의 진리는 닦아야 한다."
>
> _「철저히 알아야 함 경」(S56:29)

4

멸성제:
괴로움의
소멸의 진리

1) 멸성제: 갈애가 소멸하면 괴로움이 소멸한다

수행자가 바른 스승을 만나 사성제를 듣고, 사성제를 의지해서 열심히 수행하면 '나'라고 불리는 존재의 실상은 다섯 무더기이며, 다섯 무더기는 조건을 의지해서 생겨난 연기된 법임을 통찰할 수 있다. 특히 다섯 무더기는 갈애를 조건으로 생겨난다는 것을 꿰뚫어 알 수 있다. 이렇게 다섯 무더기는 갈애라는 조건을 의지하여 생겨난 연기된 법이므로 무상하고 괴로움이며 무아이다. 이렇게 다섯 무더기가 무상하고 괴로움이고 무아이기 때문에 집착할만한 가치가 없다는 것을 철저히 꿰뚫어 알게 되면 다섯 무더기가 영원하고 행복이며 나의 것, 나, 나의 자아라고 잘못 아는 어리석음과 그로 인해 생긴 다섯 무더기에 대한 갈애를 완전히 소멸할 수 있다. 갈애가 소멸하면 존재는 다시 태어나지 않게 되고, 존재가 태어나지 않으면 괴로움이 일어날 가능성이 완전히 사라지므로 괴로움이 소멸한다. 한마디로 갈애가 소멸하면 괴로움이 소멸한다. 이처럼 갈애의 완전한 소멸을 괴로움의 소멸의 성스러운 진리인 멸성제[dukkha nirodha ariyasacca, 滅聖諦]라고 한다.

> "비구들이여, 이것이 괴로움의 소멸의 성스러운 진리이다.
> 그것은 바로 그러한 갈애가 남김없이 빛바래어 소멸함, 버림,
> 놓아 버림, 벗어남, 집착 없음이다."
>
> _「초전법륜경」(S56:11)

갈애를 소멸함으로써 괴로움의 소멸의 성스러운 진리인 멸성제가 실현 가능하다는 것은 아주 중요한 사실이다. 만약 괴로움이 소멸한 완전한 행복을 실현하는 것이 불가능하다면 괴로움을 소멸하려고 노력하는 것 자체가 의미가 없다. 하지만 괴로움의 소멸이 가능하므로 괴로움에서 벗어나는 바른 수행 방법이 필요하고 그것을 실천하는 노력이 의미가 있다. 이런 이유로 붓다께서는 괴로움의 소멸이 가능하다고 천명하는 멸성제를 먼저 설하신 후에 괴로움의 소멸로 인도하는 도 닦음인 도성제를 나중에 설하신 것이라 볼 수 있다.

2) 해로운 법이 소멸하면 괴로움이 소멸한다
집성제는 괴로움이 일어나는 원인이 갈애라고 천명한 진리이다. 더 나아가 집성제는 괴로움이 일어나는 원인이 해로운 법이라고 천명한

진리라고 할 수 있다. 그런데 모든 해로운 법은 탐욕과 성냄과 어리석음을 뿌리로 한다. 더구나 어리석음은 사성제에 대한 무지를 말하는데 그중에 특히 존재의 실상은 다섯 무더기이며, 다섯 무더기는 무상하고 괴로움이며 무아라는 고성제에 대한 무지이다. 이와 같은 어리석음을 바탕으로 다섯 무더기에 대한 탐욕이 일어나고, 탐욕이 충족되지 않을 때 성냄이 일어난다. 이처럼 어리석음을 기반으로 탐욕과 성냄이 일어나므로 어리석음을 뿌리로 모든 해로운 법이 일어난다고 할 수 있다.

그러므로 사성제 중에 고성제를 철저히 꿰뚫어 알면 어리석음이 소멸하고, 어리석음이 소멸하면 모든 해로운 법이 소멸하고, 해로운 법이 소멸하면 다시 태어나지 않으며 그로 인해 모든 괴로움이 소멸한다. 따라서 해로운 법이 소멸하면 괴로움이 소멸하고, 멸성제가 실현된다. 이때 멸성제를 간단하게 열반[nibbāna, 涅槃]이라고도 한다. 열반은 닙바나nibbāna의 음역인데 nibbāna는 nis(부정 접두어)+√vā(to blow)에서 파생된 중성명사로서 문자적으로 '불어서 꺼짐'이라는 뜻이다. 그렇지만 불교에서 열반은 탐욕의 불꽃, 성냄의 불꽃, 어리석음의 불꽃이 꺼진 상태, 즉 해로운 법들이 소멸한 상태를 말하거나 물질과 정신의 불꽃이 꺼지고, 다섯 무더기의 불꽃이 꺼지고, 여섯 감각 장소의 불꽃이 꺼진 상태, 즉 연기된 법들이 소멸한 상태를 뜻한다.

> "열반은 모든 형성된 것들의 가라앉음, 모든 재생의 근거를
> 놓아 버림, 갈애의 멸진, 탐욕의 빛바램, 소멸이다."
> _「찬나 경」(S22:90)

열반은 유여열반有餘涅槃과 무여열반無餘涅槃의 두 가지로 이해할 수 있다. 첫째, 유여열반은 괴로움이 일어나는 원인인 갈애, 더 나아가 해로운 법의 완전한 소멸을 의미한다. 아라한은 갈애와 더불어 해로운 법들을 완전히 소멸한 존재를 말하므로 정신적인 괴로움으로부터는 완전히 벗어났다고 할 수 있다. 하지만 아라한이 되어도 수명이 다할 때까지는 물질과 정신 또는 다섯 무더기는 남아 있다. 그러므로 정신적 고통에서는 벗어났지만 육체적 고통은 완전히 피할 수 없다. 이렇게 아라한은 수명이 남아 있을 때 몸과 마음이 있으므로 '남은 것이 있는[有餘]' 열반이란 의미에서 유여열반을 실현했다고 말한다.

아라한은 수명이 남아 있는 동안 다른 존재들이 괴로움에서 벗어날 수 있도록 법을 설해 주고 수행을 지도해 준다. 이것은 붓다와 그의 제자들이 아라한이 되신 후에 죽음에 이르실 때까지 다른 존재들에게 연기와 사성제에 관한 법을 설해 주고 수행을 지도해 주신 것을 보면 알 수 있다. 이렇게 아라한들이 법을 설할 수 있는 것은 유여열반의 상태가 가능하기 때문이다. 만약 아라한이 되는 즉시 죽음을 맞이하여 유여열반의 상태가 없다면 아라한은 다시 태어나지 않으므로 사람들은 붓다와 그의 아라한 제자들의 법문을 들을 수 없을 것이다. 따라서 유여열반의 상태가 가능해 붓다와 그의 아라한 제자들의 법문을 들을 수 있다는 것은 참으로 다행한 일이다.

둘째, 무여열반은 존재의 실상인 물질과 정신의 완전한 소멸을 말한다. 태어난 존재는 반드시 죽으므로 아라한도 수명이 다하면 죽음을 맞이할 수밖에 없다. 아라한은 윤회의 원인이 되는 갈애, 더 나아가 해로운 법들을 완전히 소멸하였기 때문에 아라한이 죽음을 맞이하면 다시는 어떤 존재로도 태어나지 않는다. 다시 태어나지 않는다는 것은 물질과 정신 또는 다섯 무더기, 여섯 감각 장소가 다시 형성되지 않는다는 것을 의미한다. 그래서 아라한의 죽음을 다섯 무더기 또는 물질과 정신의 완전한 소멸 또는 괴로움의 완전한 소멸이라 한다. 다섯 무더기가 있을 때는 정신적 고통은 소멸하였지만, 육체적 고통을 완전히 피할 수 없다. 하지만 다섯 무더기가 형성되지 않으면 괴로움이 일어날 가능성이 완전히 소멸한다. 왜냐하면 괴로움이 일어나는 토대가 되는 물질과 정신 또는 다섯 무더기가 완전히 사라졌기 때문이다. 이처럼 아라한이 죽음을 맞이하면 괴로움이 완전히 소멸하므로 '남은 것이 없는[無餘]' 열반이라는 의미에서 무여열반이라 한다. 무여열반은 완전한 열반[pari nibbāna, 般涅槃]이라고도 부른다.

> "왓차여, 나는 천명하노니 취착이 있는 자에게 다시 태어남은 있지만 취착하지 않는 자는 그렇지 않다. 왓차여, 예를 들면 연료가 남아 있는 불은 타오르지만, 연료가 없으면 타오르지 않는 것과 같다. 왓차여, 그와 같이 취착이 있는 자에게 다시 태어남은 있지만, 취착하지 않는 자는 태어나지 않는다고 나는 천명한다."
>
> _「토론장 경」(S44:9)

3) 열반과 단견의 차이
수행자 중에 단견斷見과 무여열반의 실현을 혼동하는 사람들이 있다.

다시 말해서 아라한이 죽어서 다시 태어나지 않는다고 말하는 것은 단견이 아니냐는 주장이다. 이것은 연기에 대한 바른 이해가 없어서 생기는 아주 큰 오해이다. 앞서 십이연기에 관한 내용에서 설명했듯이 붓다께서는 영원히 존재하는 '자아'가 있다고 주장하는 상견과 모든 존재는 죽으면 끝이고 소멸한다고 주장하는 단견을 그릇된 견해라고 부정하셨다. 그런 다음 두 가지 극단을 극복하고 중간[中]에 의지해서 '갈애가 있으면 태어나지만, 갈애가 없으면 태어나지 않는다.'라는 연기를 설하셨다. 그래서 팔정도를 닦아 갈애를 소멸하면 아라한이 되어 유여열반을 실현하고, 아라한이 죽게 되면 다시 태어나지 않는 상태인 무여열반을 실현하게 되는 것이다.

이처럼 무여열반의 실현은 갈애를 소멸한 아라한이 된 후에야 가능한 것이므로 무여열반의 실현은 누구나 도달할 수 있는 경지가 아니라 불교 수행자가 팔정도를 닦아서 실현해야 할 최종 목표이고, 괴로움의 소멸이고, 완전한 행복이라고 할 수 있다. 이에 반해 단견은 수행과 상관없이 모든 존재는 죽으면 끝이고 다시 태어나지 않는다고 주장하는 그릇된 견해일 뿐이다. 그래서 어떤 사람이 단견을 가지고 존재는 죽으면 끝이고 소멸해 버린다고 아무리 주장하더라도 갈애가 남아 있다면 그는 다시 태어날 수밖에 없다. 이렇게 불교 수행의 목표이자 괴로움이 완전히 소멸한 상태인 무여열반의 실현과 그릇된 견해의 한 가지 형태인 단견을 혼동하는 것은 참으로 어리석은 일이다.

4) 아라한이 죽으면 어떻게 되는가?

어리석은 범부들은 형성된 법들의 소멸, 다시 태어나지 않음, 열반에 관한 가르침을 들을 때 자신이 사라진다고 생각하여 두려워하고 괴로워한다. 그러면 사람들은 왜 태어나지 않는 것을 근심하고 슬퍼하는가? 그것은 '나'라는 존재에 대한 탐욕이 있기 때문이다.

다시 말해서 영원히 변하지 않고 삶을 주재하는 주체인 '나'가 실제로 있다고 착각하여 '나'라는 존재를 강하게 집착하기 때문에 열반을 실현하여 다시 태어나지 않는 것에 대해 '참으로 나는 파멸해 버리겠구나. 나는 다시 존재하지 않게 되었구나.'라고 근심하고 슬퍼하고 두려워하는 것이다.

> "세존께서는 말씀하셨다. 비구여, 여기 어떤 자에게 '이것이 세계요, 이것이 자아다. 나는 죽은 뒤에도 영원할 것이고 견고하고 영원하고 변하지 아니하여 영원토록 한결같이 머물 것이다.'라는 견해가 있다. 그는 여래나 여래의 제자가 모든 견해의 토대, 결심, 편견, 고집, 잠재 성향들을 근절시키고, 모든 형성된 것들[行]을 가라앉히고[止], 모든 재생의 근거를 놓아 버리고[放棄], 갈애를 소멸하고, 탐욕을 빛바래고[離慾], 소멸하고[滅], 열반을 체득하기 위해 법을 설하는 것을 듣는다. 그러면 그에게 이런 생각이 든다. '나는 단멸해 버리겠구나. 참으로 나는 파멸해 버리겠구나. 참으로 나는 다시 존재하지 않게 되겠구나.'라고. 그는 근심하고 상심하고 슬퍼하고 가슴을 치고 울부짖고 광란한다. 비구여, 이같이 안으로 존재하지

않는 것에 대해 번민한다."

_「뱀의 비유 경」(M22)

그런데 붓다께서는 '나라는 존재'의 실상은 다섯 무더기일[40] 뿐이고 다섯 무더기는 조건을 의지해서 생겨난 연기된 법이므로 무상하고, 무상한 것은 괴로움이며, 무상하고 괴로움인 것은 나의 것, 나, 나의 자아가 아니라고, 특히 괴로움이라고 설하셨다. 그래서 존재의 실상 인 다섯 무더기는 한마디로 괴로움이며, 다섯 무더기에는 영원하면서 삶을 통제하는 주체인 '자아', '영혼', '진아', '나'라는 것은 없다. 그러므 로 아라한이 죽음을 맞이하여 열반을 실현하더라도 다섯 무더기, 즉 괴로움이 소멸하는 것이지 '나'라는 주체가 사라지는 것은 아니다. 왜 냐하면 '나'라는 것은 어리석음으로 인해 생긴 그릇된 인식 또는 개념 에 불과할 뿐 실체가 아니기 때문이다.

이렇게 존재의 실상이 다섯 무더기이고, 다섯 무더기는 무상하 고 괴로움이고 무아임을 분명히 꿰뚫어 알면 존재에 '나'가 있다고 잘 못 아는 어리석음이 버려지면서 존재에 대한 탐욕도 소멸한다. 이렇 게 존재에 관한 어리석음과 탐욕을 소멸한 아라한은 열반을 실현하여 다시 태어나지 않게 되는 것이 '나'가 사라지는 것이 아니라 다섯 무더 기, 즉 괴로움의 소멸일 뿐임을 분명히 꿰뚫어 안다. 이와 같은 통찰로 인해 아라한은 다시 태어나지 않는 열반의 실현에 대하여 근심도 없

---

40 「자기 존재 경」(S22:105).

고, 슬픔도 없고, 두려움도 생기지 않는다.

> "도반이여, 만일 제게 묻기를 '도반 야마까여, 번뇌가 소멸한
> 비구는 몸이 무너져 죽은 후에는 어떻게 됩니까?'라고 한다
> 면 저는 이렇게 설명하겠습니다. '도반들이여, 물질은 무상합
> 니다. 무상한 것은 괴로움이요, 괴로움인 것은 소멸하였고 사
> 라졌습니다. 느낌은 … 인식은 … 형성은 … 의식은 무상합
> 니다. 무상한 것은 괴로움이요, 괴로움인 것은 소멸하였고 사
> 라졌습니다.' 도반이여 저는 이렇게 대답하겠습니다."
>
> _「야마까 경」(S22:85)

또 다른 관점에서 태어나지 않음을 근심하고 슬퍼하고 두려워하는 이
유는 '태어남이 행복이고, 태어나지 않음이 괴로움이다.'라는 그릇된
견해를 바탕으로 '나'라는 존재가 영원히 존재하기를 바라고 집착하
기 때문이다. 그러므로 '태어남은 괴로움이고, 태어나지 않음이 행복
이다.'라는 바른 견해를 확립한다면 태어나지 않음을 근심하거나 슬
퍼하거나 두려워하지 않을 것이다. 오히려 태어남이라는 괴로움을 버
리고 태어나지 않음이라는 완전한 행복, 괴로움의 소멸을 실현하기
위해 열심히 정진하게 될 것이다.

5) 멸성제는 실현해야 할 진리이다

멸성제는 갈애의 소멸이 괴로움의 소멸임을 천명한 진리이다. 바른

스승을 만나 사성제에 대한 법문을 듣고 바른 견해를 갖춘 수행자는 팔정도를 닦음으로써 갈애와 더불어 해로운 법들을 완전히 소멸할 수 있다. 그러면 아라한이 되어 유여열반이 실현되고 정신적 괴로움은 완전히 소멸하지만, 육체적 괴로움은 남아 있다. 그렇지만 유여열반을 실현한 아라한이 수명이 다하여 죽음을 맞이하면 다시 태어나지 않으므로 물질과 정신 또는 다섯 무더기가 소멸해 무여열반이 실현된다. 이와 같은 무여열반이 실현되면 정신적 괴로움뿐 아니라 육체적 괴로움 등 모든 괴로움이 완전히 소멸한 상태이므로 괴로움의 소멸이고, 완전한 행복이다. 그래서 갈애와 더불어 해로운 법들을 완전히 소멸하면 괴로움의 소멸, 완전한 행복이 실현된다고 천명한 멸성제는 실현해야 할 진리이다.

> "괴로움의 성스러운 진리는 철저하게 알아야 한다. 괴로움의 일어남의 진리는 버려야 한다. 괴로움의 소멸의 진리는 실현해야 한다. 괴로움의 소멸로 인도하는 도 닦음의 진리는 닦아야 한다."
>
> _「철저히 알아야 함 경」(S56:29)

5

도성제:
괴로움의 소멸로
인도하는
도 닦음의 진리

1) 도성제: 팔정도는 괴로움의 소멸로 인도한다

지금까지 살펴보았듯이 고성제는 존재의 실상은 다섯 무더기이며, 다섯 무더기는 무상하고 괴로움이며 무아, 특히 괴로움의 특성이 있음을 천명한 진리이다. 집성제는 괴로움이 일어나는 원인은 갈애임을 천명한 진리이다. 멸성제는 갈애의 소멸이 괴로움의 소멸이라고 천명한 진리이다. 다시 말해서 세 가지 진리는 다섯 무더기는 괴로움이고, 괴로움은 갈애를 조건으로 일어나므로 갈애가 소멸하면 괴로움이 소멸한다는 진리를 드러낸다. 그렇다면 갈애를 어떻게 소멸할 것인가? 붓다께서는 갈애를 소멸할 수 있는 도 닦음으로 팔정도[aṭṭhaṅgika magga, 八正道], 즉 바른 견해, 바른 사유, 바른 말, 바른 행위, 바른 생계, 바른 정진, 바른 기억, 바른 삼매의 여덟 가지 구성 요소를 설하셨다.

이처럼 괴로움의 소멸로 인도하는 도 닦음이 팔정도임을 천명한 진리가 도성제 [dukkha nirodha gāmini paṭipadā ariyasacca, 道聖諦]이다. 그러면 팔정도의 여덟 가지 요소에 대하여 하나하나 자세히 살펴보자.

> "비구들이여, 이것은 괴로움의 소멸로 인도하는 도 닦음의 성스러운 진리이다. 그것은 바로 여덟 가지 구성 요소를 가진 성스러운 도, 즉 바른 견해, 바른 사유, 바른 말, 바른 행위, 바른 생계, 바른 정진, 바른 기억, 바른 삼매이다."
>
> _「초전법륜경」(S56:11)

① 바른 견해[sammā-diṭṭhi, 正見]

'바른'은 삼마sammā의 번역이다. sammā는 문자적으로는 '함께하는', '하나 속에 연결된', '바른'을 의미한다. 팔정도는 괴로움의 소멸로 인도하는 올바른 길을 의미하기 때문에 sammā를 '바른'으로 번역한 것이다. 그런데 팔정도는 여덟 가지 요소들이 함께 조화를 이룰 때 비로소 괴로움의 소멸로 인도하는 올바른 길이 될 수 있으므로 sammā는 '함께하는', '하나로 연결된'이라는 의미도 내포하고 있다. 다시 말해서 팔정도는 바른 견해에 따라 이해하고, 생각하고, 말하고, 행동하고, 생계를 유지하고, 정진하고, 기억하고, 삼매를 계발함으로써 바른 지혜를 완성하는 수행을 의미한다. 그러므로 팔정도는 바른 견해를 바탕으로 하나로 연결되어 있다고 할 수 있다.

견해는 딧티diṭṭhi의 번역이다. diṭṭhi는 √dṛṣ (to see)에서 파생된 여성명사인데 세상을 보는 '견해' 또는 '프레임'을 의미한다. 그래서 sammā-diṭṭhi를 바른 견해로 번역한 것이다.

　견해는 세상을 바라보는 프레임이나 관점을 뜻한다. 사람들이 어떤 견해를 가지고 살아가느냐는 삶에 지대한 영향을 미친다. 사람들이 가지고 있는 수많은 견해 중에서도 괴로움과 행복에 대한 견해는 사람들의 괴롭거나 행복한 삶에 결정적인 영향을 준다. 만약 괴로움을 괴로움으로, 행복을 행복으로 바르게 본다면 진정한 행복을 실현할 수 있다. 하지만 괴로움을 행복으로, 행복을 괴로움으로 왜곡되게 본다면 진정한 행복을 실현하는 것은 애초에 불가능할 것이다. 불교는 괴로움의 소멸이 목적이므로 수많은 견해 중에서 특히 괴로움과 행복에 대한 바른 견해에 초점이 맞추어져 있다. 왜냐하면 괴로움과 행복에 대한 바른 견해는 괴로움을 소멸하기 위해 꼭 필요한 것이기 때문이다. 그렇지만 그것 외의 다른 견해들은 지적인 욕구를 충족하거나 사상이나 이론을 만들거나 세상을 변화시킬 수는 있을지라도 자신의 괴로움을 소멸하는 일에 꼭 필요한 것은 아니다. 그래서 불교에서 가장 중요하게 생각하는 것은 괴로움과 괴로움의 소멸에 대한 바른 견해이다.

　그러면 바른 견해란 무엇인가? 붓다께서는 바른 견해를 사성제에 대한 지혜라고 설하셨다. 그리고 사성제는 괴로움과 괴로움의 소멸에 대한 진리이다. 다시 말해서 고성제는 다섯 무더기가 괴로움의 특성이 있다고 천명한 진리이고, 집성제는 갈애, 더 나아가 해로운 법을 조건으로 괴로움이 일어난다고 천명한 진리이다. 그러므로 고성제와 집성제는 괴로움에 대한 진리이다. 또 멸성제는 갈애, 더 나아가 해로운 법들의 소멸이 괴로움의 소멸이라고 천명한 진리이고, 도성제는 팔정도, 더 나아가 유익한 법들을 계발하는 것이 괴로움의 소멸로 인도하는 도 닦음이라고 천명한 진리이다. 그러므로 멸성제와 도성제는 괴로움의 소멸에 대한 진리이다. 이렇게 사성제는 괴로움과 괴로움의 소멸에 대한 진리이다. 따라서 바른 견해는 사성제에 대한 지혜라고 할 수 있다.

> "도반들이여, 그러면 무엇이 바른 견해입니까? 도반들이여,
> 괴로움에 대한 지혜, 괴로움의 일어남에 대한 지혜, 괴로움의
> 소멸에 대한 지혜, 괴로움의 소멸로 인도하는 도 닦음에 대
> 한 지혜, 이를 일러 바른 견해라 합니다."
>
> _「진리의 분석 경」(M141)

이처럼 바른 견해는 사성제에 대한 지혜, 즉 괴로움에 대한 지혜, 괴로움의 일어남에 대한 지혜, 괴로움의 소멸에 대한 지혜, 괴로움의 소멸로 인도하는 도 닦음에 대한 지혜이다. 그런데 다섯 무더기가 괴로움이므로 바른 견해는 다섯 무더기, 다섯 무더기의 일어남, 다섯 무더기의 소멸, 다섯 무더기의 소멸로 인도하는 도 닦음에 대한 지혜라고도 할 수 있다. 예를 들어 탐욕을 탐욕이라고 꿰뚫어 아는 지혜, 탐욕의 원인을 꿰뚫어 아는 지혜, 탐욕은 조건을 의지해서 생겨난 연기된 법이므로 무상하고 괴로움이며 무아라고 꿰뚫어 아는 지혜, 탐욕은 해로운 법임을 꿰뚫어 아는 지혜, 탐욕을 버리는 수행 방법을 꿰뚫어 아는 지혜가 바른 견해이다. 또 성냄을 성냄이라고 꿰뚫어 아는 지혜, 성

냄의 원인을 꿰뚫어 아는 지혜, 성냄은 조건을 의지해서 생겨난 연기된 법이므로 무상하고 괴로움이며 무아라고 꿰뚫어 아는 지혜, 성냄은 해로운 법임을 꿰뚫어 아는 지혜, 성냄을 버리는 수행 방법을 꿰뚫어 아는 지혜도 바른 견해이다.

바른 견해는 해로운 법[41]과 유익한 법[42]을 구분하는 지혜라고도한다. 불교의 수행에서 유익한 법과 해로운 법을 구분하는 지혜는 매우 중요하다. 이와 같은 지혜가 있어야 해로운 법을 버리고 유익한 법을 계발하려고 노력하는 바른 정진을 통해 해로운 법을 버리고 괴로움을 소멸할 수 있다. 반면에 유익한 법과 해로운 법을 구분하는 지혜가 없으면 해로운 법을 계발하고 유익한 법을 버리는 그릇된 정진을 할 수도 있으므로 괴로움을 소멸할 수 없을 것이다.

해로운 법은 괴로움이 일어나는 원인이므로 버려야 할 진리인 집성제에 해당하고, 유익한 법은 괴로움의 소멸로 인도하므로 계발해야 할 진리인 도성제에 해당한다. 그래서 유익한 법과 해로운 법을 구분하는 지혜는 집성제와 도성제를 꿰뚫어 아는 지혜를 의미한다. 그런데 집성제는 괴로움의 일어남에 대한 진리이고, 도성제는 괴로움의 소멸로 인도하는 도 닦음에 대한 진리이므로 집성제와 도성제에 대한 지혜가 생기려면 고성제와 멸성제에 지혜가 기반이 되어야 한다. 다시 말해서 유익한 법과 해로운 법을 구분하는 지혜가 있으면 사성제

---

41 해로운 법은 탐욕, 성냄, 어리석음을 뿌리로 일어나는 사견, 자만, 질투, 인색, 후회, 해태와 혼침, 들뜸, 양심 없음, 수치심 없음, 의심 등을 말한다.

42 유익한 법은 탐욕 없음, 성냄 없음, 어리석음 없음을 뿌리로 일어나는 신심, 양심, 수치심, 팔정도, 서른일곱 가지 깨달음의 구성 요소, 사무량四無量 등을 말한다.

에 대한 지혜가 생기게 된다. 이런 이유로 유익한 법과 해로운 법을 구분하는 지혜는 사성제에 대한 지혜와 같은 의미라고 해도 무방하다. 따라서 유익한 법과 해로운 법을 구분하는 지혜를 바른 견해라 할 수 있다.

> "도반들이여, 성스러운 제자가 해로움을 꿰뚫어 알고, 해로움의 뿌리를 꿰뚫어 알고, 유익함을 꿰뚫어 알고, 유익함의 뿌리를 꿰뚫어 알 때, 성스러운 제자가 바른 견해를 가지고, 견해가 올곧으며, 법에 대해 흔들리지 않는 깨끗한 믿음을 지니고, 정법에 도달했다고 합니다."
>
> _「바른 견해 경」(M9)

바른 견해가 확립되면 삶의 판단 기준이 아주 단순해진다. 내가 어떤 행위를 하고 싶은가 하기 싫은가, 그것을 하면 이득인가 손해인가, 사람들이 어떻게 볼까, 이것저것 따질 필요가 없어진다. 단지 바른 견해를 기반으로 해로운 법은 두려워하고 멀리하고 버리려 노력하고, 유익한 법은 두려워하지 말고 가까이하고 계발하기 위해 노력하면 된다. 이렇게 해로운 법은 버리고 유익한 법을 계발하기 위해 정진하고 실천하는 일이 불교의 바른 수행이고 바른 정진이다. 따라서 바른 견해는 불교의 가치관이고, 바른 가치관이고, 바른 수행의 처음이고 중간이고 끝이라 할 수 있다. 그래서 불교의 수행자는 반드시 바른 견해를 의지해서 수행해야 한다.

바른 견해와 그릇된 견해

바른 견해가 사성제에 대한 지혜라면, 그릇된 견해[micchā-ditthi, 邪見]는 사성제와 부합하지 않는 견해이다. 예를 들면 존재는 영원하고 행복이고 자아가 있다고 고집하는 견해, 갈애가 남아 있더라도 죽으면 끝이라고 고집하는 견해, 태어남은 행복이고 태어나지 않음은 괴로움이라고 고집하는 견해, 인과가 없다고 고집하는 견해, 업의 결과가 없다고 고집하는 견해, 감각적 욕망의 행복이 진정한 행복이라고 고집하는 견해 등이 그릇된 견해이다. 이와 같은 그릇된 견해를 고집하면 그릇된 생각, 그릇된 말, 그릇된 행위, 그릇된 생계, 그릇된 노력, 그릇된 기억, 그릇된 삼매가 생기고, 그릇된 삼매가 있으면 그릇된 지혜, 그릇된 해탈이 생긴다. 그래서 그릇된 견해를 가진 자는 완전한 행복의 실현, 즉 바른 해탈이 불가능하고 괴로움만 늘어갈 뿐이다. 이처럼 그릇된 견해를 가진 사람은 불교의 최종 목적인 괴로움의 소멸을 실현할 수 없다.

> "비구들이여, 그릇된 견해를 가진 자에게 그릇된 사유가 생긴다. 그릇된 사유를 하는 자에게 그릇된 말이 생긴다. 그릇된 말을 하는 자에게 그릇된 행위가 생긴다. 그릇된 행위를 하는 자에게 그릇된 생계가 생긴다. 그릇된 생계를 가진 자에게 그릇된 정진이 생긴다. 그릇된 정진을 하는 자에게 그릇된 기억이 생긴다. 그릇된 기억을 가진 자에게 그릇된 삼매가 생긴다. 그릇된 삼매를 가진 자에게 그릇된 지혜가 생긴다. 그릇된 지혜를 가진 자에게 그릇된 해탈이 생긴다. 비구들이여, 이런 그

릇됨이 있으면 실패는 따르고 성공은 없다.”

_「그릇됨 경」(A10:103)

사람들은 견해를 기반으로 삶을 살아가므로 견해는 삶에 지대한 영향을 미친다. 그래서 오히려 어리석은 사람보다 그릇된 견해에 집착하는 사람이 진리를 배우고 깨닫기가 더욱 어렵다. 어리석은 사람은 진리를 이해하지 못할 뿐이다. 하지만 그릇된 견해가 강한 사람은 지혜로운 사람이 진리를 전하더라도 자신의 견해를 고집하기 때문에 그것을 틀렸다고 배척할 뿐 아니라 심지어는 진리를 비난하고 파괴하기도 한다. 이런 이유로 붓다께서는 그릇된 견해야말로 가장 비난받을 것이고 위험한 것이라고 설하신 것이다.

바른 견해는 사성제에 대한 지혜, 즉 괴로움의 지혜, 괴로움의 일어남의 지혜, 괴로움의 소멸의 지혜, 괴로움의 소멸로 인도하는 도 닦음의 지혜이다. 예를 들어 인과가 분명히 있다고 보는 견해, 영원한 자아는 없다고 보는 견해, 갈애가 있으면 다시 태어난다고 보는 견해, 다섯 무더기에는 자아가 없다고 보는 견해, 태어남은 괴로움이고 태어나지 않음은 행복이라고 보는 견해 등은 사성제에 부합되는 견해이므로 바른 견해이다. 이와 같은 바른 견해를 가진 사람은 바르게 생각하고, 바르게 말하고, 바르게 행동하고, 바르게 생계를 유지하고, 바르게 노력하고, 바르게 기억하고, 바르게 삼매를 닦고, 바른 삼매가 있으면 바른 지혜, 바른 해탈이 생긴다. 그래서 바른 견해를 가진 사람은 완전한 행복의 실현, 즉 바른 해탈이 가능하고 괴로움을 소멸할 수 있다. 이처럼 바른 견해를 가진 사람은 불교의 최종 목적인 괴로움의 소멸을 실현할 수 있다.

> "비구들이여, 바른 견해를 가진 자에게 바른 사유가 생긴다. 바른 사유를 하는 자에게 바른 말이 생긴다. 바른 말을 하는 자에게 바른 행위가 생긴다. 바른 행위를 하는 자에게 바른 생계가 생긴다. 바른 생계를 가진 자에게 바른 정진이 생긴다. 바른 정진을 하는 자에게 바른 기억이 생긴다. 바른 기억을 가진 자에게 바른 삼매가 생긴다. 바른 삼매를 가진 자에게 바른 지혜가 생긴다. 바른 지혜를 가진 자에게 바른 해탈이 생긴다. 비구들이여, 이런 올바름이 있으면 성공하고 실패가 없다."
>
> _「그릇됨 경」(A10:103)

그러면 바른 견해는 어떻게 생기는가? 붓다께서는 바른 견해가 생기는 데는 두 가지 조건이 있다고 설하셨다. 하나는 바른 스승을 만나 사성제에 관한 법문을 듣는 것이다. 법문을 듣지 않고 스스로 바른 견해를 깨달으려면 붓다buddha[佛]가 되어야 하는데 붓다가 되는 일은 이루 셀 수 없이 오랜 세월이 걸리고 매우 어려운 것이다. 그러므로 스스로 붓다가 되어 바른 견해를 깨닫는 것은 지극히 어려운 일이다. 그렇지만 붓다가 출현하셨을 때 붓다께서 설한 사성제에 대한 법문을 듣는다면 어렵지 않게 바른 견해가 생길 수 있다. 다행히도 우리 시대에는 석가모니 붓다께서 출현하셔서 진리의 법을 설하셨으므로 바른 스승을 친견하여 사성제에 관한 법문을 듣는다면 바른 견해가 생기게 된다. 다른 하나는 진리의 법에 대하여 지혜롭게 마음을 기울이는 것이다. 진리의 법에 대하여 지혜롭게 마음을 기울여 통찰하고 사유함으로써 사성제에 대한 지혜, 즉 바른 견해가 생기게 된다. 이처럼 바른 견해가 생기려면 성자로부터 법을 듣는 것과 그 법에 지혜롭게 마음을 기울이는 것의 이 두 가지 조건이 꼭 필요하다.

> "도반이여, 바른 견해가 생기는 데에 두 가지 조건이 있습니다. 다른 이로부터 듣는 것과 지혜롭게 마음을 기울이는 것입니다. 도반이여, 이 두 가지 조건이 바른 견해를 생기게 합니다."
>
> _「교리문답의 짧은 경」(M43)

바른 견해와 신심

바른 견해가 사성제에 대한 지혜라면, 그것이 진리임을 확신하는 것은 신심[saddhā, 信心]이다. 신심은 '진리를 믿는' 특성이 있는 심리 현상을 말한다. 구체적으로 신심은 불, 법, 승의 삼보에 대한 깨끗한 믿음을 뜻한다. 다시 말해서 진리를 깨달은 붓다, 붓다에 의해 설해진 법, 깨달음을 얻은 스님들을 믿고 신뢰하는 것이다. 특히 붓다에 의해 잘 설해진 사성제가 진리이고 바른 견해임을 믿고 신뢰하는 것이다. 불교에서 말하는 신심은 맹목적인 믿음이 아니라 수행을 통해 얻은 지혜에 기반을 둔 '신뢰', '확신'을 의미함에 주의해야 한다. 붓다께서는 법을 무작정 믿으라고 한 적이 없다. 이것은 붓다께서 '와서 믿으라.'라고 말씀하신 적은 없고, 항상 '와서 보라.'라고 하신 점을 보면 분명히 알 수 있다.

이와 같은 진리에 대한 신심은 수행에서 아주 중요한 역할을 담당한다. 왜냐하면 사성제에 대한 신심이 확고해야 바른 견해, 즉 사성제에 대한 지혜를 계발하는 일에 강한 동기가 생길 뿐 아니라 신심을 바탕으로 흔들림 없이 열심히 수행할 수 있기 때문이다. 더구나 수행을 통해 사성제에 대한 지혜가 계발될수록 사성제가 진리라는 신심이 더 확고해지게 된다.

이처럼 바른 견해, 즉 사성제에 대한 신심은 지혜의 계발을 도와주고, 수행을 통해 사성제에 대한 지혜가 계발되면 진리에 대한 신심이 더욱 강해진다. 이같이 신심과 지혜는 서로 돕는다. 그러므로 신심과 지혜를 잘 조화시킨다면 괴로움과 괴로움의 소멸에 관한 바른 견해와 그것이 진리임을 확신하는 신심을 바탕으로 수행함으로써 사성제를 깨달아 해로운 법을 버리고 괴로움을 소멸할 수 있다.

> "그는 '법은 세존에 의해서 잘 설해졌고, 스스로 보아 알 수
> 있고, 시간이 걸리지 않고, 와서 보라는 것이고, 향상으로 인
> 도하고, 지혜로운 이들이 각자 경험해야 할 것이다.'라고 법
> 에 흔들림 없는 청정한 믿음을 지닌다."
>
> _「깊이 들어감 경」(S55:10)

② 바른 사유[sammā-saṅkappa, 正思]

사유는 상깝빠saṅkappa의 번역이다. saṅkappa는 saṁ(함께)+√klp(to create)에서 파생된 남성명사인데 '사유', '생각', '의도' 등의 뜻을 가진

다. 그래서 보통 sammā-saṅkappa[43]를 바른 사유로 번역한다. 사유 또는 생각은 존재들이 삶을 사는 데 필수적인 요소이다. 실제 사람들은 생각을 통해 폭력을 쓰거나 자애를 베풀기도 하고, 생각을 통해 거친 말을 하거나 친절하게 말하기도 하고, 유익하거나 해로운 업을 짓는 등의 다양한 행위를 한다. 이렇게 생각은 바르게 하면 유익하고 도움이 되지만, 잘못하면 해롭고 위험한 것이다. 그래서 어떤 생각이 바른 것이고 어떤 생각이 그릇된 것인지를 명확하게 이해하는 것이 매우 중요하다.

불교에서는 바른 견해를 기준으로 삼아 바른 사유와 그릇된 사유를 구분한다. 다시 말해서 바른 견해를 기반으로 일어나는 생각은 괴로움의 소멸에 유익하므로 바른 사유이다. 하지만 그릇된 견해를 기반으로 일어나는 생각은 괴로움의 소멸에 해로우므로 그릇된 생각이다. 이처럼 바른 견해를 바탕으로 바른 사유인지 그릇된 사유인지를 구분할 수 있다.

> "비구들이여, 거기서 바른 견해가 먼저다. 비구들이여, 그러면 어떻게 바른 견해가 먼저 오는가? 그는 그릇된 사유를 그릇된 사유라 꿰뚫어 알고, 바른 사유를 바른 사유라고 꿰뚫

---

43 sammā-saṅkappa를 '바른 의도'로 번역하기도 한다. 바른 견해를 바탕으로 일어나는 정신 작용에서 어떤 심리 현상이 중심적인 역할을 하는지를 파악하는 관점에 따라 '바른 의도[cetanā]'로 번역하기도 하고, '바른 사유'로 번역하기도 하는 것이다. 필자는 바른 견해와 바른 사유는 서로 도우며 지혜가 성장하도록 도와주므로 바른 사유로 번역했다. 사유는 생각[vitakka, 尋]과 법으로는 같다.

어 안다. 이것이 그의 바른 견해이다."

_「위대한 마흔 가지 경」(M117)

앞서 설명했듯이 바른 견해는 유익한 법과 해로운 법을 구분하는 지혜 또는 사성제에 대한 지혜이다. 또 바른 사유는 바른 견해를 기반으로 일어나는 생각이다. 그래서 바른 사유는 두 가지, 즉 유익한 법에 관한 사유 또는 사성제에 관한 사유가 있다.

　첫째, 바른 사유는 유익한 법에 관하여 생각하는 것이다. 탐욕 없음, 악의 없음, 해코지하지 않음[44]은 대표적인 유익한 법이므로 바른 사유는 탐욕 없음[出離]에 관한 사유, 악의 없음에 관한 사유, 해코지하지 않음에 관한 사유라고 할 수 있다. 탐욕 없음에 관한 사유는 탐욕을 버리는 생각, 탐욕이 없는 생각, 집착하는 대상을 놓아 버리는 생각 등을 말한다. 악의 없음에 관한 사유는 악의를 버리게 하는 생각, 악의가 없는 생각, 자애[metta, 慈愛][45]와 관련된 생각을 말한다. 해코지하지 않음에 관한 사유는 남을 해치려는 마음을 버리게 하는 생각, 남을 해치고자 하는 마음이 없는 생각, 타인의 고통을 덜어 주고자 하는 연민[karuṇa, 憐愍][46]에 관한 생각이다. 이같이 바른 사유는 유익한 법에 관한 생각이나 유익한 법이 생기게 하는 생각을 말한다.

44　악의 없음은 대상을 '싫어하지 않는' 특성이 있으므로 성냄 없음과 법으로는 같다. 해코지하지 않음은 대상의 '고통을 덜어 주려는' 특성이 있으므로 법으로는 연민과 같다.

45　자애는 존재들이 '행복하기를 바라는' 특성이 있는 심리 현상이다.

46　연민은 존재들의 '괴로움을 덜어 주려고 하는' 특성이 있는 심리 현상이다.

　　　　　　　　　　　　　　　　　　　4장··사성제

"도반들이여, 그러면 무엇이 바른 사유입니까? 도반들이여,
탐욕 없음에 대한 사유, 악의 없음에 대한 사유, 해코지하지
않음에 대한 사유, 이를 일러 바른 사유라 합니다."

_「진리의 분석 경」(M141)

둘째, 바른 사유는 사성제에 관하여 생각하는 것이다. 다시 말해서 바른 사유는 괴로움의 진리에 관한 생각, 괴로움의 일어남의 진리에 관한 생각, 괴로움의 소멸에 관한 생각, 괴로움의 소멸로 인도하는 도 닦음에 관한 생각을 말한다. 이와 같은 사성제에 관한 바른 사유를 통해서 사성제에 관해 숙고하고 탐구하고 조사함으로써 고성제에 대한 지혜, 집성제에 대한 지혜, 멸성제에 대한 지혜, 도성제에 대한 지혜, 즉 사성제에 대한 지혜가 더 깊어지게 된다. 이렇게 바른 사유를 통해서 바른 견해, 즉 사성제에 대한 지혜를 더 성숙시킬 수 있다.

종합하면 바른 사유를 통해서 유익한 법이나 사성제에 대한 지혜, 즉 바른 견해를 계발할 수 있고, 또 바른 견해가 있으면 바른 사유가 가능하고, 바른 사유를 통해서 지혜를 더 성숙시킬 수 있다. 이처럼 불교 수행에서 바른 견해와 바른 사유는 서로 도와주면서 바른 지혜를 성숙하게 하여 해로운 법들을 소멸하고 괴로움을 소멸할 수 있다.

"비구들이여, 그대들이 생각을 일으킬 때는 '이것이 괴로움이
다.'라고 생각을 일으켜야 한다. '이것이 괴로움의 일어남이다.'
라고 생각을 일으켜야 한다. '이것이 괴로움의 소멸이다.'라고
생각을 일으켜야 한다. '이것이 괴로움의 소멸로 인도하는 도

닦음이다.'라고 생각을 일으켜야 한다. 그것은 무슨 이유인가? 비구들이여, 이러한 생각은 참으로 이익을 주고, 청정범행의 시작이고, 염오로 인도하고, 탐욕의 빛바램으로 인도하고, 소멸로 인도하고, 고요함으로 인도하고, 최상의 지혜로 인도하고, 바른 깨달음으로 인도하고, 열반으로 인도하기 때문이다."

_「생각 경」(S56:7)

그러면 바른 사유를 위해서는 어떤 조건이 필요한가? 바른 사유를 위해서는 두 가지 중요한 조건이 필요하다.

첫째, 바른 견해이다. 바른 사유는 바른 견해, 즉 유익한 법이나 사성제에 관한 생각이므로 생각을 할 때는 바른 견해를 기반으로 생각해야 한다. 그래서 바른 사유를 위해서는 생각의 틀 또는 프레임인 바른 견해, 즉 사성제에 대한 지혜가 선행되어야 한다. 둘째, 바른 삼매이다. 존재의 실상을 있는 그대로 통찰하기 위해서는 관찰자의 마음이 청정한 것이 아주 중요하다. 만약 관찰자의 마음이 탐욕이나 성냄에 오염되어 있으면 좋아하는 측면만 보고 싫어하는 측면은 보지 않으려 할 것이므로 현상의 실상을 있는 그대로 볼 수 없고 현상을 왜곡하여 파악할 것이다. 하지만 바른 삼매가 있으면 관찰자의 마음이 청정하고 고요하고 집중되어 있으므로 현상에 관하여 좋아하고 싫어하는 마음이 없이 있는 그대로 통찰할 수 있을 뿐 아니라 그것에 관하여 오랜 시간 집중해 생각하고 숙고하고 조사할 수 있다.

이렇게 바른 견해와 바른 삼매를 기반으로 바르게 사유한다면 현상의 실상인 물질과 정신의 법에 대한 지혜뿐 아니라 물질과 정신의 법이 일어나는 원인에 대한 지혜, 물질과 정신의 법이 무상하고 괴로움이며 무아임을 꿰뚫어 아는 지혜, 물질과 정신의 법의 소멸이 실현 가능함을 꿰뚫어 아는 지혜, 물질과 정신의 법의 소멸로 인도하는 도 닦음에 관한 지혜도 계발할 수 있다. 이를 통해 물질과 정신은 조건에 의해 생겨난 연기된 법이므로 무상하고 괴로움이며 무아라는 지혜, 특히 물질과 정신은 괴로움이라는 지혜, 해로운 법을 조건으로 괴로움이 일어난다는 지혜, 해로운 법이 소멸하면 괴로움이 소멸한다는 지혜, 괴로움의 소멸로 인도하는 도 닦음, 즉 팔정도에 대한 지혜, 즉 사성제에 대한 지혜를 계발할 수 있다.

이처럼 바른 견해와 바른 삼매의 두 가지 조건이 갖추어졌을 때 바른 사유가 가능하고, 바른 사유를 통해서 사성제에 대한 지혜를 계발할 수 있다. 이런 이유로 바른 견해와 바른 사유를 계율[戒], 삼매[定], 지혜[慧]의 삼학三學 중에 지혜로 분류한다.

> "비구들이여, 그대들은 삼매를 닦아야 한다. 삼매를 닦은 비구는 있는 그대로 꿰뚫어 안다. 비구들이여, 그러면 무엇을 있는 그대로 꿰뚫어 아는가? '이것이 괴로움이다.'라고 있는 그대로 꿰뚫어 안다. '이것이 괴로움의 일어남이다.'라고 있는 그대로 꿰뚫어 안다. '이것이 괴로움의 소멸이다.'라고 있는 그대로 꿰뚫어 안다. '이것이 괴로움의 소멸로 인도하는 도 닦음이다.'라고 있는 그대로 꿰뚫어 안다."
>
> _「삼매 경」(S56:1)

바른 사유와 그릇된 사유

바른 사유가 사성제에 부합하는 유익한 생각이라면 그릇된 사유 [micchā-saṅkappa]는 바른 견해, 즉 사성제와 부합하지 않고 해로운 생각을 말한다. 그래서 그릇된 사유는 해로운 법과 관련된 생각이다. 다시 말해서 그릇된 사유는 감각적 욕망에 관한 생각, 악의에 관한 생각, 해코지함에 관한 생각을 말한다.

감각적 욕망에 관한 생각은 감각적 욕망을 즐기고 탐닉하게 하고, 감각적 욕망에 얽매이게 하는 생각이다. 예를 들어 이성에 대한 집착을 바탕으로 이성에 관한 생각을 지속하는 것이다. 이런 생각이 계속될수록 이성에 대한 집착이 점점 강해져서 스토커가 되거나 편집증과 같은 마음의 병을 유발하기도 한다.

악의에 관한 사유는 악의에 빠져서 악의가 늘어나게 하고 악의에 얽매이게 하는 생각이다. 예를 들어 화가 난 상태에서 화가 난 대상에 대해 그 사람은 이렇다 저렇다 혼자 생각을 지속하다 보면 그 사람은 정말 나쁜 사람이라고 생각하고 그 사람에 대한 악의를 가지고 미워하고 증오하게 된다.

해코지함에 관한 사유는 욕망이나 악의를 바탕으로 다른 사람에게 해를 끼치려는 생각이다. 예를 들어 어떤 사람을 미워해서 그 사람에게 해를 끼치기 위해 계획하고 궁리하는 것을 말한다. 이런 생각이 심해지면 실제 타인에게 폭언이나 폭력, 상해 등의 해를 끼칠 수 있다. 마찬가지로 이성에 대한 집착이 강해져서 스토커가 되었는데 자신의 욕망이 채워지지 않으면 상대를 납치하거나 폭력을 행사하는 등의 범죄 행위도 저지를 수 있다.

"비구들이여, 그러면 어떤 것이 그릇된 사유인가? 감각적 욕
망을 사유하고, 악의를 사유하고, 해코지를 사유하는 것이 그
릇된 사유이다."

_「위대한 마흔 가지 경」(M117)

이같이 그릇된 사유는 감각적 욕망과 악의 등의 해로운 마음을 바탕
으로 일어나는 생각이므로 그릇된 사유를 지속할수록 감각적 욕망이
나 악의는 더 강해지고, 지혜는 사라지며, 괴로움은 더욱 커지고, 열반
에서는 멀어진다.

　더구나 감각적 욕망이나 악의를 바탕으로 남을 해치려는 마음이
생기게 되면 사람들의 관계를 이간질하거나 폭력을 사용하거나 살인
을 하는 등 실제로 남을 해치는 나쁜 행위로 이어질 수도 있으므로 자
신뿐 아니라 남에게도 큰 고통을 줄 수 있다. 이처럼 그릇된 사유는 자
신에게 해로울 뿐 아니라 남에게도 해를 끼칠 수 있으므로 그릇된 사
유는 위험하고 버려야 할 것이다.[47]

"내게 이 감각적 욕망과 관련된 … 악의와 관련된 … 해코지
와 관련된 사유가 일어났다. 이것은 참으로 나 자신을 고통
에 빠트리고, 다른 사람을 고통에 빠트리고, 둘 다 고통에 빠
트린다. 이것은 통찰지를 소멸시키고, 곤혹스럽게 하고, 열반

47　그릇된 생각을 버리는 다섯 가지 방법에 대하여는 「사유를 가라앉힘 경」(M20)을 참고
하라.

에 이바지하지 못한다."

_「두 가지 사유 경」(M19)

바른 사유는 사성제에 부합하고 괴로움의 소멸에 유익한 생각을 말하므로 탐욕 없음에 관한 생각, 악의 없음에 관한 생각, 해코지하지 않음에 관한 생각을 말한다. 더 나아가 사성제에 관한 생각을 말한다. 바른 사유를 통해서 탐욕이 버려지고, 모든 존재가 행복하기를 바라는 자애와 존재의 고통을 덜어 주려는 연민의 마음이 계발된다. 더 나아가 바른 사유를 통해서 법에 대해 숙고하고 탐구하고 조사함으로써 사성제에 대한 지혜가 계발되므로 바른 사유는 나와 남을 고통에 빠지지 않게 하고, 지혜가 늘어나게 하고, 괴로움이 소멸하게 하고, 열반을 실현할 수 있도록 도와준다. 그래서 바른 사유는 유익하고 닦아야 할 것이다.

> "내게 이런 출리와 관련된 사유 … 악의 없음에 대한 사유 …
> 해코지하지 않음에 대한 사유가 일어났다. 이것은 참으로 나
> 자신을 고통에 빠트리지 않고, 다른 사람을 고통에 빠트리지
> 않고, 둘 다 고통에 빠트리지 않는다. 이것은 통찰지를 증장
> 시키고, 곤혹스럽게 하지 않고, 열반에 이바지한다."
>
> _「두 가지 사유 경」(M19)

일부 수행 전통에서는 생각은 무조건 나쁜 것이고 믿지 못할 것이므로 버려야 한다고 가르친다. 생각 없이 수행 주제에만 집중하는 것을 이상적인 상태라 여기고 생각을 버리는 훈련만 시키는 것이다. 하지

만 무조건 생각 없이 집중만 하면 마음이 둔해져서 법에 관한 여러 측면을 탐구하고 조사하는 바른 사유조차 귀찮아지고 멀리하게 된다. 그러면 법을 바르게 이해할 수 없게 되어 바른 견해가 없어지고, 어리석은 사람이 될 수 있으므로 차라리 수행하지 않을 때보다 훨씬 나쁜 결과를 초래할 수 있다. 그래서 붓다께서는 '그릇된 생각은 버려야 하지만, 바른 사유는 계발하기 위해 애쓰고 노력해야 한다.'라고[48] 설하셨지 무조건 생각을 버려야 한다고 말씀하신 적은 없다. 바른 사유를 통해서 바른 견해, 즉 사성제에 대한 지혜가 계발될 수 있고, 그로 인해 괴로움을 소멸할 수 있음을 잊지 말아야 한다.

③ 바른 말[sammā-vācā, 正語]

바른 말은 바른 견해, 즉 사성제에 부합하게 말하는 것이다. 다시 말해서 바른 말은 진실하게 말하고, 사람들을 화합하게 하는 말을 하고, 부드럽고 친절하게 말하고, 법담法談을 나누는 것을 말한다. 반면에 그릇된 말은 사성제에 부합하지 않게 말하는 것이다. 다시 말해서 거짓말하고, 사람들 사이를 중상모략하고, 거친 말을 하고, 쓸데없는 잡담을 나누는 것을 말한다. 그래서 바른 말은 그릇된 말을 삼가는 것이라 할 수 있다. 이처럼 바른 말과 그릇된 말은 바른 견해, 즉 사성제에 대한 지혜를 기반으로 구분할 수 있다.

---

48 「두 가지 사유 경」(M19)을 참고하라.

"비구들이여, 거기서 바른 견해가 먼저다. 비구들이여, 그러면 어떻게 바른 견해가 먼저 오는가? 그는 그릇된 말을 그릇된 말이라고 꿰뚫어 알고, 바른 말을 바른 말이라고 꿰뚫어 안다. 이것이 그의 바른 견해다."

_「위대한 마흔 가지 경」(M117)

그릇된 말은 거짓말, 중상모략, 욕설, 잡담 등을 말한다. 거짓말은 사실이 아닌 말을 하는 것이다. 거짓말은 한 번 하기 시작하면 거짓말이 거짓말을 낳으면서 점점 더 늘어나게 된다. 또 거짓말을 자주 하면 설사 진실을 말한다고 해도 아무도 그의 말을 신뢰하지 않고 의심할 것이다. 그러므로 거짓말을 삼가고 진실하게 말을 하는 것이 바른 말이다. 중상모략은 사람들 사이의 관계를 이간질하는 말이다. 중상모략은 사람들의 관계를 멀어지게 하고 다투게 하여 많은 괴로움을 불러온다. 사람들이 서로 다투지 않고 화합하면서 살아가는 것보다 더 행복한 일은 드물다. 그러므로 이간질하는 말을 삼가고 사람들이 서로 화합하게 하는 말을 하는 것이 바른 말이다.

거친 말은 욕설이나 짜증스러운 말, 불친절한 말이다. 거친 말은 타인의 기분을 상하게 하고 마음의 상처를 주기도 하고 수많은 다툼의 원인이 되지만, 부드럽고 따뜻하고 친절한 말은 타인의 마음을 편안하게 해 주고 다툼이 없게 한다. 그래서 거친 말을 삼가고 자애롭고 부드럽고 친절한 말을 하는 것이 바른 말이다. 쓸데없는 말은 연예나 스포츠에 관한 이야기, 세상사에 대한 수다, 정치 이야기 등과 같은 잡담을 말한다. 쓸데없는 말은 이런저런 이야기를 즐기면서 시간만 낭

비할 뿐 괴로움의 소멸에 도움이 되지 않는다. 하지만 법에 관하여 담론을 나누는 법담은 유익하고 향상으로 인도하며 괴로움의 소멸에 도움이 된다. 그래서 쓸데없는 말을 삼가고 법담을 나누는 것이 바른 말이다. 붓다께서도 법담이 아니면 침묵하라고 설하셨다.

종합해 보면 바른 말은 거짓말을 삼가고 진실한 말을 하는 것, 중상모략을 삼가고 화합시키는 말을 하는 것, 거친 말을 삼가고 자애로운 말을 하는 것, 쓸데없는 말을 삼가고 법담을 나누는 것을 말한다.

> "도반들이여, 그러면 무엇이 바른 말입니까? 도반들이여, 거짓말을 삼가고, 중상모략을 삼가고, 욕설을 삼가고, 잡담을 삼가는 것 ― 이를 일러 바른 말이라 합니다."
>
> _「진리의 분석 경」(M141)

④ 바른 행위[sammā-kammanta, 正業]

바른 행위는 바른 견해, 즉 사성제에 부합하게 행동하는 것이다. 다시 말해서 바른 행위는 살생하지 않고, 도둑질하지 않고, 비도덕적인 성행위를 하지 않는 것을 말한다. 반면에 그릇된 행위는 사성제에 부합하지 않게 행동하는 것이다. 다시 말해서 그릇된 행위는 살생하고 도둑질하고 그릇된 성행위를 저지르는 것을 말한다. 그래서 바른 행위는 그릇된 행위를 삼가는 것이라 할 수 있다. 이처럼 바른 행위와 그릇된 행위는 바른 견해, 즉 사성제에 대한 지혜를 기반으로 구분할 수 있다.

"비구들이여, 거기서 바른 견해가 먼저다. 비구들이여, 그러면 어떻게 바른 견해가 먼저 오는가? 그는 그릇된 행위를 그릇된 행위라고 꿰뚫어 알고, 바른 행위를 바른 행위라고 꿰뚫어 안다. 이것이 그의 바른 견해다."

_「위대한 마흔 가지 경」(M117)

그릇된 행위는 살생, 도둑질, 그릇된 음행 등을 말한다. 살생은 살아 있는 생명을 죽이는 행위이다. 살아 있는 생명을 죽이는 행위는 사람들의 마음을 잔인하게 만들고 자비심을 사라지게 한다. 그러므로 살생을 삼가고 모든 생명에게 자비롭게 행동하는 것이 바른 행위이다. 도둑질은 남이 주지 않은 것을 허락 없이 가지는 것이다. 도둑질은 남이 땀 흘리며 노력해 얻은 것을 몰래 훔쳐서 쉽게 얻으려고 하는 일이므로 남에게 큰 고통을 주고, 자신도 정당하게 노력하여 원하는 바를 성취하려는 바른 노력이 사라지게 한다. 그러므로 도둑질을 삼가고 정당하게 노력하여 원하는 바를 성취하는 것이 바른 행위이다.

그릇된 음행은 자신의 배우자 외의 다른 이성과 성행위를 하거나, 성폭력을 통해서 성욕을 충족하는 등의 비도덕적인 성행위를 하는 것이다. 출가자의 경우에는 성행위를 하는 것 자체가 그릇된 음행이다. 그릇된 음행은 남의 가정을 파괴하거나 타인에게 큰 고통을 주는 나쁜 행위이다. 그러므로 그릇된 음행을 삼가고 자기 배우자와의 성생활에 만족해야 한다. 물론 출가자의 경우 절대 성행위를 해선 안 된다.

종합하면 바른 행위는 살생을 삼가고 자비롭게 행동하는 것, 도둑질을 삼가고 정당한 방법으로 원하는 바를 성취하는 것, 그릇된 음

4장··사성제

행을 삼가고 지혜로운 이들에게 비난받지 않는 도덕적인 성행위를 하는 것을 말한다.

> "도반들이여, 그러면 무엇이 바른 행위입니까? 도반들이여,
> 살생을 삼가고, 주지 않는 것을 가지는 것을 삼가고, 삿된 음
> 행을 삼가는 것 — 이를 일러 바른 행위라 합니다."
>
> _「진리의 분석 경」(M141)

⑤ 바른 생계[sammā-ājīva, 正命]

바른 생계는 바른 견해, 즉 사성제에 부합하게 생계를 이어 가는 것이다. 다시 말해서 바른 생계는 나와 남을 해치는 일을 하지 않으면서 생계를 이어 가는 것을 말한다.

그릇된 생계는 사성제에 부합하지 않게 생계를 이어 가는 것이다. 다시 말해서 그릇된 생계는 마약 판매, 인신 매매, 무기 판매, 사기, 음해 공작 등 나와 남을 해치는 일을 통해 생계를 이어감을 말한다. 그래서 바른 생계는 그릇된 생계를 삼가는 것이라 할 수 있다. 이처럼 바른 생계와 그릇된 생계는 바른 견해, 즉 사성제에 대한 지혜를 기반으로 구분할 수 있다.

> "비구들이여, 거기서 바른 견해가 먼저다. 비구들이여, 그러
> 면 어떻게 바른 견해가 먼저 오는가? 그는 그릇된 생계를 그
> 릇된 생계라고 꿰뚫어 알고, 바른 생계를 바른 생계라고 꿰

뚫어 안다. 이것이 그의 바른 견해다."

_「위대한 마흔 가지 경」(M117)

그릇된 생계는 마약 판매, 인신 매매, 무기 판매, 사기, 음해 공작 등을 저지르면서 생계를 이어 가는 것이다. 이와 같은 방식으로 생계를 유지하는 것은 타인에게 큰 고통을 주고, 타인의 삶을 파괴할 뿐 아니라 자신이 지은 악행이 인과응보의 부메랑으로 자신에게 돌아와서 자신은 훨씬 더 큰 고통을 받게 된다. 그래서 자신의 이익을 위해 남에게 해를 끼치는 방식으로 생계를 이어감을 삼가고 나와 남을 해치지 않는 건전한 직업으로써 생계를 이어감이 바른 생계이다.

　스님들의 경우에 그릇된 생계는 사주, 관상, 점성술 등과 같이 수행과 무관한 것으로 생계를 이어 가는 것이다. 출가한 스님이 신도들의 청정한 보시로 살지 않고 세속적인 방식으로 생계를 이어 가는 것은 바람직하지 않다. 세속적인 방식으로 생계를 이어 가다 보면 수행에서 멀어지고 세속적인 욕심에 빠지기 쉽다. 그래서 사주, 관상, 점성술 등과 같은 그릇된 생계를 삼가고 신도들의 청정한 보시를 통해서 생계를 이어 가며 열심히 수행해 신도들의 복전福田이 되는 것이 바른 생계이다.

　생계는 목숨과 관련되어 있으므로 사람들이 생계의 불안을 느낄 때는 자신의 생계를 위해서 남을 죽이거나 폭력을 행사하거나 사기를 치는 등 아무리 악독한 행위라도 저지를 수 있다. 그러므로 그릇된 생계를 버리고 바른 생계를 유지하는 것이 쉬운 건 아니다. 실제 주변에서 생계를 위해 악행을 짓고, 그로 인해 또 다른 악행을 짓게 하는 식으로 악순환이 계속되는 경우를 많이 볼 수 있다. 그래서 붓다께서는 아무리 힘들어도 인내하면서 지혜롭게 극복하는 것이 바람직하고 자신에게 이익이 되는 것이지, 눈앞의 이익만을 바라보며 그릇된 방식으로 생계를 이어 가는 것은 결국 자신에게 큰 불이익을 가져온다고 설하신 것이다. 따라서 그릇된 생계를 삼가고 바른 생계를 실천해야 한다.

지금까지 살펴본 바른 말, 바른 행위, 바른 생계는 몸과 말로써 해로운 행위를 하지 않는 것이므로 계율, 삼매, 지혜의 삼학 중에 계율에 해당한다.

> "도반들이여, 그러면 무엇이 바른 생계입니까? 도반들이여,
> 성스러운 제자는 그릇된 생계를 버리고 바른 생계로 생명을
> 영위합니다. 도반들이여, 이를 일러 바른 생계라 합니다."
>
> _「진리의 분석 경」(M141)

⑥ 바른 정진[sammā-vāyāma, 正精進]

정진은 와야마vāyāma의 번역인데 vāyāma는 vi+ā+√yam(to restrain)에서 파생된 남성명사로서 '노력', '애를 씀'의 의미이므로 sammā-vāyāma를 바른 정진으로 번역한 것이다. 바른 정진은 바른 견해, 즉 사성제에 맞게 노력하는 것이다. 그런데 바른 견해는 간단히 유익한 법과 해로운 법을 구분하는 지혜라고 할 수 있으므로 바른 정진은 해로운 법들은 버리고 유익한 법들을 계발하기 위해 노력하는 것이다.

먼저 해로운 법을 버리려고 노력하는 것은 두 가지 측면이 있다. 하나는 이미 일어난 해로운 법을 버리는 것이고, 다른 하나는 아직 일어나지 않은 해로운 법을 일어나지 않도록 예방하는 것이다. 물론 일어난 해로운 법을 버리려고 노력하는 것보다 애초에 해로운 법이 일어나지 않도록 예방하는 것이 훨씬 효과가 크다. 다이어트에서 늘 강조되는 것이 있다. 음식을 눈앞에 두고 참으려고 노력하는 것보다 음식이 있는 곳에 가지 않으려고 노력하는 것이 훨씬 효과가 크다는 것이다. 일반적으로 음식 앞에 일단 노출되면 참는 일이 아주 힘들어진다. 그러니 그때 참으려고 노력하는 것보다 아예 음식에 노출이 되지 않도록 애쓰는 것이 현명하다는 것이다. 수행도 마찬가지이다. 일단 해로운 법이 일어난 후에 버리려고 노력하는 것은 더 어렵고 노력도 많이 든다. 하지만 해로운 법이 일어날 조건을 만들지 않도록 노력하고 애를 쓰는 것이 훨씬 쉽고 노력도 적게 든다.

그러면 해로운 법들을 예방하는 방법은 무엇인가? 해로운 법이 일어나는 것을 예방하는 가장 좋은 방법은 유익한 법들을 계발하려고 노력하는 것이다.

유익한 법을 계발하려고 노력하는 것은 두 가지 측면이 있다. 하나는 아직 일어나지 않은 유익한 법을 계발하는 것이고, 다른 하나는 이미 일어난 유익한 법들을 지속하려고 노력하는 것이다. 예를 들면 좌선 중에는 호흡 수행을 지속하고, 일상에서는 몸을 기준으로 마음을 관찰하는 수행을 지속하려는 노력을 기울인다. 이렇게 노력하면 해로운 법이 일어나는 것을 예방할 수 있을 뿐 아니라 설사 해로운 법이 일어나도 즉시 알아차릴 수 있으며 이미 얻은 지혜, 자비 등의 유익한 법의 힘으로 인해 해로운 법을 쉽게 버릴 수 있다. 마치 어둠을 없애려고 애를 쓰지 말고 불을 켜려고 노력하는 것처럼. 그러므로 바른 정진은 유익한 법을 계발하고, 그것을 지속하려고 노력함으로써 해로운 법이 일어나지 않게 하고, 그것이 일어나더라도 즉시 알아차리고 그것을 버리려 노력하는 것이다.

> "도반들이여, 그러면 무엇이 바른 정진입니까? 도반들이여, 여기 비구는 아직 일어나지 않은 나쁘고 해로운 법들은 일어나지 않도록 열의를 일으키고 정진하고 힘을 내고 마음을 다잡고 애를 씁니다. 이미 일어난 나쁘고 해로운 법들은 제거하기 위해 열의를 일으키고 정진하고 힘을 내고 마음을 다잡고 애를 씁니다. 아직 일어나지 않은 유익한 법들은 일어나도록 열의를 일으키고 정진하고 힘을 내고 마음을 다잡고 애를 씁니다. 이미 일어난 유익한 법들은 지속하게 하고 사라지지 않게 하고 늘어나게 하고 충만하게 하고 닦기 위해 열의를 일으키고 정진하고 힘을 내고 마음을 다잡고 애를 씁니다. 도반들이여, 이를 일러 바른 정진이라 합니다."
>
> _「진리의 분석 경」(M141)

바른 정진과 그릇된 정진

바른 정진이 바른 견해를 바탕으로 노력하는 것이라면 그릇된 정진[micchā vāyāma, 邪精進]은 그릇된 견해를 바탕으로 노력하는 것이다. 그릇된 견해는 유익한 법을 해로운 것으로, 해로운 법을 유익한 것으로 잘못 보는 견해이다. 다시 말해서 그릇된 노력은 유익한 법을 버리고 해로운 법을 계발하기 위해 노력하는 것이다. 예를 들어 감각적 욕망의 행복이 행복이라고 잘못 알고 감각적 욕망을 충족하기 위해서 절제 없이 노력하는 것이다. 또 원수에게 복수하는 것이 행복이라고 잘못 알고 원수에게 복수하기 위해 절치부심하며 노력하는 것도 그릇된 노력이다. 그렇지만 바른 정진은 유익한 법을 유익한 법으로, 해로운 법을 해로운 법으로 바르게 꿰뚫어 알고, 해로운 법은 버리고 유익한 법을 계발하기 위해 노력하는 것이다. 예를 들어 감각적 욕망의 행복이 '괴로움'이라 있는 그대로 꿰뚫어 알고 감각적 욕망을 절제하고 버리기 위해서 노력하는 것이 바른 정진이다. 또 붓다께서 원한은 원한으로 멈출 수 없으며 오직 자애로만 멈출 수 있다고 설하셨으므로 원수에게 복수하는 것은 '괴로움'이라고 바르게 알고 원수에게 복수하기보다 자애심을 계발하기 위해 노력하는 것도 바른 정진이다.

바른 정진은 해로운 법을 버리고 유익한 법을 계발하기 때문에 괴로움이 줄어들게 하고 괴로움을 소멸하게 하지만, 그릇된 노력은 유익한 법을 버리고 해로운 법을 계발하기 때문에 괴로움이 일어나게 하고 괴로움이 늘어나게 한다. 그래서 수행의 목적인 괴로움을 소멸하기 위해서는 노력을 얼마나 열심히 하느냐도 중요하지만, 그것이 바른 견해를 바탕으로 한 바른 정진인지, 그릇된 견해를 바탕으로 한 그릇된 정진인지를 명확히 이해하는 게 훨씬 더 중요하다. 사람들은 자신이 하는 노력이 바른 것인지 그릇된 것인지 검증도 하지 않고 어리석게 그릇된 노력을 기울이면서 나는 죽도록 노력했는데 왜 행복해지지 않느냐고 한탄하는 경우가 많다. 하지만 이것은 수행의 방향이 잘못되었기 때문이지 노력이 부족한 것이 아니다. 마치 동쪽으로 가기를 바라면서 서쪽으로 열심히 달려가는 사람처럼. 그래서 괴로움을 소멸하고 완전한 행복을 실현하기 위해서는 바른 견해를 바탕으로 그릇된 정진을 버리고 바른 정진을 실천해야 한다.

그러면 바른 정진이 생기는 원인은 무엇인가? 절박함이 바른 정진이 일어나는 원인이다. 그러면 절박함은 어떻게 일어나는가? 절박함을 일으키는 원인은 세상의 모든 것은 무상하고 괴로움이며 무아임을 천명하는 괴로움의 성스러운 진리인 고성제를 통찰하는 것이다. 괴로움의 진리를 이해하면 윤회하는 것 자체가 괴로움임을 분명히 꿰뚫어 알 수 있다. 이를 통해 '인간의 몸으로 태어나서 바른 법을 만났을 때 깨달음을 얻어 괴로움을 소멸하지 못한다면 어느 때 괴로움을 소멸할 것인가?'라고 자신을 경책하면서 열심히 정진해야겠다고 절박함을 일으킬 수 있다. 이처럼 괴로움의 진리에 대한 지혜를 바탕으로 절박함이 생기고, 절박함이 생기면 바른 정진이 생긴다. 또 괴로움의 진리에 대한 신심이 확고해도 신심을 바탕으로 절박함이 생길 수도 있다. 종합하면 괴로움의 진리에 대한 지혜와 신심을 바탕으로 절박함이 생기고, 절박함이 생기면 바른 정진이 생긴다.

⑦ 바른 기억[sammā-sati, 正念]

기억은 사띠sati의 번역이다. sati는 √smr(to remember)에서 파생된 여성명사인데 문자적으로도 '기억'을 의미한다. 중국에서는 sati를 염念으로 옮겼는데 이는 '생각한다'라는 뜻도 있지만, '마음에 두다', '기억하다', '암송하다'라는 의미도 있다. 그런데 중국에서 팔정도의 두 번째 요소인 sammā-saṅkappa를 '생각'을 뜻하는 정사正思 또는 정사유正思惟로 번역하였음을 고려하면 sati를 염으로 번역했을 때는 '생각'과는 다른 의미, 즉 '마음에 둠', '기억함'의 뜻으로 썼다고 보는 것이 타당하다. 팔정도의 여덟 요소 중 두 가지를 모두 '생각'의 의미로 번역했을 가능성은 없기 때문이다. 또 북방의 아비담마라고 불리는 『아비담마구사론』에서도 sati를 억념憶念으로 번역했는데 이는 '단단히 기억하여 잊지 않음'이라는 뜻이다. 이처럼 sati는 '잊지 않음[不忘]' 또는 '기억'으로 번역할 수 있다. 그래서 sammā-sati를 바른 기억으로 번역한 것이다.

> "그러면 어떤 것이 기억[sati]의 기능인가? 비구들이여, 여기 성스러운 제자는 기억하는 자이다. 그는 최상의 기억과 슬기로움을 갖추어 오래전에 행하고 오래전에 말한 것일지라도 모두 기억하고 생각해낸다."
>
> _「분석 경 1」(S48:9)

지금까지 sati를 '마음챙김', '알아차림', '새김', '깨어 있음' 등의 다양한 용어로 번역해 왔으므로 sati를 기억으로 번역하는 것에 대해 반박하는 주장들이 있을 수 있다. 하지만 기억이 무엇인지, 불교 수행에서 기억의 역할은 무엇인지, 기억 확립과 깨달음의 관계는 무엇인지 등에 대하여 앞으로 다양한 측면에서 자세히 살펴볼 것이다. 이와 같은 질문들에 대하여 고찰하고 조사하다 보면 sati를 왜 기억으로 번역하는 것이 바람직한지 이해할 수 있으리라 생각한다. 그러면 기억이란 무엇이고 기억이 사람들의 삶이나 수행에서 어떤 역할을 하는지부터 살펴보자.

기억이란 무엇인가?

　기억[sati, 念]은 마음을 통해 알게 된 앎 또는 정보를 '잊지 않는' 또는 '기억하는' 특성이 있는 심리 현상이다. 그런데 기억은 단순히 어떤 정보를 기억하는 일뿐 아니라 기억된 정보를 기억해내는 일도 함께 수행한다. 다시 말해서 기억은 마음을 통해 보고[見] 듣고[聞] 감지하고[覺] 분별하여 알게[知] 된 앎 또는 정보를 기억할 뿐 아니라 적당한 조건이 갖추어지면 그것들을 기억해낼 수도 있다. 이런 기억은 존재들의 삶에 없어서는 안 될 필수적인 요소이다. 특히 기억이 없다면 마음이 정상적으로 작용할 수 없을 것이다. 예를 들어 말을 하고 난 후에 자신이 무슨 말을 했는지 기억하지 못한다면 정상적으로 대화를 이어갈 수 없다. 또 어떤 사람이 독버섯이 독버섯인지 모르고 그것을 먹고 난 후에 죽을 정도로 고생했는데 그것을 기억하지 못한다면 그 독버섯을 또 먹게 될 수도 있다.

　하지만 기억의 작용이 있기에 마음이 정상적으로 작용할 수 있다. 말을 하고 난 후에 자신이 무슨 말을 했는지 기억하기에 정상적으로 대화를 이어갈 수 있다. 또 독버섯을 독버섯인지 모르고 먹고 난 후에 죽을 정도로 고생했던 경험을 잊지 않고 기억한다면 그 독버섯을 다시는 먹지 않을 것이다. 이렇게 기억은 마음이 작용할 때 필수적이다. 더구나 기억은 과거와 현재와 미래를 연결하는 역할을 한다. 과거에 얻은 정보를 기억함으로써 현재 상황에 적용할 수도 있고, 과거의 정보와 현재 얻어진 정보를 기억하여 종합함으로써 미래의 삶에 적용하거나 미래의 계획을 세울 수도 있다.

또 기억은 지식과 지혜가 성장하는 데도 핵심적인 역할을 한다. 왜냐하면 이전에 얻은 정보들에 대한 기억과 새롭게 얻은 정보들에 대한 기억을 연결하고 종합함으로써 지식이 축적되고 지혜가 성장하기 때문이다. 예를 들어 세속의 학문에서도 기억은 아주 중요한 역할을 담당한다. 학자들이 처음 연구를 시작할 때는 우선 선배들이 연구해서 이미 밝혀 놓은 중요한 정보를 배워서 기억한다. 그런 다음 선배들의 연구 결과를 토대로 현재 자신이 연구하여 알게 된 지식을 연결하고 종합함으로써 한층 더 발전된 연구 결과를 얻을 수 있다. 이처럼 세속의 학문에서도 기억의 역할은 아주 중요하다.

더 나아가 기억은 사람들이 '나'라는 정체성을 형성하는 데도 중요한 역할을 한다. 자신이 과거에 보고 듣고 경험하고 느끼며 알았던 것에 대한 기억과 현재에 보고 듣고 경험하고 느끼며 알았던 것들에 대한 기억이 있다. 이런 것을 조건으로 '나는 이런 성격이다.', '내 견해는 이러하다.', '이것이 나다.' 등의 방식으로 나와 관련된 정체성이 생긴다. 그리고 이 정체성은 다시 미래의 삶에도 영향을 준다. 사람들은 과거와 현재에 대한 기억과 자신의 정체성을 바탕으로 미래에 대한 기대와 예측을 하게 되는데 이것은 실제 미래의 삶에 영향을 미치기 때문이다. 예를 들어 과거에 안 좋은 환경과 고난 속에서 실패의 경험을 많이 하며 자포자기한 채 방탕하게 살아왔던 사람이 있다고 하자. 이 사람은 미래의 자신에 대해서도 '난 아마 안 될 거다. 내 삶은 늘 실패의 연속이었다.'라는 식으로 부정적으로 예측할 것이고 이것은 미래의 삶에 부정적인 영향을 미칠 것이다. 하지만 과거 좋은 환경과 지원 속에서 많은 성공을 일궈낸 기억이 있는 사람은 미래의 자신에 대해서도 '나는 최선을 다해 열심히 하면 늘 성공했었다. 하면 된다.'라는 식으로 긍정적으로 예측할 것이며 이것은 미래 삶에 긍정적으로 작용할 것이다. 이렇게 사람들은 '기억'을 통해 '나'에 대한 정체성을 가지고 그것을 기반으로 그에 맞는 삶을 살아가게 된다.

사띠는 왜 기억인가?

존재들의 삶에서 기억이 필수적인 것처럼 불교의 수행에서도 기억은 필수적인데 그 역할을 하는 것이 바로 'sati'이다. 필자가 sati를 기억이라고 주장하는 가장 큰 이유는 '기억'이 불교 수행[49]에서 매우 중요한 역할을 담당하기 때문이다. 예를 들어 계를 어기지 않고 잘 지키려 해도 계의 항목을 잘 기억해야 한다. 또 삼매를 닦는 사마타 수행에서도 집중의 대상이나 다섯 장애를 버리는 지혜 등을 잘 기억해야 삼매를 얻을 수 있다. 또 지혜를 닦는 위빠사나 수행에서도 붓다의 가르침, 관찰의 대상, 관찰 수행을 통해 얻은 지혜 등을 잘 기억해야 지혜가 성장할 수 있다. 이처럼 기억은 불교 수행에서 아주 중요한 역할을 한다. 그러면 불교 수행의 두 가지 축인 위빠사나 수행과 사마타 수행에서 기억이 어떤 역할을 하는지 간단히 살펴보자.

위빠사나vipassanā[觀] 수행에서 '기억'은 다음의 몇 가지 중요한

---

49   불교 수행은 위빠사나 수행과 사마타 수행의 두 가지로 나눌 수 있다. 간단히 말하면 위빠사나는 지혜를 계발하는 수행이고, 사마타는 삼매를 계발하는 수행을 말한다.

역할을 담당한다. 첫째, 위빠사나 수행의 대상을 잊지 않고 기억한다. 위빠사나는 현재의 물질과 정신을[50] 있는 그대로 관찰하여 지혜를 계발하는 수행이므로 관찰해야 할 대상이 현재의 물질과 정신임을 잊지 않고 기억해야 한다. 그래야 마음이 과거나 미래의 대상으로 돌아다니지 않고 지금 여기에서 현재의 물질과 정신 현상을 있는 그대로 관찰할 수 있다. 그럼으로써 존재의 실상인 물질과 정신에 대한 바른 앎 또는 지혜를 계발할 수 있다.

둘째, 위빠사나 수행을 통해 얻는 바른 앎 또는 지혜를 잊지 않고 기억한다. 존재를 구성하는 현재의 물질이나 정신을 관찰할 때 매 순간 물질이나 정신에 대한 바른 앎 또는 지혜가 얻어진다. 예를 들면 '머리털은 땅의 요소이다. 땅의 요소는 무상하고 괴로움이고 무아이다. 이것은 탐욕이다. 이것은 성냄이다. 탐욕과 성냄은 나의 것, 나, 나의 자아가 아니다.'라고 꿰뚫어 아는 지혜가 생긴다. 이때 생긴 지혜를 잊지 않는 것은 기억의 작용이다. 지혜만 있고 기억이 없다면 수행을 통해 얻은 지혜를 금방 잊어버리게 되므로 지혜가 성숙할 수 없을 것이다. 하지만 지혜와 기억이 함께하므로 지혜가 성숙할 수 있는 것이다.

셋째, 대상에 지혜롭게 마음을 기울일 수 있다. 위빠사나 수행을 통해 얻은 지혜를 잊지 않고 기억함으로써 현재의 현상을 관찰할 때 이전에 얻은 지혜가 작용하여 그 현상에 대해 지혜롭게 마음을 기울일 수 있다. 예를 들어 몸은 무상하고 괴로움이고 무아라는 지혜를 기반으로

---

50 이를 네 가지 대상, 즉 몸[身], 느낌[受], 마음[心], 법法으로 나눌 수 있다. 네 가지 대상을 관찰하는 수행을 사념처四念處 수행 또는 기억 확립 수행이라 한다.

몸에 마음을 기울일 수 있다. 그러면 현재의 몸에 대하여 탐욕이나 성냄 등의 해로운 법이 일어나지 않으므로 몸을 있는 그대로 꿰뚫어 아는 지혜를 계발할 수 있다. 더 나아가 이전에 얻은 지혜와 현재 생긴 지혜를 종합함으로써 이전보다 더 깊고 성숙한 지혜를 계발할 수 있다.

끝으로 사성제에 대한 기억을 확립하여 괴로움을 소멸할 수 있다. 현재의 물질과 정신을 있는 그대로 관찰하는 수행을 지속하면 현재의 물질이나 정신에 대한 바른 앎 또는 지혜가 생기는데 이때 지혜와 더불어 그것을 잊지 않는 기억[sati]도 함께한다. 이렇게 수행을 통해 얻은 개별적인 지혜를 사성제의 관점에 따라 숙고하고 탐구하고 조사함으로써 사성제의 지혜, 즉 바른 견해의 형태로 구조적으로 정리하여 철저히 알고[jānāti, 知] 기억할 수 있다. 이렇게 얻은 사성제에 대한 지혜를 잊지 않고 기억함으로써 다시 현상을 관찰할 때 사성제의 관점으로 볼 수[passati, 見] 있다. 그러면 다시 현상에 대한 지혜와 기억이 계발되는데 이것을 다시 사성제의 구조로 정리해서 철저히 알 수 있다. 그러면 이 사성제에 대한 지혜와 기억을 기반으로 다시 사성제의 관점으로 현상을 있는 그대로 볼 수 있다. 이처럼 사성제의 관점으로 알고[知] 보는[見] 과정을 거듭거듭 반복함으로써 사성제에 대한 지혜, 즉 바른 견해를 절대 망각하지 않는 기억이 확립될 수 있다.

이렇게 지혜를 사성제라는 구조로 기억하는 일은 개별적인 지혜를 기억하는 것보다 훨씬 더 강력하다. 실제 구체적인 사건에 대한 기억은 부정확하고 쉽게 망각하지만, 개념화하거나 구조적으로 기억된 것은 훨씬 정확하고 오래 기억된다는 점은 과학적으로도 잘 알려진 사실이다. 그래서 수행을 통해 얻은 개별적인 지혜를 사성제의 구조로 기억한다면 어떤 상황과 조건에서도 사성제에 대한 지혜를 망각하지 않을 수준까지 기억을 확립할 수 있다. 이렇게 되면 어떤 현상과 접촉하더라도 어리석게 마음을 기울일 수 없게 되므로 해로운 법이 일어날 조건이 사라지고, 해로운 법이 완전히 소멸한다. 이같이 사성제에 대한 지혜를 어떤 상황과 조건에서도 절대 망각하지 않을 수준으로 기억이 확립된 상태를 사성제에 대한 기억 확립[sati-paṭṭhāna, 念處]이라 한다. 사성제에 대한 기억이 확립되면 갈애와 더불어 해로운 법들이 완전히 버려지고 괴로움을 소멸할 수 있다.

　　이같이 위빠사나 수행에서 '기억'은 해로운 법을 버리고 괴로움을 소멸하는 데 결정적인 역할을 한다. 예를 들어 물질과 정신을 관찰하는 수행 중에 '집착하는' 특성이 있는 정신 현상들은 다양하게 일어날 수 있지만, 전부 세세하게 기억하기는 어렵다. 그렇지만 그것들을 모두 '탐욕'이라는 법으로 개념화하여 기억한다면 탐욕에 관한 지혜를 잘 망각하지 않는다. 비록 '탐욕'이라 불리는 실제 정신 현상들을 모두 기억하지는 못하더라도 그것들이 탐욕이라고 꿰뚫어 아는 지혜는 잊지 않고 명확히 기억할 수 있기 때문이다. 더 나아가 탐욕의 여러 가지 측면, 즉 탐욕의 특성은 무엇인지, 탐욕이 일어나는 원인은 무엇인지, 탐욕의 소멸은 가능한지, 탐욕을 버리는 방법은 무엇인지, 탐욕이 어떻게 하면 다시 일어나지 않는지 등을 탐구하고 조사함으로써 탐욕을 사성제의 구조로 정리해 체득한 지혜가 생긴다. 이렇게 구조적으로 정리되어 체득한 지혜는 어떤 상황과 조건에서도 기억되는 수준까지 이르게 되어 탐욕에 대한 지혜를 절대 망각하지 않는 기억을 확립할 수 있다. 이렇게 탐욕을 꿰뚫어 아는 지혜와 그것에 대한 기억이 확립되면 탐욕이 일어날 조건이 사라지므로 탐욕을 완전히 소멸하여 괴로움을 소멸할 수 있다.

사마타samatha[止] 수행에서도 기억은 중요한 역할을 한다. 사마타 수행은 지혜를 기반으로 감각적 욕망, 적의, 해태와 혼침, 들뜸과 후회, 의심의 다섯 장애[51]를 떨쳐 버림으로써 바른 삼매[52]를 닦는 수행을 말한다. 들숨날숨기억[anāpānā-sati]은 대표적인 사마타 수행이다. 들숨날숨기억 수행의 핵심은 오직 '들숨'과 '날숨', 즉 '숨'이라는 대상만을 잊지 않고 '기억'하는 것이다. 그래야 오직 숨만을 알아차림으로써 삼매를 계발할 수 있다. 그런데 숨만을 기억하여 알아차리려고 노력하더라도 다섯 장애로 인해 여러 가지 생각들이 일어날 수 있다. 이때 그것이 다섯 장애 중 어떤 장애인지 알아차림으로써 버릴 수도 있고, 그 생각들은 무상하고 괴로움이며 무아임을 통찰함으로써 버릴 수도 있다. 이를 위해서는 삼매를 방해하는 다섯 장애가 무엇인지 기억해야 하고, 다섯 장애와 더불어 모든 물질과 정신 현상이 무상하고 괴로움이며 무아라는 지혜를 잊지 않고 기억해야 한다. 그래야 이런 지혜를 활용하여 다섯 장애로 인한 생각이나 숨 외의 다른 대상을 내려놓고 다시 숨을 기억하여 오직 숨만을 알아차릴 수 있기 때문이다.

이처럼 들숨날숨기억 수행을 통해 바른 삼매와 더불어 다섯 장애를 버리는 지혜도 함께 닦아진다. 다시 말해서 숨만을 기억하여 알아

51　니와라나nīvaraṇa의 번역이다.
52　바른 삼매는 다섯 장애를 떨쳐 버림으로써 생긴 청정하고 고요하고 집중된 마음 상태를 말한다.

차리려고 노력함으로써 바른 삼매가 생기고, 장애가 일어날 때 그것이 장애임을 알아차리고 그것을 버리려 노력함으로써 장애를 버리는 지혜가 계발된다. 이렇게 지혜와 삼매를 함께 닦게 되면 다섯 장애가 버려지면서 마음은 자연스럽게 숨만을 기억하여 알아차리게 된다. 그러면 들숨날숨과 마음이 하나가 되어 오랜 시간 지속하게 되는데 이를 바른 삼매라 한다.

바른 삼매에 얼마나 오래 머물 수 있는지는 들숨과 날숨만을 잊지 않는 기억의 힘과 숨만을 알아차리는 지혜의 힘에 정비례한다. 다시 말해서 숨을 잊지 않는 기억의 힘이 강할수록 오직 숨만을 알아차릴 수 있고, 지혜의 힘이 강할수록 다섯 장애를 완전히 극복하여 삼매에 오래 머물 수 있다. 더 나아가 오직 들숨과 날숨만을 오랜 시간 망각하지 않을 수준까지 숨에 대한 기억이 확립되면 오직 숨만을[53] 알아차리면서 숨에 몰입된 마음 상태가 오랜 시간 동안 이어지게 된다. 이렇게 숨에 대한 기억이 확립되어 숨에만 완전히 몰입된 마음 상태를 특히 선정[jhāna, 禪定]이라 한다. 이같이 사마타 수행에서도 '기억'은 결정적인 역할을 담당한다.

이상에서 살펴보았듯이 불교 수행의 대표적인 방법인 사마타나 위빠사나에서 기억은 결정적으로 중요한 역할을 한다. 이것이 'sati'를 '기억'으로 번역해야 하는 가장 중요한 이유라고 할 수 있다.

---

53   정확히 말하면 들숨날숨의 표상[nimitta]이다.

불교의 다른 용어들과 달리 sati의 번역에 대하여는 의견이 분분하다. 일반적으로 기억이라 하면 과거의 경험이나 정보를 기억하는 것으로만 생각하므로 기억은 수행과 무관한 것으로 생각한다. 그래서 sati를 수행의 뉘앙스가 있는 마음챙김, 알아차림, 새김, 깨어 있음 등으로 번역해 왔으며 '기억'으로 번역하는 경우는 거의 없었다. 그러면 기억과 이런 번역들의 차이점에 대하여 간단히 살펴보자.

첫째, sati를 '마음챙김'이나 '새김'으로 번역하는 경우이다. 마음챙김이나 새김은 sati의 여러 가지 기능 중에서 특히 현재 일어나는 현상을 챙기거나 새기는 일에 초점이 맞추어져 있는 번역이다. 이들은 현재의 현상을 잊지 않고 기억하는 기능을 잘 드러내는 번역이므로 이런 면에서는 좋은 번역이라 생각한다. 하지만 마음챙김이나 새김에는 과거에 알았던 것을 기억해내서 그것을 현재에 적용하는 것이나 과거와 현재에 바르게 알게 된 정보를 잊지 않고 미래에 적용하는 sati의 기능은 잘 드러나지 않는다. 과거에 이미 계발한 지혜나 현재를 관찰하면서 얻어진 지혜를 잊지 않고 기억하여 미래에 대상을 만날 때 기억해냄으로써 지혜가 먼저 작용할 수 있다. 이것을 '지혜로운 마음기울임'이라고 부르는데 지혜롭게 마음을 기울이려면 과거에 이미 얻은 지혜를 기억해내는 sati의 역할은 필수적이다.

더구나 sati의 '잊지 않음' 또는 '기억'하는 역할 때문에 수행을 통해 꿰뚫어 알게 된 지혜들이 누적되어 지혜가 성장할 수 있다. 지혜가 성장해 갈수록 괴로움과 괴로움의 소멸에 대한 진리인 사성제에 대한 지혜도 확립될 수 있다. 그렇게 해서 바른 견해, 즉 사성제에 대한 지혜를 어떤 상황이나 조건에서도 망각하지 않을 수준까지 기억이 확립되면 깨달음이라 한다. 이처럼 sati의 가장 중요한 역할은 수행을 통해 얻은 지혜를 어떤 조건에서도 잊지 않음으로써 사성제에 대한 기억을 확립하여 해로운 법을 소멸하는 것인데 '마음챙김'이나 '새김'이라는 번역은 sati의 이런 중요한 역할을 드러내기에는 다소 부족한 점이 있다고 생각한다.

둘째, sati를 '알아차림'으로 번역하는 경우이다. 알아차림은 대상을 알아챈다는 의미이므로 정보를 기억하는 의미보다 대상을 파악하는 의미가 있다고 볼 수 있다. 그래서 알아차림은 sati의 번역보다는 오히려 경전에서 자주 나타나는 용어인 삼빠자나sampajañña[54]의 번역이라 이해하는 것이 더 적합하다. 그러면 sampajañña란 무엇인가? sampajañña는 삼빠자나띠sampajānāti라는 동사에서 파생된 중성명사이고, sampajānāti는 '바르게 알다', '분명히 알다'라는 뜻이 있다. 그래서 sampajañña는 '알아차림', '분명한 앎', '바른 앎' 등으로 번역할 수 있다. 이처럼 알아차림은 sati보다도 sampajañña의 번역으로 이해하는 것이 더 적합하다고 할 수 있다.

붓다께서도 sati와 sampajañña를 구분하여 사용하신다. 「기억 확

---

54 삼빠자나sampajañña는 삼빠자나띠sampajānāti라는 동사에서 파생된 중성명사이다. 이때 sampajānāti는 sam(분명히, 바르게)+pajānāti(알다)로 분해할 수 있으므로 sampajānāti는 '바르게 알다', '분명히 알다'라는 뜻이 있다. 그래서 sampajañña는 '분명한 앎' 또는 '바른 앎'으로 번역할 수 있다. 그런데 불교는 사성제이므로 붓다의 견해인 사성제의 관점에 따라 현상들을 바라보는 일이 가장 중요하다. 따라서 sampajañña를 '분명한 앎' 보다 '바른 앎'으로 번역하는 것이 더 적합하다고 볼 수 있다. 이런 이유로 중국에서는 sampajañña를 정지正知로 번역했다.

립의 긴 경」[55]에서는 sati와 sampajañña가 대부분 함께 나타나는데 sampajañña는 대상을 '알아차리거나, 바르게 아는' 역할을 하고, sati는 알아차린 내용이나 바르게 안 내용을 '잊지 않고 기억하는' 역할을 한다. 예를 들어 물질과 정신을 관찰할 때 물질과 정신을 진리에 부합하게 바르게 아는 것, 더 나아가 물질과 정신이 무상하고 괴로움이고 무아임을 바르게 아는 것은 알아차림[sampajañña]이고, 이때 생긴 바른 앎을 잊지 않는 것은 기억[sati]이라 할 수 있다. 그래서 중국에서는 sati는 정념正念으로 sampajañña는 정지正知로 번역한 것이다. 종합해 보면 알아차림은 sati의 번역보다는 sampajañña의 번역으로 보는 것이 합당하다.

셋째, sati를 '깨어 있음'으로 번역하는 경우이다. 불교에서 깨어 있음은 자가리야jagariya의 번역이다. 경전[56]에서 언급한 깨어 있음은 낮이나 밤이나 게으르지 않고 좌선 수행과 걷기 수행을 조화롭게 실천하면서 열심히 수행하는 것을 의미한다. 다시 말해 깨어 있음은 sati의 번역이라기보다 팔정도의 여덟 가지 요소 전체를 고루 실천하는 것을 총칭하는 용어라고 보는 것이 적합하다.

이처럼 sati의 번역이 다양한 것은 sati의 역할을 전체적으로 이해하지 못하고, sati의 부분적인 면만을 보고 그것만을 강조하면서 일어난 일이라 볼 수 있다. 이상에서 살펴본 것처럼 sati는 기억으로 번역하는 것이 바람직하다. 이에 대하여는 앞으로도 여러 측면에서 자세

55　「대념처경」(D22).

56　「길들임의 단계 경」(M125).

히 살펴볼 것이다.

바른 기억과 그릇된 기억

바른 기억[sammā-sati, 正念]은 괴로움의 소멸에 유익한 기억이므로 바른 앎과 관련되어 있다. 바른 앎[sampajañña, 正知]은 현상들을 있는 그대로 바르게 아는 지혜, 더 나아가 사성제의 견해로 현상들의 실상을 꿰뚫어 아는 것을 말한다. 그러므로 바른 앎은 현상들의 실상을 나타내는 물질과 정신의 법에 대한 지혜, 물질과 정신의 법의 일어남을 아는 지혜, 물질과 정신의 법의 소멸을 아는 지혜, 물질과 정신의 법의 소멸로 인도하는 도 닦음을 아는 지혜 등을 말한다.

이렇게 바른 앎도 현상의 실상을 있는 그대로 꿰뚫어 아는 특성이 있으므로 바른 앎은 법으로 지혜와 같다. 그래서 바른 앎을 체득하면 어리석음이 저절로 버려진다. 마치 빛이 생기면 어둠이 물러가듯이. 그리고 어리석음이 버려지면 이미 일어난 해로운 법들도 버려진다.

더구나 바른 앎을 체득하면 현상에 관하여 지혜롭게 마음을 기울일 수 있으므로 아직 일어나지 않은 유익한 법이 일어난다. 예를 들어 명예에 집착하는 정신 현상이 일어났다고 하자. 이때 명예에 집착하는 정신 현상을 명예욕이라고 꿰뚫어 아는 지혜가 바른 앎이다. 어리석음을 조건으로 명예욕이 일어남[57]을 꿰뚫어 아는 지혜도 바른 앎

---

57 명예는 조건을 의지해서 일어나므로 무상하다. 그러함에도 명예는 영원하다고 잘못 아는 것은 어리석음이다. 이런 어리석음을 조건으로 명예에 대하여 집착하는 탐욕이 일어난다.

4장··사성제

이다. 명예욕은 해로운 법이라고 꿰뚫어 아는 지혜도 바른 앎이다. 명예욕이 버려지면 괴로움도 소멸한다고 꿰뚫어 아는 지혜도 바른 앎이다. 팔정도를 닦는 것이 명예욕을 버리는 방법임을 꿰뚫어 아는 지혜도 바른 앎이다. 이렇게 명예욕에 관하여 꿰뚫어 아는 바른 앎을 체득하면 명예욕은 저절로 버려진다. 마치 거머쥐고 있는 돌이 뜨거운 줄 분명히 알면 즉시 돌을 놓아 버리는 것처럼. 더구나 명예욕에 대한 바른 앎을 체득하면 명예에 대하여 지혜롭게 마음을 기울일 수 있으므로 명예에 대한 탐욕이 다시 일어나지 않게 예방할 수 있다. 이처럼 바른 앎은 전적으로 유익하다.

> "비구들이여, 이것 이외에 다른 어떤 법에 의해서도 아직 일어나지 않은 유익한 법들이 일어나고 또 이미 일어난 해로운 법들이 버려지는 것을 나는 보지 못하나니, 그것은 바로 바른 앎이다. 비구들이여, 바르게 아는 자에게 아직 일어나지 않은 유익한 법들이 일어나고 또 이미 일어난 해로운 법들은 버려진다."
>
> _「열심히 정진함 등의 품」(A1:7:9)

이와 같은 바른 앎 또는 지혜를 잊지 않고 기억하는 심리 현상을 바른 기억이라 한다. 이런 바른 기억이 있으면 그로 인해 다시 지혜가 생길 수 있다. 다시 말해서 이전에 계발한 지혜를 잊지 않는 바른 기억이 있으면 현재의 현상에 대하여 지혜롭게 마음을 기울임으로써 그 현상에 대한 새로운 지혜가 생기고, 그것을 잊지 않는 바른 기억도 생긴다. 그

384

러면 이전에 계발된 바른 기억과 새로 생긴 바른 기억을 종합함으로써 더 깊은 지혜를 계발할 수 있다. 이런 과정을 거듭거듭 반복하면 지혜가 점차 성숙한다. 더 나아가 수행을 통해 계발한 지혜를 사성제의 구조로 정리해서 통찰하여 기억한다면 바른 견해, 즉 사성제에 대한 지혜를 절대 망각하지 않는 바른 기억이 확립될 수 있다. 이렇게 바른 기억이 확립되면 해로운 법이 버려지고 괴로움이 소멸할 수 있다.

이에 반해 그릇된 기억[micchā-sati, 邪念]은 괴로움의 소멸에 해로운 기억이므로 그릇된 앎과 관련되어 있다. 그릇된 앎[asampajañña, 邪知]은 현상의 실상을 있는 그대로 알지 못하는 특성이 있으므로 법으로는 어리석음과 같다. 그래서 그릇된 앎은 사성제에 대한 무지, 즉 괴로움에 대한 무지, 괴로움의 일어남에 대한 무지, 괴로움의 소멸에 대한 무지, 괴로움의 소멸로 인도하는 도 닦음에 대한 무지를 말한다. 예를 들어 원수를 보고 그를 싫어하는 마음이 일어났다고 하자. 이때 그를 싫어하는 마음은 성냄이 아니고, 해로운 법도 아니고, 그것의 완전한 소멸은 불가능하다고 잘못 아는 것은 그릇된 앎이다. 이런 그릇된 앎이 있으면 그에 대한 미움, 증오, 원한 등의 성냄은 점차 늘어 가고 더욱 강해져서 정신적인 괴로움도 더욱 심해질 것이다. 이같이 그릇된 앎을 조건으로 해로운 법이 일어나고, 괴로움은 늘어 가게 된다. 이처럼 그릇된 앎은 전적으로 해롭다.

> "비구들이여, 이것 이외에 다른 어떤 법에 의해서도 아직 일
> 어나지 않은 해로운 법들이 일어나고 또 이미 일어난 유익한
> 법들이 버려지는 것을 나는 보지 못하나니, 그것은 바로 그

릇된 앎이다. 비구들이여, 그릇되게 아는 자에게 아직 일어나
지 않은 해로운 법들이 일어나고 또 이미 일어난 유익한 법
들은 버려진다."

_「열심히 정진함 등의 품」(A1:7:8)

이와 같은 그릇된 앎 또는 어리석음을 잊지 않고 기억하는 심리 현상
을 그릇된 기억이라 한다. 이런 그릇된 기억이 있으면 그로 인해 다시
어리석음이 생길 수 있다. 다시 말해서 이미 얻어진 그릇된 앎에 대한
기억이 있으면 현재의 현상에 대하여 어리석게 마음을 기울임으로써
현상에 관한 어리석음이 생기고, 그것을 기억하는 그릇된 기억이 생
긴다. 그러면 이전에 계발된 그릇된 기억과 새로이 생긴 그릇된 기억
이 종합됨으로써 더 강한 어리석음이 생긴다. 이런 과정이 거듭거듭
반복되면 어리석음이 점차 강해진다. 이렇게 그릇된 앎 또는 어리석
음은 해로운 법이 늘어나게 하고, 괴로움이 일어나게 한다.

　이상에서 살펴본 것을 정리해 보면 바른 기억은 바른 견해에 부합
하는 기억을 말하고, 그릇된 기억은 바른 견해와 부합하지 않는 기억을
말한다. 또 바른 기억은 유익하고 법에 합당한 것이지만, 그릇된 기억
은 해롭고 법에 합당하지 않은 것이다. 그러므로 이미 생긴 바른 기억
은 잊지 않으려고 노력하고, 아직 생기지 않은 바른 기억들은 일어나도
록 노력해야 한다. 반면 이미 생긴 그릇된 기억은 버리려고 노력하고,
아직 생기지 않은 그릇된 기억은 일어나지 않도록 노력해야 한다.

"도반들이여, 그릇된 기억은 비법이고, 바른 기억은 법입니다. 그릇된 기억을 조건으로 하여 여러 가지 나쁘고 해로운 법들이 생기나니 이것은 해로운 것입니다. 바른 기억을 조건으로 한 여러 가지 유익한 법들은 수행을 통해 완성되나니 이것이 이로운 것입니다."

_「비법 경 3」(A10:115)

상좌부 아비담마 전통에서는 '기억[sati]'을 전적으로 유익한 법으로 분류하고 있다. 하지만 초기경전의 많은 곳에서 바른 기억[sammā-sati]과 함께 그릇된 기억[micchā-sati]에 대한 언급이 나온다. 이런 경전들을 보면 기억이 항상 유익한 법으로만 쓰이는 것이 아니라 해로운 법도 될 수 있다는 것을 알 수 있다.

이렇게 많은 경전상의 용례들을 봤을 때 기억은 유익한 법과 결합하면 바른 기억이 되고 해로운 법과 결합하면 그릇된 기억이 된다고 함이 타당하다고 볼 수 있다. 그러면 경전의 가르침을 통해서 바른 기억에 대해 좀 더 자세히 살펴보자.

"도반들이여, 그러면 무엇이 바른 기억입니까? 도반들이여, 여기 비구는 몸에서 몸을 관찰하며 머뭅니다. … 느낌에서 느낌을 관찰하며 머뭅니다. … 마음에서 마음을 관찰하며 머뭅니다. … 법에서 법을 관찰하며 머뭅니다. 세상에 대한 욕망과 싫어하는 마음을 버리고, 열심히 노력하며 바르게 알고 바르게 기억하는 자 되어 머뭅니다. 도반들이여, 이를 일러 바른 기억이라 합니다."

_「진리의 분석 경」(M141)

이같이 경전에서는 몸[kāya, 身], 느낌[vedanā, 受], 마음[citta, 心], 법[dhamma, 法]에 대한 바른 앎 또는 지혜를 잊지 않는 것을 '바른 기억'이라 설하셨다. 그러면 경전에서는 왜 몸, 느낌, 마음, 법의 네 가지 대상으로 설하셨는가? 이 네 가지 대상을 관찰하는 것이 존재의 실상인 물질과 정신을 관찰하는 것이기 때문이다.

붓다께서는 존재의 실상은 물질과 정신 또는 다섯 무더기이고, 다섯 무더기는 조건을 의지해서 생겨난 형성된 법이므로 무상하고 괴로움이며 무아이고 부정不淨한 특성이 있다고 설하셨다. 하지만 어리석은 사람들은 다섯 무더기를 영원하고 행복이며 자아가 있으며 아름다운 것이라 잘못 알기 때문에 다섯 무더기에 집착하는 갈애가 있는 것이다. 그래서 다섯 무더기에 대한 갈애를 버리려면 다섯 무더기의 실상을 있는 그대로 꿰뚫어 아는 바른 앎 또는 지혜를 계발해야 한다. 이런 지혜를 계발하려면 먼저 존재의 실상인 다섯 무더기에 관하여 있는 그대로 관찰하는 수행을 실천해야 한다. 그런데 몸은 물질 무더기, 느낌은 느낌 무더기, 마음은 의식 무더기에 해당하고, 법은 좁은 의미로는 인식 무더기와 형성 무더기[58], 넓은 의미로는 다섯 무더기

---

[58] 「대념처경」(D22)에서 법을 다섯 무더기, 다섯 장애, 여섯 감각 장소, 일곱 가지 깨달음의 구성 요소, 사성제로 언급하고 있다. 이 중에서 다섯 장애와 일곱 가지 깨달음의 구성 요소가 가장 중요한 주제이다. 이 두 가지 주제만을 강조할 때는 형성 무더기라 할 수 있다.

전체[59]에 해당한다. 따라서 몸, 느낌, 마음, 법의 네 가지 대상을 관찰하는 수행은 곧 존재의 실상인 다섯 무더기를 관찰하는 수행과 같다.

더구나 자신의 몸이 아름답기를 바라는 갈애, 행복한 느낌만이 일어나기를 바라는 갈애, 마음이 영원히 변하지 않기를 바라는 갈애, 현상[法]들이 나의 것, 나, 나의 자아이므로 자기 마음대로 통제할 수 있기를 바라는 갈애는 사람들에게 가장 고질적이고 버리기 힘든 것들이다. 그래서 이와 같은 네 가지 고질적인 갈애를 확실히 버리려면 존재의 실상인 몸, 느낌, 마음, 법이라는 네 가지 대상을 있는 그대로 관찰함으로써 네 가지 대상이 무상하고 괴로움이며 무아이고 부정한 특성이 있다고 꿰뚫어 알아야 한다. 특히 '몸'은 아름답지 않은[不淨] 특성이 있음을, '느낌'은 괴로움의 특성이 있음을, '마음'은 무상한 특성이 있음을, '법'은 통제할 수 있는 주체가 없는 특성이 있음을 있는 그대로 꿰뚫어 알면 네 가지 고질적인 갈애를 소멸할 수 있다. 이런 이유로 붓다께서는 수행자들이 관찰하여 통찰해야 할 대상을 분명히 하기 위해 다섯 무더기 대신 네 가지 대상으로 설하신 것이라 볼 수 있다.

그러면 네 가지 대상에 대한 지혜와 그것에 대한 바른 기억을 계발하기 위해서는 어떻게 수행해야 하는가? 네 가지 대상, 즉 몸, 느낌, 마음, 법을 관찰하는 수행을 해야 한다. 네 가지 대상을 있는 그대로 관찰하면 네 가지 대상에 대한 바른 앎 또는 지혜가 생기는데 이때 생긴 지혜를 잊지 않는 것이 바른 기억이다. 또 바른 기억이 있으면 다시

---

59 「대념처경」(D22)에서 법을 다섯 무더기, 다섯 장애, 여섯 감각 장소, 일곱 가지 깨달음의 구성 요소, 사성제라 언급하고 있으므로 법은 다섯 무더기를 의미하기도 한다.

네 가지 대상을 관찰할 때 이미 얻은 지혜를 바탕으로 지혜롭게 마음을 기울일 수 있으므로 네 가지 대상에 대한 더 깊은 지혜를 계발할 수 있다. 그런데 네 가지 대상에 대한 지혜는 다섯 무더기에 대한 지혜이고, 다섯 무더기에 대한 지혜는 구체적으로 다섯 무더기, 다섯 무더기의 일어남, 다섯 무더기의 소멸, 다섯 무더기의 소멸로 인도하는 도 닦음에 대한 지혜를 말하므로 사성제에 대한 지혜라고 할 수 있다. 이처럼 네 가지 대상을 관찰하는 수행을 통해 사성제에 대한 지혜와 그것에 대한 바른 기억이 확립된다. 이같이 네 가지 대상을 관찰함으로써 사성제에 대한 바른 기억이 확립되면 어리석음이 소멸하므로 다섯 무더기에 대한 갈애가 완전히 버려지고 괴로움을 소멸할 수 있다.

기억은 조건 발생이다

의식은 대상과의 접촉을 조건으로 발생한다. 의식이 발생할 때 대상을 분별하여 알게 된 '앎' 또는 '정보'가 생기고 그것을 기억하는 심리 현상인 기억[sati]도 일어난다. 따라서 기억은 조건에 의해서 발생한 법이므로 조건이 있으면 일어나고, 조건이 사라지면 사라진다. 그래서 기억은 의식에 의해 알게 된 정보 또는 앎을 기억하는 특성뿐 아니라 무상하고 괴로움이며 무아라는 공통된 특성도 지닌다. 이것은 기억의 작용은 있지만 실체는 없다는 것을 의미한다. 만약 기억이 실체가 있다면 정보들을 실제 저장하고 있다가, 그것을 원형 그대로 끄집어내는 것이 기억일 것이다. 마치 창고에 물건을 놓아두었다가 그것을 다시 끄집어내는 것처럼.

하지만 기억은 조건이 있을 때는 작용하지만, 조건이 없으면 사

라진다. 예를 들어 바닷가에 갔을 때 함께 왔던 친구와의 추억이 기억

날 수 있다. 이것은 어딘가 실체로써 저장되어 있던 친구와의 추억을

기억해내는 것이 아니라 바닷가라는 장소가 조건이 되어 그것과 관련

된 친구와의 추억을 기억한 것일 뿐이다. 실제 바닷가라는 조건이 없

었으면 친구와의 추억이 생각나지 않았을 것이다. 이처럼 기억은 어

딘가에 실체로써 저장되어 있던 정보를 끄집어내듯이 기억해내는 게

아님에[60] 주의해야 한다. 종합하면 기억은 조건을 의지해서 발생하므

로 작용은 있지만 실체는 없다. 이를 이해하는 것은 매우 중요하다. 그

렇지 않으면 기억이 실체화되어 기억의 집합체를 자아라고 착각할 수

있기[61] 때문이다.

⑧ 바른 삼매[sammā-samādhi, 正定]

사마디samādhi는 '함께'라는 의미의 saṁ과 방향, 접촉, 근접의 의미인

ā(to, near)와 '두다', '놓다'라는 뜻의 어근 √dhā(to put)에서 파생된 남성

60　뇌 과학자들은 기억들이 뇌에 저장된다고 주장하기도 한다. 하지만 불교에서는 물질과
　　　정신을 구분하고 있는데 기억은 마음과 함께 일어나는 심리 현상이고 뇌는 물질 현상
　　　으로 이해한다. 따라서 뇌에 저장된 전기적 신호나 화학적 반응 등의 물질적인 기록은
　　　심리 현상인 기억이 일어나는 강력한 '조건'이 될 수는 있지만, 뇌 자체를 정신 현상 중
　　　하나인 기억과 동일시하지는 않는다. 예를 들어 숙명통을 얻은 사람은 전생을 기억할
　　　수 있다. 이때 전생의 뇌는 이미 사라졌지만, 전생에 있었던 일을 기억해낼 수 있다.

61　실제 유식唯識에서는 이루 셀 수 없는 전생부터 현생까지 모든 정보를 저장하고 있는
　　　의식인 제8 의식, 즉 아뢰야식이 있다고 주장한다. 하지만 유식에서 말하는 아뢰야식도
　　　생멸하면서 여섯 의식의 기저基底의식으로 언급한 것이지 영원불멸한 실체라고 주장
　　　하는 것은 아니다. 하지만 이런 사실을 모르는 사람들은 아뢰야식을 영원불멸한 자아
　　　라고 착각하여 집착하기 쉬운 위험이 있다.

명사이다. 이렇게 samādhi는 문자적으로 '한 곳에 둠', '한 곳에 놓음'을 뜻하는데 이를 집중 또는 음역하여 삼매三昧라고 번역한다. 그래서 sammā-samādhi는 바른 집중 또는 바른 삼매로 번역할 수 있는데 여기서는 바른 삼매라는 용어를[62] 쓰기로 한다.

그러면 삼매란 무엇을 의미하는가? 경전에서 삼매는 마음의 하나 됨이라고 한다. 이때 '하나 됨'은 에깍가따ekaggatā[63]의 번역인데 ekaggatā는 '집중', '마음이 하나 됨', '심일경성心一境性'을 뜻한다. 이렇게 삼매는 한마디로 '마음이 하나 됨' 또는 '집중'을 뜻한다고 말할 수 있다.

"도반 위사까여, 마음의 하나 됨이 삼매입니다."

_「교리문답의 짧은 경」(M44)

그러면 바른 삼매란 무엇인가? 불교에서 말하는 바른 삼매는 다음의 두 가지 조건을 갖추어야 한다. 첫째, 바른 삼매는 팔정도 중에 바른 견해부터 바른 기억까지의 일곱 가지 요소를 갖추어야 한다. 간략하게 말하면 바른 삼매는 바른 견해를 바탕으로 계발된 삼매를 말한다. 바른 견해는 사성제에 대한 지혜 또는 해로운 법과 유익한 법을 분명

---

62   samādhi는 단순히 집중으로 번역해서는 정확한 의미를 담아내기 어려운 용어이고, 이미 삼매라는 용어가 정착되어 있으므로 그냥 삼매라는 용어를 사용할 것이다.

63   ekaggatā는 eka+agga+tā로 분해할 수 있는데 eka는 '하나'라는 의미이고, agga는 '끝', '점', '정상'이라는 뜻이고, tā는 추상명사를 만드는 접미사이다. 그래서 ekaggatā는 문자적으로 '한 점으로 모임'이라는 의미이다.

히 구분하는 지혜이다. 그러므로 바른 견해가 있으면 유익한 법을 바탕으로 숙고하고 조사하는 바른 사유, 그리고 유익한 법을 바탕으로 말하고 행동하고 생계를 이어 가는 바른 말, 바른 행위, 바른 생계, 그리고 바른 견해를 바탕으로 해로운 법을 버리고 유익한 법을 계발하기 위해 애쓰는 바른 정진, 해로운 법은 버리고 유익한 법이 지속할 수 있게 하는 지혜를 잊지 않는 바른 기억이 있다. 이렇게 팔정도의 나머지 일곱 가지 요소가 조화롭게 작용하면 해로운 법은 버려지고 유익한 법만이 이어지게 하는 지혜와 그것에 대한 바른 기억이 확립된다. 그러면 지혜와 바른 기억으로 인해 해로운 법이 떨쳐 버려짐으로써 생긴 깨끗하고 고요하며 유익한 마음 상태가 일정 시간 동안 이어지는데 이렇게 청정하고 고요한 마음과 함께하는 '삼매' 또는 '집중'을 바른 삼매라 한다. 이처럼 바른 삼매는 팔정도의 나머지 일곱 가지 요소를 필수적으로 갖추어야 한다.

> "비구들이여, 무엇이 조건과 도움 되는 것이 함께한 성스러운 바른 삼매인가? 이른바 바른 견해, 바른 사유, 바른 말, 바른 행위, 바른 생계, 바른 정진, 바른 기억이 있으니, 비구들이여, 이들 일곱 가지 구성 요소를 갖춘 마음이 하나 됨[心一境性]을 일러 성스러운 바른 삼매가 조건을 가졌다고도 하고, 도움 되는 것이 함께했다고도 한다."
>
> _「위대한 마흔 가지 경」(M117)

둘째, 바른 삼매는 괴로움의 소멸로 인도하는 삼매이어야 한다. 바른 삼매는 바른 견해와 함께하는 삼매이므로 탐욕이나 성냄 등의 해로운 법이 없이 청정하고, 고요하고, 집중된 마음이다. 그래서 바른 삼매를 기반으로 현상들을 관찰하면 집착하고 싫어하는 마음이 없이 현상을 있는 그대로 꿰뚫어 볼 수 있다. 그러면 존재를 이루는 현상들의 실상을 통찰한 법을 볼 수 있고, 더 나아가 법이 지닌 무상하고 괴로움이며 무아라는 특성과 법이 일어나는 조건을 꿰뚫어 알 수 있고, 법의 소멸과 법의 소멸로 인도하는 도 닦음인 팔정도를 꿰뚫어 볼 수 있다. 이렇게 바른 삼매를 기반으로 물질과 정신의 법을 볼 수 있고, 법을 괴로움과 괴로움의 소멸의 관점에서 정리하여 바르게 앎으로써 사성제에 대한 지혜를 꿰뚫어 알 수 있다.

이렇게 바른 삼매를 통해 사성제를 있는 그대로 꿰뚫어 알 수 있는 이유는 무엇인가? 바른 삼매는 바른 견해, 즉 사성제에 대한 지혜를 바탕으로 계발된 삼매이기 때문이다. 다시 말해서 바른 삼매는 괴로움과 괴로움의 소멸에 대한 지혜를 바탕으로 계발된 삼매이므로 바른 삼매를 닦은 수행자는 삼매로 인해 생긴 행복에 안주하지 않고 괴로움의 소멸을 위해 정진한다. 반면에 바른 견해가 없이 오직 강한 집중만이 있는 그릇된 삼매를 닦은 수행자는 삼매로 인해 생긴 행복에 안주하거나 삼매의 힘을 명예나 이익을 얻는 데 활용하면서 괴로움의 소멸을 위해 노력하지 않을 것이다. 이런 이유로 바른 삼매를 통해 바른 견해, 즉 사성제에 대한 지혜를 꿰뚫어 알 수 있다.

이상을 정리하면 바른 삼매를 기반으로 물질과 정신의 법을 있는 그대로 볼 수 있고, 법을 사성제의 구조로 정리하여 이해함으로써 바른 견해, 즉 사성제에 대한 지혜를 완성할 수 있다. 그리고 사성제에 대한 지혜가 완성되면 해로운 법들이 소멸하고 바른 해탈이 실현되어 괴로움이 소멸한다. 그래서 붓다께서는 바른 삼매를 가진 자에게 바른 지혜가 생기고, 바른 지혜를 가진 자에게 바른 해탈이 생긴다고 설하신 것이다. 이처럼 불교에서 말하는 바른 삼매는 팔정도의 나머지 일곱 가지 요소를 필수품으로 가졌으며, 괴로움의 소멸로 인도하는 삼매를 말한다. 이 두 가지 조건 중에 한 가지라도 갖추지 못하면 그것은 바른 삼매가 아님을 분명히 알아야 한다.

> "바른 삼매를 가진 자에게 바른 지혜가 생긴다. 바른 지혜를
> 가진 자에게 바른 해탈이 생긴다."
>
> _「위대한 마흔 가지 경」(M117)

바른 삼매는 굳이 구분하자면 찰나 삼매, 근접 삼매, 몰입 삼매의 세 가지 형태로 나누어 볼 수 있다. 첫째, 찰나 삼매[khaṇika samādhi, 刹那三昧]는 특정한 대상에만 집중하는 것이 아니라 현재 일어나는 대상에 순간순간 집중하는 삼매를 말한다. 이와 같은 찰나 삼매가 있으면 탐욕과 성냄 등의 해로운 법이 없이 현재의 대상을 있는 그대로 알아차릴 수 있으므로 찰나 삼매는 지혜를 계발하는 위빠사나 수행에서 주로 나타난다. 또 위빠사나 수행이 순조롭게 진행되면 대상은 변하지만 매 순간마다 찰나 삼매가 이어지므로 위빠사나 수행 중에도 청정하고 고요하고 집중된 마음 상태가 유지된다. 이때 이런 마음 상태를 바탕으로 위빠사나 수행을 통해 얻은 개별적인 지혜들을 괴로움과 괴로움의 소멸의 관점으로 숙고하고 조사함으로써 사성제에 대한 지혜

를 계발할 수 있다. 이처럼 찰나 삼매는 위빠사나 수행을 통해서 지혜를 계발할 때 중요한 기반이 된다.

둘째, 근접 삼매[upacāra samādhi, 近接三昧]는 몰입 삼매에 들어가기 직전이나 직후의 마음 상태를 말한다. 몰입 삼매와 근접 삼매는 특정한 대상[64]만을 기억하여 알아차리는 사마타 수행에서만 나타나는 삼매의 형태이다. 이렇게 몰입 삼매나 근접 삼매는 대상이 변하는 찰나 삼매보다 훨씬 더 청정하고 고요하고 집중된 마음 상태이다. 따라서 찰나 삼매보다는 근접 삼매를 기반으로 현상을 관찰할 때 그것의 실상을 나타내는 법을 훨씬 더 명료하게 볼 수 있다. 더 나아가 근접 삼매를 기반으로 법을 괴로움과 괴로움의 소멸의 관점으로 숙고하고 조사할 때 훨씬 더 명료하게 사성제에 대한 지혜를 계발할 수 있다. 그러므로 근접 삼매를 기반으로 물질과 정신 현상들을 숙고하고 조사한다면 깨달음의 지혜를 얻어 갈애를 버리고 괴로움을 소멸할 수 있다.

셋째, 몰입 삼매[appanā samādhi, 沒入三昧][65]는 오직 하나의 대상[66]만을 기억하여 알아차림으로써 마음이 하나의 대상에 완전히 몰입된 삼매를 말한다. 불교에서는 바른 삼매 중에 몰입 삼매를 특히 선정

---

64 사마타 수행의 주제는 경전에서 까시나, 부정의 표상, 무한한 허공, 들숨과 날숨 등 사십 가지 정도로 언급되어 있다.

65 몰입 삼매는 네 가지 색계 선정, 네 가지 무색계 선정이 있다.

66 몰입 삼매의 대상을 말한다. 들숨날숨기억 수행에서는 들숨날숨 표상[nimitta]이 대상이 된다.

[jhāna**67**, 禪定]**68**이라고 부른다. 그래서 선정에 들어 있을 때는 생각이 일어나지도 않고, 보고 듣고 맛보고 냄새 맡고 감촉을 감지하는 오감 五感이 전혀 작용하지 않으며, 시간이나 공간도 느낄 수 없다. 선정에서 출정하여 다시 마음이 움직일 때 비로소 '내가 선정의 상태에 있었구나.'라고 알 수 있고, 다른 대상을 분별할 수 있을 뿐이다. 그래서 선정은 전문적으로 수행한 사람만이 경험할 수 있는 고귀한 마음 상태이다. 더구나 선정에서 출정한 후의 깨끗하고 고요하고 집중된 마음을 기반으로 선정에 든 사람의 다섯 무더기를 숙고하고 조사함으로써 다섯 무더기는 조건에 의해 생겨난 연기된 법이므로 무상하고 괴로움이며 무아임을 꿰뚫어 아는 지혜를 계발하여 다섯 무더기에 대한 갈애를 버리고 괴로움을 소멸할 수 있다. 예를 들어 경전에는 몰입 삼매인 색계 초선에서 출정한 후에 선정을 이루고 있는 다섯 무더기에 관하여 숙고하고 조사함으로써 깨달음을 얻을 수 있다**69**고 설하신 가르

---

67 자나jhāna는 '명상하다', '숙고하다'라는 뜻을 가진 동사 자야띠jhāyati에서 파생된 중성명사로 문자적으로는 '명상', '숙고'의 의미이다. 하지만 불교에서 jhāna는 몰입 삼매의 의미로 쓰이므로 jhāna를 선정으로 번역한 것이다.

68 불교에서 선정[jhāna, 禪定]은 특히 색계 초선, 색계 이선, 색계 삼선, 색계 사선의 네 가지만을 지칭하는 용어이다. 하지만 무색계의 사처四處도 선을 이루는 구성 요소의 측면에서는 색계 사선과 같으므로 무색계 사처도 선정이라 부를 수 있다. 여기서 한 가지 주목할 것은 선정으로 번역된 'jhāna'라는 용어는 붓다께서 처음 쓰신 것이라는 점이다. 더구나 붓다께서는 선정을 색계 초선, 색계 이선, 색계 삼선, 색계 사선의 네 가지로 설하셨는데 이것도 붓다에 의해 처음 설해진 가르침이다. 따라서 선정은 다른 수행 전통과 차별화된 불교만의 가르침 중의 하나이고, 깨달음이 일어나게 하는 바른 지혜의 매우 중요한 기반임을 명심해야 한다. 일부 사람들은 선정이 불교의 가르침이 아니라고 주장하는데 이것은 불교를 훼손하는 일이라 할 수 있다.

69 선정 상태에서는 선정의 대상 외의 다른 대상을 인지할 수 없으므로 현상들을 조사하는 수행을 할 수가 없다. 현상들을 조사하는 것은 반드시 선정에서 출정한 후에 가능하다.

침이 자주 나온다. 다시 말해서 색계 초선에서 출정한 직후의 마음은 근접 삼매인데 이런 근접 삼매를 기반으로 초선에 들었던 존재를 이루는 물질, 느낌, 인식, 형성들, 의식의 다섯 무더기에 관하여 숙고하고 조사함으로써 다섯 무더기는 조건에 의해 형성된 연기된 법이므로 무상하고 괴로움이고 무아임을 꿰뚫어 알 수 있다. 그러면 존재의 실상인 다섯 무더기에 대한 갈애가 일부 또는 전부 버려지면서 아나함 또는 아라한이 될 수 있다.[70] 이같이 붓다께서는 선정에서 출정한 후의 근접 삼매를 기반으로 선정에 든 존재의 다섯 무더기에 관하여 숙고하고 조사함으로써 깨달음을 얻을 수 있다고 설하셨다.

> "아난다여, 여기 비구는 재생의 근거를 멀리 여의고 해로운 법들을 제거하고 몸의 무력증을 완전히 가라앉혀서 감각적 욕망을 완전히 떨쳐 버리고 해로운 법들을 떨쳐 버린 뒤, 일으킨 생각과 지속적 고찰이 있고, 떨쳐 버렸음에서 생긴 희열과 행복이 있는 초선을 갖추어 머문다. 그는 거기에 있는 물질과 느낌과 인식과 형성들과 의식이라면 그것이 어떠한 것이든 그 법들을 모두 무상하다고 괴로움이라고 병이라고 종기라고 화살이라고 재난이라고 질병이라고 남이라고 부서지기 마련인 것이라고 공한 것이라고 무아라고 바르게 관찰한다. 그는 이런 법들에서 마음을 돌려 버린다. 이런 법들에서

---

70 감각적 욕망에 대한 갈애만을 버리면 아나함이 되고, 존재에 대한 갈애마저 버리면 아라한이 된다.

마음을 돌린 뒤 불사不死의 경지로 마음을 향하게 한다."

_「말룽까 긴 경」(M64)

이처럼 선정은 깨달음의 지혜가 일어나게 하는 최적의 조건이다. 이런 이유로 붓다께서 사마타 수행을 통해 선정을 닦으라고 권장하신 것이다.

불교에서 몰입 삼매는 여덟 가지[71] 선정, 즉 네 가지 색계 선정과 네 가지 무색계 선정을 말한다. 색계 선정은 색계 초선, 색계 이선, 색계 삼선, 색계 사선의 네 가지[四禪]이고, 무색계 선정은 공무변처, 식무변처, 무소유처, 비상비비상처의 네 가지[四處]이다. 불교에서 여덟 가지 선정은 모두 바른 삼매라고 할 수 있지만, 팔정도에서 바른 삼매는 색계 선정, 즉 색계 초선, 색계 이선, 색계 삼선, 색계 사선의 네 가지만으로 설한다. 붓다께서 팔정도의 바른 삼매를 왜 네 가지 색계 선정으로만 설하셨는지에 대하여는 나중에 다시 알아보기로 하고 먼저 네 가지 선정에 대하여 좀 더 자세히 살펴보자.

> "도반들이여, 그러면 무엇이 바른 삼매[sammā-samādhi]입니까? 도반들이여, 여기 비구는 감각적 욕망을 완전히 떨쳐 버리고, 해로운 법들을 떨쳐 버린 뒤, 일으킨 생각과 지속적 고찰이 있고, 떨쳐 버림에서 생긴 희열과 행복이 있는 초선에

---

71 여기에 아나함 이상의 성자들만 얻을 수 있는 멸진정[nirodha samāpatti, 滅盡定]을 합쳐 구차제정九次第定이라 한다.

들어 머뭅니다. 일으킨 생각과 지속적 고찰을 가라앉혔기 때문에, 내면이 고요하고, 마음이 단일한 상태이고, 일으킨 생각과 지속적 고찰은 없고, 삼매에서 생긴 희열과 행복이 있는 이선에 들어 머뭅니다. 희열이 빛바랬으므로 평온하게 머물고, 바르게 기억하고 바르게 알며, 몸으로 행복을 경험합니다. 성자들이 '평온하게 기억하며, 행복하게 머문다.'라고 말하는 그러한 삼선에 들어 머뭅니다. 행복도 버리고 괴로움도 버리고, 이전에 이미 기쁨과 슬픔을 없앴기 때문에, 괴롭지도 행복하지도 않고, 평온하게 기억하며, [마음이] 청정한 사선에 들어 머뭅니다."

_「진리의 분석 경」(M141)

그러면 들숨날숨기억[ānāpāna-sati]⁷²을 예로 들어 네 가지 색계 선정에 대하여 살펴보자. 들숨날숨기억은 오직 들숨날숨만을 기억하여 분명히 알아차림으로써 마음을 잘 길들여 선정을 닦는 수행이다. 붓다께서도 들숨날숨기억 수행을 통해 선정을 얻어 깨달음을 이루셨다는 점을 생각해 보면 들숨날숨기억 수행의 중요성을 미루어 짐작할 수 있다. 이 들숨날숨기억은 바른 견해를 기반으로 바른 삼매를 계발하는

---

72 들숨날숨기억 수행에는 많은 이익이 있다. 우선 들숨날숨기억 수행을 열심히 닦으면 마음이 쉽게 고요해지므로 잡다한 생각을 끊는 데 가장 효과적이다. 또 들숨날숨기억을 거듭거듭 행하면 숨에 대한 기억 확립을 성취하여 선정을 얻을 수 있고, 선정을 기반으로 깨달음의 지혜인 명지를 얻어 해탈할 수 있다. 더구나 이생에서 죽을 때 마지막 들숨과 날숨을 분명히 알고 죽음을 맞이할 수 있다.

수행인데 지혜와 삼매가 함께 닦여진다. 그러면 어떻게 지혜와 삼매가 함께 닦여지는가? 들숨날숨기억 수행의 시작은 바르게 기억하면서 숨을 들이쉬고, 바르게 기억하면서 숨을 내쉬는 것이다. 무엇을 바르게 기억하는가? 첫째, 오직 들숨과 날숨만이 알아차려야 할 대상임을 기억한다. 둘째, 세상의 모든 것들은 무상하고 괴로움이며 무아의 특성이 있음을 꿰뚫어 아는 지혜를 기억한다. 이와 같은 지혜를 기억해야 숨 외의 다른 대상에 관한 생각이 일어나더라도 그것은 사라지기 마련이고 괴로움이며 내 의지대로 통제할 수 없음을 꿰뚫어 봄으로써 그 생각과 다투지 않고 지혜로써 그것을 버릴 수 있다. 셋째, 유익한 법과 해로운 법을 구분하는 지혜를 기억한다. 그래야 수행 중 다섯 장애와 같은 해로운 법이 일어날 때 그것을 알아차리고 버릴 수 있다. 이렇게 바르게 기억하면서 오직 들숨과 날숨만을 알아차리려고 노력함으로써 바른 삼매를 계발할 수 있다.

그런데 들숨과 날숨만을 기억하여 알아차리려고 노력하다 보면 들숨과 날숨을 놓치고 다른 대상에 관한 잡다한 생각이 일어날 수 있는데 이것은 다섯 장애[73]를 조건으로 일어난다. 다시 말해서 감각적 욕망[74]을 조건으로 숨 외의 다섯 감각 대상[75]을 계속 즐기고자 열망하는 생각들이 일어나고, 적의[76]를 조건으로 숨이나 다른 대상을 싫어

---

73 감각적 욕망, 적의, 해태와 혼침, 들뜸과 후회, 의심의 다섯 가지를 말한다.

74 까맛찬다kāma-cchanada의 번역이다. 감각적 욕망을 의미한다. 법으로는 탐욕과 같다.

75 형색, 소리, 냄새, 맛, 촉감을 말한다.

76 브야빠다vyāpāda의 번역이다. 법으로는 성냄과 같다.

4장··사성제

하는 생각들이 일어나고, 해태와 혼침을 조건으로 마음이 게을러지고 무기력해져서 숨을 망각하고 졸음에 빠지고, 들뜸과 후회를 조건으로 마음이 불안하고 들뜨거나 과거의 그릇된 행위에 대하여 생각이 일어나고, 의심을 조건으로 수행에 관하여 확신하지 못하고 의심하는 생각이 일어난다. 이같이 다섯 장애를 조건으로 잡다한 생각들이 일어나거나 싫어하거나 졸음에 빠지거나 들뜨거나 의심이 일어난다.

이와 같은 장애가 일어날 때는 그것이 어떤 장애인지 알아차린 후에 그것을 버리고 즉시 숨을 기억하여 알아차리도록 노력한다. 예를 들어 감각적 욕망으로 인한 생각인지, 성냄으로 인한 생각인지, 해태와 혼침으로 인한 게으름이나 졸음인지 알아차린 후에 그것을 버리고 숨을 다시 기억하여 알아차린다. 이 과정에서 자신의 마음에 어떤 장애들이 있는지 파악하는 지혜가 계발된다. 더 나아가 좌선 수행을 마친 후에는 좌선 중에 일어난 장애 가운데 자주 반복되고 고질적인 것을 여러 측면으로 조사함으로써 장애에 대한 더 깊은 지혜를 계발할 수 있다. 다시 말해서 좌선 중에 어떤 장애가 자신의 수행을 방해했는지, 그 장애의 원인은 무엇인지, 그 장애를 버리는 방법은 무엇인지, 어떻게 하면 그 장애가 다시 일어나지 않게 할 수 있는지 등에 대하여 숙고하고 조사함으로써 장애에 관한 지혜를 계발할 수 있다. 이같이 들숨날숨기억 수행을 통해서 삼매를 계발할 수 있을 뿐 아니라 장애를 길들이고 버릴 수 있는 지혜도 계발된다.

이와 같은 지혜가 계발될수록 장애를 쉽게 버릴 수 있고, 더 나아가 지혜롭게 마음을 기울임으로써 장애가 아예 일어나지 않도록 예방할 수 있으므로 숨 외의 대상들이 사라져서 오직 숨만을 잊지 않고 알아차리는 삼매가 강해진다. 이같이 지혜를 바탕으로 생긴 삼매를 바른 삼매라 한다. 더불어 바른 삼매가 강해질수록 더 미세한 장애를 알아차릴 수 있고, 그것을 버리는 과정에서 더 깊고 예리한 지혜를 계발할 수 있다. 이렇게 들숨과 날숨을 잊지 않고 알아차리려 노력함으로써 바른 삼매가 계발될 뿐 아니라 다섯 장애에 관한 지혜도 함께 계발된다. 종합하면 들숨날숨기억 수행에서 지혜를 바탕으로 삼매를 계발하고, 삼매를 기반으로 다시 지혜가 계발됨으로써 지혜와 삼매가 서로 조화를 이루어 선정을 얻을 수 있다. 이렇게 얻은 선정에서 출정하여 선정을 이루고 있던 다섯 무더기가 연기된 법이므로 무상하고 괴로움이며 무아임을 통찰함으로써 바른 지혜가 생겨나 깨달음을 얻고 해탈할 수 있는 것이다.

그러면 들숨날숨기억 수행을 통해 어떻게 선정이 계발되는지 단계별로 간단히 살펴보자. 첫 번째 단계는 바르게 기억하면서 들숨과 날숨만을 잊지 않고 알아차리는 것이다. 수행자는 빈방이나 조용한 장소에서 좌선 자세를 취하고 허리를 곧추세워 앉은 후에 숨을 조작하지 말고 자연스럽게 숨을 들이쉬고 내쉰다. 그러면서 숨을 따라다니지 말고 인중 주위[77]에서 들이쉬는 숨과 내쉬는 숨만을 알아차리려

---

77 인중 주위는 숨이 들어가고 나오는 문이므로 인중 주위에서 숨을 알아차리는 것이 바람직하다. 마치 경비원이 현관문 앞에서 들어오고 나가는 사람을 지켜보듯이. 그런데 인중 주위에서 숨을 알아차릴 때 주의할 점들이 있다. 첫째, 인중 주위는 관찰 지점이다. 인중 주위에서 숨을 따라다니지 말고 인중 주위를 지나는 숨을 알아차리면 된다. 둘째, 인중 주위의 영역을 벗어나지 않으면 되는 것이지 너무 한 지점만을 정하려고 애쓰지 말라. 만약 너무 한 지점만을 정하려 하면 몸과 마음이 긴장될 뿐 아니라 그곳에서 생기는 단단함, 뜨거움, 차가움 등의 몸의 감각을 알아차리는 수행으로 변할 수 있다. 들숨날숨기억은 '들숨'과 '날숨'을 알아차리는 것이지 관찰 지점에서 일어나는 몸의 감

고 노력한다. 오직 숨만을 기억하여 알아차리려고 노력하지만, 숨을 망각하여 생각이 일어날 때는 생각을 알아차리고 그것이 무상하고 괴로움이며 무아임을 통찰하여 내려놓는다. 더 나아가 그 생각이 어떤 장애를 기반으로 일어나는지 알아차리고 그 장애를 지혜롭게 버린 후에 즉시 숨으로 돌아와서 숨을 알아차린다. 이런 방식으로 거듭거듭 노력하다 보면 오직 숨만을 알아차릴 수 있는 시간이 점점 늘어나서 삼매도 강해지고 지혜를 통해 다섯 장애도 점차 가라앉는다. 적어도 오 분 이상 숨만을 알아차릴 수 있을 정도로 삼매가 계발되면 수행의 수준을 좀 더 높이기 위해 다음 단계로 나아갈 수 있다.

두 번째 단계는 숨의 전 과정을 알아차리는 것이다. 첫 번째 단계에서는 일단 숨과 친숙해지기 위해 들이쉬는 숨은 들숨으로, 내쉬는 숨은 날숨으로만 단순하게 알아차린다. 하지만 두 번째 단계에서는 들숨과 날숨의 처음에서 중간, 중간에서 끝, 다시 끝에서 중간, 중간에서 처음과 같은 방식으로 숨의 전 과정을 한순간도 놓치지 않고 알아차리려고 노력한다. 이 단계에서는 인중 주위의 적당한 지점을 정해서[78] 숨을 알아차리는 것이 유익하다. 그래야 그 지점을 통과하는 숨의 전 과정을 놓치지 않고 알아차릴 수 있다. 마치 톱질을 할 때 나무는 가만히 있지만, 톱의 톱날을 모두 만날 수 있듯이. 그러면 이전보다 훨씬 더 밀도 있게 숨을 잊지 않고 알아차릴 수 있으므로 삼매를 더 강

각을 알아차리는 수행이 아님에 주의해야 한다.

78 이미 숨을 알아차리는 것이 익숙해졌으므로 어느 한 지점을 정해도 몸과 마음이 너무 긴장되지 않으면서 숨을 알아차릴 수 있다.

하게 계발할 수 있다. 이렇게 숨의 전 과정을 잊지 않고 알아차리려고 노력하면서 장애가 일어날 때는 장애를 버리는 노력을 한다. 그러면 장애가 점차 버려지면서 삼매도 강해지고, 삼매가 강해질수록 숨도 고요해진다. 그러면 다음 단계로 나아갈 수 있다.

세 번째 단계는 숨이 더 고요해지는 것이다. 다섯 장애가 버려질수록 다른 대상으로 마음이 움직이지 않고 오랜 시간 숨만을 알아차릴 수 있게 되므로 마음이 고요해지면서 숨도 고요해진다. 이렇게 숨이 고요해질 때 숨이 사라져서 숨을 알아차리기 어려울 수도 있다. 하지만 숨이 사라진 것이 아니라 숨이 매우 미세하고 고요해져서 알아차리지 못하는 것뿐이다. 이때 숨을 다시 거칠게 함으로써 알아차리려고 하면 오히려 고요함이 사라진다. 그러므로 이럴 때는 숨을 거칠게 하려 하지 말고 숨을 알아차리던 곳에서 좀 더 정신을 차리고 그대로 있으면 고요해진 숨이 다시 나타나 숨을 알아차릴 수 있다. 이런 방법으로 숨이 아무리 고요해져도 고요해진 숨을 어려움 없이 알아차릴 수 있게 되면 수행이 한 단계 향상한다. 이런 수준에 이르면 숨이 좀 더 고요해질 수 있도록 노력해야 한다. 이를 위해서는 좌선 수행을 시작하기 전에 '숨이 더 고요해지게 하리라.'라고 결심한 후에 좌선 수행 중에는 오직 고요한 숨만을 알아차리려 노력하면 된다. 이와 같은 방식으로 수행함으로써 장애를 더 철저히 버리면 마음이 더 고요해지면서 숨도 점점 더 고요해진다.

네 번째 단계는 희열과 행복이 생기는 것이다. 오직 고요한 숨만을 알아차림으로써 장애가 더 철저하게 버려질수록 마음이 고요해지고, 마음이 고요해질수록 숨도 더 고요해진다. 그래서 숨이 고요해짐에 따라 장애를 떨쳐 버림으로 인한 희열과 행복[79]이 일어난다. 이때 생긴 희열과 행복은 장애가 철저하게 버려질수록 마음에 더 충만해지는데 이와 같은 희열과 행복은 선정을 얻는 데 매우 중요한 기반이 된다. 왜냐하면 마음이 행복하지 않고 따분할 때 숨 외의 다른 대상에서 행복을 추구하려고 마음이 움직이지만, 지금 여기서 숨을 알아차리는 일이 충분히 만족스럽고 행복하면 오직 숨에만 몰입할 수 있고, 결국에는 선정을 얻을 수 있기 때문이다. 이런 이유로 붓다께서는 행복은 삼매의 기반이라고 설하신 것이다.

> "비구들이여, 삼매도 기반이 있는 것이지 기반이 없는 것이
> 아니라고 나는 말한다. 비구들이여, 그러면 무엇이 삼매의 기
> 반인가? 행복이라고 말해야 한다."
>
> _「기반 경」(S12:23)

다섯 번째 단계는 숨의 표상[nimitta]이 생기는 것이다. 고요해진 숨만을 알아차림으로써 장애가 버려지고 희열과 행복이 마음에 충만할 때 더불어 마음이 밝아지는 현상도 나타난다. 이때 생긴 밝음은 사람마다 인식하는 방식은 다르지만, 보통은 빛으로 인식하게 되는데 이를 지혜의 빛[80]이라 한다. 다섯 장애는 지혜를 통해서 버려지므로 다섯 장애가 버려지면서 생긴 마음의 광명, 빛, 밝음 등을 지혜의 빛이라 부

---

79   출리出離의 행복 또는 벗어남의 행복이라 한다.

80   「광명 경」(A4:143).

르는 것이다. 마치 거울에 묻은 때가 닦이면 거울이 깨끗해지고 밝아지듯이. 지혜의 빛은 장애가 철저히 버려질수록 더 밝아지고 안정적이다. 그래서 지혜의 빛이 생기더라도 충분히 밝아지고 안정되기 전까지는 그것에 연연하지 말고 여전히 고요한 숨만을 알아차리면서 장애를 더 철저하게 버리는 노력을 계속 기울여야 한다.

그러다 보면 숨과 지혜의 빛이 완전히 일치하게 되는데 이때는 숨을 알아차리든 빛을 알아차리든 아무 차별이 없어진다. 더구나 숨보다 지혜의 빛이 더 뚜렷한 대상이 되므로 자연스럽게 지혜의 빛으로 대상이 전환된다. 이렇게 숨과 지혜의 빛이 일치할 때 비로소 숨 대신 지혜의 빛으로 알아차림의 대상이 전환되는데 이때의 지혜의 빛을 특히 '니밋따nimitta81' 또는 '숨의 표상'이라고 부른다. 니밋따는 사람마다 인식하는 형태가 다르므로 색깔이나 모양 등은 다를 수 있다. 그러나 모양이나 색깔 등은 그리 중요하지 않다. 그 빛이 얼마나 밝은지, 얼마나 안정적인지, 얼마나 오래 유지되는지 등이 다섯 장애가 얼마나 철저히 버려졌는지와 비례하는 중요한 요소이다. 수행자들은 보통 니밋따를 아주 밝고 안정되고 깨끗한 빛의 형태로 경험한다.

여섯 번째 단계는 선정에 드는 것이다. 니밋따가 생겨서 숨에서 니밋따로 알아차림의 대상이 바뀌는 것은 들숨날숨기억 수행에서 매우 중요한 전환점이다. 숨을 알아차릴 때는 여전히 다섯 의식 중의 하

---

81 니밋따는 상좌부 논서인 『청정도론』에서 자세히 언급되어 있지만, 경전에는 니밋따가 구체적으로 나타나지 않는다. 니밋따를 강조하다 보면 수행자가 그것에 집착할 가능성이 크기 때문이다. 사실 니밋따는 숨만을 기억하여 알아차리는 수행을 실천하다 보면 자연스럽게 나타나는 결과이므로 굳이 언급할 필요가 없다.

4장··사성제

나인 몸 의식[82]을 벗어나지 못하지만, 니밋따를 알아차릴 때부터는 몸 의식을 완전히 벗어나서 순수하게 마음 의식만이 작용하게 된다. 이렇게 순수하게 마음 의식만이 작용할 때 비로소 다섯 감각 대상을 완전히 떨쳐 버리고 몰입 삼매인 선정에 들 수 있다. 그래서 니밋따가 생긴 후에는 숨 대신에 오직 니밋따만을 잊지 않고 알아차림으로써 다섯 장애를 더욱 철저하게 버리는 노력을 기울이면 된다. 사실 니밋따는 다섯 장애를 떨쳐 버려짐으로써 생겨나기 때문에 니밋따가 생겼다는 것은 이미 근접 삼매 정도의 수준에 이르렀고 선정이 멀지 않았음을 뜻한다. 그래서 니밋따만을 알아차리는 노력을 계속하다 보면 결국에는 다섯 장애가 철저히 버려지고, 장애를 떨쳐 버림에서 생긴 희열과 행복으로 마음이 흠뻑 적셔지면서 오랜 시간 동안 니밋따에 완전히 몰입된 선정에 들 수 있다. 이것이 바로 색계 초선이다.

색계 초선

색계 초선을 얻으려면 두 가지 조건이 갖추어져야 한다. 첫째, 선정을 방해하는 다섯 장애를 완전히 떨쳐 버려야 한다. 우선 오직 숨만을 알아차리려고 노력한다. 그러다가 장애가 일어나면 장애를 알아차린 후에 지혜롭게 마음을 기울여 장애를 버린다. 이같이 수행하면 다섯 장애를 기반으로 한 잡다한 '생각'들이 먼저 가라앉는다. 그다음은 형색, 소리, 냄새, 맛, 감촉 등의 다섯 감각 대상에 대한 장애가 가라앉

---

82 숨을 알아차리는 것은 몸 의식의 도움이 필요하다.

는다. 이렇게 다섯 장애가 버려지고 니밋따가 생기면 숨 대신에 오직 니밋따만을 알아차림으로써 다섯 장애를 완전히 떨쳐 버리고 니밋따에만 몰입된 색계 초선에 들 수 있다. 이처럼 다섯 장애를 완전히 떨쳐 버리는 것이 색계 초선을 얻는 조건이다.

둘째, 초선의 다섯 가지 구성 요소[83], 즉 일으킨 생각, 지속적 고찰, 희열, 행복, 집중이 완전하게 닦여져야 한다. 처음 두 가지는 일으킨 생각[vitakka[84], 尋]과 지속적 고찰[vicāra[85], 伺]이다. 초기경전에 나타나는 용례를 살펴보면 '위딱까vitakka'와 '위짜라vicāra'는 둘 다 '생각[86]'을 표현하는 단어로써 특별히 구분하지 않고 쓰였지만, 후대에 갈수록 두 가지는 역할에 따라 구분하여 쓰인다. 다시 말해서 일으킨 생각은 마음 의식에 그것의 대상을 떠올려 줌으로써 대상에 관한 생각이 일어나게 하는 특성이 있는 심리 현상으로, 지속적 고찰은 떠올려진 대상에 관한 생각이 계속 유지되도록 하는 특성이 있는 심리 현상으로 구분했다. 상좌부 아비담마에서는 종을 칠 때 처음 소리가 나는 것은 '일으킨 생각'으로, 종소리가 끊이지 않고 계속 이어지는 것은 '지속적 고찰'로 비유한다.

---

83 「교리문답의 긴 경」(M43).

84 vitakka는 vi(분리)+takka(생각하다)로 이루어진 남성명사이다. 이를 초기불전연구원에서 일으킨 생각이라 옮겼다.

85 vicāra는 vi(분리)+cāra(move)로 이루어진 남성명사이다. 이를 초기불전연구원에서 지속적 고찰로 번역했다.

86 눈 의식, 귀 의식, 코 의식, 혀 의식, 몸 의식의 다섯 의식은 형색, 소리, 냄새, 맛, 감촉이 각각 눈, 귀, 코, 혀, 몸에 직접 부딪힘으로써 일어나므로 '일으킨 생각'의 작용이 필요하지 않다. 하지만 마음 의식은 반드시 '일으킨 생각'이 그것의 대상을 떠올려 줌으로써 대상을 알고 분별할 수 있다.

그러면 일으킨 생각과 지속적 고찰은 들숨날숨기억 수행을 통해 얻은 초선에서 어떤 역할을 하는가? 초선에서 일으킨 생각은 니밋따만을 떠올려 줌으로써 니밋따만을 생각하게 하고, 지속적 고찰은 떠올려진 니밋따만을 지속하여 생각하게 하는 역할을 한다. 보통 '생각한다'라는 것은 마음 의식의 대상을 다양하게 떠올려 이런저런 생각이 이어짐을 말하지만, 오직 하나의 대상만을 떠올려 그것만을 생각함도 '생각한다'라고 말할 수 있음을 주의해야 한다. 따라서 초선에서 일으킨 생각은 니밋따만 떠올려 니밋따만 생각하는 것을 뜻하고, 지속적 고찰은 떠올려진 니밋따만을 지속하여 생각하는 것을 의미한다. 이렇게 일으킨 생각과 지속적 고찰을 의지하여 니밋따만을 떠올려 니밋따만을 지속하여 생각함으로써 색계 초선에 들 수 있으므로 일으킨 생각과 지속적 고찰을 색계 초선의 구성 요소라고 한다. 더구나 일으킨 생각은 니밋따만을 잊지 않고 떠올려 줌으로써 니밋따만을 생각하게 해 마음이 게을러지고 무기력해지는 해태와 혼침의 장애가 버려지게 한다. 지속적 고찰은 떠올려진 니밋따만을 지속하여 생각함으로써 의심의 장애가 버려진다. 왜냐하면 의심이 있으면 '이것이 니밋따가 맞는가?', '니밋따를 통해 선정에 들 수 있는가?' 등 니밋따에 대한 의심 때문에 오직 니밋따만을 지속하여 생각할 수 없기 때문이다. 이처럼 초선의 구성 요소인 일으킨 생각과 지속적 고찰이 계발됨으로써 해태와 혼침 그리고 의심의 장애가 버려진다.

다음의 두 가지는 희열[pīti, 喜悅]과 행복[sukha, 樂]이다. 여기서 말하는 희열과 행복은 해로운 법 또는 다섯 장애를 떨쳐 버림으로써 생겨난 것을 의미한다. 앞서 설명했듯이 희열과 행복은 비슷한 심리 현상이지만 다소 차이가 있다. 다섯 무더기 중에서 희열은 형성 무더기[行蘊]에 속하지만, 행복은 느낌 무더기[受蘊]에 속한다. 또 희열은 원하는 대상을 만남으로써 일어나는 기쁨을 말하고, 행복은 대상을 직접 경험하면서 일어나는 행복한 느낌[受]을 말한다. 비유하면 사막에서 더위에 고생하다가 저 멀리 오아시스를 보았을 때 일어나는 기쁨은 희열이고, 오아시스에 도달해서 물을 마심으로써 오는 즐거운 느낌은 행복이다. 들숨날숨기억 수행에서는 다섯 장애가 철저히 버려짐으로써 숨의 표상인 니밋따가 나타난다. 이때 니밋따가 생겨남으로써 일어나는 기쁨은 희열이고, 오직 니밋따만을 알아차릴 때 생기는 행복한 느낌이 행복이다.

그러면 희열과 행복은 초선에서 어떤 역할을 하는가? 들숨날숨기억 수행을 통한 초선에서 오직 니밋따만을 알아차림으로써 다섯 장애가 완전히 버려지면 떨쳐 버림에서 생긴 희열과 행복이 몸과 마음에 흠뻑 적셔지고 충만하고 가득 채워지고 속속들이 스며든다. 이와 같은 희열과 행복으로 인해 오랫동안 오직 니밋따만을 알아차리면서 선정에 머물 수 있는 것이다. 이처럼 희열과 행복은 몸과 마음에 기쁨과 행복이 충만하게 함으로써 선정에 오랫동안 머물 수 있게 한다. 이렇게 떨쳐 버림에서 생긴 희열과 행복을 의지하여 색계 초선에 들 수 있으므로 희열과 행복을 색계 초선의 구성 요소라고 한다. 더구나 희열은 기뻐하는 마음이므로 따분하고 싫어하는 마음인 적의가 버려진다. 또 행복은 즐거운 느낌이므로 행복을 통해서 불안하고 들뜨는 마음인 들뜸과 과거의 잘못에 대하여 불만족스러워하는 마음인 후회가 버려진다. 이처럼 초선의 구성 요소인 희열과 행복을 계발함으로써 적의 그리고 들뜸과 후회의 장애가 버려진다.

마지막 한 가지는 집중[ekaggatā, 心一境性]**87**이다. 집중은 오직 하나의 대상에만 초점을 맞추어 알아차림으로써 대상과 마음이 하나가 된 상태를 말한다. 그래서 바른 집중은 바른 삼매와 같은 뜻이다. 그러면 집중은 들숨날숨기억 수행을 통해 얻은 초선에서 어떤 역할을 하는가? 초선에서 집중은 니밋따 외의 다른 대상으로 마음이 움직이지 않게 하여 오직 니밋따와 하나가 된 마음 상태로 오랫동안 머물 수 있게 한다. 이렇게 집중을 의지해서 초선에 들 수 있으므로 집중을 초선의 구성 요소라 하는 것이다. 이처럼 오직 니밋따에만 집중함으로써 잡다한 생각이나 다섯 감각 대상을 즐기고자 하는 감각적 욕망[kāma-cchanada]의 장애를 버릴 수 있다.

> "도반이시여, 초선은 얼마나 많은 구성 요소를 가졌습니까?"
> "도반이여, 초선은 다섯 가지 구성 요소를 가졌습니다. 도반이여, 여기 초선을 증득한 비구에게는 일으킨 생각과 지속적 고찰과 희열과 행복과 마음이 한끝에 집중됨[心一境性]이 있습니다. 도반이여, 초선은 이같이 다섯 가지 구성 요소를 가졌습니다."
>
> _「교리문답의 긴 경」(M43)

---

87 '마음이 하나 됨'과 동의어이다.

이상을 종합해 보면 일으킨 생각과 지속적 고찰이 있으면 오직 니밋
따만을 떠올려 생각하고, 니밋따만을 지속하여 생각할 수 있으므로
해태와 혼침 그리고 의심이 버려진다. 그리고 떨쳐 버림에서 생긴 희
열과 행복이 있으면 마음이 희열과 행복으로 흠뻑 적셔지므로 적의
그리고 들뜸과 후회가 버려진다. 또 집중이 있으면 니밋따와 마음이
하나가 될 수 있으므로 감각적 욕망이 버려진다. 이렇게 선정의 다섯
구성 요소가 완전히 닦여지면 다섯 장애가 철저히 버려지므로 오직
니밋따만을 잊지 않고 알아차리면서 오직 니밋따에만 완전히 집중된
색계 초선에 들 수 있다. 이런 이유로 일으킨 생각, 지속적 고찰, 희열,
행복, 집중을 선禪의 다섯 구성 요소라고 하는 것이다. 따라서 색계 초
선에 대한 경전의 정형구에서 '감각적 욕망을 완전히 떨쳐 버리고, 해
로운 법들을 떨쳐 버린 뒤'라는 구절은 '다섯 장애를 완전히 떨쳐 버린
뒤'라고 이해해도 무방하다.

> "그는 감각적 욕망을 완전히 떨쳐 버리고, 해로운 법들을 떨
> 쳐 버린 뒤, 일으킨 생각과 지속적 고찰이 있고, 떨쳐 버림에
> 서 생긴 희열과 행복이 있는 초선에 들어 머뭅니다. 그는 떨
> 쳐 버렸음에서 생긴 희열과 행복으로 이 몸을 흠뻑 적시고
> 충만하게 하고 가득 채우고 속속들이 스며들게 합니다. 온몸
> 구석구석 떨쳐 버렸음에서 생긴 희열과 행복이 스며들지 않
> 은 데가 없습니다."
>
> _「사문과경」(D2)

그러면 색계 초선은 어떤 상태인가? 색계 초선인지 아닌지를 구분할 수 있는 몇 가지 기준이 있다. 먼저 색계 초선은 니밋따 외의 어떤 대상도 일어나지 않는 몰입 삼매이므로 다른 생각이 일어나거나 보고, 듣고, 냄새 맡고, 맛보고, 감촉을 감지하는 일이 불가능하다. 특히 붓다께서 '초선의 가시는 소리이다.'[88]라고 하셨으므로 초선에서는 소리를 들을 수 없다. 만약 선정에 들었는데도 소리가 들린다면 그것은 완벽한 초선이 아님을 분명히 알아야 한다. 초선에서는 소리를 들을 수 없으며 초선에서 출정한 후에야 소리를 듣는 등의 다른 대상을 알고 분별하는 의식이 작용할 수 있다. 다음은 시간과 공간을 인식하지 못한다. 초선의 상태에서는 니밋따만을 알아차릴 뿐이지 생각이 전혀 움직이지 않으므로 시간의 흐름이나 공간을 인식할 수 없다. 왜냐하면 시간이나 공간에 대한 인식은 생각이 움직일 때만 알 수 있는 것이기 때문이다. 끝으로 초선은 니밋따를 분명히 알아차리면서 니밋따에 집중된 상태이므로 해태와 혼침으로 인해 수행 주제를 망각하고 편안함을 즐기거나 졸음에 빠진 상태와는 완전히 다르다. 만약 초선에 들었다면 초선에서 출정했을 때 청정하고, 고요하고, 또렷또렷하고, 흠이 없고, 흔들림이 없고, 집중된 마음 상태이어야 한다. 이와 같은 최적의 마음 상태이므로 선정에서 출정한 후의 마음을 기반으로 선정에 든 존재의 몸과 마음 또는 다섯 무더기를 숙고하고 조사함으로써 존재의 실상은 무상하고 괴로움이며 무아라는 진리를 깨달아 번뇌를 버

---

88 「가시 경」(A10:72).

리고 괴로움을 소멸할 수 있다.

　이상에서 살펴보았듯이 적어도 위의 조건들을 충족하지 못한다면 아직 완전한 초선이 아니다. 진실한 수행자라면 초선에 대한 바른 이해를 바탕으로 자신의 상태를 냉정하게 점검하여 바른 초선을 얻을 때까지 안주하지 말고 열심히 정진해야 한다. 그런데 요즈음은 완전한 초선이 아님에도 불구하고 초선에 들었다고 인정해 주거나 본인 스스로 초선이라고 집착하는 경우가 많은데 이것은 바람직하지 않은 일이다. 초선과 같은 선정을 닦는 목적은 선정을 기반으로 바른 지혜를 계발하여 번뇌를 소멸하는 것이다. 그런데 선정을 얻고자 하는 욕망이 앞서 완전한 선정이 아닌 상태를 선정이라 합리화하고 집착하는 일은 자신을 기만하는 것이다. 이렇게 자신을 기만하는 이유는 자신을 내세우고자 하는 '자만'이나, 결과만 얻고자 하는 '탐욕', 그렇게 해도 수행에 문제가 없다는 '그릇된 견해' 때문임은 자명한 사실이다. 이처럼 자신의 수행을 기만하는 일은 번뇌를 오히려 자라게 할 뿐 바른 수행에 아무런 도움이 되지 않음을 명심해야 한다.

　초선을 얻고 난 후에는 초선에 관하여 숙달하는 과정이 필요하다. 초선을 얻고 나서 바로 이선으로 나아간다면 초선마저도 잃어버릴 수 있다.[89] 우리가 모르는 길을 처음 갔을 때 그 길을 잘 숙지하지 않고 새로운 길을 찾아가면 처음의 길조차 잃어버릴 수 있는 것과 같다. 그래서 초선을 충분히 숙달한 후에 이선으로 나아가야 한다. 그러

89　「소경」(A9:35).

면 어떻게 초선에 관하여 숙달하는가? 첫째, 오래 머묾의 숙달이다. 초선을 처음 얻었을 때는 초선에 가능하면 오래 머물고자 노력해야 한다. 초선에 오래 머물기 위해서는 선의 다섯 구성 요소를 더욱 완전하게 계발하면 된다. 그러면 다섯 장애를 더욱 철저하게 버릴 수 있고 더 오랜 시간 선정에 머물 수 있다.

둘째, 입정入定과 출정出定의 숙달이다. 자신이 원하는 시간만큼 빨리 선정에 입정했다가 빨리 선정에서 출정할 수 있도록 숙달해야 한다. 특히 색계 사선을 얻은 수행자가 매우 빨리 입정하고 출정할 수 있는 능력은 세속적인 다섯 신통을 계발하는 중요한 조건이 된다.

셋째, 전향과 조사의 숙달이다. 초선에서 출정한 후에 선정의 다섯 구성 요소에 마음을 기울이는 전향과 선의 구성 요소를 조사하는 일에도 능숙해야 한다. 이런 전향과 조사를 통해 더 고요한 선정으로 나아갈 수 있다. 예를 들어 색계 초선의 단점과 색계 이선의 장점을 조사함으로써 초선에서 이선으로 나아갈 수 있다. 이에 대한 자세한 설명은 이선을 얻는 과정에서 설명하겠다. 그리고 앞서 설명했듯이 초선을 얻은 존재는 초선을 이루고 있는 다섯 무더기에 관하여 사성제의 관점에서 숙고하고 조사함으로써 깨달음을 얻어 괴로움을 소멸할 수 있다.[90]

---

90 「선 경」(A9:36), 「앗타까나가라 경」(M52), 「말룽까 긴 경」(M64) 등을 참고하라.

색계 이선

　색계 초선을 충분히 숙달한 수행자는 어떻게 색계 이선으로 나아가는가? 먼저 초선에 입정한 후에 출정한다. 그런 다음 '초선은 다섯 구성 요소가 있는데 그중에 일으킨 생각과 지속적 고찰로 인해 다시 생각이 움직여서 다섯 장애에 오염될 수도 있다. 또 일으킨 생각과 지속적 고찰은 나머지 세 가지인 희열, 행복, 집중보다 고요하지 않다.' 라고 초선의 단점을 조사한다. 다시 말해서 다섯 구성 요소가 있는 초선보다 희열, 행복, 집중의 세 가지 구성 요소만이 있는 선정이 더 고요함을 숙고하고 조사한다. 이렇게 일으킨 생각과 지속적 고찰이 있는 초선의 단점과 그것을 버리고 희열, 행복, 집중만 있는 선정의 장점을 조사한 후에 일으킨 생각과 지속적 고찰은 없고 희열, 행복, 집중만 있는 선정에 들어가리라 결심한다. 그런 다음 다시 선정에 들어가면 희열, 행복, 집중의 세 가지 구성 요소만이 있는 선정에 들 수 있다. 이것이 바로 색계 이선이다.

> "대왕이여, 다시 비구는 일으킨 생각과 지속적 고찰을 가라
> 앉혔기 때문에, 내면이 고요하고, 마음이 단일한 상태이고,
> 일으킨 생각과 지속적 고찰은 없고, 삼매에서 생긴 희열과
> 행복이 있는 이선에 들어 머뭅니다. 그는 삼매에서 생긴 희
> 열과 행복으로 이 몸을 흠뻑 적시고 충만하게 하고 가득 채
> 우고 속속들이 스며들게 합니다. 온몸 구석구석 삼매에서 생
> 긴 희열과 행복이 스며들지 않은 데가 없습니다."
>
> _「사문과경」(D2)

초선에서는 니밋따를 마음 의식에 떠올려 주는 일으킨 생각의 작용이 있어야만 니밋따를 알아차릴 수 있다. 그런데 초선에 충분히 숙달한 수행자는 니밋따가 더욱 안정되고 밝아지고 뚜렷해지므로 초선처럼 니밋따를 마음 의식에 떠올려 주는 일으킨 생각의 작용이 없어도 니밋따를 알아차리는 데 아무 문제가 없다. 비유하면 왕[91]과 친분이 없는 사람[92]이 왕을 만나려면 왕 측근[93]의 도움이 필요하지만, 그 사람이 왕과 충분히 친해진 후에는 측근의 도움 없이 왕과 직접 만날 수 있는 것과 같다. 이처럼 초선에 충분히 숙달한 사람은 일으킨 생각과 지속적 고찰을 가라앉혀도 니밋따를 알아차리는 데 아무 문제가 없으므로 이선을 얻을 수 있는 것이다.

또 초선에서는 니밋따를 떠올려 주는 일으킨 생각과 그것을 지속하여 생각하는 지속적 고찰의 작용이 필요한 데 니밋따를 떠올릴 때 마음의 미세한 동요가 있다. 하지만 이선에서는 일으킨 생각과 지속적 고찰을 가라앉혔기 때문에 마음의 미세한 동요조차도 사라지고 마음이 완전히 고요해진다. 따라서 이선에서는 자신이 얻은 선정에 대한 내면의 흔들림 없는 확신이 생기고, 마음이 단일해지고 진정으로 고요해진다. 이런 이유로 이선부터 진정한 선정이라고 말하기도 한다. 초선은 다섯 장애를 떨쳐 버림으로 인한 희열과 행복이 있지만, 이선에서는 마음이 진정으로 고요해지므로 삼매에서 생긴 희열과 행복

---

91 마음 의식을 말한다.
92 니밋따를 말한다.
93 일으킨 생각을 말한다.

이 있다. 이같이 일으킨 생각과 지속적 고찰을 가라앉히면 희열 그리고 행복과 집중의 세 가지 선의 구성 요소가 있는 이선에 들 수 있다. 이선을 얻고 난 후에는 이선을 충분히 숙달하는 과정이 필요하다. 초선과 마찬가지로 오래 머묾, 입정, 출정, 전향, 조사의 다섯 가지 방법으로 이선을 충분히 숙달한 뒤에 삼선으로 나아가야 한다. 그리고 이선을 얻은 존재는 이선을 이루고 있는 다섯 무더기에 관하여 사성제의 관점에서 숙고하고 조사함으로써 깨달음을 얻어 괴로움을 소멸할 수 있다.[94]

색계 삼선

이선을 충분히 숙달한 수행자는 어떻게 삼선으로 나아가는가? 먼저 이선에 입정한 후에 출정한다. 그런 다음 '이선은 세 가지 구성요소가 있는데 그중 희열로 인해 다시 일으킨 생각과 지속적 고찰이 일어날 수도 있다. 또 희열은 나머지 두 가지 요소인 행복과 집중보다 고요하지 않다.'라고 이선의 단점을 조사한다. 다시 말해서 세 가지 구성요소가 있는 이선보다 행복과 집중의 두 가지 구성 요소만이 있는 선정이 더 고요함을 숙고하고 조사한다. 이렇게 희열이 있는 이선의 단점과 그것을 버리고 행복과 집중만 있는 선정의 장점을 조사한 후에 희열은 버리고 행복과 집중만이 있는 선정에 들어가리라 결심한다. 그런 다음 다시 선정에 들어가면 행복과 집중의 두 가지 구성 요소만

---

94 「선 경」(A9:36), 「앗타까나가라 경」(M52), 「말룽까 긴 경」(M64) 등을 참고하라.

이 있는 선정에 들 수 있다. 이것이 바로 색계 삼선이다.

> "대왕이여, 다시 비구는 희열이 빛바랬으므로 평온하게 머물
> 고, 바르게 기억하고 바르게 알며, 몸으로 행복을 경험합니
> 다. 성자들이 '평온하게 기억하며, 행복하게 머문다.'라고 말
> 하는 그러한 삼선에 들어 머뭅니다. 그는 희열이 사라진 행
> 복으로 이 몸을 흠뻑 적시고 충만하게 하고 가득 채우고 속
> 속들이 스며들게 합니다. 온몸 구석구석 희열이 사라진 행복
> 이 스며들지 않은 데가 없습니다."
>
> _「사문과경」(D2)

희열이 빛바랬다는 말은 이선의 세 가지 구성 요소 중에 희열이 버려
졌음을 의미한다. 평온은 불교에서 두 가지 중요한 뜻이 있다. 하나는
마음이 치우치지 않고 균형 잡혀 있는 중립[tatramajjhattatā, 中立]의 평
온이고, 다른 하나는 괴롭지도 행복하지도 않은 느낌[vedanā, 受]을 뜻
하는 평온이다. 삼선에서의 평온은 중립을 뜻한다. 그러면 삼선의 경
우에 평온을 왜 강조하였는가? 사람들은 누구나 행복을 좋아한다. 그
중에도 삼선에서 경험하는 행복은 존재들이 경험할 수 있는 최상의
행복이므로 존재들이 좋아하고 집착하기 매우 쉽다. 그러함에도 삼선
에서는 행복을 집착하지 않으면서 행복하게 머문다는 것을 드러내기
위해 평온을 강조하셨다고 볼 수 있다.

  그렇다면 평온하게 머물 수 있는 조건은 무엇인가? 그것은 바르
게 알고 바르게 기억하기 때문이다. 사실 초선과 이선에서도 바르게

알고 바르게 기억하지만, 이때는 니밋따만을 기억하여 바르게 아는 역할을 주로 한다. 하지만 삼선에서는 니밋따를 기억하여 알아차리는 역할뿐 아니라 행복한 느낌조차도 무상하고 괴로움이며 무아의 특성이 있음을 분명히 알고 기억함으로써, 행복한 느낌을 집착하지 않고 평온하게 선정에 머물 수 있게 하는 역할을 한다. 다시 말해서 바르게 기억하고 바르게 앎으로써 행복에 집착하지 않고 평온하게 머물고, 몸으로 행복을 경험할 수 있는 것이다. 그래서 '평온하게 머물고 바르게 기억하고 바르게 알며 몸으로 행복을 경험한다.'라고 설하신 것이다. 이런 이유로 성자들이 삼선을 묘사할 때 '평온하게 기억하며 행복하게 머문다.'라고 하신 것이다. 삼선을 얻고 난 후에는 삼선을 충분히 숙달하는 과정이 필요하다. 이선과 마찬가지로 오래 머묾, 입정, 출정, 전향, 조사의 다섯 가지 방법으로 삼선을 충분히 숙달한 뒤에 사선으로 나아가야 한다. 그리고 삼선을 얻은 존재는 삼선을 이루고 있는 다섯 무더기에 관하여 사성제의 관점에서 숙고하고 조사함으로써 깨달음을 얻어 괴로움을 소멸할 수 있다.[95]

색계 사선

삼선을 충분히 숙달한 수행자는 어떻게 사선으로 나아가는가? 먼저 삼선에 입정한 후에 출정한다. 그런 다음 '삼선은 두 가지 구성요소로 이루어져 있는데 그중에 행복으로 인해 다시 희열이 일어날

---

95 「선 경」(A9:36), 「앗타까나가라 경」(M52), 「말릉까 긴 경」(M64) 등을 참고하라.

수도 있다. 또 행복한 느낌은 괴롭지도 행복하지도 않은 느낌보다 고요하지 않다.'라고 삼선의 단점을 조사한다. 다시 말해서 행복한 느낌과 집중의 두 가지 구성 요소가 있는 삼선보다 괴롭지도 행복하지도 않은 느낌과 집중의 두 가지 구성 요소가 있는 선정이 더 고요함을 숙고하고 조사한다. 이렇게 행복한 느낌과 집중이 있는 삼선의 단점과 그것을 버리고 괴롭지도 행복하지도 않은 느낌과 집중만 있는 선정의 장점을 조사한 후에 행복한 느낌을 버리고 괴롭지도 행복하지도 않은 느낌과 집중만이 있는 선정에 들어가리라 결심한다. 그런 다음 다시 선정에 들어가면 괴롭지도 행복하지도 않은 느낌과 집중의 두 가지 구성 요소만이 있는 선정에 들 수 있다. 이것이 바로 색계 사선이다.

> "대왕이여, 다시 비구는 행복도 버리고 괴로움도 버리고, 이전
> 에 이미 즐거움과 슬픔을 없앴기 때문에, 괴롭지도 행복하지
> 도 않고, 평온하고, 기억이 청정한 사선에 들어 머뭅니다. 그는
> 이 몸이 지극히 청정하고 지극히 깨끗한 마음으로 속속들이
> 스며들게 하고서 앉아 있습니다. 온몸 구석구석 지극히 청정
> 하고 지극히 깨끗한 마음이 스며들지 않은 데가 없습니다."
>
> _「사문과경」(D2)

여기서 '행복'은 육체적 행복을, '괴로움'은 육체적 괴로움을, '즐거움'은 정신적 행복을, '슬픔'은 정신적 괴로움을 의미함을 주의해야 한다. 그러면 이들은 언제 버려지는가?

첫째, 괴로움은 몸 의식을 조건으로 생겨난다. 그런데 초선에서는

몸 의식 등의 다섯 의식이 버려지고 오직 마음 의식만이 있으므로 육체적 괴로움은 일어날 수 없다. 그래서 괴로움은 초선에서 완전히 버려진다. 둘째, 슬픔은 생각을 통해서 일어난다. 그런데 이선에서는 일으킨 생각과 지속적 고찰이 없으므로 정신적 괴로움이 일어날 수 없다. 그래서 슬픔은 이선에서 완전히 버려진다. 셋째, 행복은 희열과 함께 일어나고, 희열을 조건으로 몸에서 좋은 물질이 분비되며, 그 물질이 온몸에 퍼짐으로써 육체적 행복이 일어난다. 그런데 삼선에서는 희열이 없으므로 육체적 행복은 일어날 수 없다. 그래서 행복은 삼선에서 완전히 버려진다. 사선에서는 괴롭지도 않고 즐겁지도 않은 평온한 느낌이 함께하므로 정신적 행복이 일어날 수 없다. 그래서 즐거움은 사선에서 완전히 버려진다. 따라서 사선을 '행복도 버리고 괴로움도 버리고, 이전에 이미 즐거움과 슬픔을 없앴기 때문에, 괴롭지도 행복하지도 않고'라는 구절로 표현한 것이다.

또 사선에서 평온은 삼선과 마찬가지로 중립을 의미한다. 행복한 느낌은 평온과 비교하여 더 뚜렷하므로 평온은 초선, 이선, 삼선에서는 아주 분명하게 드러나지 않는다. 마치 태양이 있을 때는 달이 잘 드러나지 않는 것처럼. 하지만 행복한 느낌이 없어지고 괴롭지도 즐겁지도 않은 느낌과 함께하는 사선에서의 평온은 아주 뚜렷하게 잘 드러난다. 마치 해가 지면 달이 잘 드러나는 것처럼. 그래서 평온은 사선의 특징 중의 하나라고 할 수 있다. 또 초선, 이선, 삼선도 다섯 장애 등을 떨쳐 버림으로써 마음이 청정해진 상태이지만, 사선은 특별히 마음이 청정해진 상태이다. 왜냐하면 사선은 다섯 장애와 일으킨 생각과 지속적 고찰, 희열, 행복을 모두 버린 후에 얻을 수 있는 선정이기 때문이다.

한편 선정을 얻었다는 것은 꽤 오랜 시간 오직 니밋따만을 잊지 않고 알아차릴 수 있을 만큼 마음이 훈련되고 체득되었음을 의미한다. 다시 말해서 선정은 니밋따에 대한 바른 기억과 바른 앎이 확립된 상태인데 이것은 한마디로 니밋따에 대한 바른 기억이 확립된 상태라고 할 수 있다. 그래서 선정의 마음이 청정하다는 말은 기억이 청정하다는 말과 같은 뜻이다. 이런 이유로 사선을 '평온하고, 기억이 청정한 사선'이라고 표현했다고 할 수 있다. 사선을 얻고 난 후에는 사선을 충분히 숙달하는 과정이 필요하다. 삼선과 마찬가지로 오래 머묾, 입정, 출정, 전향, 조사의 다섯 가지 방법으로 사선을 충분히 숙달한 뒤에 무색계 선정으로 나아가야 한다.

그러면 사선의 특징은 무엇인지 좀 더 자세히 살펴보자. 사선은 다른 색계 선정과 차별화되는 몇 가지 특징이 있다. 첫째, 사선에서 들숨과 날숨은 완전히 멈추게[96] 된다. 초선 등의 선정에서는 니밋따가 나타나면서 숨이 사라진 것처럼 생각할 수 있지만, 이때는 실제 숨이 사라졌다기보다 숨에서 니밋따로 인식의 대상이 바뀐 것일 뿐이다. 그렇지만 사선에서는 체온이나 생명 현상은 그대로 있으면서 들숨과 날숨은 실제로 멈춘다. 이것이 사선이 나머지 세 가지 선정과 확연히 다른 점 중의 하나이다. 둘째, 사선은 지혜를 계발하여 깨달음을 얻기에 가장 적합한 삼매이다. 붓다께서는 색계 초선, 이선, 삼선을 기반으

---

96 "사선을 증득한 자에게 들숨과 날숨이 소멸한다."「한적한 곳에 감 경」(S36:11).

로도 깨달음을 얻을 수 있다고 설하셨다. 하지만 색계 선정 중에 사선이 가장 고요하고 청정하고 집중된 삼매이므로 사선이 깨달음을 얻기에 최적의 선정이라 볼 수 있다. 실제 사선에서 출정한 후의 마음은 다른 색계 선정보다 훨씬 더 고요하고 청정하고 집중된 상태이다. 그래서 이를 바탕으로 선정을 이루고 있는 다섯 무더기가 조건을 의지하여 생겨난 연기된 법이므로 무상하고 괴로움이며 무아의 특성이 있음을 꿰뚫어 알면 존재에 대한 갈애를 소멸하고 깨달음을 얻을 수 있다. 실제 붓다께서도 들숨날숨기억 수행을 통해 색계 사선을 얻고, 그것을 기반으로 깨달음을 얻어 정각을 이루셨음은 시사하는 것이 많다.

끝으로 사선은 인간의 영역을 초월한 신통神通**97**을 계발하는 기반이 된다. 불교에서 말하는 신통은 다섯 가지 세간의 신통과 한 가지 출세간의 신통이 있다. 세간의 신통은 땅속을 헤엄치고, 벽을 통과하고, 하늘을 나는 등의 신통 변화가 일어나게 하는 신통인 신족통神足通, 타인의 마음을 정확히 알 수 있는 신통인 타심통他心通, 듣고 싶은 소리는 무엇이나 들을 수 있는 신통인 천이통天耳通, 아무리 오랜 전생이라도 기억해낼 수 있는 신통인 숙명통宿命通, 중생의 죽음과 다시 태어남을 분명히 아는 신통인 천안통天眼通의 다섯 가지를 말한다. 출세간의 신통은 번뇌를 완전히 소멸하는 신통인 누진통漏盡通을 말한다. 다시 말해서 사선을 얻은 존재는 사선을 이루고 있는 다섯 무더기에 관하여 사성제의 관점에서 숙고하고 조사함으로써 깨달음을 얻어

---

97 신통에 대한 자세한 설명이나 신통을 닦는 방법에 관하여는 『청정도론』 제13장을 참고하라.

번뇌를 소멸하는 누진통을 얻을 수 있다.[98] 이상이 사선이 가진 대표적인 특징들이다.

> "그는 이같이 마음이 삼매에 들고 청정하고 깨끗하고 흠이 없고 오염원이 사라지고 부드럽고, 활발발하고, 안정되고, 흔들림이 없는 상태에 이르렀을 때 신통 변화로 마음을 향하게 하고 기울게 합니다. … 신성한 귀의 요소로 … 남의 마음을 아는 지혜로 … 전생을 기억하는 지혜로 … 중생의 죽음과 다시 태어남을 아는 지혜로 … 모든 번뇌를 소멸하는 지혜로 마음을 향하게 하고 기울게 합니다."
>
> _「사문과경」(D2)

지금까지 팔정도에서 바른 삼매로 언급된 네 가지 색계 선정에 대하여 살펴보았다. 그러면 팔정도에서는 왜 네 가지 무색계 선정은 제외하고 네 가지 색계 선정만을 바른 삼매라고 설하셨는가? 실제 경전 곳곳에서 무색계 선정을 바탕으로 깨달음을 얻을 수 있다는 가르침도 많이 등장하는데[99] 팔정도의 바른 삼매에는 왜 무색계 선정은 포함되지 않았는지 의문이 생길 수 있다. 이것은 두 가지 정도의 이유가 있다고 볼 수 있다. 첫째, 무색계 선정은 색계 사선과 대상이 다를 뿐이지 선의 구성 요소는 같기 때문이다. 색계 선정은 다섯 가지 선의 구성 요

---

98   「선 경」(A9:36), 「앗타까나가라 경」(M52), 「말룽까 긴 경」(M64) 등을 참고하라.
99   「선 경」(A9:36), 「말룽까 긴 경」(M64) 등을 참고하라.

소를 줄여 나감으로써 더 고요한 선정을 얻는다. 색계 초선에서 일으킨 생각과 지속적 고찰을 버림으로써 색계 이선을 얻고, 색계 이선에서 희열을 버림으로써 색계 삼선을 얻고, 색계 삼선에서 행복 대신 괴롭지도 행복하지도 않은 평온한 느낌으로 바꿈으로써 색계 사선을 얻는다. 그래서 색계 사선은 평온한 느낌과 집중의 두 가지 구성 요소를 가진 선정이다.

> "초선을 증득한 자에게는 말이 소멸한다. 이선을 증득한 자에게는 일으킨 생각과 지속적인 고찰이 소멸한다. 삼선을 증득한 자에게는 희열이 소멸한다. 사선을 증득한 자에게는 들숨과 날숨이 소멸한다."
>
> _「한적한 곳에 감 경」(S36:11)

그런데 사선에서는 선의 구성 요소를 더 줄일 수 없다. 왜냐하면 느낌과 집중은 마음이 작용하기 위해 꼭 필요한 심리 현상이기 때문이다. 이처럼 선의 구성 요소를 변화시킴으로써 더 고요한 선정에 드는 것의 정점은 색계 사선이다. 그래서 무색계 선정부터는 선의 구성 요소를 변화시키는 것 대신에 대상을 더 고요하게 함으로써 더 고요한 선정을 계발한다. 그러면 어떻게 무색계 선정을 계발하는지[100] 간단히 살펴보자. 색계 선정은 기본적으로 들숨과 날숨, 몸, 까시나[101] 등의

---

100 무색계 선정에 대한 자세한 설명은 『청정도론』 제10장 무색의 경지를 참고하라.

101 까시나kasina는 문자적으로는 '전체의', '모든'을 뜻하는 형용사이다. 하지만 불교에서

물질을 의지해서 계발된 선정을 말하지만, 무색계 선정은 물질을 극복하여 물질이 아닌 대상을 통해 얻은 선정이다. 그래서 무색계 선정을 얻기 위해서는 물질을 극복하는 과정이 필요한데 이를 위해서는 특히 까시나를 대상으로 색계 선정을 닦아야 한다. 까시나를 대상으로 색계 선정을 얻었다면 까시나를 점차 확장하여 무한한 까시나[102]를 대상으로 색계 선정을 얻을 수 있다. 이렇게 무한한 까시나를 대상으로 색계 초선, 색계 이선, 색계 삼선, 색계 사선을 얻었다면 무색계 선정으로 나아갈 수 있다.

먼저 물질을 의지하는 무한한 까시나보다는 그것이 없는 무한한 허공[空無邊]이 훨씬 더 고요한 대상임을 조사한 후에 무한한 까시나를 버리고 '무한한 허공'을 대상으로 선정에 들 수 있는데 이것이 공무변처이다. 또 무한한 허공보다는 공무변처의 마음인 무한한 의식[識無邊][103]이 훨씬 더 고요한 대상임을 조사한 후에 무한한 허공을 버리고 무한한 의식을 대상으로 선정에 들 수 있는데 이것이 식무변처이다. 또 무한한 의식보다는 그것이 사라져서 아무것도 없는 무소유無所有의 상태가 훨씬 더 고요한 대상임을 조사한 후에 무한한 의식을 버리

는 선정의 대상이 되는 물질을 나타내는 용어로 쓰인다. 까시나는 땅, 물, 불, 바람, 푸른색, 노란색, 붉은색, 흰색, 제한된 허공, 광명의 열 가지 형태가 있는데 보통 지름 삼십 센티미터 정도의 원반 모양을 말한다. 하지만 약 지름 삼십 센티미터 정도의 원반을 통해 '원반의 표상[nimitta]'이 생기면, 그것을 의식적으로 옆으로, 위아래로 점차 확장하여 지름이 무한대인 원반 또는 구球의 모양으로 확장할 수 있다. 이렇게 확장한 것들도 모두 '까시나'라고 부른다.

102 까시나를 점차 확장하여 지름이 무한대인 원반 또는 구球가 된 상태를 말한다.

103 무한한 허공을 대상으로 일어난 의식이므로 '무한한 의식'이라 한다.

고 무소유를 대상으로 선정에 들 수 있는데 이것이 무소유처이다. 또 무소유보다는 무소유처의 마음이 훨씬 더 고요하다고 조사함으로써 무소유를 버리고 무소유처의 의식을 대상으로 선정을 얻을 수 있는데 이것이 비상비비상처[104]이다. 이처럼 무색계 선정은 색계 사선과 비교할 때 단지 대상이 다를 뿐이지, 선의 구성 요소는 같다. 이런 이유로 무색계 선정도 색계 사선의 한 형태로 이해할 수도 있다. 그래서 색계 네 가지 선정만 언급해도 무색계 선정도 내포한다고 볼 수도 있다. 이것이 색계 네 가지 선정만을 바른 삼매로 언급한 이유 중의 하나라고 볼 수 있다.

둘째, 색계 존재와 무색계 존재의 특성이 다르기 때문이다. 붓다의 가르침에 따르면 색계 선정에 들어서 죽음을 맞이하면 색계 세상에 태어나고, 무색계 선정에 들어서 죽음을 맞이하면 무색계에 태어난다. 그런데 색계 존재는 미세한 물질로 이루어진 몸이 있고 귀가 있지만, 무색계 존재는 아예 물질이 없고 마음만 있다. 그러므로 색계 존재는 법문을 들을 수 있지만, 무색계 존재는 법문을 들을 수 없다. 이것은 깨달음을 얻는 데 있어서 색계 존재와 무색계 존재의 아주 큰 차이점이라 할 수 있다. 왜냐하면 깨달음의 첫 번째 단계인 수다원이 되는 네 가지 조건 중 한 가지가 바른 법을 듣는 것이기 때문이다.

---

104 비상비비상처는 인식이 있다고 할 수도 없고, 인식이 없다고 할 수도 없을 정도로 마음이 매우 미세한 선정이다. 이를 『청정도론』에서는 참기름이 발라져 있는 그릇에 비유한다. 이 그릇은 참기름이 발라져 있으므로 참기름이 없는 것은 아니지만, 참기름을 따를 수는 없으므로 참기름이 있다고 할 수도 없다.

예류도를 얻기 위한 네 가지 구성 요소: 바른 사람을 섬김, 바른 법을 경청함, 지혜롭게 마음을 기울임, 출세간 법에 이르게 하는 법을 닦음

_「합송경」(D33)

경전에는 붓다께서 신통으로 색계의 천신들한테 법을 설하셨다는 내용도 있고, 색계의 존재 중에 깨달음을 얻은 성자들이 있다는 내용도 나타난다. 그러므로 색계 존재로 태어나면 색계 존재는 귀가 있어서 바른 법을 들을 수 있으므로 열심히 수행한다면 성자의 첫 단계인 수다원이 될 수 있다. 수다원은 최대 일곱 생만 윤회하면 아라한이 될 수 있으므로 수다원이 된다는 것은 괴로움의 소멸이 확정된 존재라고 해도 과언이 아니다. 그래서 불교 수행의 관점에서 색계에 태어나는 것은 수행의 연속에서 아무 문제가 되지 않는다.

　하지만 무색계는 색계와는 다르다. 이미 성자가 된 후 무색계 존재로 태어났다면 아무 문제가 없다. 하지만 성자가 되지 못한 채 무색계 존재로 태어났다면 귀가 없어서 법문을 들을 수 없으므로 수다원이 될 수 없다. 그래서 무색계 존재로서 매우 긴 세월 동안 큰 행복을 누릴 수는 있지만, 수명이 다하고 나면 다시 욕계에 태어날 수도 있다. 이렇게 무색계 선정과 같이 뛰어난 선정을 얻었지만, 성자가 되지 못한 채 무색계 존재로 태어나면 수행의 단절이 생겨서 깨달음을 얻을 절호의 기회를 놓치게 되므로 매우 안타까운 일이라 할 수 있다. 이것은 붓다의 스승이었던 알라라 깔라마와 웃다까 라마뿟따의 경우를 보면 알 수 있다.

붓다께서는 깨달음을 얻으신 후에 법을 전해 주기에 누가 가장 적합한 사람인지 숙고해 보신 후에 당신의 스승이었던 알라라 깔라마와 웃다까 라마뿟따를 떠올리셨다. 알라라 깔라마는 무소유처, 웃다까 라마뿟따는 비상비비상처라는 무색계 선정[105]을 얻은 분들이므로 당신의 법문을 듣기만 해도[106] 깨달음을 얻을 수 있으리라 보셨기 때문이다. 하지만 붓다께서는 알라라 깔라마는 불과 일주일 전에, 웃다까 라마뿟따는 하루 전에 돌아가셨다는 것을 알고 크게 안타까워하셨다. 왜냐하면 알라라 깔라마는 무소유처에, 웃다까 라마뿟따는 비상비비상처에 무색계 존재로 태어났기 때문에 귀가 없어서 붓다의 바른 법을 들을 수가 없었기 때문이다. 그러면 무색계 존재로서의 수명이 끝나기 전까지는 깨달음을 얻지 못할 것이므로 붓다께서 크게 잃었다고 안타까워하신 것이다.

> "알라라 깔라마는 … 웃다까 라마뿟따는 크게 잃었구나! 그가 이 법을 들었더라면 즉시 이해했을 것이다."
>
> _「성스러운 구함 경」(M26)

이처럼 색계 선정을 얻은 사람은 깨달음을 얻지 못하고 죽음을 맞이

---

105 이들이 얻은 무소유처와 비상비비상처는 바른 견해를 바탕으로 계발된 집중이 아니다. 그래서 집중의 형태는 비슷하더라도 바른 견해를 바탕으로 계발된 불교의 무소유처와 비상비비상처와 다르다는 것에 주의해야 한다.

106 이들이 얻은 집중이 바른 삼매는 아닐지라도 붓다의 바른 법을 듣게 되면 그 집중력이 괴로움을 소멸하는 방향으로 작용할 수 있기 때문이다. 이처럼 불교의 깨달음에서 바른 법, 즉 사성제의 법문을 듣는 것은 결정적으로 중요한 조건이다.

하여 색계 존재로 태어나더라도 그곳에서 바른 법문을 듣고 수행해 깨달음을 얻고 괴로움을 소멸할 수도 있다. 하지만 무색계 선정을 얻은 사람은 깨달음을 얻지 못하고 죽음을 맞이하여 무색계 존재로 태어난다면 수명이 다하는 아주 오랜 세월 동안 법문 자체를 들을 수 없으므로 깨달음을 얻어 괴로움을 소멸할 수 없다. 이 점이 무색계 존재로 태어났을 때 가장 큰 단점이다. 이런 이유로 불교 수행의 입장에서는 깨달음을 얻지 못한 사람이 무색계에 태어나는 것은 권장할만한 일이 아니다. 또 깨달음을 얻는 데는 색계 선정만으로도 전혀 부족함이 없으므로 무색계 선정이 필수적인 요소는 아니다. 이와 같은 두 가지 이유로 경전에서는 바른 삼매를 설하실 때 불교 수행의 연속성에서 아무런 결점이 없는 색계 네 가지 선정만을 강조하여 드러낸 것이라 볼 수 있다.

바른 삼매와 그릇된 삼매

그릇된 삼매[micchā-samādhi]는 그릇된 견해를 바탕으로 계발된 삼매이다. 바른 삼매가 유익한 마음과 함께하는 삼매라면, 그릇된 삼매는 해로운 마음과 함께하는 삼매를 말한다. 그래서 그릇된 삼매는 괴로움이 생기게 하고 괴로움을 늘어나게 한다. 예를 들어 도둑질하면서 들키지 않기 위해 집중하는 것이나, 원수를 죽이고자 하는 마음으로 총구를 겨눌 때 집중하는 것이나, 드라마나 영화에 빠져서 감각적 욕망을 즐기는 것에 몰두하는 일은 그릇된 삼매이다. 또 바른 견해 없이 고도로 집중된 마음 상태도 그릇된 삼매라고 할 수 있다. 사실 수행법을 갖춘 대다수의 종교 전통에는 고도의 집중을 계발하는 방법이 존재한다. 붓다 당시에도 삼매를 얻은 수행자는 있었다. 붓다의 스승이었던 알라라 깔라마와 웃다까 라마뿟따는 무소유처와 비상비비상처라는 무색계 선정을 성취했었다. 경전에서는[107] 알라라 깔라마가 무소유처에 들어 있을 때 바로 옆에 수레 오백 대가 지나가도 모를 정도였다고 언급되어 있을 정도로 고도의 집중 상태였다.

그런데 무소유처와 비상비비상처를 통해 얻는 행복은 '벗어남의 행복'의 한 형태이고, 붓다의 견해로는 벗어남의 행복은 괴로움의 특성이 있으므로 그것은 진정한 행복이 아니다. 하지만 알라라 깔라마와 웃다까 라마뿟따는 무소유처와 비상비비상처를 궁극의 경지이고 해탈이라고 생각하는 그릇된 견해를 가지고 있었다. 그래서 그들은 자신들이 계발한 삼매를 기반으로 괴로움을 소멸한 것이 아니라 단지 그 삼매의 행복에 안주하고 있었다. 그래서 붓다께서는 이들이 얻은 삼매는 무색계의 무소유처와 비상비비상처의 존재로 태어나게 할 수는 있지만, 괴로움을 소멸하지는 못한다고 꿰뚫어 보신 것이다. 그러므로 당신은 완전한 깨달음을 위해서 그들의 곁을 떠나셨다. 이처럼 바른 견해가 없이 오직 고도의 집중만이 있는 외도의 삼매는 그것으로 인한 행복에 안주하게 할 뿐 괴로움이 소멸로 인도하지 못하기 때문에 그릇된 삼매로 볼 수 있다.

---

107 「대반열반경」(D16).

4장··사성제

"이 법은 염오로 인도하지 못하고, 탐욕의 빛바램으로 인도
하지 못하고, 소멸로 인도하지 못하고, 고요함으로 인도하지
못하고, 최상의 지혜로 인도하지 못하고, 바른 깨달음으로 인
도하지 못하고, 열반으로 인도하지 못한다. 그것은 단지 무소
유처에 다시 태어나게 할 뿐이다. 비구들이여, 그런 나는 그
법에 만족하지 않고 그 법을 염오하면서 떠나갔다."

_「성스러운 구함 경」(M26)

더구나 그릇된 견해를 바탕으로 생긴 그릇된 삼매는 오히려 그릇된
견해를 강화하는 쪽으로 작용한다. 예를 들어 '자아', '영혼', '진아' 등
이 있다고 집착하는 그릇된 견해를 지닌 사람이 강한 삼매를 계발했
다고 하자. 그러면 '나는 보통 사람에게 없는 강한 집중을 계발했다.
나는 특별한 존재이다.'라는 식으로 오히려 아상我想이나 자만이 커져
서 '자아', '영혼', '진아'가 있다는 견해를 더 강화할 수 있다. 더구나 이
렇게 그릇된 삼매를 통해 그릇된 견해가 강화되면 지혜로운 사람이
바른 견해를 알려 주더라도 받아들이지 못한다. 왜냐하면 이런 사람
들은 보통 사람들이 경험하지 못하는 수행 체험을 바탕으로 '나같이
특별한 사람이 경험한 것인데 이것은 옳고 분명하다.'라고 집착하면
서 자신이 지닌 그릇된 견해를 합리화하고 고집하기 때문이다. 이런
경우에는 강한 삼매가 생긴 것이 오히려 독이 된다. 이처럼 그릇된 삼
매는 오히려 그릇된 견해를 강화하고 바른 견해를 사라지게 할 수 있
다는 점에 특별히 주의해야 한다.

　반면에 바른 삼매는 앞서 설명했듯이 두 가지 조건을 갖추어야

한다. 첫째, 바른 삼매는 팔정도의 나머지 일곱 가지 요소를 필수품으로 갖추어야 한다. 한마디로 바른 견해를 바탕으로 계발된 삼매이다. 둘째, 바른 삼매는 괴로움의 소멸로 인도해야 한다. 바른 삼매가 계발되면 바른 삼매를 기반으로 현상들의 실상을 통찰한 법을 있는 그대로 꿰뚫어 알게 되고, 그로 인해 사성제에 대한 지혜를 계발할 수 있다. 이렇게 바른 삼매를 바탕으로 사성제를 철저히 꿰뚫어 아는 바른 지혜가 생기고, 바른 지혜가 생기면 해로운 법들이 버려지고 괴로움을 완전히 소멸한 바른 해탈이 실현된다. 이처럼 바른 삼매는 괴로움의 소멸로 인도해야 한다. 종합해 보면 바른 삼매는 유익하므로 계발해야 하지만, 그릇된 삼매는 해로우므로 버려야 한다.

> "바른 삼매를 가진 자에게 바른 지혜가 생긴다. 바른 지혜를
> 가진 자에게 바른 해탈이 생긴다."
>
> _「위대한 마흔 가지 경」(M117)

이상으로 팔정도, 즉 바른 견해, 바른 사유, 바른 말, 바른 행위, 바른 생계, 바른 정진, 바른 기억, 바른 삼매에 대하여 살펴보았다. 더구나 팔정도에 대한 이해를 돕기 위해 팔사도, 즉 그릇된 견해, 그릇된 사유, 그릇된 말, 그릇된 행위, 그릇된 생계, 그릇된 정진, 그릇된 기억, 그릇된 삼매에 대하여도 알아보았다. 이렇게 팔정도와 팔사도를 비교하여 살펴본 것은 팔정도를 더 명확히 이해할 수 있도록 하기 위함이다. 종합해 보면 팔정도는 유익하고 괴로움이 소멸로 인도하지만, 팔사도는 해롭고 괴로움이 일어나게 한다. 따라서 팔정도는 계발해야 할 진리이

고, 팔사도는 버려야 할 수행이다. 지금까지는 팔정도의 여덟 가지 요소에 대하여 살펴보았다. 더 나아가 '팔정도와 계·정·혜 삼학과의 관계는 어떻게 되는지, 팔정도가 왜 중도인지, 팔정도를 닦으면 어떻게 사성제에 대한 기억이 확립되어 괴로움이 소멸하는지, 깨달음은 무엇인지' 등에 대하여는 5장에서 더 자세히 설명하겠다.

> "비구들이여, 바른 견해를 가진 자에게 그릇된 견해가 다하게 되고 그릇된 견해를 조건으로 일어나는 여러 가지 나쁘고 해로운 법들도 다하게 되며, 바른 견해를 조건으로 일어나는 여러 가지 유익한 법들은 수행을 통해 완성된다. 비구들이여, 바른 사유를 가진 자에게 그릇된 사유가 다하게 되고 … 바른 말을 하는 자에게 그릇된 말이 다하게 되고 … 바른 행위를 하는 자에게 그릇된 행위가 다하게 되고 … 바른 생계를 가진 자에게 그릇된 생계가 다하게 되고 … 바른 정진을 하는 자에게 그릇된 정진이 다하게 되고 … 바른 기억을 가진 자에게 그릇된 기억이 다하게 되고 … 바른 삼매를 가진 자에게 그릇된 삼매가 다하게 되고 … 바른 지혜를 가진 자에게 그릇된 지혜가 다하게 되고 … 비구들이여, 바른 해탈을 가진 자에게 그릇된 해탈이 다하게 되고 그릇된 해탈을 조건으로 일어나는 여러 가지 나쁘고 해로운 법들도 다하게 되며, 바른 해탈을 조건으로 일어나는 여러 가지 유익한 법들은 수행을 통해 완성된다."

_「위대한 마흔 가지 경」(M117)

436

2) 유익한 법은 괴로움의 소멸로 인도한다

붓다께서는 도성제, 즉 괴로움의 소멸로 인도하는 도 닦음을 팔정도로 설하셨다. 하지만 많은 경전에서 괴로움의 소멸로 인도하는 도 닦음을 팔정도뿐 아니라 일곱 가지 깨달음의 구성 요소[七覺支], 다섯 가지 기능[五根], 다섯 가지 힘[五力], 네 가지 기억 확립[四念處], 네 가지 정진[四正勤], 네 가지 성취 수단[四如意足]으로도 설하셨다. 다시 말해서 때로는 기억, 법의 조사[擇法][108], 정진, 희열, 고요함[輕安], 삼매, 평온의 일곱 가지 깨달음의 구성 요소로, 때로는 신심, 정진, 기억, 삼매, 지혜의 오근五根과 오력五力[109]으로, 때로는 네 가지 기억 확립으로, 때로는 네 가지 정진으로, 때로는 의욕, 정진, 마음, 검증[vīmaṁsa, 檢證][110]의 네 가지 성취 수단으로 설하셨다. 이들을 모두 합쳐 서른일곱 가지 깨달음의 구성 요소[菩提分法]라 하는데 이것들은 모두 괴로움의 소멸로 인도하는 유익한 법들이다.

　　이와 같은 서른일곱 가지 깨달음의 구성 요소뿐 아니라 나머지 유익한 법들은 괴로움의 소멸로 인도한다고 할 수 있다. 붓다께서는 유익한 법이 일어나면 세 번 즐겁다고 설하셨다. 먼저 그것이 일어나는 순간에 즐겁고, 자신의 마음에 유익한 법이 있음을 생각할 때도 즐겁다. 또 유익한 업을 조건으로 현생에 포상을 받거나 남에게 칭송을 받는 등의 좋은 결과가 나타날 때도 즐겁고, 다음 생에 유익한 업을 조

---

108 법의 조사는 법으로는 지혜와 같다.

109 다섯 가지가 해로운 법을 버리는 기능[根]을 한다는 측면에서는 오근五根이라 하고, 해로운 법을 버리는 힘[力]이라는 측면에서는 오력五力이라 한다.

110 검증은 법으로는 지혜와 같다.

건으로 천상이나 인간의 선처에 태어나면 더욱 즐겁다. 더 나아가 궁극적으로 유익한 법은 괴로움의 소멸로 인도하여 완전한 행복의 실현이 가능하게 한다. 따라서 '유익한 법들은 괴로움의 소멸로 인도한다.'라고 말할 수 있다. 그러면 팔정도에서 나타나지 않는 유익한 법들에 관하여 좀 더 자세히 살펴보자.

유익한 법들의 뿌리는 탐욕 없음, 성냄 없음, 어리석음 없음이다. 탐욕 없음[alobha[111], 不貪]은 대상을 집착하지 않는 특징이 있는 심리 현상이다. 마치 연꽃에 떨어진 물방울처럼. 탐욕 없음은 대상을 거머쥐지 않고 집착하지 않는다. 마치 오물에 빠진 사람이 오물을 집착하지 않는 것처럼. 성냄 없음[adosa[112], 不瞋]은 대상을 싫어하지 않는 특성이 있는 심리 현상이다. 성냄 없음은 대상에 대하여 부드럽고 따뜻하다. 마치 다정한 친구에게 친절한 것처럼. 모든 대상을 싫어하지 않는 심리 현상이 성냄 없음이라면 생명이 있는 존재를 싫어하지 않는 심리 현상은 특히 자애[113]라고 한다. 자애는 존재를 싫어하지 않을 뿐 아니라 더 나아가 존재가 행복하기를 바라는 마음이다. 자애는 이기적인 탐욕과 구분해야 한다. 자신과 남을 모두 행복하게 하려는 마음은 자애라고 할 수 있지만, 이기적인 애정과 집착은 탐욕이라 할 수 있다. 어리석음 없음[amoha[114], 不癡]은 어리석음이 없는 특성이 있는 심리 현상이다. 어리석음은 대상을 있는 그대로 꿰뚫어 알지 못하

---

111 알로바alobha는 lobha[탐욕]에 부정어 'a'를 붙여서 만들어진 남성명사이다.

112 아도사adosa는 dosa[성냄]에 부정어 'a'를 붙여서 만들어진 남성명사이다.

113 자애는 법으로는 성냄 없음과 같다.

114 아모하amoha는 moha[어리석음]에 부정어 'a'를 붙여서 만들어진 남성명사이다.

는 심리 현상이므로 어리석음 없음은 현상의 실상을 꿰뚫어 아는 특성이 있는 심리 현상이다. 그래서 어리석음 없음은 법으로는 바른 앎[sampajañña, 正知], 지혜[paññā, 慧], 지견[ñāṇa-dassana, 知見], 통찰지[ñāṇa, 智], 바른 견해[sammā-diṭṭhi, 正見]와 같다. 사성제를 알고 보는 지혜를 계발함으로써 해로운 법들을 소멸하고 괴로움을 소멸할 수 있으므로 지혜는 불교에서 가장 중요한 심리 현상이다.

> "비구들이여, 그와 같이 깨달음에 이바지하는 어떠한 발자국
> 들이 있든지 깨달음을 위해서는 지혜의 기능이 그들 가운데
> 서 으뜸이라 불린다."
>
> _「발자국 경」(S48:54)

이와 같은 세 가지 유익한 법들의 뿌리 중에서 탐욕 없음과 성냄 없음은 유익한 법들이 일어날 때마다 항상 함께 작용한다. 왜냐하면 탐욕이나 성냄이 있으면 유익한 법이 작용할 수 없기 때문이다. 더구나 탐욕과 성냄이 없을 때 대상을 있는 그대로 꿰뚫어 보는 지혜가 생길 수 있으므로 탐욕 없음과 성냄 없음은 어리석음 없음, 즉 지혜가 일어나는 조건이다. 어리석음 없음은 탐욕 없음과 성냄 없음과는 달리 유익한 법이 일어날 때 항상 함께 작용하는 것은 아니다. 다시 말해서 어리석음 없음은 유익한 법들과 함께 작용할 수도 있고, 그렇지 않을 수도 있다. 예를 들어 바른 견해가 없이 오직 숨에만 집중하는 경우를 생각해 보자. 오직 숨에만 집중될 때 탐욕과 성냄은 일어날 수 없으므로 탐욕 없음과 성냄 없음은 작용하지만, 바른 견해가 없으므로 지혜는 함

께 작용하지 않는다. 이상으로 유익한 법들의 세 가지 뿌리에 대하여 알아보았다. 그러면 이들을 뿌리로 하는 유익한 법들에 대하여 살펴보자.

신심[saddhā115, 信]은 올바른 것을 믿는 특성이 있는 심리 현상이다. 특히 붓다[佛], 붓다께서 설하신 가르침[法], 법에 따라 수행하여 깨달음을 얻은 스님들[僧]의 삼보三寶에 대한 믿음을 말한다. 신심은 마음을 경건하게 하여 마음이 해로운 법에 오염되지 않게 하고 깨끗하게 한다. 예를 들어 덕 높은 스님의 법문을 듣고 그것에 대한 신심이 생기면 마음이 경건해지면서 마음이 해로운 법으로부터 깨끗해진다. 양심[hiri116, 慚]은 해로운 행위를 하는 것을 부끄러워하는 특성이 있는 심리 현상이다. 양심이 있으면 부끄러움 때문에 해로운 행위를 짓지 않고 해로운 행위를 피하게 된다. 자신을 존중하는 사람은 스스로 비난할만한 행위를 부끄러워한다. 그러므로 양심은 자신을 존중함으로써 일어난다. 수치심[ottappa117, 愧]은 해로운 행위를 두려워하는 특성이 있는 심리 현상이다. 수치심이 있으면 두려움 때문에 해로운 행위를 짓지 않고 해로운 행위를 피하게 된다. 타인을 존중하는 사람은 남에게 비난받는 것을 두려워한다. 그러므로 수치심은 타인을 존중함으로써 일어난다. 양심과 수치심은 항상 함께 언급되며, 붓다께서는 양심과 수치심은 세상을 보호하는 두 가지 밝은 법이라고 설하셨다.

---

115 삿다saddhā는 śrad(심장)+√dhā(to put)에서 파생된 여성명사이다. 문자적으로 '가슴을 둔다'라는 의미이다. 그래서 saddhā를 신심으로 번역한 것이다.

116 히리hiri는 √hrī(to be shamed)에서 파생된 여성명사이다.

117 옷땁빠ottappa는 ud(위로)+√tap(to burn)에서 파생된 중성명사이다.

"비구들이여, 두 가지 밝은 법이 있으니, 그것은 세상을 보호한다. 무엇이 둘인가? 양심과 수치심이다."

_「부인 경」(A2:1:9)

평온[upekkhā, 捨][118]은 모자라거나 넘치지 않는 중립의 특성이 있는 심리 현상을 말한다. 평온이 있으면 어떤 대상을 만나도 집착하거나 싫어하지도 않고, 치우침이 없고, 중립적으로 대처할 수 있다. 특히 존재에 대하여 평온한 마음이 있으면 존재를 치우침 없이 공평하고 평정하게 볼 수 있다. 그래서 평온은 불교의 수행에서 아주 중요한 심리 현상이다. 색계 사선의 중요한 특징 중의 하나가 평온이고, 위빠사나 수행이 깊어질수록 행주좌와 언제나 치우침 없는 중립적인 심리 현상인 평온이 유지되는 것을 보면 수행에서 평온이 얼마나 중요한지 알 수 있다. 고요함[passaddhi[119], 輕安]은 고요하고 편안한 특성이 있는 심리 현상이다. 고요함은 불안과 들뜸을 없애서 마음을 고요하게 하고 동요하지 않게 하고 편안하게 한다. 그래서 고요함이 있으면 벗어남의 행복이 생기고, 행복해진 마음은 삼매에 들 수 있다. 이처럼 고요함은 바른 삼매를 얻는 데 중요한 역할을 한다. 더구나 고요함이 있으면 수행자의 마음은 항상 동요함이 없고 편안하다.

---

118 평온은 중립[tatramajjhattatā, 中立]이라고도 한다.

119 빳삿디passaddhi는 pa(앞으로)+√śrambh(to trust)에서 파생된 여성명사이다. passaddhi 문자적으로는 '믿음'이나 '신뢰'를 뜻하지만, 불교에서는 '편안함[輕安]', '고요함'이라는 의미로 쓰인다.

연민[karuṇā¹²⁰, 悲]은 다른 존재의 고통을 덜어 주려는 특성이 있는 심리 현상이다. 연민이 있는 사람은 다른 존재의 고통을 덜어 주려 하므로 잔인함이 없어지고 남을 해치는 행위를 하지 않는다. 연민은 성냄의 한 형태인 슬픔과 구별해야 한다. 연민은 고요함과 평온함을 유지하면서 타인의 아픔을 공감하고 지혜롭게 타인의 괴로움을 덜어 주고자 하는 심리 현상이지만, 슬픔은 고요함과 평온함이 사라지고 자신도 슬픔에 빠져서 타인의 아픔을 싫어하는 심리 현상이다. 그래서 연민은 유익한 법이지만, 슬픔은 성냄의 한 가지 형태인 해로운 법이다. 앞서 설명한 자애와 연민을 합쳐서 자비慈悲라고 한다. 함께 기뻐함[muditā¹²¹, 喜]은 다른 존재의 성공을 함께 기뻐하는 특성이 있는 심리 현상이다. 함께 기뻐함은 남의 성공을 싫어하지 않고 기뻐하므로 질투를 제거한다. 함께 기뻐함은 감각적 욕망에 바탕을 둔 기뻐함과 구별해야 한다. 함께 기뻐함은 고요함과 평온함을 유지하면서 다른 존재의 성공을 싫어하지 않고 기뻐하는 심리 현상이지만, 감각적 욕망에 바탕을 둔 기뻐함은 고요함과 평온이 사라지고 들뜸이 함께하면서 왁자지껄한 웃음에 빠지는 심리 현상이다.

앞서 살펴본 자애[慈], 연민[悲], 함께 기뻐함[喜], 평온[捨]을 네 가지 고귀한 머묾[四梵住] 또는 네 가지 무량[四無量]이라 부른다. 고귀한 머묾은 중생들을 향해서 고귀한 마음으로 머문다는 의미이고, 무량하다는 것은 한량없는 존재들에게 제한 없이 적용될 뿐 아니라 비록 한

---

120 까루나karuṇā는 √kr(to do)에서 파생된 여성명사이다.

121 무디따muditā는 √mṛd(soft)에서 파생된 여성명사이다.

442

존재에게도 한량없이 적용되는 마음이기 때문이다. 네 가지 고귀한 마음을 정리해 보면 모든 존재가 행복하기를 바라는 마음은 자애이다. 그렇지만 괴로움을 겪는 존재가 있을 때 그의 고통을 덜어 주고자 하는 마음이 연민이다. 그럼으로써 그 존재가 고통에서 벗어나 즐거워하면 함께 기뻐하는 마음이 함께 기뻐함이다. 이렇게 타인에게 자애, 연민, 함께 기뻐함의 고귀한 마음을 일으켰지만, 그것에 집착하거나 싫어하지 않고 보상을 바라거나 생색내지 않고 치우침이 없는 중립적인 마음이 평온이다.

이상으로 팔정도의 여덟 가지 요소와 더불어 탐욕 없음, 성냄 없음, 어리석음 없음, 신심, 양심, 수치심, 고요함, 평온, 자애, 연민, 함께 기뻐함 등의 유익한 법들에 대하여 살펴보았다. 이들은 괴로움의 소멸에 유익한 심리 현상들이므로 괴로움의 소멸로 인도한다. 따라서 유익한 법들은 괴로움의 소멸로 인도한다.

3) 도성제는 계발해야 할 진리이다

도성제는 괴로움의 소멸로 인도하는 도 닦음이 팔정도임을 천명한 진리이다. 더 나아가 유익한 법들도 괴로움의 소멸로 인도한다. 그래서 도성제는 괴로움의 소멸로 인도하는 도 닦음이 유익한 법이라고 천명한 진리라고 일반화해서 말할 수도 있다. 그래서 팔정도, 더 나아가 유익한 법들은 계발해야 할 법이다. 다시 말해서 도성제는 계발해야 할 진리이다.

이처럼 유익한 법들은 계발해야 할 법이라고 분명히 꿰뚫어 아는 것은 불교의 수행에서 매우 중요한 지혜이다. 그렇지 않으면 버려야 할 법들을 계발하고, 계발해야 할 법들을 버릴 수도 있기 때문이다. 따라서 계발해야 할 법을 계발해야 할 법이라고 명확히 알 수 있도록 해 주는 진리가 도성제이다.

> "괴로움의 성스러운 진리는 철저하게 알아야 한다. 괴로움의 일어남의 진리는 버려야 한다. 괴로움의 소멸의 진리는 실현해야 한다. 괴로움의 소멸로 인도하는 도 닦음의 진리는 닦아야 한다."
>
> _「철저히 알아야 함 경」(S56:29)

지금까지 사성제에 대하여 살펴보았다. 사성제는 괴로움과 괴로움의 소멸에 대한 바른 견해를 드러낼 뿐 아니라 괴로움이 일어나는 원인과 그것을 버리고 괴로움의 소멸로 인도하는 도 닦음인 팔정도를 명확히 제시하고 있다. 그래서 사성제는 단순한 이론이 아니라 수행의 방향성과 수행 방법을 분명하게 제시하는 진리임에 명심해야 한다. 그러면 지금부터는 팔정도가 왜 중도이며, 중도 수행을 통해 어떻게 해로운 법들을 버리고 괴로움을 소멸할 수 있는지에 대하여 좀 더 자세히 살펴보자.

사성제에 대한
기억 확립

1

불교의 수행은
중도 수행이다

1) 팔정도의 시작과 중간과 끝은 바른 견해이다

앞서 설명한 사성제 중에 도성제는 괴로움의 소멸로 인도하는 도 닦음인 팔정도를 말한다. 그래서 괴로움을 소멸하기 위해서는 팔정도를 닦아야 한다. 그런데 팔정도는 진리를 깨달은 붓다께서 세상에 출현할 때만 나타나는 가르침이므로 팔정도를 계발하려면 먼저 바른 스승을 친견하여 붓다께서 설한 팔정도에 대한 법문을 듣고 배워야 한다. 그런 다음 사성제에 대한 지혜, 즉 바른 견해를 갖추고 그것을 기반으로 세상의 현상들을 이해하고, 사유하고, 말하고, 행동하고, 생계를 이어 가고, 정진하고, 기억하고, 삼매를 닦음으로써 팔정도를 계발할 수 있다. 그러다가 팔정도가 완전히 계발되면 바른 견해, 즉 사성제에 대한 지혜가 일상 속에 녹아들어 사성제에 대한 바른 기억을 확립해 괴로움을 소멸할 수 있다. 다시 말해서 팔정도가 계발되면 고성제는 철저히 알아지고, 집성제는 버려지며, 멸성제는 실현된다.

> "비구들이여, 아직 일어나지 않은 여덟 가지 법들은 비록 닦고 많이 [공부] 짓더라도 여래·아라한·정등각자가 출현하지 않으면 일어나지 않는다. 무엇이 여덟인가? 그것은 바른 견해, 바른 사유, 바른 말, 바른 행위, 바른 생계, 바른 정진, 바른 기억, 바른 삼매이다."
>
> _ 「일어남 경」(S45:14)

사성제에 대한 지혜, 즉 바른 견해는 수행의 방향성이고 목적이므로 팔정도를 닦을 때 팔정도의 첫 번째 요소인 바른 견해는 수행의 기준점이 된다. 그래서 바른 견해, 즉 사성제에 대한 지혜를 통해서 그릇된 견해를 그릇된 견해라고 꿰뚫어 알고 바른 견해를 바른 견해라고 꿰뚫어 알 수 있다.

예를 들어 감각적 욕망의 행복은 괴로움의 특성이 있으므로 감각적 욕망의 행복한 느낌을 행복으로 보는 것은 그릇된 견해이고, 감각적 욕망의 행복한 느낌을 괴로움으로 보는 것은 바른 견해이다.

또 바른 견해를 갖추면 자신에게 일어나는 생각이 사성제에 부합되는 생각인지 그렇지 않은지를 분명히 꿰뚫어 알 수 있다. 그러므로 바른 견해를 통해서 그릇된 사유를 그릇된 사유라고 꿰뚫어 알고, 바른 사유를 바른 사유라고 꿰뚫어 알 수 있다.

예를 들어 탐욕은 괴로움의 원인이므로 탐욕이 있는 생각은 그릇된 사유이고, 탐욕이 없는 생각은 바른 사유이다. 이처럼 바른 견해를 기준점으로 삼아 바른 견해와 그릇된 견해, 바른 사유와 그릇된 사유를 분명히 구분할 수 있다.

> "비구들이여, 거기서 바른 견해가 먼저다. 비구들이여, 그러
> 면 어떻게 바른 견해가 먼저 오는가? 그는 그릇된 사유를 그
> 릇된 사유라고 꿰뚫어 알고, 바른 사유를 바른 사유라고 꿰
> 뚫어 안다. 이것이 그의 바른 사유이다."
>
> _「위대한 마흔 가지 경」(M117)

마찬가지로 바른 견해를 기준으로 그릇된 말과 바른 말, 그릇된 행위와 바른 행위, 그릇된 생계와 바른 생계, 그릇된 정진과 바른 정진, 그릇된 기억과 바른 기억, 그릇된 삼매와 바른 삼매를 분명히 구분할 수 있다. 그래서 바른 견해, 즉 사성제에 대한 지혜를 갖추면 사성제를 기준으로 삼아 그에 따라 이해하고, 사유하고, 말하고, 행동하고, 생계를 이어 가고, 정진하고, 기억하고, 삼매를 얻음으로써 바른 견해, 바른 사유, 바른 말, 바른 행위, 바른 생계, 바른 정진, 바른 기억, 바른 삼매를 계발할 수 있다.

특히 앞서 설명했듯이 팔정도의 일곱 가지 구성 요소, 즉 바른 견해, 바른 사유, 바른 말, 바른 행위, 바른 생계, 바른 정진, 바른 기억을 갖추면 바른 삼매를 얻을 수 있다. 바른 삼매가 계발되면 바른 삼매를 기반으로 존재의 실상을 통찰한 법을 있는 그대로 꿰뚫어 볼 수 있고, 법을 괴로움과 괴로움의 소멸의 관점에서 체계적으로 정리하여 이해

하면 바른 지혜[sammā ñāṇa]¹가 일어나서 사성제를 관통하게 된다. 사성제를 관통하면 도성제는 닦여지고, 고성제는 철저히 알아지고, 집성제는 버려지고, 멸성제는 실현되므로 바른 해탈[sammā vimutti]²이 이루어진다. 다시 말해서 바른 삼매를 기반으로 깨달음의 지혜인 바른 지혜가 일어나서 바른 해탈이 실현된다.

> "비구들이여, 그와 같이 비구가 여덟 가지 구성 요소를 가진 성스러운 도를 닦고 여덟 가지 구성 요소를 가진 성스러운 도를 많이 [공부] 지으면 최상의 지혜로 철저하게 알아야 하는 법들을 최상의 지혜로 철저히 알게 된다. 최상의 지혜로 버려야 할 법들을 최상의 지혜로 버리게 된다. 최상의 지혜로 실현해야 할 법들을 최상의 지혜로 실현하게 된다. 최상의 지혜로 닦아야 할 법들을 최상의 지혜로 닦게 된다."
>
> _「객사 경」(S45:159)

이처럼 팔정도의 시작은 사성제에 대한 법문을 듣고 배워서 바른 견해를 갖추는 것이다. 그런 다음 바른 견해를 바탕으로 팔정도의 나머지 일곱 가지 구성 요소인 바른 사유, 바른 말, 바른 행위, 바른 생계, 바른 정진, 바른 기억, 바른 삼매를 계발할 수 있는데 이것이 팔정도의 중간이다. 더구나 바른 삼매를 얻으면 바른 삼매를 기반으로 존재의

---

1   삼마sammā 냐나ñāṇa의 번역이다. 깨달음의 지혜, 최상의 지혜라고도 한다.
2   삼마sammā 위뭇띠vimutti의 번역이다. 모든 해로운 법에서 벗어난 상태를 해탈이라 한다.

실상을 있는 그대로 꿰뚫어 봄으로써 사성제를 통찰하는 바른 지혜가 생긴다. 그리고 사성제에 대한 바른 지혜가 생기면 해로운 법들이 버려짐으로써 바른 해탈이 실현돼 괴로움이 소멸하게 된다. 이렇게 바른 지혜와 바른 해탈을 갖춘 존재가 아라한이다. 아라한은 팔정도의 여덟 가지 요소에 바른 지혜와 바른 해탈을 합하여 열 가지 구성 요소인 십정도十正道를 갖추게 되는데 이것이 팔정도의 끝이다. 이상에서 살펴본 것처럼 불교 수행의 시작과 중간과 끝에서 바른 견해, 즉 사성제에 대한 지혜는 수행의 기준점이 되고 핵심적인 역할을 한다. 따라서 팔정도의 시작과 중간과 끝은 바른 견해라고 할 수 있다.

> "비구들이여, 거기서 바른 견해가 먼저다. 비구들이여, 그러면 어떻게 바른 견해가 먼저 오는가? 비구들이여, 바른 견해를 가진 자에게 바른 사유가 생긴다. 바른 사유를 가진 자에게 바른 말이 생긴다. 바른 말을 가진 자에게 바른 행위가 생긴다. 바른 행위를 가진 자에게 바른 생계가 생긴다. 바른 생계를 가진 자에게 바른 정진이 생긴다. 바른 정진을 가진 자에게 바른 기억이 생긴다. 바른 기억을 가진 자에게 바른 삼매가 생긴다. 바른 삼매를 가진 자에게 바른 지혜가 생긴다. 바른 지혜를 가진 자에게 바른 해탈이 생긴다. 비구들이여, 이같이 유학들의 도 닦음은 여덟 가지 구성 요소를 갖추고, 아라한은 열 가지 구성 요소를 갖춘다."
>
> _「위대한 마흔 가지 경」(M117)

2) 팔정도는 계를 기반으로 정과 혜를 닦는 수행이다

팔정도의 여덟 가지 구성 요소는 계[sīla, 戒], 삼매[samādhi, 定], 지혜 [paññā, 慧]의 삼학[ti-sikkhā, 三學]으로 무리를 지어 나누어 볼 수 있다. 여덟 가지 구성 요소 중에 바른 견해와 바른 사유는 '지혜의 무더기'에 포함되고, 바른 말, 바른 행위, 바른 생계는 '계의 무더기'에 포함되고, 바른 정진, 바른 기억, 바른 삼매는 '삼매의 무더기'에 포함된다. 그래서 팔정도는 삼학에 포함되고, 팔정도를 닦는 것은 계를 기반으로 삼매와 지혜를 닦는 것이라 말할 수 있다.

> "도반 위사까여, 성스러운 팔정도에 삼학三學이 포함되는 것
> 이 아니고, 삼학에 성스러운 팔정도가 포함됩니다. 도반 위사
> 까여, 바른 말, 바른 행위, 바른 생계의 이 세 가지 법은 계의
> 무더기[戒蘊]에 포함됩니다. 바른 정진, 바른 기억, 바른 삼매
> 의 이 [세 가지] 법은 삼매의 무더기[定蘊]에 포함됩니다. 바
> 른 견해, 바른 사유의 이 [두 가지] 법은 통찰지의 무더기[慧
> 蘊]에 포함됩니다."
>
> _「교리문답의 짧은 경」(M44)

바른 견해는 괴로움에 대한 지혜, 괴로움의 일어남에 대한 지혜, 괴로움의 소멸에 대한 지혜, 괴로움의 소멸로 인도하는 도 닦음에 대한 지혜이므로 바른 견해를 꿰뚫어 아는 것 그 자체가 사성제에 대한 지혜를 계발하는 것이다. 또 바른 견해를 바탕으로 존재를 이루는 현상들을 있는 그대로 관찰하여 존재의 실상을 통찰한 법을 꿰뚫어 본 수행

자는 법을 괴로움과 괴로움의 소멸의 관점에서 바르게 사유할 수 있다. 바른 사유는 집착하거나 싫어하는 마음 없이 사성제에 관하여 사유하는 것이므로 바른 사유를 통해서 사성제에 대한 지혜를 계발할 수 있다. 이렇게 바른 견해를 통해서 법을 볼 수 있고, 법을 바른 사유를 통해서 조사함으로써 사성제에 대한 지혜를 계발할 수 있다. 이렇게 계발된 사성제에 대한 지혜, 즉 바른 견해를 바탕으로 법을 더 분명히 볼 수 있다. 이처럼 바른 견해와 바른 사유를 통해서 '지혜[慧]'가 계발되므로 바른 견해와 바른 사유는 지혜의 무더기에 포함되는 것이다.

바른 견해와 바른 사유를 통해서 사성제에 대한 지혜가 계발되면 지혜를 바탕으로 바른 말, 바른 행위, 바른 생계를 실천할 수 있다. 바른 말은 거짓말, 이간질, 거친 말, 쓸데없는 말 등과 같이 괴로움의 원인이 되는 그릇된 말을 삼가는 것이다. 바른 행위는 살생, 도둑질, 삿된 음행 등과 같이 괴로움의 원인이 되는 그릇된 행위를 삼가는 것이다. 바른 생계는 마약 판매, 인신매매, 무기 판매, 독약 판매 등과 같이 남에게 고통을 주고 해를 끼치면서 생계를 유지하는 그릇된 생계를 삼가는 것이다. 이렇게 바른 말, 바른 행위, 바른 생계를 지키는 것은 수행자들이 지켜야 할 도덕적인 규범인 계를 지키는 것이므로 위의 세 가지는 계의 무더기에 포함되는 것이다.

바른 말, 바른 행위, 바른 생계를 통해서 계가 청정해지면 청정한 계를 바탕으로 바른 정진, 바른 기억, 바른 삼매를 닦을 수 있다. 바른 정진은 해로운 법을 버리고 유익한 법을 계발하기 위해 애쓰고 노력하는 것이다. 그러므로 바른 정진을 통해서 해로운 법을 버리고 예방하거나 유익한 법이 일어나게 하고 늘어나게 하는 지혜가 계발될 뿐 아니라 그것을 잊지 않는 바른 기억도 계발된다. 이렇게 바른 정진을 통해서 바른 기억이 계발된다. 더 나아가 바른 기억이 있으면 대상에 지혜롭게 마음을 기울일 수 있으므로 유익한 마음만이 이어지게 된다. 이때 유익한 마음과 함께하는 '마음이 하나 됨', '집중'이 바른 삼매이다. 이렇게 바른 기억을 통해서 바른 삼매가 계발된다. 예를 들어 들숨과 날숨을 잊지 않고 알아차리려 애쓰고 노력하는 바른 정진을 통해서 다섯 장애를 버리고 숨만을 알아차리는 지혜와 그것을 잊지 않는 바른 기억이 계발된다. 이렇게 바른 기억이 계발되면 다섯 장애가 버려지고 숨만을 잊지 않고 알아차리는 바른 삼매가 계발된다. 특히 오직 숨의 표상 또는 니밋따에만 몰입된 삼매인 선정도 계발된다. 이처럼 바른 정진, 바른 기억과 바른 삼매를 통해서 청정하고 고요하고 집중된 마음인 '삼매[定]'가 계발되므로 위의 세 가지는 삼매의 무더기에 포함되는 것이다.

이처럼 팔정도를 닦는 것은 계, 삼매, 지혜의 삼학을 닦는 것과 같다. 지혜를 바탕으로 계를 청정히 하고, 청정한 계를 바탕으로 삼매를 계발하고, 삼매를 바탕으로 존재의 실상을 있는 그대로 꿰뚫어 아는 지혜를 계발할 수 있다. 다시 지혜를 바탕으로 계를 더 청정하게 하고, 청정한 계를 바탕으로 더 고요한 삼매를 계발하고, 고요한 삼매를 바탕으로 더 성숙한 지혜를 계발할 수 있다. 이같이 팔정도를 거듭거듭 실천하면, 즉 계, 삼매, 지혜를 거듭거듭 닦으면 지혜가 점차 성숙하게 되고 결국에는 사성제를 철저히 꿰뚫어 아는 깨달음의 지혜가 생겨서 괴로움의 원인인 갈애를 버리고 완전한 행복인 열반을 실현할 수 있다. 그래서 팔정도는 청정한 계를 바탕으로 삼매와 지혜를 계발하는 수행이라 할 수 있다.

3) 팔정도는 지관쌍수이다

불교에서 수행은 크게 두 가지, 즉 사마타와 위빠사나로 나누어진다. 사마타[samatha3, 止]는 정해진 대상만을 기억하여 알아차림으로써 바른 삼매4를 계발하는 수행을 말한다. 다시 말해서 사마타는 정해진 수행 주제만을 기억하여 알아차림으로써 마음을 오염시키는 해로운 법들을 가라앉히고 청정하고 고요하고 집중된 마음인 바른 삼매를 계발하는 수행이다. 그래서 사마타를 번역할 때 중국에서는 해로운 법들을 멈춘다는 의미에 초점을 맞추어 止로, 영어에서는 고요함에 초점을 맞추어 calm, serenity로 옮긴 것이다. 이런 이유로 사마타를 지止 수행이라 할 수 있다. 그러면 사마타 수행과 팔정도는 어떤 관계가 있는가? 사마타는 바른 삼매를 계발하는 수행이고, 팔정도 중에 바른 정진, 바른 기억, 바른 삼매가 삼학 중에 '삼매[定]'에 해당한다. 그러므로 사마타 수행은 팔정도 중에 특히 바른 정진, 바른 기억과 바른 삼매를 닦음으로써 해로운 법들을 가라앉히고 청정하고 고요하고 집중된 마음인 바른 삼매를 계발하는 수행이라 할 수 있다.

　사마타 수행은 정해진 대상만을 기억하여 알아차림으로써 바른

3　사마타samatha는 √śam(to be quiet)에서 파생된 남성명사이고, 문자적으로 '고요함', '맑음' 등의 뜻이다.

4　바른 삼매는 바른 견해를 기반으로 계발된 삼매이고, 지혜의 기반이 되어 괴로움의 소멸로 인도하는 삼매임을 잊지 말아야 한다.

삼매를 계발하는 수행이므로 기억해서 알아차려야 할 대상, 즉 수행 주제가 중요하다. 그래서 사마타 수행은 수행 주제가 무엇인가에 따라 까시나kasina 수행, 부정관不淨觀 수행[5], 사무량四無量 수행[6], 사대四大 수행[7], 불·법·승 삼보 등에 대한 기억 수행, 죽음에 대한 기억 수행, 들숨날숨기억[ānāpāna-sati] 수행 등으로 나눌 수 있다. 이 중에서 들숨날숨기억 수행은 들숨날숨만을 기억하여 알아차림으로써 바른 삼매를 계발하는 대표적인 사마타 수행이다. 들숨날숨기억 수행은 붓다와 그의 직계제자들부터 현재의 수행자들에 이르기까지 가장 널리 닦여지는 대표적인 수행법이다.

위빠사나vipassanā[8][觀]는 존재를 이루는 물질과 정신 현상들을 있는 그대로 관찰함으로써 현상들의 실상을 통찰하는 지혜를 계발하는 수행이다. 위빠사나는 존재들의 괴로움을 소멸하기 위해 붓다에 의해 설해진 수행 방법이다. 그런데 괴로움은 존재를 기반으로 일어나므로 결국 괴로움을 이해하려면 존재의 실상을 이해해야 한다. 존재의 실상을 이해하려면 존재를 이루는 물질과 정신 현상들을 탐욕과 성냄 없이 있는 그대로 관찰하는 수행을 해야 한다. 이런 관찰 수행을 통해

---

5 부정[asubha, 不淨]은 '아름답지 못함'이라는 의미이다. 시체나 몸의 서른두 부분의 '부정의 인식'을 대상으로 삼아 바른 삼매를 계발하는 수행을 말한다.

6 사무량심四無量心은 자애, 연민, 함께 기뻐함, 평온을 말한다. 생명이 있는 존재를 대상으로 자애 등의 마음을 일으켜 바른 삼매에 드는 수행을 말한다.

7 사대는 땅의 요소, 물의 요소, 불의 요소, 바람의 요소를 말한다. 몸에서 사대를 관찰함으로써 바른 삼매를 계발하는 수행을 말한다.

8 위빠사나vipassanā는 vi(분리해서)+√dṛś(to see)에서 파생된 여성명사이고, 문자적으로는 '분리해서 보다'라는 뜻이다.

서 현상들의 실상을 통찰한 법을 볼 수 있다. 법을 본다는 것은 현상들의 실상에 관한 바른 정보 또는 지혜를 얻는 것이다. 이때 얻어진 지혜를 괴로움과 괴로움의 소멸의 관점으로 숙고하고 조사함으로써 사성제에 대한 지혜를 계발할 수 있다. 이렇게 위빠사나는 현상을 표면적으로 보는 것에 머무르지 않고 더 깊이 보는 것, 붓다의 견해로 현상을 보는 것, 현상들의 실상을 통찰한 법을 보는 것을 말한다. 이런 의미에서 중국에서는 위빠사나를 觀으로, 영어에서는 insight라고 옮겼다. 이런 이유로 위빠사나를 관觀 수행이라 할 수 있다.

그러면 위빠사나 수행과 팔정도는 어떤 관계가 있는가? 위빠사나는 지혜를 계발하는 수행이고, 팔정도 중에 바른 견해와 바른 사유가 삼학 중 '지혜[慧]'에 해당한다. 그러므로 위빠사나 수행은 바른 견해를 바탕으로 현상들을 있는 그대로 관찰함으로써 현상들의 실상을 통찰한 법을 보고, 법을 바른 사유를 통해 괴로움과 괴로움의 소멸의 관점에서 숙고하고 조사함으로써 사성제에 대한 지혜, 즉 바른 견해를 계발하는 수행이다. 그래서 위빠사나는 팔정도 중에 특히 바른 견해와 바른 사유를 닦음으로써 존재의 실상인 물질과 정신의 법을 보고, 법을 통해 사성제에 대한 지혜를 계발하는 수행이다.

그런데 위빠사나 수행은 사성제에 대한 지혜뿐 아니라 그 지혜를 잊지 않는 바른 기억도 함께 계발함에 주의해야 한다. 초보 수행자는 사성제에 대한 지혜, 즉 바른 견해가 계발되었다고 하더라도 그것을 쉽게 잊어버리고 다시 세속의 견해, 즉 그릇된 견해에 다시 빠질 수 있다. 그러므로 바른 견해, 즉 사성제에 대한 기억을 확립하여 언제나 바른 견해를 망각하지 않도록 하는 것이 중요하다. 사실 세속의 견해는 오랫동안 습득된 것이고, 붓다의 견해는 이제 막 익혀 가는 과정이므로 조금만 방심해도 붓다의 견해는 잊어버리고 세속의 견해로 돌아가게 된다. 비유하면 몸의 자세가 나쁜 사람은 몸의 근육이 이미 나쁜 자세에 맞게 정착되어 있으므로 바른 자세가 어떤 것인지 배웠다고 하더라도 조금만 방심하면 바른 자세를 잊어버리고 나쁜 자세로 돌아가는 것과 같다.

그렇지만 위빠사나 수행을 거듭거듭 실천하면 사성제에 대한 지혜뿐 아니라 그것을 잊지 않는 기억이 확립될 수 있다. 비유하면 몸의 자세가 나쁜 사람이 자세를 바르게 하는 과정과 같다. 자세가 나쁜 사람은 먼저 바른 자세가 무엇인지를 분명히 알고 바른 자세를 기준으로 삼아 자세가 비뚤어질 때마다 알아차리고 자세를 바르게 하는 노력을 기울인다. 이렇게 거듭거듭 노력하다 보면 결국 몸의 근육이 바른 자세에 맞게 정착되어 바른 자세가 확립될 것이다. 이같이 위빠사나는 사성제에 대한 지혜뿐 아니라 그것을 언제나 망각하지 않는 바른 기억을 확립하는 수행이다. 이런 의미에서 위빠사나 수행을 기억 확립[sati-paṭṭhāna, 念處] 수행[9]이라고도 한다.

그러면 사마타와 위빠사나는 서로 어떤 관계가 있는지 팔정도를 통해서 살펴보자. 팔정도 중에 바른 말, 바른 행위, 바른 생계는 계戒에 해당한다. 그런데 계를 지키는 것만으로 깨달음을 얻을 수는 없으므로 계는 직접적인 수행이라기보다 수행을 도와주는 기초라고 할 수

---

9   몸, 느낌, 마음, 법의 네 가지 대상에 대한 기억 확립을 닦는 수행을 말한다.

있다. 마치 건물을 지을 때 기초가 튼튼해야 건물이 견고한 것처럼. 계를 지키는 것이 수행의 기초라면 사마타와 위빠사나는 깨달음에 이르게 할 수 있는 직접적인 수행이라 할 수 있다. 앞서 살펴보았듯이 위빠사나는 바른 견해와 바른 사유를 닦음으로써 지혜를 계발하는 수행이라 할 수 있고, 사마타는 바른 정진, 바른 기억, 바른 삼매를 닦음으로써 삼매을 계발하는 수행이라 할 수 있다.

그런데 붓다께서는 '지혜가 없는 자에게 선정은 없고, 선정이 없는 자에게 지혜는 없다.'라고 설하셨다. 그러므로 바른 견해, 바른 사유를 닦아서 계발된 지혜가 있어야 바른 정진, 바른 기억, 바른 삼매를 닦음으로써 삼매를 계발할 수 있다. 또 바른 정진, 바른 기억, 바른 삼매를 닦아서 계발된 삼매가 있어야 바른 견해, 바른 사유를 닦음으로써 지혜를 계발할 수 있다. 그래서 사마타는 바른 견해와 바른 사유를 바탕으로 바른 정진, 바른 기억, 바른 삼매를 닦음으로써 삼매를 계발하는 수행이고, 위빠사나는 바른 정진, 바른 기억, 바른 삼매를 바탕으로 바른 견해와 바른 사유를 닦음으로써 지혜를 계발하는 수행이라 할 수 있다. 한마디로 사마타는 지혜를 바탕으로 삼매를, 위빠사나는 삼매를 바탕으로 지혜를 닦는 수행이다. 이처럼 사마타와 위빠사나는 서로 무관하지 않고 서로 의지하고 돕는 관계이다. 경전에도 사마타와 위빠사나라는 용어가 개별적으로 쓰이는 경우는 별로 없으며 대부분 사마타와 위빠사나는 쌍으로 같이 등장한다. 이것은 사마타와 위빠사나를 편의상 구분하지만, 독립적인 관계가 아니라 서로 의지함을 암시한다고 볼 수 있다.

"지혜가 없는 자에게 선정은 없고, 선정이 없는 자에게 지혜가 없다. 선정과 지혜가 있으면 참으로 그는 열반에 가까이에 있다."

_『담마빠다』(372)

이상을 정리해 보면 팔정도는 계를 기반으로 삼매와 지혜를 닦는 수행이다. 계에 해당하는 바른 말, 바른 행위, 바른 생계는 수행의 기초가 되지만 항상 작용하지는 않는다. 그렇지만 지혜에 해당하는 바른 견해, 바른 사유와 삼매에 해당하는 바른 정진, 바른 기억, 바른 삼매는 항상 함께 작용한다. 이렇게 삼매와 지혜는 분리하여 말할 수 없지만, 편의상 바른 견해와 바른 사유, 즉 지혜가 바탕이 되고 바른 정진, 바른 기억, 바른 삼매, 즉 삼매를 닦을 때는 '사마타' 수행이라 부르고, 바른 정진, 바른 기억, 바른 삼매, 즉 삼매가 바탕이 되고 바른 견해와 바른 사유, 즉 지혜를 닦을 때는 '위빠사나' 수행이라 부를 뿐이다. 마치 손등과 손바닥은 함께 있지만, 때로는 손바닥은 숨고 손등이 드러나고, 때로는 손등이 숨고 손바닥이 드러나는 것처럼. 이처럼 삼매와 지혜 또는 사마타와 위빠사나 또는 지止와 관觀은 함께 닦여진다. 따라서 팔정도는 한마디로 계를 기반으로 한 정혜쌍수定慧雙修 또는 지관쌍수止觀雙修이다.

예를 들어 들숨날숨기억 수행에 대하여 알아보자. 먼저 바른 견해, 즉 사성제에 대한 지혜를 바르게 기억하면서 오직 들숨과 날숨만을 잊지 않고 알아차리려고 바르게 정진함으로써 '삼매'를 계발할 수 있다. 이렇게 정진하다 보면 다섯 장애가 일어나서 들숨과 날숨을 망각하고 다른 대상에 관한 잡다한 생각이 일어날 수 있다. 이때는 그것이 어떤 장애인지 알아차린 후에 그것을 버리고 즉시 숨을 기억하여 알아차리도록 노력하는 과정에서 자신에게 어떤 장애들이 일어나는지 파악하는 '지혜'가 계발된다. 더 나아가 좌선 수행을 마친 후에는 좌선 중에 일어난 장애를 바른 삼매를 기반으로 여러 측면으로 조사함으로써 장애에 대한 더 깊은 지혜를 계발할 수 있다. 그리고 장애를 버리는 지혜가 깊어질수록 삼매가 더 깊어진다. 이같이 들숨날숨기억 수행을 통해서 삼매뿐 아니라 장애를 길들이고 버리는 지혜도 계발된다. 따라서 들숨날숨기억 수행은 삼매와 지혜를 함께 닦는 정혜쌍수이고, 사마타와 위빠사나를 함께 닦는 지관쌍수이다. 이렇게 지혜와 삼매가 서로 조화를 이루면 선정을 얻을 뿐 아니라 선정을 바탕으로 바른 지혜를 계발함으로써 사성제를 깨달아 해로운 법들을 소멸하고 해탈할 수 있다.

4) 팔정도는 중도이다

붓다에 의해 팔정도가 설해지지 않았을 때의 수행자들은 그릇된 견해를 가지고 그릇된 방법으로 수행하였는데 대표적인 것은 두 가지로 요약할 수 있다. 첫째, 감각적 욕망의 행복이 진짜 행복이라 잘못 알고 감각적 욕망을 얻기 위해 노력하는 것이다. 그런데 감각적 욕망의 행복은 달콤함은 적고 재난이 많으므로 그것은 공허하고 저열하고 성스럽지 못한 행복이고 계발하지 말아야 할 행복이며 괴로움의 특성이 있다. 그래서 감각적 욕망의 행복을 추구하는 것은 괴로움만 늘어갈 뿐이지 괴로움의 소멸에는 도움이 되지 않는다. 둘째, 자신을 괴롭히고 학대하는 고행苦行을 실천하는 것이 괴로움을 소멸하는 길이라고 잘못 알고 자기 학대에 몰두하는 것이다. 그런데 고행을 하는 것은 자신의 몸을 고통스럽게 하고, 더구나 몸의 고통이 정신적 불만족으로 발전하여 성냄이 늘어나게 한다. 그래서 자기 학대에 몰두하는 것도 자신만 괴롭히게 되어 괴로움만 늘어갈 뿐이지 행복의 실현에 아무런 이익이 되지 못한다.

붓다께서는 이런 두 가지 극단에 대한 통찰을 바탕으로 감각적 욕망의 행복을 탐닉하지도 않고, 자기 학대에 몰두하지 않으면서 괴로움을 소멸할 수 있는 길을 모색하셨다. 이때 붓다께서는 어린 시절에 경험하셨던 색계 초선의 상태를 기억해내셨다.[10] 색계 초선의 마음 상태는 감각적 욕망에서 벗어났기 때문에 청정하고 고요하고 집중되어 있었으며 불안하거나 괴롭지도 않았을 뿐 아니라 오히려 감각적 욕망의 행복과는 전혀 다른 형태의 벗어남의 행복으로 충만해 있었다. 이렇게 당신이 경험하셨던 색계 초선의 상태를 돌아보신 후에 붓다께서는 이 초선을 기반으로 지혜를 계발하는 수행을 하는 것이 감각적 욕망의 탐닉이나 고행이라는 양극단에 빠지지 않는 중도 [majjhimā-paṭipadā, 中道]이고 바른 수행이라는 것을 꿰뚫어 보셨다. 이

---

10 붓다께서는 왜 외도의 두 스승에게 배웠던 무소유처와 비상비비상처를 두고 색계 초선을 생각하셨는가? 외도의 스승에게 배웠던 삼매는 지혜를 바탕으로 얻은 바른 삼매가 아니라 단지 집중이 매우 강한 그릇된 삼매였다. 하지만 붓다께서 어린 시절 경험한 색계 초선은 지혜를 바탕으로 해로운 법들을 떨쳐 버림으로써 얻은 삼매이므로 깨달음으로 인도하는 기반이 될 수 있다고 통찰하셨다. 그래서 색계 초선을 깨달음의 기반으로 삼으신 것이다. 이런 의미로 색계 초선을 바른 삼매라고 하는 것이다.

런 통찰을 바탕으로 붓다께서는 양극단의 수행을 버리고 바른 수행의 길인 중도를 따라 수행하셨으며 결국 깨달음을 얻어 괴로움을 소멸하신 것이다.

> "비구들이여, 출가자가 가까이하지 않아야 할 두 가지 극단이 있다. 무엇이 둘인가? 그것은 저열하고 촌스럽고 범속하고 성스럽지 못하고 이익을 주지 못하는 감각적 욕망에 대한 쾌락의 탐닉에 몰두하는 것, 괴롭고 성스럽지 못하고 이익을 주지 못하는 자기 학대에 몰두하는 것이다. 비구들이여, 이러한 두 가지 극단을 의지하지 않고 여래는 중도를 완전하게 깨달았나니 [이 중도는] 안목을 만들고 지혜를 만들며, 고요함과 최상의 지혜와 바른 깨달음과 열반으로 인도한다."
>
> _「초전법륜경」(S56:11)

그러면 붓다께서 깨달은 중도의 구체적인 내용은 무엇인가? 중도는 팔정도, 즉 바른 견해, 바른 사유, 바른 말, 바른 행위, 바른 생계, 바른 정진, 바른 기억, 바른 삼매이다. 그러므로 중도 수행은 바른 견해, 즉 사성제에 대한 지혜를 기준으로 삼아 사성제에 따라 이해하고 생각하고 말하고 행동하고 생계를 이어 가고 정진하고 기억하고 집중함으로써 바른 삼매를 계발하고, 바른 삼매를 바탕으로 지혜를 계발하는 수행이라 할 수 있다. 그러면 중도 수행의 특징에 대하여 간단히 살펴보자. 첫째, 중도 수행은 벗어남의 행복이 함께하는 수행이다. 중도 수행은 감각적 욕망의 탐닉에 몰두하거나 자기 학대에 몰두하지 않고 바른 삼매를 기반으로 하는 수행을 말한다. 그런데 바른 삼매는 다섯 장애를 떨쳐 버림으로써 얻어지므로 떨쳐 버림에서 생긴 희열과 행복이 함께한다. 이렇게 중도 수행은 벗어남의 행복이 함께하므로 처음도 행복하고 중간도 행복하고 끝도 행복한 수행이다.

둘째, 중도 수행은 평온이 함께하는 수행이다. 중도를 닦으면 탐욕과 성냄 등의 해로운 법들이 버려지고, 탐욕과 성냄이 없으면 치우침이 없이 균형 잡힌 평온이 계발된다. 이와 같은 평온이 함께하면 해로운 법은 말할 것도 없고, 벗어남의 행복, 지혜, 고요함 등의 유익한 법을 경험하더라도 그것에 집착하지 않고, 연연하지 않는다. 이처럼 평온이 함께하면 아무리 좋거나 싫은 대상을 만나도 마음이 동요하거나 흔들리지 않으므로 바르게 수행할 수 있다. 그래서 평온한 마음을 바탕으로 삼매를 계발할 수 있고, 대상을 좋아하거나 싫어함 없이 있는 그대로 볼 수 있으므로 지혜도 계발할 수 있다. 이처럼 중도 수행은 평온이 함께하므로 평온을 기반으로 삼매와 지혜를 계발할 수 있다.

끝으로 중도 수행은 지관쌍수이다. 앞서 설명했듯이 중도 수행은 계를 기반으로 한 정혜쌍수 또는 지관쌍수 또는 사마타와 위빠사나의 조화이다. 다시 말해서 중도 수행은 계를 기반으로 삼아 '지혜를 바탕으로 바른 삼매를 닦는' 사마타 수행과 '바른 삼매를 기반으로 지혜를 계발하는' 위빠사나를 조화롭게 닦는 수행을 말한다. 그래서 중도 수행을 거듭거듭 실천하면 최상의 지혜가 생겨나서 바른 깨달음으로 인도하고 괴로움의 소멸인 열반으로 인도한다. 이상의 세 가지가 중도 수행의 중요한 특성이다.

"비구들이여, 그러면 어떤 것이 여래가 완전하게 깨달았으며, 안목을 만들고 지혜를 만들며, 고요함과 최상의 지혜와 바른 깨달음과 열반으로 인도하는 중도인가? 그것은 바로 여덟 가지 구성 요소를 가진 성스러운 도이니, 바른 견해, 바른 사유, 바른 말, 바른 행위, 바른 생계, 바른 정진, 바른 기억, 바른 삼매이다."

_「초전법륜경」(S56:11)

5) 불교의 수행은 중도 수행이다

존재들은 괴로움에서 벗어나 행복을 실현하기를 원한다. 하지만 실제로 괴로움을 소멸한 존재가 많지 않은 것이 현실이다. 그러면 왜 존재들은 괴로움을 소멸하지 못하고 있는 것인가? 붓다께서 진리를 깨닫고 나서 깊이 숙고해 보니 존재들이 괴로움을 소멸하지 못하는 이유는 그릇된 방향과 방법으로 노력하고 있기 때문이었다. 어리석은 존재들이 괴로움을 괴로움으로, 행복을 행복으로 바르게 보지 못하고, 괴로움인 것을 행복으로, 행복인 것을 괴로움으로 잘못 알고 노력하기 때문에 괴로움을 소멸하지 못하는 것이다. 그래서 괴로움에서 완전히 벗어나기 위해서는 괴로움과 행복에 대한 진리인 사성제를 관통해야 한다. 사성제를 관통함으로써 해로운 법들을 버리고 괴로움을 소멸할 수 있다.

"비구들이여, 누가 말하기를 '나는 괴로움의 성스러운 진리를 있는 그대로 관통하지 않고, 괴로움의 일어남의 성스러운

5장‥사성제에 대한 기억 확립

진리를 있는 그대로 관통하지 않고, 괴로움의 소멸의 성스러운 진리를 있는 그대로 관통하지 않고, 괴로움의 소멸로 인도하는 성스러운 길을 있는 그대로 관통하지 않고 바르게 괴로움의 끝을 만들 것이다.'라고 한다면, 그런 경우란 존재하지 않는다. 비구들이여, 예를 들면 누가 말하기를 '나는 뾰족지붕 집의 아래층을 만들지 않고 위층을 만들 것이다.'라고 한다면 그런 경우란 존재하지 않는 것과 같다."

_「뾰족지붕 집 경」(S56:44)

사성제는 두 가지, 즉 수행의 바른 방향과 방법을 명확히 제시하는 진리의 가르침이다. 첫째, 사성제는 괴로움과 괴로움의 소멸이 무엇인지를 분명히 드러냄으로써 수행의 바른 방향을 드러낸다. 고성제는 존재의 실상인 다섯 무더기 자체가 괴로움임을 분명히 드러내고, 멸성제는 해로운 법의 소멸이 다섯 무더기의 소멸, 즉 괴로움의 소멸임을 명확히 드러낸다. 그래서 고성제와 멸성제를 분명히 이해하면 괴로움과 괴로움의 소멸에 대한 바른 견해를 정립하여 괴로움은 버리고 행복을 계발하는 바른 방향으로 수행을 할 수 있다. 둘째, 사성제는 괴로움을 소멸하고 완전한 행복을 실현하는 바른 도 닦음을 드러낸다. 집성제는 괴로움이 일어나는 원인이 무명과 갈애, 더 나아가 해로운 법임을 명확히 드러내고, 도성제는 괴로움의 원인을 소멸하는 바른 도 닦음이 팔정도, 더 나아가 유익한 법들임을 분명히 드러낸다. 그래서 집성제와 도성제를 이해하면 버려야 할 법과 계발해야 할 법을 꿰뚫어 알 수 있다. 이런 통찰을 바탕으로 바른 수행 방법인 팔정도를 계발함으로써 괴로움이 일어나는 원인인 해로운 법들을 제거해 괴로움을 소멸하고 완전한 행복을 실현할 수 있다. 이같이 사성제는 수행의 바른 방향과 바른 방법을 제시하는 진리의 가르침이다.

특히 도성제, 즉 팔정도는 괴로움의 소멸로 인도하는 도 닦음에 대한 진리이다. 팔정도의 첫 번째 요소인 바른 견해, 즉 사성제에 대한 지혜는 수행의 바른 방향을 명확히 한다. 그래서 사성제를 기준으로 삼아 사성제에 부합하게 이해하고, 생각하고, 말하고, 행동하고, 생계를 이어 가고, 정진하고, 기억하고, 삼매를 계발하는 팔정도를 닦음으로써 바른 삼매를 계발할 수 있고, 바른 삼매를 기반으로 사성제를 완전하게 꿰뚫어 아는 바른 지혜를 계발하여, 해로운 법들을 버리고 괴로움을 소멸할 수 있다. 이같이 불교 수행은 한마디로 팔정도 수행이다. 그런데 팔정도가 곧 중도이므로 불교의 수행은 중도 수행이다.

> "비구들이여, 여기 비구는 떨쳐 버림을 의지하고, 탐욕의 빛바램을 의지하고, 소멸을 의지하고, 철저한 버림으로 기우는 바른 견해를 닦는다 … 바른 사유를 닦는다 … 바른 말을 닦는다 … 바른 행위를 닦는다 … 바른 생계를 닦는다 … 바른 정진을 닦는다 … 바른 기억을 닦는다 … 바른 삼매를 닦는다. 비구들이여, 이렇게 하여 그 비구는 바르게 향하고 있는 견해와 바르게 향하고 있는 도를 수행하여 무명을 무찌르고 명지를 일으키고 열반을 실현한다."
>
> _「꺼끄러기 경」(S45:9)

붓다께서 열반을 실현한 후에 수천 년의 세월이 흐른 지금은 불교에서도 다양한 종파가 있으며, 종파마다 수행 방법도 다양하다. 심지어 일부 종파에서는 자신들의 수행법만이 바른 수행이라고 주장하면서 다른 수행법을 외도라고 부정하기도 한다. 이런 상황 속에서 수행자들이 바른 수행이 무엇인지 분명하게 판단하기가 쉽지 않다. 이때 어떤 수행이 바른 불교 수행인지 아닌지를 판단하는 명확한 기준점이 되는 것이 팔정도이고 중도이다. 붓다께서는 특정한 수행 방법만이 불교의 수행이고 바른 수행이라고 설하시지 않으셨다. 오히려 어떤 수행 방법이라도 그 방법에 팔정도가 있으면 불교의 수행이고, 팔정도가 없으면 불교의 수행이 아니라고 설하셨다. 다시 말해서 중도가 있으면 불교의 수행이고, 중도가 없으면 불교의 수행이 아니다.

> "수밧다여, 어떤 법과 율에서든 여덟 가지 성스러운 도[八正道]가 없으면 거기에는 사문[11]도 없다. 거기에는 두 번째 사문도 없다. 거기에는 세 번째 사문도 없다. 거기에는 네 번째 사문도 없다. 수밧다여, 그러나 어떤 법과 율에서든 여덟 가지 성스러운 도가 있으면 거기에는 사문도 있다. 거기에는 두 번째 사문도 있다. 거기에는 세 번째 사문도 있다. 거기에는 네 번째 사문도 있다. 수밧다여, 이 법과 율에는 여덟 가지 성스러운 도가 있다. 수밧다여, 그러므로 오직 여기에만 사문

---

11 첫 번째 사문은 수다원, 두 번째 사문은 사다함, 세 번째 사문은 아나함, 네 번째 사문은 아라한을 의미한다.

이 있다. 여기에만 두 번째 사문이 있다. 여기에만 세 번째 사문이 있다. 여기에만 네 번째 사문이 있다. 다른 교설들에는 사문들이 텅 비어 있다. 수밧다여, 이 비구들이 바르게 머문다면 세상에는 아라한들이 텅 비지 않을 것이다."

_「대반열반경」(D16)

5장‥사성제에 대한 기억 확립

2

중도 수행을 통해
사성제에 대한
기억이 확립된다

1) 중도 수행을 통해 사성제에 대한 기억이 확립된다

중도 수행은 바른 견해, 즉 사성제에 대한 지혜를 갖추고, 사성제의 관점에 따라 이해하고, 생각하고, 말하고, 행동하고, 생계를 이어 가고, 정진하고, 기억하고, 삼매를 계발하는 수행을 말한다. 그래서 중도 수행을 실천하다 보면 바른 견해인 사성제를 중심으로 팔정도의 요소들이 하나로 연결돼 바른 견해 또는 사성제에 대한 지혜가 마음에 구조화되고 시스템화되어 사성제의 지혜에 대한 기억이 확립될 수 있다. 이때 이것을 가능하게 하는 요소가 바른 기억이다. 마치 실이 여러 개의 구슬을 연결하여 하나의 목걸이를 만들 듯이. 바른 기억은 언제 어느 때나 바른 견해 또는 사성제의 지혜를 잊지 않게 하므로 바른 기억을 통해 사성제의 지혜가 의식적인 노력의 수준을 넘어 저절로 기억되는 수준까지 체득된다. 이같이 바른 견해 또는 사성제의 지혜가 수행자의 삶에 완전히 녹아들고 습성화되어 저절로 사성제의 지혜에 따라 세상을 볼 수 있는 것이다.

이같이 중도 수행을 통해 사성제의 지혜가 저절로 기억되는 수준까지 체득되고 정착된 것을 '기억 확립[sati-paṭṭhāna, 念處12]'이라고 부른다. 기억 확립은 사띠sati 빳타나paṭṭhāna의 번역이다. sati-paṭṭhāna는 sati+upaṭṭhāna의 합성어인데 sati는 '기억' 또는 '잊지 않음[不忘]'이고, 우빳타나upaṭṭhāna는 문자적으로 '가까이 두는 것'이라는 의미이다. 그래서 sati-paṭṭhāna는 직역하면 기억을 가까이 놓는 것인데 이것은 기억이 사라지지 않고 현전하는 것이나 기억이 정착되어 확립된 것을 의미한다. 그래서 sati-paṭṭhāna는 '기억 현전' 또는 '기억 확립'으로 번역할 수 있다. 이때 '기억 확립'은 의식적인 노력의 수준을 넘어 언제 어느 때나 망각하지 않을 수준에 이르기까지 기억이 확립되었음을 강조한 번역이고, '기억 현전'은 현상과 접촉할 때마다 바른 기억이 언제나 드러나는 측면을 강조한 번역이라 할 수 있다.[13]

중도 수행을 통해서 사성제에 대한 바른 기억이 확립될 수 있다면 사성제에 대한 기억을 확립함은 무엇을 의미하는가? 네 가지 진리에 대한 기억을 확립하는 것이다. 첫째, 존재의 실상은 다섯 무더기 또는 물질과 정신이고, 물질과 정신의 법들은 조건을 의지해서 형성되

---

12 염처念處는 중국에서 기억의 확립보다는 기억의 네 가지 대상에 초점을 맞추어 번역한 것이므로 기억의 확립과는 정확히 일치하지 않는 번역이라 볼 수 있다.

13 이 책에서는 주로 기억 확립으로 번역할 것이다.

었으므로 무상하고 괴로움이며 무아라는 고성제의 지혜에 대한 기억을 확립한다. 둘째, 갈애와 더불어 탐욕, 성냄, 어리석음을 뿌리로 하는 해로운 법들을 조건으로 괴로움이 일어나므로 버려야 할 법이라는 집성제의 지혜에 대한 기억을 확립한다. 셋째, 해로운 법들의 소멸이 괴로움의 소멸이라는 멸성제의 지혜에 대한 기억을 확립한다. 넷째, 팔정도와 더불어 탐욕 없음, 성냄 없음, 어리석음 없음을 뿌리로 하는 유익한 법들은 괴로움의 소멸로 인도하는 도 닦음이므로 계발해야 할 법이라는 도성제의 지혜에 대한 기억을 확립한다. 이처럼 중도 수행을 통해서 사성제에 대한 기억이 확립되었음은 도성제는 계발되었고, 고성제는 철저히 알아졌고, 집성제는 버려졌고, 멸성제는 실현되었음을 뜻한다. 그러면 팔정도를 닦는 중도 수행을 통해 어떻게 사성제에 대한 기억이 확립될 수 있는지 좀 더 자세히 살펴보자.

바른 견해와 기억 확립

사람들이 비뚤어진 몸의 자세를 바르게 잡기 위해서는 바른 자세에 대한 이해가 바탕이 되어야 한다. 바른 자세에 대한 이해가 있어야 자세가 비뚤어지면 자세를 교정하여 바로 잡을 수 있다. 만약 몸의 자세가 바르면 그 자세를 그대로 유지하면 되고, 자세가 삐뚤어져 있으면 그것이 잘못된 자세임을 알아차리고 다시 바른 자세로 돌아오면 된다. 이렇게 바른 자세에 대한 이해를 바탕으로 자세를 교정하는 노력을 지속하면 몸의 근육들이 바른 자세를 유지하는 것에 적합하게 발달하게 되어 나중에는 특별히 의식하고 노력하지 않아도 저절로 바른 자세가 유지된다. 다시 말해서 몸의 근육 구조들이 바른 자세에 맞게 정착되는 것이다. 이처럼 몸의 바른 자세에 대한 이해는 비뚤어진 몸의 자세를 교정하여 바른 자세를 확립할 때 기준이 되므로 바른 자세의 확립에 직접적이고 결정적인 도움을 준다.

불교의 수행도 이와 같다. 중도, 즉 팔정도에서 바른 견해, 달리 말해 사성제에 대한 지혜는 현상을 바라보는 바른 관점을 명확하게 제시한다. 그래서 바른 견해, 즉 사성제의 지혜와 부합하지 않는 그릇된 견해, 그릇된 생각, 그릇된 말, 그릇된 행위, 그릇된 생계, 그릇된 노력, 그릇된 기억, 그릇된 삼매가 생기면 마음이 삐뚤어진 상태이므로 그것을 즉시 버리고, 다시 일어나지 않게 하려 애쓰고 노력할 수 있다. 역으로 바른 견해, 즉 사성제에 대한 지혜와 부합하는 바른 견해, 바른 사유, 바른 말, 바른 행위, 바른 생계, 바른 정진, 바른 기억, 바른 삼매가 생기면 마음이 올바른 상태이므로 그것을 일어나게 하고 지속하게 만들기 위해 애쓰고 노력할 수 있다.

이렇게 바른 견해, 즉 사성제에 대한 지혜를 바탕으로 팔사도는 버리고 다시 일어나지 않게 하고, 팔정도는 일어나게 하고 지속하게 할 수 있다. 그러다 보면 수행자의 마음은 바른 견해, 즉 사성제로 구조화되고 시스템화되어 의식적으로 노력하지 않아도 언제 어느 때나 사성제에 부합하고 일치하는 삶을 살아갈 수 있다. 그럼으로써 바른 견해, 즉 사성제의 지혜를 언제 어느 때나 망각하지 않는 수준까지 기억이 확립되는 것이다. 마치 비뚤어진 자세는 교정하고 바른 자세는 정착시키는 것처럼. 이렇게 바른 견해 또는 사성제의 견해라는 명확한 기준점과 목표가 있으면 이런저런 시행착오를 겪지 않고 곧바로 사성제에 대한 기억을 확립할 수 있다.

현대 과학에 따르면 과거에 대한 기억은 상당히 부정확하다고 한다. 사람들이 과거의 상황 그대로를 기억해내는 것이 아니기 때문이다. 사람들은 삶 속에서 얻는 정보를 가공 없이 원래 모습 그대로 기억하지 않는다. 효율성을 위해 정보를 가공하고 변형하여 기억할 뿐 아니라 기억해낼 때도 기억이 다시 재조립되어 기억되는 것이다. 문제는 기억의 재조립 과정에서 현재의 정서, 관심 분야, 세계관, 마음 상태에 따라 기억의 재구성이 일어난다는 것이다. 즉 과거를 기억할 때 있는 그대로의 정보가 아니라 현재 마음의 조건에 맞게 재구성한 것을 기억한다. 그러므로 구체적인 기억은 부정확하고 망각하기도 쉽다. 이렇게 구체적인 정보는 정확하지도 않고 잘 망각하는 것과 달리 추상화된 개념, 구조, 견해는 쉽게 망각하지 않고 분명하게 기억된다고 한다. 그러므로 애초에 정보를 입력하는 과정에서 그 정보의 핵심 개념, 키워드를 파악한 후 개념, 구조, 견해를 중심으로 정리하여 기억한 것은 후에 상당히 정확하게 회상해낼 수 있다고 알려져 있다.

불교의 수행에서도 마찬가지이다. 구체적으로 어떤 상황에서 어떤 형태의 마음을 일으켰는지에 대한 구체적인 기억은 변형되고 재구성되고 망각하기 쉽다. 하지만 그 복잡한 마음 상태를 붓다께서 설한 법으로 통찰하고, 더 나아가 바른 견해 또는 사성제의 견해로 정리하여 통찰한다면 그것을 망각하지 않고 정확히 기억할 수 있다. 예를 들어 자신의 마음에서 일어난 애착, 거머쥠, 포기하지 않음, 집착, 갈망 등과 같이 다양한 정신 현상들을 하나하나 정확하게 기억하기는 어렵다. 하지만 이들은 모두 '대상을 집착하는' 특성이 있으므로 '탐욕'이라는 법으로 통찰하면 쉽게 망각하지 않고 기억할 수 있다.

더 나아가 탐욕은 접촉, 어리석음 등을 조건으로 생겨난 법이므로 무상하고 괴로움이고 무아라는 특성이 있다고 통찰함으로써 고성제의 지혜 중 하나로 기억할 수 있다. 또 탐욕은 괴로움이 일어나게 하는 해로운 법임을 통찰함으로써 집성제의 지혜 중 하나로 기억할 수 있다. 탐욕의 소멸이 괴로움의 소멸임을 통찰함으로써 멸성제의 지혜 중 하나로 기억할 수 있다. 또 탐욕을 버리는 도 닦음인 중도가 유익한 법임을 통찰함으로써 도성제의 지혜 중 하나로 기억할 수 있다. 이처럼 '대상을 집착하는' 특성이 있는 다양한 정신 현상들을 '탐욕'이라는 법으로 통찰하고, 더 나아가 사성제의 견해로써 탐욕을 정리하여 통찰하고 기억한다면 탐욕에 관한 지혜가 구조적으로 기억되므로 쉽게 망각하지 않는다. 이와 같은 방식으로 계속 노력한다면 탐욕에 관한 지혜와 그것을 잊지 않는 바른 기억이 완전하게 확립되어 탐욕을 소멸할 수 있다.

탐욕뿐 아니라 모든 현상에 대하여도 마찬가지로 이해할 수 있다. 먼저 존재를 이루고 있는 모든 현상에서 그것들의 실상을 통찰해 다섯 무더기 또는 물질과 정신의 법으로 통찰하여 기억한다. 더 나아가 물질과 정신의 법들은 조건에 의해서 생겨난 연기된 법이므로 무상하고 괴로움이고 무아임을 통찰함으로써 고성제의 지혜로 기억한다. 또 정신의 법 중에 해로운 법을 조건으로 괴로움이 일어나므로 해로운 법들은 버려야 할 법이라고 통찰함으로써 집성제의 지혜로 기억한다. 또 해로운 법의 소멸이 괴로움의 소멸임을 통찰함으로써 멸성제의 지혜로 기억한다. 또 정신의 법 중에 유익한 법들은 괴로움의 소멸로 인도하므로 계발해야 할 법이라고 통찰함으로써 도성제의 지혜로 기억한다.

　이처럼 존재를 이루고 있는 모든 현상을 그것들의 실상을 통찰한 다섯 무더기 또는 물질과 정신의 법으로 보고, 더 나아가 그 법들을 사성제의 구조로 정리하여 통찰하고 기억한다. 그러면 물질과 정신의 법들에 대한 지혜가 사성제의 지혜로 체계적으로 정리되어 구조적으로 기억되기 때문에 그것에 대한 기억이 분명해지고 쉽게 망각하지도 않는다. 이와 같은 방식으로 거듭거듭 정진하는 것이 사성제의 지혜와 그것을 잊지 않는 바른 기억을 확립하여 괴로움을 소멸할 수 있는 직접적이고 가장 빠른 길이라 할 수 있다. 이상에서 살펴보았듯이 바른 견해 또는 사성제의 견해라는 명확한 기준이 있어야 존재를 이루고 있는 현상들의 실상을 통찰한 법을 보고, 법을 사성제의 구조로 정리하여 기억함으로써 사성제에 대한 기억을 확립할 수 있다.

　덧붙이자면 바른 견해와 관련해서 사성제가 진리라는 신심도 매우 중요하다. 물론 붓다께서는 맹목적으로 믿으라고 하신 적은 없다. 붓다께서는 항상 '와서 보라.'라고 하셨지 '와서 믿으라.'라고 하신 적은 없다. 그래서 수행을 시작할 때는 붓다의 가르침을 여러 각도에서 면밀하게 검토하고 검증해야 한다. 이런 검증 과정을 통해서 적어도 사성제가 괴로움을 소멸할 수 있는 올바른 길이라는 합리적인 판단이 들면 논리적으로 추론하는 것을 멈추고 사성제에 신심을 갖고 직접 수행을 하는 것이 중요하다. 바른 견해 또는 사성제에 대한 의심을 가진 채 수행하면 사성제에 대한 기억이 확립되는 것에 부정적인 영향을 준다. 실제 과학자들의 말을 빌자면 어떤 정보를 '꼭 기억하겠

다.'라고 마음먹더라도, 속으로 '내가 이것을 기억할 수 있을까? 이것
이 사실일까?'라고 의심하고 부정적인 생각을 하면 이런 의심이 마음
에 부정적인 영향을 주어 기억의 힘을 떨어뜨린다고 한다. 그러므로
사성제가 진리라는 확신을 지니고 중도 수행을 한다면 사성제에 대한
기억이 더 빠르게 확립될 수 있다. 이같이 바른 견해뿐 아니라 바른 견
해에 대한 신심도 사성제에 대한 바른 기억을 확립하는 일에 중요한
역할을 한다.

바른 사유와 기억 확립

바른 사유는 탐욕과 성냄이 없이 바른 견해 또는 사성제의 관점으로
생각하는 것이다. 다시 말해서 바른 사유는 청정하고 고요하고 집중
된 마음을 바탕으로 '이것이 괴로움이다.'라고 생각하고, '이것이 괴로
움의 일어남이다.'라고 생각하고, '이것이 괴로움의 소멸이다.'라고 생
각하고, '이것이 괴로움의 소멸로 인도하는 도 닦음이다.'라고 생각하
는 것을 말한다. 바른 사유를 위해서는 먼저 관찰 수행을 통해 얻은 바
른 앎 또는 지혜를 잊지 않고 기억해내야 하는데 이것 자체가 기억 확
립에 큰 도움이 된다. 또 개별적인 지혜들을 바른 견해, 즉 사성제의
견해라는 생각의 틀을 통해서 깊이 사유하고 조사함으로써 각각의 지
혜들을 서로 연결해 사성제의 지혜, 즉 바른 견해로 구조적으로 정리
할 수 있다. 이렇게 노력함으로써 사성제에 대한 지혜를 더 예리하게
만들 뿐 아니라 사성제에 대한 기억을 확립하는 일에 큰 도움이 된다.
이처럼 바른 사유는 사성제에 대한 기억 확립에 큰 도움을 준다. 실제

과학자들도 기억된 정보를 기억해내는 것 그 자체도 기억에 도움이 될 뿐 아니라 기억된 정보들을 체계적으로 정리하여 기억하는 것은 기억 확립에 훨씬 더 큰 도움이 될 수 있다고 말한다. 비유하면 책을 읽은 후에 읽었던 내용을 기억해내어 체계적으로 정리함으로써 책의 내용이 잘 기억되는 것과 같다.

예를 들어 붓다께서는 '감각적 욕망은 괴로움이다.'라고 설하셨는데 이런 가르침을 듣고 그것이 자신에게 일어날 때 알아차린다. 하지만 알아차리기만 하고 그것이 왜 괴로움인지에 관하여 여러 측면으로 조사하지는 않는다면 '감각적 욕망이 괴로움'임을 망각하기 쉽다. 그래서 삶에서 감각적 욕망을 일으키는 대상과 접촉하게 되면 '감각적 욕망은 괴로움이다.'라는 지혜를 망각한다. 그로 인해 '감각적 욕망을 즐기는 것을 행복'이라고 잘못 아는 어리석음이 작용하여 감각적 쾌락에 빠져서 탐닉하게 된다. 하지만 감각적 욕망은 괴로움이라는 법문을 듣고 나서 자신의 마음에 일어나는 감각적 욕망을 알아차린 후에 '붓다께서 감각적 욕망이 왜 괴로움이라고 설하셨는가?', '감각적 욕망의 원인은 무엇인가?', '어떻게 하면 감각적 욕망을 버릴 수 있는가?' 등에 관하여 바르게 사유하고 숙고하고 조사함으로써 '감각적 욕망은 괴로움이다.'라는 진리가 더욱 예리해지고, 그것에 대한 기억도 더 명확해진다. 그러면 삶에서 감각적 욕망을 일으키는 다양한 대상과 접촉하더라도 '감각적 욕망은 괴로움이다.'라는 지혜를 망각하지 않으므로 감각적 쾌락에 빠져서 그것을 탐닉하지 않을 것이다.

이처럼 바른 사유는 바른 견해, 즉 사성제에 대한 지혜를 성숙하게 하고, 사성제에 대한 기억을 확립하는 일에 중요한 역할을 한다. 바른 견해, 즉 사성제에 대한 지혜를 바탕으로 물질과 정신 현상들의 실상을 통찰함으로써 법을 볼 수 있다. 법을 본 후에는 그것을 기억해내어 '법의 원인이 무엇인가?', '법의 공통된 특성은 무엇인가?', '유익한 법인가, 해로운 법인가?', '법의 완전한 소멸이 가능한가?', '법의 소멸로 인도하는 도 닦음은 무엇인가?' 등에 관하여 바르게 사유하고 숙고하고 조사할 수 있다. 이를 통해 법을 사성제의 구조로 체계적으로 정리하여 꿰뚫어 알 수 있으므로 사성제에 대한 지혜가 계발된다. 그러면 다시 바른 견해를 바탕으로 하여 사성제의 관점으로 현상들을 통찰할 수 있으므로 법을 볼 수 있고, 다시 그 법을 바른 사유를 통해 숙고하고 조사함으로써 사성제에 대한 지혜가 이전보다 훨씬 더 깊어지고 예리해진다. 이렇게 바른 견해를 통해서 현상들의 실상을 통찰한 법을 보고, 바른 사유를 통해서 법을 조사함으로써 사성제에 대한 지혜를 계발하는 과정을 거듭거듭 반복하다 보면 사성제에 대한 지혜가 점차 성숙하고, 사성제에 대한 지혜가 성숙할수록 사성제에 대한 기억이 더 명확하게 확립된다.

> "비구들이여, 여기 스승에 대해 믿음이 생긴 자는 스승을 친견한다. 친견하면서 공경한다. 공경하면서 귀를 기울인다. 귀기울이면서 법을 배운다. 배우고 나서 법을 호지한다. 호지한 법들의 뜻을 자세히 살펴본다. 뜻을 자세히 살필 때 법을 사유하여 받아들인다."
>
> _「끼따기리 경」(M70)

이같이 붓다께서는 바른 견해, 즉 사성제의 견해를 설하심으로써 이를 기준으로 삼아 존재들이 경험하는 현상들의 실상을 통찰한 법을 볼 수 있게 하고, 법을 바른 사유를 통해서 사성제의 구조로 숙고하고 조사함으로서 사성제의 지혜를 계발할 수 있게 하셨다. 그럼으로써 수행을 지속하는 과정에서 붓다의 견해인 사성제가 반복적으로 학습되어 사성제가 저절로 체득될 수 있게 하신 것이다. 설사 현상들에 대한 구체적인 정보들은 망각하더라도 현상들을 이해하는 바른 견해인 사성제에 대한 지혜는 저절로 습득됨으로써 사성제에 대한 기억이 확립될 수 있는 것이다. 비유하면 수학 문제를 풀 때 수학 공식을 적용하는 것과 비슷하다. 수학 공식을 배운 사람은 다양한 문제들을 접할 때마다 공식을 적용하는 연습을 하게 되기 때문에 많은 문제를 풀면 풀수록 수학 공식에 대한 이해가 점점 깊어질 뿐 아니라 수학 공식에 대한 기억도 확립될 것이다.

마찬가지로 바른 견해 또는 사성제의 견해는 물질과 정신 현상들을 바르게 이해하여 괴로움을 소멸하게 하는 진리의 공식과 같다. 사성제의 견해로 다양한 현상들을 관찰하여 현상들의 실상을 통찰한 법을 보고, 바른 사유를 통해서 법을 사성제의 구조로 조사할 때 사성제라는 진리의 공식이 거듭거듭 적용된다. 그러면 사성제라는 진리의 공식에 대한 지혜가 깊어지고 예리해질 뿐 아니라 사성제라는 진리의 공식에 대한 기억도 확립될 수 있는 것이다. 이처럼 중도 수행은 바른 견해, 즉 사성제에 대한 지혜를 기준으로 삼는다. 그런 다음 사성제에 관하여 바르게 사유하고 숙고하고 조사함으로써 사성제의 지혜가 깊어지고 예리해질 뿐 아니라 사성제에 대한 기억도 확립된다.

계와 기억 확립

바른 말은 바른 견해, 즉 사성제의 지혜에 따라 말하는 것이고, 바른 행위는 사성제의 지혜에 따라 행동하는 것이다. 다시 말해서 바른 말은 남에게 상처 주는 말, 거짓말, 그리고 서로 이간질하는 말, 진리에 맞지 않는 말을 삼가는 것이고, 바른 행위는 살생, 도둑질, 부도덕한 성적 행위를 삼가는 것이다. 바른 생계는 사성제에 대한 지혜에 따라 생계를 이어 가는 것이다. 다시 말해서 자신의 생계를 위해 남에게 해를 끼치지 말고 정당하게 바른 수단으로 생계를 이어 가는 것이다. 이 세 가지를 항상 실천하려고 노력하면 사성제의 지혜가 일상의 삶 속에 스며들게 된다. 다시 말해서 말할 때나, 행동할 때나, 생계를 영위하는 모든 과정에서 사성제의 지혜를 잊지 않고, 사성제의 지혜에 맞게 말하고, 행동하고, 생계를 유지하려고 노력하기 때문에 사성제의 지혜가 사람들이 살아가는 삶 속에 자연스럽게 녹아들게 된다.

　이렇게 바른 말, 바른 행위, 바른 생계는 삶 속에서 몸소 실천되기 때문에 사성제의 지혜가 몸소 체득되어 사성제에 대한 기억이 확립되는 것을 도와준다. 예를 들어 화는 해로운 법이므로 남에게 화를 내지 않겠다고 다짐을 하는 것보다 실제 화가 나는 상황에서 화를 내지 않고 부드러운 말로 대처하는 것이 훨씬 어렵다. 남에게 화를 내지 않겠다고 다짐하는 것은 가상훈련이지만, 실제 화가 나는 상황에서 화를 내지 않는 것은 실전 훈련이기 때문이다. 따라서 화가 날 수 있는 상황에서도 '화는 해로운 법이다.'라는 진리를 잊지 않고 상대방에게 친절한 말로써 대처하는 것은 사성제에 대한 기억을 확립하는 일에 큰 도움을 준다. 이같이 직접 몸과 말로써 반복하여 행하며 습득한 것은 쉽게 망각하지 않는다. 그러므로 사성제의 견해에 맞게 말하고 행동하고 생계를 이어 가기를 반복하여 행하는 것은 사성제를 몸으로 습득하여 망각하지 않게 한다.

바른 정진과 기억 확립

바른 정진은 해로운 법을 버리고 유익한 법을 계발하기 위해 끊임없이 거듭거듭 노력하는 것이다. 그런데 바른 정진을 위해서는 해로운 법을 해로운 법이라 알고, 유익한 법을 유익한 법으로 꿰뚫어 아는 바른 견해가 반드시 바탕이 되어야 한다. 그래서 바르게 정진할 때마다 바른 견해가 작용하므로 바른 정진을 거듭거듭 열심히 닦을수록 바른 견해, 즉 사성제의 지혜에 대한 기억이 점차 확립될 수 있다. 세속의 학문에서도 기억력 증진에 중요한 요소 중 하나가 반복 학습인 것과 같이 중도 수행에서도 거듭거듭 반복해서 열심히 정진하는 일이 사성제에 대한 기억 확립의 아주 중요한 요소 중 하나이다. 세속에서도 '일만 시간의 법칙'을 말한다. 한 가지 분야에서 어느 정도 경지에 이르려면 대략 만 시간 정도는 집중적이고 지속적인 노력을 해야 한다는 것이다. 세속적인 분야도 이러한데, 하물며 인간으로서 가장 극복하기 힘든, 자기 존재에 대한 갈애를 버리려는 중도 수행에서야 말해 무엇하겠는가. 사성제에 대한 기억이 확립되어 해로운 법들을 버리려면 굳게 결심하여 불퇴전不退轉의 정신으로 거듭거듭 열심히 정진해야 한다.

　　어떤 사람들은 붓다께서 현존하시던 당시에 붓다의 가르침을 들

자마자 깨달음을 얻은 사람들이 많았다는 것을 근거로 모든 사람이 그럴 수 있다는 환상을 지니고 있다. 하지만 그들의 마음 상태가 깨달음을 얻을 만큼 충분히 성숙하지 않았는데도 단지 붓다의 가르침만 듣고 깨달음을 얻을 수 있었겠는가. 붓다께서 현존하던 당시에도 붓다의 법문을 듣고 깨달음을 얻지 못한 사람도 많았다는 것을 상기해 보라. 붓다께서는 중생들을 제도하는 남다른 능력이 있었던 것은 분명한 사실이지만 깨달음을 얻을 수 있는 조건이 성숙하지 않은 사람을 깨닫게 할 능력은 없다. 만약 그런 능력이 있었다면 모든 존재를 깨닫게 한 후에 열반에 드셨을 것이다. 붓다께서도 구경究竟의 지혜는 한순간에 얻어지는 것은 아니라 순차적인 학습, 순차적인 실천, 순차적인 도 닦음을 통해 얻어진다고 설하셨다.

"비구들이여, 나는 구경의 지혜가 단박에 이루어진다고 말하지 않는다. 비구들이여, 그러나 순차적인 공부 지음과 순차적인 실천과 순차적인 도 닦음으로 구경의 지혜는 이루어지는 것이다. 비구들이여, 그러면 어떻게 순차적으로 공부 짓고 순차적으로 행하고 순차적으로 도를 닦아 구경의 지혜가 이루어지는가? 비구들이여, 여기 스승에 대해 믿음이 생긴 자는 스승을 친견한다. 친견하면서 공경한다. 공경하면서 귀를 기울인다. 귀 기울이면서 법을 배운다. 배우고 나서 법을 호지한다. 호지한 법들의 뜻을 자세히 살펴본다. 뜻을 자세히 살필 때에 법을 사유하여 받아들인다. 법을 사유하여 받아들이기 때문에 열의가 생긴다. 열의가 생길 때에 시도한다. 시도

할 때 세밀하게 조사한다. 세밀하게 조사한 뒤 노력한다. 노
력할 때 몸으로 최상의 진리를 실현하고 통찰지로써 그것을
꿰뚫어 본다."

_「끼따기리 경」(M70)

그러면 어떻게 순차적인 학습, 순차적인 실천, 순차적인 도 닦음을 통
해 구경의 지혜, 깨달음의 지혜가 생겨나는지 알아보자. 먼저 바른 스
승을 만나 사성제의 가르침을 듣고 배운 다음 사성제의 가르침에 대
한 신심을 가지고 그것을 잘 기억해야 한다. 그리고는 바른 견해, 즉
사성제에 대한 지혜를 기준으로 팔정도, 즉 중도를 닦기 위해서 열의
를 가지고 애쓰고 정진한다. 다시 말해서 사성제의 견해로 이해하고,
사유하고, 말하고, 행동하고, 생계를 이어 가고, 정진하고, 기억하고,
삼매를 계발하기 위해 거듭거듭 열심히 정진한다. 이렇게 거듭거듭
열심히 정진함으로써 해로운 법은 버려지고 유익한 법만이 이어지면
서 바른 삼매가 계발된다. 그러면 바른 삼매를 기반으로 현상들의 실
상을 통찰한 법을 보고, 법을 바르게 사유하여 조사함으로써 사성제
에 대한 지혜가 계발될 수 있다.

　이처럼 바른 정진을 통해 사성제에 대한 지혜가 깊어지고 예리해
질 뿐 아니라 그것을 잊지 않는 바른 기억도 더 확실하게 정착될 수 있
다. 그러다가 결국 사성제에 대한 지혜와 그것을 잊지 않는 기억이 완
전하게 확립되면 최상의 깨달음이 일어난다. 깨달음이 일어나는 즉시
해로운 법들이 완전히 소멸하여 더 닦을 것이 없는 아라한이 되는 것
이다. 정리해 보면 바른 견해를 기반으로 순차적인 학습, 순차적인 실

천, 순차적인 도 닦음을[14] 통해 열심히 정진함으로써 구경의 지혜가 생기고, 완전한 깨달음을 얻어 아라한이 되고, 사성제에 대한 기억이 완전하게 확립된다.

바른 기억과 기억 확립

바른 기억은 바른 앎 또는 지혜를 잊지 않는 것이다. 바른 기억을 계발하기 위해서는 몸[身], 느낌[受], 마음[心], 법들[法]의 네 가지 대상, 즉 물질과 정신 현상을 알아차리는 사념처[四念處] 수행 또는 위빠사나 수행을 실천해야 한다. 물질과 정신 현상들을 붓다의 견해 또는 바른 견해에 따라 알아차리는 위빠사나 수행을 실천하면 물질과 정신 현상들의 실상을 통찰한 물질과 정신의 법을 볼 수 있다. 법을 보면 법을 바르게 사유하여 조사함으로써 물질과 정신에 대한 바른 앎 또는 지혜,

---

14 깨달음에 대하여 돈오돈수頓悟頓修가 옳은지 돈오점수頓悟漸修가 옳은지에 대한 논쟁이 있는데 이것은 돈오頓悟를 어떻게 정의하느냐에 따라 다르다고 볼 수 있다. 먼저 붓다께서 설한 깨달음[頓悟]은 수다원, 사다함, 아나함, 아라한의 네 가지뿐이다. 그리고 붓다께서는 깨달음을 얻기 위해서 순차적인 학습, 순차적인 실천, 순차적인 도 닦음이 필수적이라고 설했음을 명심해야 한다. 첫째, 아라한의 깨달음만을 돈오라고 정의하는 경우이다. 아라한의 깨달음[頓悟]이 일어나면 모든 해로운 법이 소멸하므로[頓修] 더 닦고 수행할 일이 없다. 이런 의미에서 아라한의 깨달음은 돈오돈수이다. 하지만 돈오돈수라는 말이 바른 견해를 기반으로 순차적인 학습, 순차적인 실천, 순차적인 도 닦음을 통해 아라한의 깨달음이 일어남을 부정하는 것이 아님을 명심해야 한다. 둘째, 수다원부터 아나함까지도 돈오라고 정의하는 경우이다. 이 경우에는 돈오 후에도 버릴 해로운 법들이 남아 있을 수 있다. 그러므로 아라한이 되어 모든 해로운 법을 소멸할 때까지 더 닦아야 하고, 수행해야[漸修] 한다. 그래서 돈오점수라고 할 수 있다. 셋째, 수다원도 아닌 범부가 무엇인가를 깨달았다고 주장하는 경우이다. 이것은 불교의 깨달음이 아니므로 돈오라고 할 수 없다. 그래서 이 경우는 논할 가치가 없다. 결국 돈오돈수가 옳은지 돈오점수가 옳은지 논하기 전에 돈오가 무엇인지를 명확히 정의하면 해답은 간단하다.

5장··사성제에 대한 기억 확립

더 나아가 사성제에 대한 지혜가 생긴다. 이렇게 생긴 사성제에 대한 지혜는 관념적으로 얻어진 지식과 달리 존재를 이루는 물질과 정신의 현상들을 직접 알아차림으로써 얻어진 지혜인데 이것은 특별히 지견[ñāṇa-dassana, 知見]이라 부른다. 지[ñāṇa, 知]와 견[dassana, 見]은 둘 다 지혜를 뜻하지만 뉘앙스의 차이가 있다. 지는 현상에 대하여 바르게 '아는' 것을 강조하는 표현이고, 견은 이미 얻은 바른 앎 또는 지혜를 잘 기억하여 그것에 따라 실제 현상들의 실상을 '보는' 것을 강조한 표현이다.

좀 더 구체적으로 현재 일어나는 현상을 알아차릴 때 이미 얻은 사성제의 지혜를 잘 기억하여 그것을 기반으로 현상들의 실상에 대한 통찰을 담고 있는 법을 보는(passati) 것은 견이고, 법을 보고 얻는 지혜와 이미 얻은 지혜를 사성제의 구조로 종합하여 통찰함으로써 알게(jānāti) 되는 것은 지라고 할 수 있다. 이렇게 지와 견은 마치 동전의 양면처럼 하나의 현상을 관찰할 때 생기는 지혜의 다른 측면일 뿐이지 서로 다른 것이 아니므로 지견으로 표현하는 것이다. 단지 지견은 과거에 얻었던 지혜와 현재 얻어지는 지혜가 상호 작용하고 종합되어 지혜가 성장해 나가는 것을 생생하게 드러내는 표현이라 할 수 있다. 이때 바른 기억이 없으면 과거에 얻은 지혜와 현재 얻어지는 지혜를 종합하여 지견이 성숙할 수 없을 것이다. 그래서 지견은 항상 바른 기억과 함께 있다.

위빠사나 수행에서는 존재를 이루는 현상들, 즉 몸, 느낌, 마음, 법들, 즉 물질과 정신 현상들을 알고 보는 수행을 통해 지견을 계발하는 것이 중요하다. 다시 말해서 위빠사나 수행을 통해 현상들의 실상을 통찰한 법을 보고(見), 법을 기억해냄으로써 법을 사성제의 구조로 정리하여 알 수(知) 있으며, 이미 알게 된 사성제에 대한 지혜를 잊지 않고 기억함으로써 사성제의 관점에 따라 현상들의 실상을 나타내는 법을 볼 수 있다. 다시 법을 보면, 법을 기억해냄으로써 법을 사성제의 구조로 정리하여 알 수 있고, 이미 알게 된 사성제에 대한 지혜를 잊지 않고 기억함으로써 사성제의 견해에 따라 현상들의 실상을 나타내는 법을 볼 수 있다.

이렇게 위빠사나 수행을 통해 현상들을 알고 보는 노력을 끊임없이 기울이다 보면 사성제에 대한 지견이 계발될 뿐 아니라, 현상들을 알고 보는 과정에서 사성제가 반복적으로 작용하므로 사성제를 망각하지 않는 바른 기억이 계발된다. 그러다가 사성제에 대한 지견을 언제 어느 때나 망각하지 않는 수준까지 기억이 정착하면 그것을 사성제에 대한 기억이 확립되었다고 한다. 이처럼 몸, 느낌, 마음, 법의 네 가지 대상, 즉 물질과 정신 현상들을 알아차리는 위빠사나 수행을 통해 사성제에 대한 기억이 확립될 수 있다. 따라서 네 가지 대상, 즉 물질과 정신 현상들을 알아차림으로써 물질과 정신에 대한 바른 앎 또는 지혜를 잊지 않는 바른 기억을 계발하는 것이 사성제에 대한 기억을 확립하는 데 핵심적인 역할을 한다는 것은 말할 필요가 없다.

바른 삼매와 기억 확립

바른 삼매는 바른 견해인 사성제를 기반으로 계발된 삼매이다. 바른 삼매는 탐욕이나 성냄 등의 해로운 법들에서 벗어난 청정하고 고요하고 집중된 마음 상태이다. 그래서 바른 삼매에서 출정한 후에도 청정하고 고요하고 집중된 마음이 지속하는데 이런 마음 상태를 활용하여 물질과 정신의 현상들을 관찰하면 현상들의 실상을 통찰한 법을 훨씬 더 명확하게 볼 수 있다. 더구나 바른 삼매의 힘이 강할수록 집중력이 강해지므로 마음이 흐트러지지 않고 오랜 시간 괴로움과 괴로움의 소멸의 관점에서 법에 관해 집중적으로 숙고하고 조사할 수 있으므로 사성제에 대한 지혜가 더 깊고 예리해지고 분명해진다. 사성제에 대한 지혜가 명확하고 깊어질수록 그것에 대한 기억도 확실해진다. 이렇게 바른 삼매를 기반으로 법을 조사함으로써 사성제에 대한 지혜가 깊어질 뿐 아니라 사성제에 대한 기억도 더 확고해진다. 그래서 바른 삼매는 사성제에 대한 바른 기억을 확립하는 데 중요한 역할을 한다.

사실 세속 공부에서도 강한 집중력은 기억력 강화에 필수적인 요소이다. 집중력이 약한 사람은 책상 앞에 오래 앉아 있더라도 공부의 효율은 오르지 않는다. 아무리 오래 앉아 있더라도 앉아서 이 생각했다가 저 생각했다가 하면 열 시간 공부해도 별로 효과가 없다. 하지만 오직 한 시간만 앉아 있어도 공부하는 주제에 집중하면 학습 효과가 훨씬 더 높아진다. 마찬가지로 불교 수행에서 바른 삼매는 청정하고 고요하고 명료하고 집중된 마음이므로 바른 삼매를 기반으로 물질과 정신의 법을 분명하게 볼 수 있을 뿐 아니라 아주 명료하고 집중된 마음을 바탕으로 괴로움과 괴로움의 소멸의 관점에서 법을 조사할 수 있다. 이처럼 바른 삼매를 통해 사성제에 대한 깊고 예리한 지혜를 계발할 수 있을 뿐 아니라 사성제에 대한 기억도 확립할 수 있다.

중도 수행과 기억 확립

'일만 시간의 법칙'의 주창자는 특정 분야에 종사하며 만 시간을 보낸다고 해서 무조건 해당 분야의 전문가가 될 수 있는 것은 아니라고 지적한다. 만 시간의 노력을 통해 전문가가 되기 위해서는 만 시간의 노력 과정에서 목표와 방향성이 분명해야 하고, 노력이 전략적이며 집약적이어야[15] 한다. 예를 들어 그 분야에서 이미 대가가 된 전문가의 마음 구조나 행동 패턴, 기술 수준을 기준점으로 삼은 뒤, 스스로 그렇게 되기 위해 그 기준을 바탕으로 모든 노력을 집중하는 것이 중요하다고 지적한다. 만일 명확한 방향성과 기준이 없다면 노력의 방향성도 산만해지고 집중력도 떨어져서 만 시간이 아니라, 십만 시간을 해도 전문가가 되지 못할 수 있다는 것이다.

　　중도 수행을 통해 사성제에 대한 기억이 확립되는 것도 마찬가지이다. 붓다께서 설하신 사성제는 중도 수행의 바른 기준을 제시한다. 그래서 먼저 사성제에 대한 가르침을 듣고 바른 견해, 즉 사성제에 대한 지혜를 갖춘 다음 바른 견해를 수행의 기준점이자 목적으로 삼는다. 그런 다음 바른 견해와 바른 사유를 통해서 지혜[慧]를 계발하고, 바른 견해를 기반으로 바른 말, 바른 행위, 바른 생계를 실천하여 계[戒]를 청정하게 한다. 그런 다음 바른 견해와 계를 바탕으로 바른 정진, 바른 기억, 바른 삼매를 실천하면 삼매[定]을 계발할 수 있다. 이때 바른 삼매를 기반으로 사성제를 있는 그대로 꿰뚫어 아는 바른 지혜, 즉

15　안데르스 에릭슨·로버트 풀 지음, 강혜정 옮김, 『1만 시간의 재발견』, 비즈니스북스, 2016. 6.

489

바른 견해가 계발된다. 이같이 중도 수행의 시작과 중간과 끝의 모든 과정에서 항상 바른 견해, 즉 사성제에 대한 지혜를 기준으로 이해하고, 사유하고, 말하고, 행동하고, 생계를 이어 가고, 정진하고, 기억하고, 삼매를 닦는 노력을 기울이기 때문에 바른 견해, 즉 사성제에 대한 지혜가 언제 어느 때나 망각하지 않을 정도로 사성제에 대한 기억이 완전하게 확립된다. 이처럼 바른 견해, 즉 사성제에 대한 지혜를 기반으로 중도 수행을 실천함으로써 사성제에 대한 기억이 확립될 수 있다.

> "비구들이여, 그러면 어떤 것이 기억의 확립을 닦는 것으로 인도하는 도 닦음인가? 그것은 바로 이 여덟 가지 구성 요소를 가진 성스러운 도이니, 그것은 바른 견해, 바른 사유, 바른 말, 바른 행위, 바른 생계, 바른 정진, 바른 기억, 바른 삼매이다."
>
> _「분석 경」(S47:40)

수행자 중에는 불교의 수행에서 깨달음을 초월적인 신통이 나타나거나 신비한 경계를 체험하는 것이라고 오해하는 경우가 많다. 예를 들어 다른 사람의 마음을 알 수 있다거나, 마음의 광명이 나타나거나, 붓다나 관세음보살의 모습을 친견했다거나, 마음이 뻥 뚫리고 시원해졌다거나, 삼매를 얻었다거나, 지혜가 예리해지거나, 희열과 행복이 나타나는 등의 현상이 일어날 때 깨달았다고 착각할 수 있다. 심지어는 이런 것을 깨달음이라고 인가를 해 주는 스승도 있다. 하지만 이것들은 깨달음이 아니라 수행 중에 나타나는 경계일 뿐이다. 물론 불교의 수행을 통해 이와 같은 초월적이고 신비한 일들을 경험할 수도 있지만, 그것들은 부차적인 현상이지 수행의 핵심은 아니다.

이런 경계를 경험했을 때 깨달음이라고 생각하기 전에 이런 경계를 체험함으로써 자신의 마음이 어떻게 변했는지, 어떤 해로운 법들이 소멸하였는지를 관찰하고 조사해야 한다. 그렇지 않고 단지 그런 경계를 경험했다고 해서 깨달음을 얻었다고 착각한다면 자신에게 해로울 뿐 아니라 타인을 잘못된 길로 인도할 수도 있다. 붓다께서 설하신 깨달음은 오직 사성제에 대한 바른 기억을 확립함으로써 탐욕, 성냄, 어리석음을 뿌리로 하는 해로운 법을 소멸해 괴로움을 소멸하는 것이다. 다시 말해서 깨달음은 대상이 아니라 마음에서 일어나는 해로운 법들의 완전한 소멸을 의미한다. 또 이것이 가능하게 하는 도 닦음이 중도 수행이다. 그래서 불교의 수행은 중도 수행이고, 중도 수행을 통해 사성제에 대한 바른 기억이 확립되었을 때 깨달음을 얻었다고 함을 명심해야 한다.

2) 사성제에 대한 기억 확립의 과정

불교의 수행자는 반드시 스승을 만나 사성제에 대한 법문을 듣고 배운 후에 사성제를 의지해서 수행을 시작해야 한다. 사성제를 의지해서 중도 수행을 하면 사성제에 대한 지견 또는 지혜가 성숙하면서 사성제에 대한 기억이 확립될 수 있다. 그러면 경전의 가르침을 기준으로 중도 수행을 통해 사성제에 대한 지혜와 그것에 대한 기억이 확립되어 가는 과정을 단계별로 살펴보자. 그런데 앞으로 설명할 수행의 단계를 이해할 때 한 단계를 닦은 후라야 다음 단계를 닦을 수 있는 것이라고 기계적으로 받아들여서는 안 된다. 사실 수행의 초기에는 수행자의 마음이 안정되어 있지 않으므로 수행의 여러 단계가 교차하여 나타날 수밖에 없다. 그렇지만 거듭거듭 정진하여 수행이 성숙해 가면 점차 수행의 단계에서 제시한 큰 흐름대로 진행될 것이다. 따라서 수행의 단계는 수행이 충분히 성숙했을 때 나타나는 수행의 큰 흐름을 단계별로 제시한 것으로 이해하는 것이 바람직하다.

물질과 정신에 대한 지혜

존재의 실상은 물질과 정신의 법이며, 그것들은 조건에 의해 생겨난 연기된 법이므로 무상하고 괴로움이고 무아임을 철저히 통찰함으로써 해로운 법을 버리고 괴로움을 소멸할 수 있다. 이를 위해서는 먼저 네 가지 대상, 즉 몸, 느낌, 마음, 법을 있는 그대로 관찰하여 그것들의 실상을 통찰한 지혜와 바른 기억을 계발하는 수행을 해야 한다. 네 가지 대상 중에서 몸은 물질, 느낌과 마음은 정신, 법은 물질과 정신 모두에 해당하므로 네 가지 대상을 관찰하는 것은 곧 물질과 정신을 관찰하는 것임을 상기하라. 몸, 느낌, 마음, 법이라는 네 가지 대상을 관찰하는 수행을 할 때 다음의 두 가지에 주의해야 한다. 첫째, 세속의 견해뿐 아니라 붓다의 견해로 관찰한다. 세속의 견해로만 몸, 느낌, 마음, 법에 대하여 관찰하면 이들에 대한 표면적인 이해에만 머물 수 있다. 그렇지만 몸, 느낌, 마음, 법을 붓다의 견해로도 관찰하면 이들의 실상을 통찰한 법을 볼 수 있다. 그런데 몸, 느낌, 마음, 법이 곧 물질과 정신이므로 네 가지 대상의 실상을 통찰한 법을 보면 존재의 실상인 물질과 정신의 법들에 대한 지혜가 계발된다. 더구나 이런 지혜가 계발되려면 그것을 잊지 않는 바른 기억이 항상 함께해야 하므로 지혜를 계발하는 과정에서 바른 기억도 함께 계발된다.

이렇게 세속의 견해뿐 아니라 붓다의 견해로 네 가지 대상을 거듭거듭 관찰함으로써 존재의 실상인 물질과 정신의 법들에 대한 지혜와 바른 기억이 계발된다. 그래서 붓다께서 '몸을 관찰하며 머문다.'라고만 말하지 않고 '몸에서 몸을 관찰하며 머문다.'라고 설했다고 볼 수 있다. 다시 말해서 '몸에서'라는 구절은 세속의 견해로 보는 것이라면 '몸을 관찰하며'라는 구절은 붓다의 견해로 보는 것을 뜻한다고 볼 수 있다. 느낌, 마음, 법도 마찬가지로 이유에서 '느낌에서 느낌을 관찰하며 머문다.', '마음에서 마음을 관찰하며 머문다.', '법에서 법을 관찰하며 머문다.'라고 설했다고 이해하면 된다.

둘째, 몸, 느낌, 마음, 법의 네 가지 대상을 안으로, 밖으로, 안팎으로 관찰해야 한다. 여기서 '안으로'는 자신에게 일어나는 현상을 관찰하는 것이고, '밖으로'는 자신을 제외한 다른 존재에게 일어나는 현상을 관찰하는 것이다. 밖으로 관찰할 때 다른 존재의 마음은 타심통他心通[16]이 없으면 정확히 알 수 없다. 그래서 타심통이 없는 사람은 다른 존재가 말하고 행동하는 것 등을 근거로 '그의 마음에 화가 있다.' 또는 '화가 없다.'라는 식으로 법다운 추론을 통해 관찰할 수 있을 뿐 다른 존재의 마음을 직접 관찰하는 것은 아님에 주의해야 한다. '안팎

---

16 다른 존재의 마음을 정확히 알 수 있는 신통을 말한다.

으로'는 자신에게 일어나는 현상을 관찰하기도 하고, 다른 존재에게 일어나는 현상을 관찰하기도 하면서 자신과 다른 존재를 구분하지 않고 관찰하는 것을 말한다. 이렇게 안으로, 밖으로, 안팎으로 관찰함으로써 자기 존재의 실상이 물질과 정신의 법들인 것처럼, 다른 존재의 실상도 물질과 정신의 법들임을[17] 법다운 추론으로 알 수 있다. 이처럼 몸, 느낌, 마음, 법들의 네 가지 대상을 안으로, 밖으로, 안팎으로 세속의 견해뿐 아니라 붓다의 견해로 관찰함으로써 존재의 실상인 물질과 정신의 법들에 대한 지혜와 바른 기억이 확립될 수 있다.

> 이같이 안으로 몸[느낌, 마음, 법]에서 몸[느낌, 마음, 법]을 관찰하며 머문다. 혹은 밖으로 몸[느낌, 마음, 법]에서 몸[느낌, 마음, 법]을 관찰하며 머문다. 혹은 안팎으로 몸[느낌, 마음, 법]에서 몸[느낌, 마음, 법]을 관찰하며 머문다.
>
> _「대념처경」(D22)

조건에 대한 지혜

물질과 정신의 법에 대한 바른 기억을 닦은 수행자는 법들의 일어남[udaya, 生]을 관찰할 수도 있다. '현재의 법이 일어나게 한 원인은 무엇인가?' 또는 '현재의 법을 조건으로 어떤 결과가 일어나는가?' 등에 관

---

17 다른 존재에 대한 갈애를 버리려면 다른 존재의 실상에 대한 지혜도 필요하다.

하여 숙고하고 조사할 수 있다. 이같이 법들이 왜 일어나는지를 관찰하는 것은 곧 조건의 일어남 또는 연기의 일어남을 관찰하는 것이다. 다시 말해서 '이것이 일어나므로 저것이 일어나고, 이것이 있으므로 저것이 있다.'라는 것을 통찰하는 것이다. 그러면 물질과 정신의 법들이 일어나는 원인은 무엇인가? 일반적으로 물질의 법들은 업, 마음, 온도, 음식 등을 조건으로 일어난다. 또 정신의 법들은 업[18], 접촉[19], 이전의 마음[20] 등을 조건으로 일어난다. 특히 정신의 법 중에 탐욕, 성냄, 어리석음을 뿌리로 하는 해로운 법들을 조건으로 괴로움이 일어난다. 이처럼 몸, 느낌, 마음, 법의 네 가지 대상 또는 물질과 정신의 법들의 일어남을 관찰함으로써 '물질과 정신의 법들은 조건에 의해 생겨난다.'라는 조건에 대한 지혜뿐 아니라 '해로운 법을 조건으로 괴로움이 일어난다.'라는 집성제의 지혜가 계발될 수 있다.

물질과 정신의 법들의 일어남을 관찰한 수행자는 그것들의 소멸 [vaya, 滅]에 대하여도 관찰할 수 있다. 법들의 사라짐을 관찰하는 것은 곧 조건의 소멸 또는 연기의 소멸을 관찰하는 것이다. 다시 말해서 '이것이 사라지므로 저것이 사라지고, 이것이 없으므로 저것이 없다.'라는 것을 통찰하는 것이다. 앞서 물질과 정신의 법들은 여러 가지 조건

---

18 예를 들어 한 생에서 최초에 일어나는 의식은 전생의 업을 조건으로 생겨난다.

19 눈과 형색을 조건으로 눈 의식이 일어나는 것을 접촉이라 한다. 마찬가지로 귀, 코, 혀, 몸, 마음과 소리, 냄새, 맛, 감촉, 법을 조건으로 각각 귀 의식, 코 의식, 혀 의식, 몸 의식, 마음 의식이 일어나는 것을 접촉이라 한다.

20 예를 들어 이전에 일어난 화를 조건으로 화가 일어나거나, 이전의 탐욕을 조건으로 탐욕이 일어날 수 있다.

들을 의지해서 일어나기 때문에 조건들이 사라지면 물질과 정신의 법들도 사라질 수밖에 없음을 꿰뚫어 알 수 있다. 특히 해로운 법을 조건으로 괴로움이 일어나므로 중도 수행을 통해 해로운 법들이 완전히 소멸하면 물질과 정신의 법들도 소멸하게 될 것이고 그로 인해 괴로움도 소멸할 것임을 꿰뚫어 알 수 있다. 이같이 물질과 정신의 법들의 사라짐을 거듭거듭 관찰하다 보면 궁극적으로 멸성제에 대한 지혜가 계발될 수 있다.

> 혹은 몸[느낌, 마음, 법]에서 일어나는 속성을 관찰하며 머문다.
> 혹은 몸[느낌, 마음, 법]에서 사라지는 속성을 관찰하며 머문다.
> _「대념처경」(D22)

무상·고·무아의 지혜

네 가지 대상 또는 물질과 정신의 법들의 '일어남'과 '사라짐'을 관찰한 수행자는 그것들의 '일어나고 사라짐[udayavaya, 生滅]'에 대하여도 관찰할 수 있다. 물질과 정신의 법들이 조건을 의지해서 일어나고, 조건이 다하면 사라진다는 사실은 물질과 정신의 법들이 영원하지 않고 무상함을 의미한다. 무상한 것은 불완전하고 불확실하므로 괴로움의 특성이 있다. 무상하고 괴로움인 법들은 통제할 수 있는 주체인 자아가 없음을 뜻하므로 무아이다. 이처럼 물질과 정신의 법들이 조건을 의지해서 일어나고 사라짐을 관찰함으로써 물질과 정신의 법들의 공통된 특성인 무상, 고, 무아에 대한 지혜가 계발된다. 특히 존재의 실상인 물질과 정신 또는 다섯 무더기는 괴로움이라는 고성제에 대한 지혜가 계발될 수 있다.

> 혹은 몸[느낌, 마음, 법]에서 일어나기도 하고 사라지기도 하는 속성을 관찰하며 머문다.
>
> _「대념처경」(D22)

정리해 보면 물질과 정신의 법들을 '안으로', '밖으로', '안팎으로' 관찰하고, 더 나아가 그것들의 '일어남', '사라짐', '일어나고 사라짐'을 관찰하는 도 닦음을 실천하는 것 자체가 중도 수행이다. 이와 같은 중도 수행을 통해 존재의 실상은 물질과 정신이고 그것들은 무상하고 괴로움이며 무아라는 고성제에 대한 지혜, 해로운 법을 조건으로 괴로움이 일어난다는 집성제에 대한 지혜, 해로운 법의 소멸이 괴로움의 소멸로 인도한다는 멸성제에 대한 지혜가 계발된다. 또 중도가 괴로움의 소멸로 인도하는 도 닦음임을 통찰함으로써 도성제의 지혜를 계발할 수 있다. 더불어 이렇게 계발된 지혜를 잊지 않는 바른 기억도 함께 계발된다. 한마디로 중도 수행을 통해 사성제에 대한 지혜와 그것을 잊지 않는 바른 기억이 계발된다.

이상에서 살펴본 것을 종합해 보면 몸, 느낌, 마음, 법의 네 가지 대상, 즉 물질과 정신 현상들을 안으로, 밖으로, 안팎으로 있는 그대로 관찰함으로써 존재의 실상은 물질과 정신 또는 다섯 무더기임을 꿰뚫어 아는 지혜와 그것을 잊지 않는 바른 기억을 계발할 수 있다. 또 물질과 정신의 조건을 관찰함으로써 조건의 일어남 또는 연기의 일어남을 꿰뚫어 아는 지혜와 그것을 잊지 않는 바른 기억을 계발할 수 있다. 특히 해로운 법들을 조건으로 괴로움이 일어남을 꿰뚫어 아는 지혜, 즉 집성제의 지혜와 그것을 잊지 않는 바른 기억을 계발할 수 있다. 또 물질과 정신의 법들의 사라짐을 관찰함으로써 조건의 소멸 또는 연기의 소멸을 꿰뚫어 아는 지혜를 계발할 수 있다. 특히 해로운 법들이 소멸하면 물질과 정신의 법들, 즉 괴로움의 소멸이 실현됨을 꿰뚫어 아는 지혜, 즉 멸성제에 대한 지혜와 그것을 잊지 않는 바른 기억을 계발할 수 있다. 또 물질과 정신의 법들의 일어나고 사라짐을 관찰함으로써 법들이 무상하고 괴로움이며 무아임을 꿰뚫어 아는 지혜, 즉 고성제의 지혜와 그것을 잊지 않는 바른 기억을 계발할 수 있다.

이처럼 물질과 정신의 법을 '안으로', '밖으로', '안팎으로' 관찰하고, 그것들의 '일어남', '사라짐', '일어나고 사라짐'을 관찰하는 도 닦음이 중도 수행이다. 그래서 중도 수행을 통해서 고성제, 집성제, 멸성제의 지혜와 그것을 잊지 않는 바른 기억이 계발된다. 더구나 중도가 괴로움의 소멸로 인도하는 도 닦음임을 통찰함으로써 도성제에 대한 지혜와 그것을 잊지 않는 바른 기억을 계발할 수 있다. 따라서 중도 수행을 통해 몸, 느낌, 마음, 법의 네 가지 대상을 때로는 안으로, 밖으로, 안팎으로 관찰하고, 때로는 일어남, 사라짐, 일어나고 사라짐을 관찰함으로써 사성제에 대한 지혜와 그것을 잊지 않는 바른 기억이 점차 계발되고 확립될 수 있다.

역겨움, 탐욕의 빛바램, 해탈, 해탈지견

중도 수행을 통해 사성제에 대한 지혜와 바른 기억이 정착되어 갈수록 물질과 정신의 법들이 무상하고 괴로움이며 무아라는 지혜가 분명해진다. 그러면 물질과 정신의 법들이 집착할만한 가치가 없다는 사실을 명확히 통찰하여 마치 새의 깃털이나 힘줄의 한 부분이 불에 닿으면 움츠러드는 것처럼, 그것들을 역겨워하고 움츠러들고 멀어지는 지혜가 생기게 되는데 이를 역겨움[nibbidā[21], 厭惡]의 지혜[22]라고 한다. 이때의 역겨움은 대상을 싫어하는 '성냄'이 아니라, 대상이 집착할 만한 가치가 없음을 명확하게 통찰함으로써 대상이 역겨움의 특성이 있음을 통찰하는 '지혜'임에 주의해야 한다. 역겨움의 지혜는 중도 수행이 무르익었을 때 비로소 나타날 수 있으며, 깨달음의 지혜가 생기게 하는 도약판과 같은 역할을 담당한다.

   역겨움의 지혜가 생기면 물질과 정신의 법들에 대하여 역겨워하고 움츠러들면서 마음이 멀어지므로 그것들을 자신과 동일시하면서 집착하지 않고 한 걸음 떨어져서 '단지 법이 있구나.'라고 바르게 통찰할 수 있다. 그리고 역겨움의 지혜가 성숙할수록 그 지혜를 잊지 않는 바른 기억도 분명해지고 물질과 정신에 대한 탐욕이 점차 빛바래고 버려진다. 그러다가 역겨움의 지혜가 완전히 무르익으면 물질과 정신에 대한 탐욕이 완전히 소멸하게 되는데 이것을 탐욕의 빛바램[virāga,

---

21　닙비다nibbidā는 문자적으로 '싫증', '역겨움' 등의 뜻이 있는데 이를 중국에서는 염오厭惡로 번역한 것이다.

22　역겨움의 지혜는 다른 종교에서는 찾아볼 수 없는 불교만의 독특한 지혜이다. 역겨움의 지혜가 선행되어야 깨달음의 지혜가 일어나서 존재에 대한 갈애를 버릴 수 있다.

離欲]의 지혜라고 부른다. 탐욕의 빛바램의 지혜가 생길 때 그것을 절대 망각하지 않는 바른 기억도 더불어 확립된다. 그런데 탐욕이 빛바랬다는 것은 도성제, 즉 중도가 완전하게 계발되었음을 의미한다. 그러면 고성제, 즉 물질과 정신의 법들은 무상하고 괴로움이며 무아임이, 특히 괴로움임이 철저히 알아졌고, 집성제, 즉 해로운 법들이 완전히 버려졌고, 멸성제, 즉 괴로움의 소멸이 실현되었음을 뜻한다. 그래서 탐욕의 빛바램의 지혜가 생기면 사성제에 대한 지혜와 그것을 잊지 않는 바른 기억이 완전하게 확립된다. 이를 사성제에 대한 기억 확립[sati-paṭṭhāna, 念處]이라 한다. 이렇게 되면 마음이 해로운 법들로부터 완전히 해탈[vimutti, 解脫][23]하여 아라한이 된다.

해탈하여 아라한이 된 후에 자신의 마음을 조사함으로써 '고성제는 철저히 알아졌고, 집성제는 버려졌고, 멸성제는 실현되었고, 도성제는 계발되었다.'라고 꿰뚫어 아는 지혜가 생기는데 이를 해탈지견解脫知見이라 한다. 아라한에게 해탈지견이 생기면 '태어남은 다했다. 청정범행은 성취되었다. 할 일을 다해 마쳤다. 다시는 어떤 존재로도 돌아오지 않을 것이다.'라고 스스로 천명할 수 있다. 그리고 아라한은 삶 속에서 어떤 법들이 일어나더라도 그것에 대하여 집착하거나 싫어하지 않고 '단지 법들이 있구나.'라고 알아차릴 뿐 세상에 대하여 아무것도 움켜쥐지 않고 평온하게 살아간다. 그러다가 아라한이 수명이 다하여 죽음을 맞이하게 되면 다시 태어나지 않으므로 물질과 정신의

---

23 상좌부 아비담마에서는 탐욕의 빛바램의 지혜는 아라한도阿羅漢道이고, 해탈은 아라한 과阿羅漢果라고 설명한다.

소멸 또는 괴로움의 소멸인 완전한 열반[pari nibbāna, 般涅槃]**24**을 실현하게 되는 것이다.

> 혹은 그는 '법이 있구나.'라고 바른 기억을 잘 확립하나니 지혜만이 있고 바른 기억만이 현전할 때까지. 이제 그는 [갈애와 견해에] 의지하지 않고 머문다. 그는 세상에 대해서 아무것도 움켜쥐지 않는다.
>
> _「대념처경」(D22)

이상을 정리해 보자. 중도 수행을 통해서 때로는 존재의 실상이 다섯 무더기 또는 물질과 정신의 법들임을 꿰뚫어 앎으로써 물질과 정신의 지혜를 계발한다. 때로는 법들이 어떤 조건들을 의지해서 일어나는지 꿰뚫어 알고, 특히 '해로운 법을 조건으로 괴로움이 일어난다.'라고 통찰함으로써 조건의 일어남에 관한 지혜를 계발한다. 이를 통해 집성제에 대한 지혜를 계발할 수 있다. 때로는 해로운 법이 소멸하면 물질과 정신의 소멸이 실현될 수 있음을 꿰뚫어 앎으로써 조건의 소멸에 대한 지혜를 계발한다. 이를 통해 멸성제에 대한 지혜를 계발할 수 있다. 때로는 물질과 정신이 조건을 의지해서 일어나고 조건이 소멸하면 사라지므로 무상하고 괴로움이며 무아라는 특성이 있음을 꿰뚫어 앎으로써 무상, 고, 무아의 지혜를 계발한다. 이를 통해 고성제에 대한

---

24   반열반은 무여열반을 말한다.

지혜를 계발할 수 있다. 이와 같은 지혜를 계발하기 위한 도 닦음이 중도 수행이고, 중도를 꿰뚫어 앎으로써 도성제의 지혜를 계발할 수 있다. 더불어 이와 같은 지혜와 함께 그것을 잊지 않는 바른 기억도 계발된다. 이처럼 중도 수행을 통해 사성제에 대한 지혜와 그것을 잊지 않는 바른 기억이 계발된다.

　이같이 중도 수행을 통해 네 가지 대상, 즉 물질과 정신에 대한 지혜를 닦아 가다 보면 사성제에 대한 지혜와 바른 기억이 점차 성숙하면서 '역겨움의 지혜'와 그것을 잊지 않는 바른 기억이 계발된다. 다시 역겨움의 지혜가 점차 성숙하여 절정에 이르면 '탐욕의 빛바램의 지혜'가 생기면서 더불어 그것을 잊지 않는 기억이 완전하게 확립되는데 이것을 사성제에 대한 기억 확립이라 한다. 이렇게 사성제에 대한 기억이 확립되면 해로운 법들로부터 완전히 해탈하여 아라한이 된다. 아라한이 된 후에 자신의 마음을 조사함으로써 '고성제는 철저히 알아졌고, 집성제는 버려졌고, 멸성제는 실현되었고, 도성제는 계발되었다.'라고 분명하게 통찰하는 지혜인 해탈지견이 생긴다. 해탈지견이 생기면 '태어남은 다했다. 청정범행은 성취되었다. 할 일을 다해 마쳤다. 다시는 어떤 존재로도 돌아오지 않을 것이다.'라고 꿰뚫어 알 수 있다. 아라한은 항상 평온한 마음으로 세상에 대하여 아무것도 움켜쥐지 않으면서 자유롭게 살아가다가 죽음을 맞이하면 다시 태어나지 않게 되므로 물질과 정신이 소멸하고 그로 인해 괴로움이 소멸한다.

　"비구들이여, 물질은 무상하고 느낌은 무상하고 인식은 무상하고 형성들은 무상하고 의식은 무상하다." "비구들이여, 이

렇게 보는 잘 배운 성스러운 제자는 물질에 대해서도 염오하
고 느낌에 대해서도 염오하고 인식에 대해서도 염오하고 형
성들에 대해서도 염오하고 의식에 대해서도 염오한다. 염오
하면서 탐욕이 빛바래고 탐욕이 빛바래므로 해탈한다. 해탈
하면 해탈했다는 지혜가 있다. '태어남은 다했다. 청정범행은
성취되었다. 할 일을 다해 마쳤다. 다시는 어떤 존재로도 돌
아오지 않을 것이다.'라고 꿰뚫어 안다."

_「무상 경」(S22:12)

3) 사성제에 대한 기억 확립이 깨달음이다

불교에서는 중도 수행을 통해 사성제에 대한 지혜와 그것을 잊지 않
는 바른 기억을 확립하여 해로운 법들을 소멸한 존재를 성자聖者라
고 한다. 한마디로 성자는 사성제에 대한 기억을 확립하여 해로운 법
들을 소멸한 존재를 말한다. 그런데 사성제에 대한 기억을 확립했다
는 것은 '철저히 알아야 할 진리인 고성제, 버려야 할 진리인 집성제,
실현해야 할 진리인 멸성제, 닦아야 할 진리인 도성제'를 깨달았다는
것을 의미하므로 성자를 일컬어 깨달은 자라고도 한다. 불교에서 깨
달은 자 또는 성자는 오직 수다원[預流者], 사다함[一來者], 아나함[不還
者], 아라한[應供]의 네 가지 부류만 있다. 이 중에서 수다원, 사다함, 아
나함은 사성제에 대한 기억을 부분적으로만 확립하여 해로운 법들을
모두 버리지는 못한 존재이므로 더 닦을 일이 남아 있다는 의미에서
유학이라 한다. 그렇지만 아라한은 사성제에 대한 기억을 완전하게

확립하여 해로운 법들을 모두 소멸한 존재이므로 더 닦을 일이 없다는 의미에서 무학[25]이라 한다.

> "완전히 알아야 할 것을 완전히 알았고, 닦아야 할 것을 닦았으며, 버려야 할 것을 버렸기 때문에 바라문이여, 나는 깨달은 자이다."
>
> _『숫따니빠따』(558)

이에 반해 사성제에 대한 기억을 확립하지 못하여 성자나 깨달은 자가 되지 못한 존재를 범부라고 한다. 범부는 매우 다양하지만, 붓다께서는 크게 세 가지 부류로 나누어 설하셨다. 이처럼 붓다께서는 존재를 일곱 가지, 즉 세 가지 부류의 범부와 네 가지 부류의 성자로 나누셨는데 이것은 중도 수행을 통해서 사성제에 대한 기억이 확립된 정도에 따라 분류했다고 볼 수 있다. 앞서 설명했듯이 세 가지 부류의 범부는 사성제에 대한 기억이 아직 확립되지 않은 존재이고, 세 가지 부류의 유학은 사성제에 대한 기억이 부분적으로 확립된 존재이고, 무학은 사성제에 대한 기억이 완전하게 확립된 존재이다. 이와 같은 일곱 부류의 존재를 파악함으로써 사성제에 대한 기억이 확립되어 가는 과정을 좀 더 분명하게 이해할 수 있고, 불교의 깨달음이 무엇인지도

---

25 세속적인 지식이나 기술에 대하여 더 배울 것이 없다는 의미가 아니다. 아라한은 이미 번뇌를 소멸했기 때문에 번뇌를 소멸하기 위해 더 배우거나 닦을 것이 없다는 의미임에 주의하라.

명확하게 이해할 수 있다. 그러면 붓다께서 설한 물의 비유를 통해서 일곱 부류의 존재에 대하여 좀 더 자세히 살펴보자.

범부는 사성제에 대한 기억이 확립되지 않은 존재이다

범부는 크게 세 가지 부류로 나눌 수 있다. 첫째 부류는 물에 빠져 있는 사람이다. 여기서 물에 빠짐은 해로운 마음이 일어나는 것을 의미한다. 이 사람은 어리석음이 깊어 괴로움과 괴로움의 소멸(행복)에 대한 진리, 즉 사성제를 전혀 모르기 때문에 진리의 관점에서 괴로움인 것을 행복으로, 행복인 것을 괴로움으로 잘못 알고 있을 뿐 아니라 그것이 옳다고 고집하는 그릇된 견해[26]도 함께한다. 그래서 진리의 관점에서 괴로움인 것을 '이것은 행복이다.'라고 집착하고, 진리의 관점에서 행복인 것을 '이것은 괴로움이다.'라고 집착한다.

　　예를 들면 '남을 해치더라도 욕망을 충족하는 것이 행복이다.'라고 주장하거나 '욕심을 버리는 것은 괴로움이다.'라고 주장하는 등 그릇된 견해를 집착한다. 이렇게 그릇된 견해가 정착하면 삶의 전반에 영향을 주어 그릇된 견해를 바탕으로 그릇된 사유, 그릇된 말, 그릇된 행위, 그릇된 생계, 그릇된 정진, 그릇된 기억, 그릇된 삼매가 일어난다. 그래서 탐욕, 성냄, 어리석음을 뿌리로 하는 해로운 마음들이 항상 일어나고 해로운 마음에 빠져 있어 수많은 육체적 고통과 정신적 고

26　　잘못 아는 것은 어리석은 생각이지만, 그런 생각이 반복되면서 만들어지는 생각의 틀이 견해이다.

통에 허우적대면서 살아가게 된다. 이처럼 어리석음과 그릇된 견해를 바탕으로 '해로운 마음들이 항상 일어나는 사람'을 물에 빠져 있는 사람으로 비유한 것이다.

둘째 부류는 물 위로 솟아올랐다가 다시 빠지는 사람이다. 여기서 물에 빠짐은 해로운 마음이 일어난 것을, 물 위로 솟아남은 유익한 마음이 일어난 것을 의미한다. 이 사람은 때론 어리석고, 때론 지혜로운 사람이다. 때로 지혜로워서 바른 견해가 작용하면 바른 사유, 바른 말, 바른 행위, 바른 생계, 바른 정진, 바른 기억, 바른 삼매가 일어나므로 탐욕 없음, 성냄 없음, 어리석음 없음을 뿌리로 하는 유익한 마음들이 일어난다. 하지만 이 사람은 바른 견해, 즉 사성제에 대한 지혜와 그것을 잊지 않는 바른 기억의 힘이 미약하여 쉽게 망각한다. 그러면 다시 어리석어져 그릇된 견해가 작용하기 때문에 그릇된 사유, 그릇된 말, 그릇된 행위, 그릇된 생계, 그릇된 노력, 그릇된 기억, 그릇된 삼매가 일어난다. 그래서 탐욕, 성냄, 어리석음을 뿌리로 하는 해로운 마음에 빠지게 된다. 이처럼 '때로는 유익한 마음이, 때로는 해로운 마음이 교대로 일어나는 사람'을 물 위로 솟아올랐다가 다시 빠지는 사람으로 비유한 것이다.

셋째 부류는 물 위로 솟아올라서 머물러 있는 사람이다. 이 사람은 중도 수행을 통해 지혜가 성숙하여 바른 견해, 즉 사성제에 대한 지혜와 그것을 잊지 않는 바른 기억의 힘이 매우 강력해진 수행자이다. 그래서 바른 견해가 작용해 '주로 유익한 마음들은 일어나고 해로운 마음은 거의 일어나지 않는 사람'이다. 이런 이유로 물 위로 솟아올라서 머물러 있는 사람으로 비유한 것이다. 이 사람은 사성제에 대한 지혜와 바른 기억이 깨달음에 가까이 이른 상태이므로 방심하여 안주하지 않고 더 열심히 정진한다면 깨달음을 얻어 성자가 될 수 있다. 그렇지만 아직은 사성제에 대한 기억이 강력해진 것이지 깨달음이 일어날 수준까지 사성제에 대한 기억이 확립된 상태는 아니다. 그러므로 이 사람은 아직은 범부이고 현 상태에서 퇴보할 가능성이 남아 있음에 주의해야 한다. 비유하자면 그는 물 위에 솟아올라 있지만, 안전한 저 언덕을 굽어보지 못했기 때문에 물 위에 솟아올라 있다가 다시 물에 빠질 수 있다. 이상으로 범부의 세 가지 유형에 대하여 알아보았다. 그러면 성자의 네 가지 부류에 대하여 살펴보자.

> "'비구들이여, 세상에는 물에 비유되는 일곱 부류의 사람이 있다. 무엇이 일곱인가?' 비구들이여, 여기 어떤 사람은 한번 [물에] 빠져서는 계속 빠져 있다. 어떤 사람은 위로 솟아올랐다가 다시 빠져 버린다. 여기 어떤 사람은 위로 솟아올라서 머물러 있다."
>
> _「물의 비유 경」(A7:15)

유학은 사성제에 대한 기억이 부분적으로 확립된 존재이다

성자는 세 가지 부류의 유학과 한 가지의 무학으로 나누어진다. 먼저 세 가지 부류의 유학에 대하여 살펴보자. 첫째는 수다원[sotāpanna]인데 물 위로 솟아올라서 관찰하고 굽어보는 사람에 비유할 수 있다. 수다원은 중도 수행을 통해 사성제에 대한 지혜와 바른 기억을 점차 확립해 감으로써 '사성제가 바른 견해이고 진리라는 것에 대한 신심과 기억이 확립된 존재'이다. 수다원은 고성제는 철저히 알아야 할 진리이고, 집성제는 버려야 할 진리이고, 멸성제는 실현해야 할 진리이고, 도성제는 계발해야 할 진리라는 것, 즉 바른 견해에 대한 확고한 신심이 생길 정도로 사성제에 대한 기억이 확립된 사람이다. 다시 말해서 수다원은 괴로움과 괴로움의 소멸에 대하여 세속의 견해에서 붓다의 견해로 완전히 전환된 존재이다. 수다원은 범부에서 벗어나 처음으로 성자의 흐름에 든 존재라는 의미이므로 예류자預流者라고 한다. 그래서 불교에서는 수다원부터 깨달은 자 또는 성자라고 한다.

　수다원에게 생긴 신심은 맹목적인 믿음이 아니라 수행을 통해 생긴 사성제에 대한 지견 또는 지혜가 바탕이 된 확신을 말한다. 그러므로 수다원은 설사 목숨을 버릴지언정 사성제가 바른 견해이고 진리라는 믿음이 흔들리지 않는다. 수다원은 바른 견해에 대한 확고한 신심이 있으므로 오직 유익한 법은 계발하고 해로운 법을 버림으로써 괴로움을 소멸하고 열반을 실현하는 바른 방향으로만 정진한다. 이런 이유로 수다원을 '물 위로 솟아올라서 저 언덕(열반)을 관찰하고 저 언덕을 향해서 굽어보는 사람'으로 비유한 것이다. 그래서 수다원은 범부로 다시 퇴보하는 것이 불가능한 불퇴전의 경지일 뿐 아니라 지옥, 축생, 아귀 등의 악처에는 절대 태어나지 않는다. 더구나 수다원은 최대 일곱 생만 윤회하면 반드시 아라한이 되어 괴로움을 소멸할 수 있다고 붓다께서 설하셨다. 이런 이유로 수다원은 아라한이 되어 괴로움을 소멸하는 것이 확정된 존재라고 할 수 있다.

"여기 어떤 사람은 위로 솟아올라서 관찰하고 굽어본다." …
"비구들이여, 그러면 어떻게 사람이 위로 솟아올라서 관찰하고 굽어보는가? 비구들이여, 여기 어떤 사람은 위로 솟아올라서 다음과 같이 생각한다. '유익한 법들에 대한 믿음은 빛나고, 유익한 법들에 대한 양심은 … 수치심은 … 정진은 … 통찰지는 빛난다.'라고. 그는 세 가지 족쇄[27]를 완전히 없애고 흐름에 든 자[預流者]가 되어, [악취에] 떨어지지 않는 법을 얻었고 [해탈이] 확실하며 바른 깨달음으로 나아가는 자다. 비구들이여, 이같이 사람은 위로 솟아올라서 관찰하고 굽어본다."

_「물의 비유 경」(A7:15)

수다원은 불교의 수행에서 깨달음의 출발점이고, 성자의 흐름에 들어가는 시작점이므로 매우 중요한 의미를 지닌다. 그러면 '자신이 수다원이 되었음을 검증할 수 있는 길은 있는가?'라는 의문을 가질 수 있다. 이에 대하여 붓다께서는 붓다와 같은 스승이 없을 때 스스로 수다원이 되었는지를 검증할 수 있는 법의 거울[法鏡]이란 가르침을 설하셨다. 다시 말해서 붓다께서는 다음의 네 가지 구성 요소를 완전하게

---

27 족쇄[saṃyojana, 結]는 유신견有身見, 계율과 의식에 대한 취착, 의심, 감각적 욕망, 적의, 색계에 대한 욕망, 무색계에 대한 욕망, 자만, 들뜸, 어리석음의 열 가지를 말한다. 이 중에 앞의 다섯 가지, 즉 유신견, 계율과 의식에 대한 취착, 의심, 감각적 욕망, 적의는 낮은 단계의 족쇄[下分結]라고 하는데 아나함이 되면 완전히 소멸한다. 그리고 뒤의 다섯 가지, 즉 색계에 대한 욕망, 무색계에 대한 욕망, 자만, 들뜸, 어리석음은 높은 단계의 족쇄 [上分結]라고 하는데 아라한이 되면 완전히 소멸한다. 수다원이 되면 완전히 소멸하는 세 가지 족쇄란 유신견, 계율과 의식에 대한 취착, 의심을 말한다.

5장…사성제에 대한 기억 확립

갖춘 사람은 수다원이라고 설하셨다. 처음의 세 가지 구성 요소는 붓다와 붓다께서 설한 법과 그 법에 따라 수행하여 성자가 된 스님들에 대해 흔들림 없는 깨끗하고 확고한 신심을 가지는 것이다. 이때의 믿음은 목숨을 버릴지언정 흔들리지 않을 정도의 확신을 뜻함을 상기하라. 네 번째 구성 요소는 계를 철저히 지키는 것이다. 특히 의도적으로 절대 오계五戒를 어기지 않는다.[28] 다시 말해서 수다원이 된 존재는 의도적으로 살생하거나 도둑질하거나 그릇된 음행을 하거나 거짓말을 하거나 술을 마시는 일은 있을 수 없음을[29] 의미한다. 이상의 네 가지 구성 요소를 갖춘 존재는 수다원이라고 말할 수 있다.

> "아난다여, 여기 성스러운 제자는 '이런 [이유로] 그분 세존 께서는 아라한[應供]이시며, 완전히 깨달은 분[正等覺]이시며, 영지와 실천을 구족한 분[明行足]이시며, 피안으로 잘 가신 분[善逝]이시며, 세간을 잘 알고 계신 분[世間解]이시며, 가장 높은 분[無上士]이시며, 사람을 잘 길들이는 분[調御丈夫]이시 며, 하늘과 인간의 스승[天人師]이시며, 부처님[佛]이시며, 세 존世尊이시다.'라고 부처님께 움직이지 않는 깨끗한 믿음을 지닌다.
>
> '이런 [이유로] 법은 세존에 의해서 잘 설해졌고, 스스로 보

---

28 상좌부 아비담마에서는 수다원은 현생뿐 아니라 다시 태어나도 오계를 어기지 않는다고 한다.

29 「사라까니 경 1」(S55:24).

아 알 수 있고, 시간이 걸리지 않고, 와서 보라는 것이고, 향상
으로 인도하고, 지혜로운 이들이 각자 경험해야 할 것이다.'
라고 법에 움직이지 않는 깨끗한 믿음을 지닌다.

'이런 [이유로] 세존의 제자들의 승가는 도를 잘 닦고, 세존
의 제자들의 승가는 올곧게 도를 닦고, 세존의 제자들의 승
가는 바르게 도를 닦고, 세존의 제자들의 승가는 합당하게
도를 닦으니, 곧 네 쌍의 인간들이요[四雙] 여덟 단계에 있는
사람들[八輩]이시다. 이러한 세존의 제자들의 승가는 공양받
아 마땅하고 선사받아 마땅하고 보시받아 마땅하고 합장받
아 마땅하며, 세상의 위없는 복밭[福田]이시다.'라고 승가에
움직이지 않는 깨끗한 믿음을 지닌다.

성자들이 좋아하며 훼손되지 않았고 뚫어지지 않았고 오점
이 없고 얼룩이 없고 벗어나게 하고 지자들이 찬탄하고 들러
붙지 않고 삼매에 도움이 되는 계를 구족한다."

"아난다여, 이것이 법의 거울이라는 법문이니 이것을 구족한
성스러운 제자는 그가 원하기만 하면 '나는 지옥을 부수었
다. 나는 축생의 모태를 부수었고 아귀계를 부수었으며, 나는
처참한 곳, 불행한 곳, 파멸처破滅處를 부수어서 흐름에 든 자
가 되어, [악처에] 떨어지지 않는 법을 가지고 [해탈이] 확실
하며 정등각正等覺으로 나아가는 자가 되었다.'라고 스스로
자신에 대하여 설명할 수 있다."

_「대반열반경」(D16)

5장…사성제에 대한 기억 확립

수다원이 되면 괴로움의 원인이 되는 해로운 법 중에 일부가 버려진다. 먼저 사성제가 바른 견해라는 확신이 생기므로 해로운 법 중에서 의심과 그릇된 견해[邪見]가 소멸한다. 그릇된 견해는 인과를 부정하는 견해, 죽으면 끝이라는 단견, 영원한 자아가 있다고 주장하는 상견이 있다. 상견 중에서 특히 다섯 무더기 중 하나를 자아라고 집착하는 견해를 유신견[30]이라 하는데 유신견은 가장 버리기 어려운 사견 중 하나이다. 이와 같은 그릇된 견해는 수다원이 될 때 완전히 버려진다. 그릇된 견해가 소멸하면 지옥, 축생, 아귀 등의 악처에 태어나게 할 정도의 감각적 욕망과 성냄, 어리석음이 소멸한다. 또 수다원은 일곱 생 내로 아라한이 되는 것이 확정된 존재이므로 스스로 충분히 만족하고 부족함이 없으므로 타인을 질투하거나 인색한 마음이 일어날 수 없다.

이처럼 수다원에게는 그릇된 견해, 의심, 질투, 인색한 마음과 악처에 태어나게 할 정도의 감각적 욕망, 성냄, 어리석음이 완전히 소멸하여 절대 일어나지 않는다.[31] 그래서 수다원에게 남아 있는 괴로움은 매우 적다. 붓다께서는 수다원에게 괴로움이 얼마나 적게 남아 있는지를 손톱 위의 흙의 비유[32]로 설하셨다. 어떤 사람이 손톱으로 흙을 긁어 올리면 손톱 위에 흙이 아주 조금 있을 것이다. 이 손톱 위의

---

30 유신견은 의식을 자아라고 집착하고, 의식 안에 자아가 있다고 집착하고, 자아 안에 의식이 있다고 집착하고, 자아가 의식을 소유하고 있다고 집착하는 견해를 말한다. 물질, 느낌, 인식, 형성들도 마찬가지로 생각할 수 있다. 그래서 유신견은 스무 가지 형태가 있다.

31 「일으킴 경」(A6:91).

32 「손톱 경」(S56:51).

흙은 지구상에 있는 모든 흙에 비하면 비교할 수도 없을 만큼 적다. 이때 깨닫지 못한 범부가 겪는 괴로움을 지구상의 모든 흙이라고 한다면 수다원에게 남아 있는 괴로움은 손톱 위의 흙 정도일 뿐이라고 비유할 수 있다.

수다원은 사성제에 대한 지혜와 흔들림 없는 신심이 생겼지만 사성제에 대한 기억이 완전히 확립된 것은 아니다. 예를 들면 수다원은 감각적 욕망의 행복을 진짜 행복이라고 집착하는 그릇된 견해는 완전히 소멸하였다. 하지만 감각적 욕망의 행복을 진짜 행복이라고 잘못 아는 어리석음마저 소멸하지는 못했다. 그래서 수다원도 때로는 감각적 욕망의 행복이 진짜 행복이라고 잘못 아는 어리석음과 그로 인해 생기는 감각적 욕망에 대한 갈애가 일어날 수 있다. 하지만 감각적 욕망의 행복이 진정한 행복이라고 집착하는 그릇된 견해는 절대 일어날 수 없다. 비유하면 수다원은 '이것이 바른 자세이고 이것은 나쁜 자세이다.'라는 것을 분명히 이해하여 바른 자세에 대한 확신은 있지만, 아직 바른 자세에 맞게 몸의 근육이 정착하여 바른 자세가 확립되지 않은 사람과 같다. 이 사람은 몸의 자세가 조금만 비뚤어져도 '이것은 그릇된 자세이다.'라고 즉시 알아차리고 몸의 자세를 바르게 할 수는 있다. 하지만 언제나 바른 자세가 유지될 정도로 근육이 정착된 것은 아니다.

둘째는 사다함[sakadāgāmī]인데 물 위로 솟아올라서 건너가는 사람으로 비유할 수 있다. 사다함은 '수다원보다 사성제에 대한 지혜와 바른 기억을 더 철저히 확립함으로써 거친 형태의 감각적 욕망과 성냄, 어리석음을 완전히 소멸할 정도로 사성제에 대한 기억이 확립된 존재'이다. 그래서 사다함은 거친 형태의 감각적 욕망과 성냄, 그리고 그와 관련된 어리석음도 완전히 소멸한 존재이다. 사다함은 욕계에 단 한 번만 다시 태어날 수 있다는 의미[33]이므로 일래자一來者라고 한다. 욕계는 감각적 욕망이 주된 세상이므로 감각적 욕망이 엷어지면 욕계에 다시 태어나게 하는 힘이 약해진다. 그래서 사다함은 욕계에 한 번만 다시 태어날 수 있는 것이라 볼 수 있다. 수다원이 사성제가 바른 견해임을 확신하는 존재이므로 '물 위로 솟아올라서 [저 언덕을] 관찰하고 [저 언덕을] 굽어보는 사람'이라면, 사다함은 유익한 법을 기반으로 저 언덕(열반)을 향해 조금씩 더 나아가고 있는 존재이므로 '물 위로 솟아올라서 [저 언덕을 향해] 건너가는 사람'이라고 비유한 것이다.

> "비구들이여, 그러면 어떻게 사람이 위로 솟아올라서 건너가는가? 비구들이여, 여기 어떤 사람은 위로 솟아올라서 다음과 같이 생각한다. '유익한 법들에 대한 믿음은 빛나고, 유익한 법들에 대한 양심은 … 수치심은 … 정진은 … 통찰지는 빛난다.'라고. 그는 세 가지 족쇄[34]를 완전히 없애고 탐욕과 성냄과 미혹이 엷어져서 한 번만 더 돌아올 자[一來者]가 되어, 한 번만 더 이 세상에 와서 괴로움을 끝낼 것이다. 비구들이여, 이같이 사람은 위로 솟아올라서 건너간다."
>
> _「물의 비유 경」(A7:15)

---

33 사다함은 '인간 세상'에 한 번만 돌아올 수 있는 존재라고 말하기도 한다.
34 세 가지 족쇄는 계율과 의식에 대한 취착, 유신견有身見, 의심을 말한다.

셋째는 아나함[anāgāmī]인데 물 위로 솟아올라서 튼튼한 발판을 얻은 사람에 비유할 수 있다. 아나함은 '사다함보다 사성제에 대한 지혜와 바른 기억을 더 철저히 확립함으로써 감각적 욕망[35]과 성냄을 완전히 소멸할 수 있을 수준까지 사성제에 대한 기억이 확립된 존재'이다. 아나함은 욕계에 다시 태어나지 않는다는 의미이므로 불환자不還者라고 부른다. 아나함은 감각적 욕망의 행복이 괴로움이라는 지혜에 대한 기억이 완전히 확립되었기 때문에 감각적 욕망이 소멸한다. 그런데 감각적 욕망이 충족되지 않으면 성냄이 일어나고, 성냄이 일어나면 감각적 욕망을 누림으로써 성냄에서 벗어나려고 하므로 감각적 욕망과 성냄은 동전의 양면과 같이 서로 의지하는 관계이다. 그래서 감각적 욕망이 소멸하면 성냄도 소멸한다. 더불어 감각적 욕망이나 성냄과 관련된 어리석음도 소멸한다. 이처럼 아나함은 감각적 욕망과 성냄, 그리고 그와 관련된 어리석음이 완전히 소멸한 존재이다. 그래서 아나함은 감각적 욕망이 주된 세상인 욕계에 다시 돌아오지 않는 것이다.

아나함은 감각적 욕망이 완전히 사라졌기 때문에 성욕이나 재물에 대한 욕심과 같은 것이 있을 수 없다. 비록 재가자라고 해도 절대로 성생활을 하지 않고 재물을 탐하지 않는다. 아무리 매력적인 여인이라도 아나함을 유혹할 수는 없다. 아무리 큰 재물과 권력과 명예로 유혹해도 아나함의 마음을 움직일 수는 없다. 또 성냄이 완전히 사라졌기 때문에 절대 화를 내지 않는다. 아무리 억울한 일을 당하더라도 화

---

35 탐욕은 존재에 대한 탐욕과 감각적 욕망에 대한 탐욕으로 나누어지는데 아나함에서는 감각적 욕망에 대한 탐욕이 소멸한다.

　　　　　　　　　　　　　　5장··사성제에 대한 기억 확립

를 내지 않는다. 후회도 과거의 불만족스러운 행위를 싫어하는 마음이므로 성냄의 한 형태이다. 그러므로 후회도 일어날 수 없다. 더불어 두려움, 공포, 슬픔, 절망 등도 성냄의 일종이므로 아나함에게는 일어나지 않는다. 그래서 총에 맞거나 칼에 찔리거나, 물에 빠져 죽음이 눈앞에 있다고 하더라도 두려움이 일어날 수 없다. 만약 이같이 목숨이 위태로운 상황에서 순간적이라도 두려움이 일어난다면 아나함이 아니라고 볼 수 있다.

아나함은 존재에 대한 욕망을 완전히 소멸하지는 못했지만, 감각적 욕망과 성냄을 완전히 버렸으므로 아나함에게는 성냄과 함께하는 정신적 고통은 전혀 일어나지 않는다.[36] 더구나 아나함은 그 생에서 바로 아라한이 되지 못하더라도 다음 생에는 욕계에서 벗어나 색계나 무색계와 같이 고귀한 세상에만 태어난다.[37] 색계나 무색계는 육체적 괴로움이나 정신적 괴로움이 전혀 없고 오직 벗어남의 행복만이 가득한[38] 세상이므로 아나함은 그곳에서 육체적 고통이나 정신적 고통이 전혀 없이 벗어남의 행복을 경험하면서 평화롭게 지내다가 아라한이 되어 열반을 실현할 수 있다.

---

36 만약 욕계 존재가 아나함이 되었다면 몸이 있으므로 육체적 고통은 일어날 수 있다.

37 욕계 존재가 아나함이 된 경우는 반드시 정거천에 태어나지만, 색계나 무색계 존재가 아나함이 되는 경우는 반드시 정거천에 태어나지는 않는다. 예를 들어 무색계 존재인 아나함이 다시 태어난다면 무색계에만 태어난다. 왜냐하면 무색계 존재는 무색계 선정보다 거친 색계 선정을 닦지 않으므로 다음 생에 바로 색계에 태어날 수 없기 때문이다.

38 색계 존재는 몸은 있지만, 몸이 아주 미세한 물질로 이루어져 있어서 몸 의식이 작용하지 않으므로 육체적 고통이 일어나지 않는다. 무색계 존재는 물질이 없으므로 당연히 육체적 고통이 일어날 수 없다.

특히 색계의 정거천[39]은 오직 아나함만이 태어날 수 있는 곳이다. 그래서 정거천은 아나함과 그곳에서 깨달음을 얻은 아라한만이 머무는 지극히 순수하고 깨끗한 곳이다. 아나함은 정거천에서 육체적 괴로움이나 정신적 괴로움이 전혀 없이 오직 벗어남의 행복만을 누리다가 그곳에서 아라한이 되어 열반을 실현할 수 있다. 이런 이유로 아나함은 열반을 실현하는 데 튼튼한 발판을 마련한 존재라고 할 수 있다. 하지만 아나함은 감각적 욕망의 행복을 괴로움이라고 철저히 꿰뚫어 아는 지혜는 계발되었지만, 벗어남의 행복을 괴로움이라고 철저히 꿰뚫어 아는 지혜는 아직 계발되지 않았다. 그러므로 벗어남의 행복을 진짜 행복이라고 잘못 아는 어리석음을 조건으로 일어나는 존재에 대한 욕망은 소멸하지 못했다. 그래서 완전히 저 언덕(열반)의 땅 위에 도달하지 못하고 아직 물에 잠겨 있다. 이런 이유로 아나함을 '물에 아직 잠겨 있지만, 물가의 맨땅에 발을 디딤으로써 튼튼한 발판을 마련한 사람'으로 비유한 것이다.

"비구들이여, 그러면 어떻게 사람이 위로 솟아올라서 튼튼한 발판을 얻는가? 비구들이여, 여기 어떤 사람은 위로 솟아올라서 다음과 같이 생각한다. '유익한 법들에 대한 믿음은 빛나고, 유익한 법들에 대한 양심은 … 수치심은 … 정진은 … 통찰지는 빛난다.'라고. 그는 다섯 가지 낮은 단계의 족쇄를

---

39 정거천은 무번천, 무열천, 선현천, 선견천, 색구경천의 다섯 가지가 있는데 이곳들의 최대 수명은 각각 일천 대겁, 이천 대겁, 사천 대겁, 팔천 대겁, 일만육천 대겁이라 한다.

완전히 없애고 [정거천에] 화생化生하여 그곳에서 완전히 열반에 들어 그 세계로부터 다시 돌아오지 않는 법을 얻었다 [不還者]. 비구들이여, 이같이 사람은 위로 솟아올라서 튼튼한 발판을 얻는다."

_「물의 비유 경」(A7:15)

이상에서 살펴보았듯이 수다원, 사다함, 아나함은 해로운 법 중의 일부만을 완전히 소멸할 수 있을 정도로 사성제에 대한 기억이 확립된 존재이다. 하지만 모든 해로운 법들을 버릴 수 있을 정도로 완전하게 사성제에 대한 기억을 확립한 것은 아니다. 그래서 이들이 해로운 법을 완전히 소멸하기 위해서는 아직 닦아야 할 것들이 남아 있다. 이런 이유로 수다원, 사다함, 아나함을 유학이라 부른다. 이처럼 유학은 중도 수행을 통해서 몸, 느낌, 마음, 법의 네 가지 대상 또는 물질과 정신 현상들을 있는 그대로 관찰하는 수행을 함으로써 물질과 정신의 실상을 통찰한 법을 꿰뚫어 보고, 법을 바르게 사유하여 조사함으로써 사성제에 대한 지혜와 그것을 잊지 않는 바른 기억을 부분적으로만 확립한 존재를 말한다. 한마디로 요약하면 유학은 사성제에 대한 기억이 부분적으로 확립된 존재이다.

"도반 아누룻다여, '유학, 유학'이라고들 합니다. 어떻게 해서 비구는 유학이 됩니까?" "도반이여, 네 가지 기억 확립[四念處]을 부분적으로 닦았기 때문에 유학이 됩니다."

_「부분적으로 경」(S47:26)

무학은 사성제에 대한 기억이 완전하게 확립된 존재이다

성자의 마지막 부류는 아라한arahan인데 물 위로 솟아올라 물을 건너서 저 언덕에 도달해 맨땅에 서 있는 사람에 비유할 수 있다. 아라한은 아나함보다 사성제에 대한 지혜와 그것을 잊지 않는 바른 기억을 더 철저히 닦음으로써 존재에 대한 욕망과 더불어 나머지 해로운 법들을 모두 소멸할 수 있을 정도로 사성제에 대한 기억이 완전하게 확립된 존재이다. 아라한은 응당히 공양받을 만한 분이라는 뜻이므로 응공應供이라 부른다. 아라한이 사성제에 대한 기억이 완전하게 확립되었다고 하는 것은 중도 수행, 즉 계를 바탕으로 사마타와 위빠사나를 조화롭게 닦음으로써 도성제는 계발했고, 고성제는 철저히 알았고, 집성제는 버렸고, 멸성제는 실현했다는 의미이다.

그러면 지금까지 살펴본 네 가지 성자의 단계를 통해 사성제에 대한 기억이 점차 확립되는 과정을 다시 한 번 정리해 보자. 수다원이 되면 사성제가 바른 견해라는 것에 대한 확고한 신심이 생길 정도로 사성제에 대한 기억이 확립되므로 그릇된 견해와 더불어 의심, 질투, 인색한 마음이 버려진다. 더불어 악처에 태어나게 할 정도의 감각적 욕망, 성냄, 어리석음이 버려진다.

사다함이 되면 거친 감각적 욕망과 성냄, 어리석음이 버려질 정도로 사성제에 대한 기억이 확립된다.

아나함이 되면 감각적 욕망의 행복이 괴로움임을 철저하게 꿰뚫어 알 정도로 사성제에 대한 기억이 확립되므로 감각적 욕망, 성냄, 후회와 이들과 함께하는 어리석음이 버려진다.

더 나아가 아라한이 되면 벗어남의 행복한 느낌조차도 괴로움이

519

고, 존재 자체가 괴로움임을 철저하게 꿰뚫어 알 정도로 사성제에 대한 기억이 완전하게 확립되므로 존재에 대한 탐욕과 더불어 나머지 모든 해로운 법, 즉 어리석음, 양심 없음, 수치심 없음, 들뜸, 자만, 해태와 혼침 등이 완전히 소멸한다. 아라한은 해로운 법이 소멸하였으므로 아라한이 죽음을 맞이하면 다시 태어나지 않는다. 그래서 물질과 정신이 소멸하고, 그로 인해 괴로움이 완전히 소멸한다. 이런 이유로 경전에서 아라한을 '태어남은 다했다. 청정범행은 성취되었다. 할 일을 다해 마쳤다. 다시는 어떤 존재로도 돌아오지 않을 것이다.'라고 묘사하는 것이다. 이처럼 아라한은 중도 수행을 통해서 사성제에 대한 기억을 완전하게 확립함으로써 해로운 법들을 완전히 소멸하고 괴로움이 소멸한 저 언덕(열반)의 맨땅에 안전하게 서 있다. 그러므로 '물 위로 솟아올라서 [물을] 건너 저 언덕에 도달하여 맨땅에 서 있는 사람'이라고 비유한 것이다.

> "비구들이여, 그러면 어떻게 사람이 위로 솟아올라서 [물을] 건너 저 언덕에 도달하여 맨땅에 서 있는 바라문이 되는가? 비구들이여, 여기 어떤 사람은 위로 솟아올라서 다음과 같이 생각한다. '유익한 법들에 대한 믿음은 빛나고, 유익한 법들에 대한 양심은 … 수치심은 … 정진은 … 통찰지는 빛난다.' 라고. 그는 모든 번뇌가 소멸하여 아무 번뇌가 없는 마음의 해탈[心解脫]과 통찰지를 통한 해탈[慧解脫]을 바로 지금 여기에서 스스로 최상의 지혜로 알고 실현하고 구족하여 머문다. 비구들이여, 이같이 사람은 위로 솟아올라서 [물을] 건너 저

언덕에 도달하여 맨땅에 서 있는 바라문이다."

_「물의 비유 경」(A7:15)

아라한은 중도 수행을 통해서 몸, 느낌, 마음, 법의 네 가지 대상 또는 물질과 정신을 있는 그대로 관찰함으로써 물질과 정신의 실상을 통찰한 법을 꿰뚫어 보고, 법을 사성제의 구조로 조사함으로써 사성제에 대한 지혜와 그것을 잊지 않는 바른 기억을 완전하게 확립한 존재이다. 사성제에 대한 기억이 완전하게 확립되었다는 것은 '도성제, 즉 팔정도는 완전히 계발되었고, 고성제, 즉 존재는 무상하고 괴로움이며 무아임은 철저히 알아졌고, 집성제, 즉 해로운 법들이 완전히 버려졌고, 멸성제, 즉 괴로움의 소멸이 실현되었다.'라는 지혜와 그것을 잊지 않는 바른 기억이 확립되었음을 뜻한다. 이처럼 아라한은 괴로움이 일어나게 하는 해로운 법들을 모두 소멸한 존재이므로 수행자로서 해로운 법들을 버리기 위해서 더 배울 일도 없고, 닦을 일도 없다. 이런 이유로 아라한을 무학이라 한 것이다.

> "도반 아누룻다여, '무학, 무학'이라고들 합니다. 어떻게 해서
> 비구는 무학이 됩니까?" "도반이여, 네 가지 기억 확립[四念
> 處]을 완전하게 닦았기 때문에 무학이 됩니다."

_「완전하게 경」(S47:27)

불교에서 아라한은 특별한 경계를 경험한 존재거나 모든 면에서 완벽해진 존재가 아니라 자신의 마음에서 일어나는 해로운 법을 완전히 소

멸한 존재임에 주목해야 한다. 불교에서는 초월적인 현상, 신비한 현상, 궁극적인 현상을 경험하는 일보다는 그 경험을 통해서 탐욕, 성냄, 어리석음 등의 해로운 법들이 소멸했는지 그렇지 않은지가 훨씬 더 중요하다. 붓다께서는 우리가 세상에서 보고, 듣고, 감지하고, 알게 된 것들에서 깨달음이나 열반이 있는 것이 아니라 그것들에 대한 탐욕, 성냄, 어리석음 등의 해로운 법들을 완전히 소멸한 것이 깨달음이고 열반이라고 분명히 설하셨다. 이처럼 깨달음은 초월적이고 신비한 체험 등의 경계를 얻은 것이 아니라 사성제에 대한 기억을 확립하여 자신의 마음에 있는 해로운 법들을 완전히 소멸하는 것이다. 다시 말해서 외부의 경계에서 얻으려는 집착을 완전히 포기하는 것, 즉 외부의 경계에서 '얻을 것이 없음[無所得]'을 분명히 깨달은 존재가 아라한이라 할 수 있다.

> "헤마까여, 이 세상에서 보고[見], 듣고[聞], 감지하고[覺], 알게 된[知] 것들, 이것이 비록 사랑스러운 대상일지라도, 그것들에 대한 욕망과 탐욕을 제거한 것이 흔들림이 없는 열반의 경지입니다."
>
> _『숫따니빠따』(1086)

4) 아라한의 마음

중도 수행을 통해 팔정도가 완전히 계발되면 더불어 서른일곱 가지 깨달음의 구성 요소도 완전히 계발된다. 또 팔정도는 계戒를 바탕으로 사마타와 위빠사나를 닦는 수행이므로 팔정도가 완전히 계발되면 사마타와 위빠사나도 완전하게 계발된다. 특히 바른 삼매를 계발하는 사마타와 지혜를 계발하는 위빠사나는 완벽한 조화를 이루어 계발되므로 바른 삼매[定]와 지혜[慧]도 함께 닦여지며 완벽한 조화를 이룬다. 이렇게 삼매와 지혜의 완전한 조화를 통해서 깨달음을 얻게 하는 최상의 지혜가 계발되면 철저히 알아야 할 진리인 고성제는 철저히 알아지고, 버려야 할 진리인 집성제는 버려지고, 실현해야 할 진리인 멸성제는 실현되고, 계발해야 할 진리인 도성제는 계발된다. 이렇게 사성제에 대한 기억이 완전히 확립되어 해로운 법들에서 해탈한 존재를 아라한이라 한다. 그러면 아라한이 되면 범부나 유학과 비교하여 마음이 어떻게 달라지는지 붓다께서 설한 가르침에 따라 간단히 살펴보자.

> "그가 이같이 성스러운 팔정도를 닦을 때 네 가지 기억의 확립도 수행을 통해 완성되고, 네 가지 바른 노력도 수행을 통해 완성되고, 네 가지 성취 수단도 수행을 통해 완성되고, 다섯 가지 기능도 수행을 통해 완성되고, 다섯 가지 힘도 수행을 통해 완성되고, 일곱 가지 깨달음의 구성 요소도 수행을 통해 완성된다. 그에게 사마타와 위빠사나라는 이 두 가지 법이 조화롭게 나타난다. 그는 최상의 지혜로 철저히 알아야 할 법들을 최상의 지혜로 철저히 안다. 최상의 지혜로 버려야 할 법들을 최상의 지혜로 버린다. 최상의 지혜로 닦아야 할 법들을 최상의 지혜로 닦는다. 최상의 지혜로 실현해야 할 법들을 최상의 지혜로 실현한다."

_「위대한 감각 장소 경」(M149)

5장‥사성제에 대한 기억 확립

첫째, 아라한은 연기의 진리를 꿰뚫어 알고 중간[majjhima, 中]을 체득한 존재이다. 붓다께서는 '모든 현상은 조건이 있으면 일어나고, 조건이 없으면 사라진다.'라는 연기의 진리를 깨달으셨다. 이와 같은 연기의 진리는 다음의 두 가지를 의미한다. 먼저 조건이 있으면 물질이나 정신 현상이 일어난다. 예를 들어 음식을 조건으로 몸이 있다. 더구나 몸은 몸 의식이 일어나는 감각 기능의 역할을 한다. 또 접촉을 조건으로 의식이 일어난다. 더구나 의식은 현상을 분별하는 역할을 한다. 이처럼 조건이 있을 때 물질이나 정신 현상이 있으며, 그것은 일시적이지만 개별적인 작용이 있다. 다음으로 조건이 사라지면 물질이나 정신 현상도 사라진다. 예를 들어 음식이 없으면 몸을 유지할 수 없다. 또 접촉이 없으면 의식도 없다. 이처럼 조건이 사라지면 물질이나 정신 현상도 소멸하기 마련이다. 조건이 없으면 물질과 정신 현상은 소멸하기 마련이므로 그것은 무상하고 괴로움이며 무아라는 공통된 특성이 있다.

종합해 보면 물질이나 정신 현상은 개별적인 작용이 있을 뿐 아니라 무상하고 괴로움이며 무아라는 공통된 특성도 있다. 그런데 무상, 고, 무아라는 세 가지 공통된 특성은 서로 연관되어 있어 한 가지 특성만을 언급해도 나머지 두 가지 특성을 포함한다. 더구나 무아는 자아가 비었다는 의미에서 공[suñña, 空]이라고 표현할 수도 있으므로 무상, 고, 무아라는 세 가지 특성을 공이라는 용어로 간단하게 표현할 수도 있다. 그래서 물질이나 정신 현상은 한마디로 개별적인 작용[假]이 있을 뿐 아니라 공이라는 공통된 특성이 있다. 역으로 공이라는 특성이 있을 뿐 아니라 개별적인 작용도 있다. 그런데 개별적인 작용과 공이라는 특성은 물질이나 정신 현상 중 한 가지의 다른 측면을 표현한 것일 뿐이다. 따라서 개별적인 작용과 공은 한 가지 현상의 두 가지 측면일 뿐이므로 둘이 아니라고[不二] **40**할 수 있다.

　다시 말해서 물질이나 정신 현상은 개별적인 작용과 공이라는 두 가지 특성이 둘이 아니라 서로 원융하게 조화되어 있는데 이것을 중간[中]이라 표현한다. 중간은 '물질이나 정신 현상은 작용[假]은 있지만, 자아가 비었으므로 공이고, 공이지만 작용은 있다. 또 작용과 공은 물질이나 정신 현상 중 한 가지의 두 가지 측면일 뿐이므로 작용은 공과 다르지 않고, 공은 작용과 다르지 않다.'라는 것을 표현하는 용어이다. 이를 『반야심경』에서는 '색불이공 공불이색 색즉시공 공즉시색 수상행식 역부여시 色不異空 空不異色 色卽是空 空卽是色 受想行識 亦復如是**41**' 라고 설하였다. 아라한은 이와 같은 진리를 철저히 꿰뚫어 아는 지혜와 바른 기억을 확립한 존재이므로 중간을 체득했다고 하는 것이다.

　중간을 터득한 아라한의 마음을 진공묘유眞空妙有라고 표현하기도 한다. 진공묘유는 '물질이나 정신은 무아이지만[眞空] 미묘한 작용[妙有]이 있고, 미묘한 작용이 있지만 무아이다. 또 진공은 묘유와 둘이 아니고, 묘유는 진공과 둘이 아니다.'라는 것을 의미한다. 이처럼 진공묘유는 무아를 뜻하는 '진공'과 작용을 뜻하는 '묘유'가 둘이 아니라 원융하게 조화를 이루어 함께 작용하는 아라한의 마음을 간명하게 표현한 말이라 볼 수 있다. 아라한은 중간을 체득하여 존재의 실상은

40　영어로는 non-duality라고 한다.

41　수·상·행·식도 색과 마찬가지로 생각하면 된다는 의미이다. 다시 말해서 수불이공 공불이수 수즉시공 공즉시수受不異空 空不異受 受卽是空 空卽是受 … 식불이공 공불이식 식즉시공 공즉시식識不異空 空不異識 識卽是空 空卽是識을 뜻한다.

물질과 정신일 뿐 아니라 공, 즉 무상·고·무아임을 분명히 꿰뚫어 알았으므로 물질과 정신에 관한 어리석음과 탐욕이 버려진 것이다.

둘째, 아라한은 새로운 업을 짓지 않는다. 아라한은 중도 수행을 통해 사성제에 대한 기억을 완전하게 확립하여 해로운 법들을 완전히 소멸한 존재이다. 그러므로 아라한에게 유익한 마음과 해로운 마음의 구분은 의미가 없다. 왜냐하면 유익한 마음과 해로운 마음은 서로 상대 개념이므로 해로운 법이 소멸하면 유익한 법들도 설 자리가 없어지기 때문이다. 그래서 아라한에게 일어나는 자비심이나 지혜, 선정 등은[42] 유익하다는 표현보다는 단지 작용만 하는 마음이라 한다. 이렇게 아라한의 작용만 하는 마음은 유익함[善]이나 해로움[不善]을 완전히 초월하여 대상이 나타날 때 단지 대상을 분별하고 아는 작용만 한다. 마치 거울에 얼굴이 나타나면 거울은 얼굴을 비추어 주는 것처럼. 그런데 불교에서 업은 유익하거나 해로운 마음의 의도이므로 단지 작용만 하는 마음으로 인해서는 업이 생겨나지 않는다. 이처럼 아라한이 된 존재는 범부나 유학과는 달리 다시는 새로운 업을 짓지 않는다.[43]

아라한이 새로운 업을 짓지 않는다는 것은 그냥 행위가 일어날 뿐이지 흔적이 남지 않는다는 의미이고, 흔적이 남지 않음은 어떤 대상을 만나더라도 걸림이 없고 자유로움을 뜻한다. 그래서 아라한은 어떤 대상에 대하여도 있는 그대로 보고[見], 듣고[聞], 감지하고[覺], 알

---

42 범부나 유학의 경우에는 유익한 마음이라 한다. 그래서 범부나 유학은 업을 짓지만, 아라한은 업을 짓지 않는다.

43 다른 존재의 관점에서 아라한은 유익한 업을 짓는 것으로 이해될 수 있지만, 아라한 본인에게는 단지 원인과 결과가 있는 것이지 업을 짓는 것은 아니다.

[知]**44** 뿐이지 그 대상에 대하여 집착하거나 싫어하는 등의 해로운 법에 오염되지 않으면서 걸림이 없고 자유롭다. 이런 이유로 붓다께서는 '번뇌를 소멸한 아라한은 대상을 볼 때는 보기만 하고, 들을 때는 듣기만 하고, 감지할 때는 감지하기만 하고, 알 때는 알기만 한다.'라고 설하신 것이다. 그런데 아라한의 마음이 걸림이 없다는 것을 잘못 이해하여 해로운 법을 전혀 소멸하지 못한 범부가 막행막식莫行莫食을 하면서 걸림 없이 산다고 깨달은 사람의 흉내를 내기도 한다. 하지만 이것은 자신의 욕망에 압도당하여 자기 욕망에 끌려다님에 불과한 것이지 걸림이 없이 자유로운 삶은 아님에 주의해야 한다.

> "말룽꺄뿟따여, 그대가 보고, 듣고, 감지하고, 알아야 하는 법들에 대해서 볼 때는 단지 봄만이 있을 것이고 들을 때는 단지 들음만이 있을 것이고 감지할 때는 단지 감지함만이 있을 것이고 알 때는 단지 앎만이 있을 것이면 그대에게는 '그것에 의함'이란 것이 없다."
>
> _「말룽꺄뿟따 경」(S35:95)

끝으로 한 가지 주의할 점은 아라한은 존재가 불완전함을 깨달은 분이지 완전한 존재가 된 것은 아니라는 것이다. 아라한은 존재의 실상

---

44 '견見'은 눈 의식을 통해 형색을 아는 것이다. '문聞'은 귀 의식을 통해 소리[聲]를 아는 것이다. '각覺'은 코 의식, 혀 의식, 몸 의식을 통해 각각 냄새, 맛, 촉감을 아는 것이다. '지知'는 의식을 통해 법을 아는 것이다. 이처럼 여섯 의식이 작용하여 여섯 대상을 아는 것을 한마디로 견문각지見聞覺知라 한다.

이 무상하고, 무상하므로 불확실하고 불완전하므로 괴로움이고, 무상하고 괴로움인 것은 무아임을 철저히 꿰뚫어 알고 존재에 관한 어리석음과 탐욕을 완전히 소멸한 존재이지, 모든 면에서 전지전능한 존재는 아니다. 예를 들어 아라한이 되었다고 해서 잘 모르던 세속 학문을 통달하거나, 병에 걸리지 않게 되거나, 다섯 신통에 자유자재하게 되거나, 모든 것을 아는 지혜인 일체지一切智가 생기는 등이 항상 가능한 것은 아니다. 그래서 번뇌를 소멸한 아라한에게도 일어날 수 있는 일이 있고, 일어날 수 없는 일이 있다. 그러면 아라한에게 일어날 수 있는 일은 무엇이고, 일어날 수 없는 일에는 어떤 것이 있는지 알아보자.

아라한에게 일어날 수 있는 일들

다음의 몇 가지 일들은 아라한에게도 일어날 수 있다. 첫째, 아라한에게도 업의 결과가 일어날 수 있다. 아라한의 마음은 유익하거나 해로운 것이 아니라 단지 작용만 하므로 아라한은 더 새로운 업을 짓지 않는다. 하지만 이전에 지은 업들마저 당장 소멸하는 것은 아니다. 예를 들어 붓다의 제자 목갈라나[45] 스님은 아라한이셨지만 이교도들에게 온몸의 뼈와 머리뼈가 완전히 부수어질 때까지 두들겨 맞았고, 그런 다음 얼마 지나지 않아 죽음을 맞이하여 열반에 드셨다. 이렇게 두들겨 맞아서 죽음을 맞이하게 된 것은 전생의 악행 때문이었다. 목갈

---

45 붓다의 상수 제자였던 목련 존자를 말한다.

라나 스님은 전생에 부모님을 때려죽인 매우 나쁜 해로운 업이 있었다. 그 해로운 업 때문에 지옥에서 오랜 세월 고통을 받았지만, 그래도 해로운 업의 힘이 다하지 않고 남아 있었다. 그래서 그 업 때문에 결국 이교도들에게 맞아서 죽음을 맞이하시고 열반에 들게 된 것이다. 이처럼 아라한이라 할지라도 살아 있는 동안에는 이전에 지었던 업의 과보果報를 피할 수 없다. 하지만 아라한이 죽으면 다시 태어나지 않으므로 업의 과보를 받을 원천이 사라진다. 그래서 아라한이 죽음을 맞이하여 열반을 실현할 때 비로소 모든 업이 소멸한다.

둘째, 아라한에게 육체적 고통이나 병은 일어날 수 있다. 아라한은 정신적 고통은 소멸하지만, 육체적 고통마저 완전히 소멸하는 것은 아니다. 아라한도 몸이 있어서 물질세계의 변화에 영향을 받을 수밖에 없으므로 추위와 더위를 겪으며, 몸에 병이 들어 아플 수도 있고, 배가 고프기도 하고, 칼에 찔릴 수도 있고, 등에 종기가 생길 수도 있다. 붓다께서도 대장장이의 아들 쭌다의 공양을 받고 피가 섞여 나올 정도로 심한 배탈이 난 적이 있다. 이처럼 아라한이라 할지라도 육체의 고통에서 벗어날 수는 없다.

그렇지만 아라한은 육체적 고통을 경험하더라도 범부들과 다른 점이 있다. 보통 사람들은 몸이 아플 때 육체적 고통만 경험하는 것이 아니라 그것을 싫어하고 두려워하는 성냄이 일어나므로 정신적 고통도 함께 경험하게 된다. 비유하면 첫 번째 화살을 맞은 사람이 두 번째, 세 번째 등의 화살을 계속 맞는 것과 같다. 하지만 아라한은 육체적 고통은 경험할지라도 그것을 싫어하는 성냄이 일어나지 않으므로 정신적 고통은 경험할 수 없다. 그래서 아라한은 몸이 아플 때 보통 사람들과 비교하여 괴로움을 훨씬 적게 경험한다. 이것이 아라한과 범부가 다른 점이다.

끝으로 아라한에게 세속적인 신통은 없을 수도 있다. 어떤 수행자들은 아라한이 되면 번뇌를 소멸하는 신통인 누진통뿐 아니라 세속적인 다섯 신통, 즉 신족통, 숙명통, 타심통, 천이통, 천안통도 갖추어야 한다고 생각한다. 그렇지만 그것은 사실이 아니다. 아라한에게 번뇌를 소멸하는 신통인 누진통은 반드시 있어야 하지만, 나머지 세속적인 다섯 신통은 없을 수도 있다. 실제 경전에도[46] 아라한이지만, 다섯 신통이 없는 스님들에 관하여 언급되어 있다. 다섯 신통은 세속적인 의미의 초월적인 능력이지 깨달음의 필수 조건은 아니다. 오히려 세속적인 신통이 생김으로써 그것에 집착하고 자만이나 그릇된 견해에 빠지는 등의 부작용이 생길 위험이 많다. 물론 다섯 신통 중에 숙명통과 천안통[47]은 깨달음의 지혜가 생기게 하는 데 큰 도움을 주는 면이 있지만, 아라한이 되기 위한 필수적인 조건은 아니다. 이처럼 세속적인 다섯 신통은 아라한이 되기 위한 필수 조건이 아님을 분명히 기억해야 한다.

46　「수시마 경」(S12:70).

47　누진통, 숙명통, 천안통의 세 가지를 특히 삼명三明이라고 한다. 삼명은 다른 신통들에 비해 깨달음에 도움이 되는 신통이다.

아라한에게 절대로 일어날 수 없는 일들

아라한이 되면 범부나 유학과는 달리 절대로 일어날 수 없는 일들이 있다. 아라한은 사성제에 대한 기억을 완전하게 확립하여 모든 해로운 법들을 소멸하였기 때문에 아라한에게는 해로운 법을 바탕으로 일어나는 일들이 절대 일어날 수 없다. 예를 들면 아라한은 절대 눈물을 흘리지 않는다. 붓다께서 열반에 드실 때 아라한인 제자들은 울지 않았지만, 붓다의 시자侍者였던 아난다 스님은 붓다의 죽음에 매우 슬퍼울었다. 왜냐하면 아라한은 성냄을 완전히 소멸하여 슬픔이 없지만, 아난다 스님은 붓다의 죽음 당시에는 수다원이어서 성냄을 완전히 소멸하지 못했기 때문이다. 이외에도 아라한에게 절대 일어날 수 없는 일들이 많은데 이것은 경전에 나타난 가르침으로 대신한다. 만약 아라한에게 절대 일어날 수 없는 일들이 누군가에게 일어난다면 그는 아라한이 아님을 분명히 알아야 한다.

"도반들이여, 아라한이어서 번뇌가 소멸하고 삶을 완성했으며 할 바를 다했고 짐을 내려놓았으며 참된 이상을 실현했고 삶의 족쇄가 멸하였으며 바른 구경의 지혜로 해탈한 비구는 아홉 가지 경우들을 범할 수가 없습니다. 도반들이여, 번뇌가 소멸한 비구는 의식적으로 산 생명의 목숨을 빼앗을 수가 없습니다. 번뇌가 소멸한 비구는 주지 않은 것을 가지는 도둑질이라는 것을 할 수가 없습니다. 번뇌가 소멸한 비구는 성행위를 실행할 수 없습니다. 번뇌가 소멸한 비구는 고의적인 거짓말을 할 수가 없습니다. 번뇌가 소멸한 비구는 전에 재가자였을 때처럼 축적해 두고 감각적 욕망을 즐길 수가 없습니다. 번뇌가 소멸한 비구는 탐욕 때문에 하지 않아야 하는 것을 할 수가 없습니다. 번뇌가 소멸한 비구는 성냄 때문에 하지 않아야 하는 것을 할 수가 없습니다. 번뇌가 소멸한 비구는 어리석음 때문에 하지 않아야 하는 것을 할 수가 없습니다. 번뇌가 소멸한 비구는 두려움 때문에 하지 않아야 하는 것을 할 수가 없습니다.

도반들이여, 아라한이어서 번뇌가 소멸하고 삶을 완성했으며 할 바를 다했고 짐을 내려놓았으며 참된 이상을 실현했고 삶의 족쇄가 멸하였으며 바른 구경의 지혜로 해탈한 비구는 이런 아홉 가지 경우들을 범할 수가 없습니다.”

_「정신 경」(D29)

가능한 일과 불가능한 일

지금까지 붓다의 가르침의 정수인 사성제에 대하여 자세히 살펴보았다. 한마디로 사성제는 붓다의 가르침의 핵심일 뿐 아니라 불교 수행의 방향성, 목적, 수행 방법 등을 명확히 설한 진리의 가르침이다. 이런 이유로 사리뿟따 스님께서는 붓다께서 설한 모든 유익한 법들은 사성제에 내포된다고 설하신 것이다.

이렇게 사성제가 불교의 정수라면 사성제를 이해한 수행자는 어떻게 살아야 하는가? 한마디로 '불가능한 일은 포기하고, 가능한 일에 최선을 다해 노력하라.'라고 정리할 수 있다. 그러면 무엇이 불가능한 일이고, 무엇이 가능한 일인가? 이에 대하여 논하기 전에 네 가지 성스러운 진리인 사성제의 가르침이 무엇을 의미하는지 다시 한 번 상기해 보자.

고성제는 존재의 실상이 다섯 무더기 또는 물질과 정신의 법들이고, 물질과 정신의 법들은 조건에 의해 생겨난 연기된 법이므로 무상하고 괴로움이며 무아의 특성이 있음을 천명한 진리이다. 집성제는 갈애와 더불어 탐욕, 성냄, 어리석음을 뿌리로 하는 해로운 법들을 조건으로 괴로움이 일어난다고 천명한 진리이다. 멸성제는 해로운 법들의 소멸이 괴로움의 소멸임을 천명한 진리이다. 도성제는 팔정도와 더불어 탐욕 없음, 성냄 없음, 어리석음 없음을 뿌리로 하는 유익한 법들은 괴로움의 소멸로 인도한다고 천명한 진리이다. 이와 같은 사성제 중에 고성제와 멸성제를 통해서는 '불가능한 일'이 무엇인지에 초점을 맞추어서 설명하고, 집성제와 도성제를 통해서는 '가능한 일'이 무엇인지에 초점을 맞추어서 설명하겠다.

불가능한 일은 포기해야 한다

고성제와 멸성제를 통해서 '불가능한 일'이 무엇인지 살펴보자.

첫째, 형성된 법들 또는 연기된 법들은 무상한데 영원해지는 것은 불가능하다. 세상에 존재하는 모든 것들, 즉 물질과 정신의 법들은 조건에 의해 생겨난 형성된 법들이므로 무상한 특성이 있다. 그런데 소멸하기 마련인 법들이 영원히 존재하는 일은 불가능한 것임에도 그것들이 영원하다고 잘못 알고 그것들에 집착한다면 그것들이 사라질 때 큰 괴로움이 일어난다. 그래서 무상한 현상이 영원하기를 바라고 집착하는 어리석은 범부에게 괴로움이 일어난다. 반면에 무상한 현상을 무상하다고 꿰뚫어 알고 무상한 현상이 영원하기를 바라는 집착을 포기하면 괴로움이 소멸한다. 따라서 지혜로운 이들은 무상한 현상이 영원해지는 일은 불가능함을 분명히 꿰뚫어 알고, 무상한 현상이 영원하기를 바라는 집착을 포기하므로 괴로움이 소멸한다.

"바른 견해를 가진 사람이 형성된 것[行]은 어떤 것이건 그것을 영원하다고 하는 것은 있을 수 없는 일이다. 그러나 비구들이여, 이것은 가능한 일이다. 범부가 어떠한 형성된 것이든 그것을 영원하다고 하는 것은 가능한 일이다."

_「불가능 품」(A1:15:1)

예를 들어 사람의 몸은 물질의 한 형태이므로 병들고 늙기 마련인데 병들지 않고 늙지 않기를 바라는 것은 불가능한 일이다. 물론 병에 걸리지 않도록 최선을 다해 노력해야 하지만 내 의지와 관계없이 병이 생길 수 있다. 그러므로 설령 병에 걸렸다고 하더라도 슬퍼하고 원망하고 좌절하기보다는 누구나 병이 들 수 있다는 것을 이해하고 병의 원인을 찾아 치료하고 개선하는 데 노력을 기울이는 것이 훨씬 더 현명한 자세일 것이다. 또 늙어 가는 자신의 외모를 싫어하여 늙지 않으려고 비싼 비용을 들여 피부 관리를 해도 늙어 가는 속도를 늦출 뿐이지 늙지 않을 수는 없다. 이렇게 몸이 늙어 감은 자연스러운 속성임을 이해하고 몸이 늙어 감을 거부감 없이 수용하는 것이 지혜로운 일이다. 그러면 몸이 늙어 가는 일은 막을 수 없지만, 긍정적이고 건강한 마음으로 곱게 늙어 갈 수 있다. 이렇게 마음이 건강하면 마음의 병으로 인해 생기는 육체적인 병은 없어지므로 오히려 건강을 유지하면서 늙어 갈 수 있다.

죽음도 피할 수 없는 일이다. 죽음은 태어난 모든 존재가 지닌 속성이다. 아무리 과학이 발달해도 좀 더 오래 살 수 있도록 수명을 늘릴 수 있지만 태어난 존재를 죽지 않게 할 수는 없다. 붓다께서도 마지막

유언으로 '형성된 법은 소멸하기 마련인 법이다.'[1]라는 말씀을 남기시면서 태어난 존재는 죽을 수밖에 없다는 진리를 당신의 죽음을 통해 몸소 보여 주셨다. 이처럼 태어난 존재가 죽지 않는 것은 불가능한 일이므로 죽지 않기를 바라지 말고, 정신을 차리고 복되게, 번뇌 없이 죽기를 바라야 한다. 복되게 죽는 방법은 해로운 업을 멀리하고 유익한 업을 많이 짓는 것이다. 그러면 죽을 때 유익한 업이 먼저 작용하여 정신을 차리고 복된 죽음을 맞이하여 인간으로 태어나거나 천상의 선처에 태어날 수 있다. 또 가까운 친척이 죽었을 때도 죽은 사람을 그리워하면서 슬피 우는 일은 슬픔만 키울 뿐 자신이나 친척에게 도움이 되지 않는다. 오히려 슬퍼하지 않고 평온한 마음으로 죽은 사람이나 친척에게 진정으로 도움되는 일이 무엇인지를 생각하는 게 더 바람직하고 유익한 일이다. 궁극적으로는 아라한이 되어 번뇌가 없이 죽음을 맞이하면 열반을 실현하게 하므로 가장 행복한 죽음이다.

명예나 돈도 사라지기 마련이다. 명예나 돈을 많이 가진 사람들이 자만에 빠지는 이유도 자신들의 명예나 돈이 영원하다고 착각하기 때문이다. 명예나 돈은 조건을 의지해서 생겨났으므로 인연이 다하면 사라질 수밖에 없다. 이렇게 명예나 재물도 무상함을 분명히 꿰뚫어 알면 자만에 빠지지 않고 자신이 능력이 있을 때 자신뿐 아니라 타인을 위해 많이 베풂으로써 유익한 업과 공덕을 많이 지을 수 있다. 또 명예나 재물을 잘 지키기 위해서 바른 노력을 기울여야 하지만, 설사 인연

---

1   「대반열반경」(D16).

536

이 다하여 그것들이 없어지더라도 그것을 받아들일 수 있는 지혜를 길러야 한다. 왜 이런 시련이 왔는가 하면서 통탄해 봐야 더욱 괴로울 뿐 도움이 될 것은 아무것도 없다. 명예나 재물도 조건에 의해 만들어진 것이므로 조건이 다하면 사라질 수밖에 없다는 무상의 진리를 이해한다면 설사 얻은 것이 사라지더라도 수용하고 적응하기가 훨씬 쉽다. 이처럼 젊음, 건강, 재산, 명예 등과 같은 연기된 법들은 무상하므로 영원히 존재하는 일은 불가능함을 분명히 꿰뚫어 알아야 한다.

둘째, 연기된 법들은 괴로움인데 행복이 되는 것은 불가능하다. 세상에 존재하는 모든 것들은 조건에 의해 생겨난 형성된 법들이므로 무상하고, 무상한 것은 불확실하고 불만족스럽고 불완전한 것이므로 괴로움의 특성이 있다. 그런데 괴로움의 특성이 있는 법들이 행복이 되는 것은 불가능한 일임에도 그 법이 행복이라고 잘못 알고 그것에 집착한다면 결국 큰 괴로움을 겪게 된다. 그래서 괴로움의 특성이 있는 법이 행복이기를 바라고 집착하는 어리석은 범부에게는 괴로움이 일어난다. 반면에 괴로움을 괴로움이라고 꿰뚫어 알고 괴로움인 현상이 행복이기를 바라는 집착을 포기하면 괴로움이 소멸한다. 따라서 지혜로운 이들은 괴로움인 현상이 행복이 되는 일은 불가능함을 분명히 꿰뚫어 알고 괴로움이 행복이기를 바라는 집착을 포기하므로 괴로움이 소멸한다.

"바른 견해를 가진 사람이 형성된 것[行]은 어떤 것이건 그것을 행복하다고 하는 것은 있을 수 없는 일이다. 그러나 비구들이여, 이것은 가능한 일이다. 범부가 어떠한 형성된 것이든

나가며··가능한 일과 불가능한 일

그것을 행복하다고 하는 것은 가능한 일이다."

_「불가능 품」(A1:15:2)

예를 들어 감각적 욕망의 행복한 느낌이 진짜 행복이 되는 것은 불가능한 일이다. 범부들은 감각적 욕망의 행복을 많이 누리는 것을 진짜 행복이라고 생각하여 감각적 즐거움을 좇지만, 붓다께서는 감각적 욕망을 통한 행복은 잠시 즐겁고 오래 괴롭고, 결점이 많은 행복이므로 괴로움의 특성이 있다고 설하셨다. 따라서 감각적 욕망의 행복을 통해 진정한 행복을 얻으려고 하는 일은 불가능하다. 그런데 그것이 가능하다고 착각하여 감각적 욕망의 행복을 추구하면 괴로움이 일어난다. 그렇지만 감각적 욕망의 행복이 괴로움의 특성이 있다고 통찰한 사람은 감각적 욕망의 행복을 누리더라도 그것에 집착하지 않는다. 더구나 현재 누리는 행복은 이전에 지었던 유익한 업의 결과인데 이전의 유익한 업만 믿고 자만에 빠져 새로 유익한 업을 짓지 않으면 자신이 누리는 복락은 사라지고 궁핍하게 살게 될 것도 꿰뚫어 안다. 이런 통찰을 바탕으로 더 많은 유익한 업을 짓기 위해 노력할 것이다. 더 나아가 감각적 욕망의 행복에서 벗어나 진정한 행복을 얻기 위해 노력하게 될 것이다.

또 벗어남의 행복이 진짜 행복이 되는 것도 불가능한 일이다. 벗어남의 행복은 감각적 욕망의 행복에 비해 괴로움보다 행복의 요소가 많으며, 향상으로 인도하는 고귀한 행복이다. 하지만 벗어남의 행복조차도 무상하므로 괴로움의 특성이 있다. 따라서 벗어남의 행복이 진정한 행복이 되는 일은 불가능한데 그것이 가능하다고 착각하여 벗어남의 행복에 집착하면 괴로움이 일어난다. 그렇지만 벗어남의 행복조차도 괴로움의 특성이 있음을 통찰한 사람은 벗어남의 행복에 집착하지 않으면서 지금 여기서 벗어남의 행복을 누릴 수 있다. 더구나 벗어남의 행복 또는 삼매의 행복을 기반으로 물질과 정신의 실상을 통찰한 법을 보고, 법을 사성제 구조로 정리하여 조사함으로써 사성제에 대한 지혜와 바른 기억을 확립할 수 있다. 그러면 해로운 법들을 버리고 괴로움을 소멸할 수 있다. 이처럼 감각적 욕망의 행복이나 벗어남의 행복 등의 연기된 법들은 괴로움인데 행복이 되는 일은 불가능함을 분명히 꿰뚫어 알아야 한다.

셋째, 연기된 법들에는 자아가 없는데 그것들을 통제하려고 하는 일은 불가능하다. 세상에 존재하는 모든 현상은 조건에 의해 생겨난 형성된 법들이므로 무상하고, 무상한 것은 불확실하고 불만족스럽고 불완전한 것이므로 괴로움이고, 무상하고 괴로움인 것은 이것들을 통제할 수 있는 주체가 없다. 만약 내가 집주인이라면 마음에 들지 않는 사람은 집에서 나가라고 할 수 있고, 마음에 드는 사람은 집에 머물라고 말할 수 있을 것이다. 마찬가지로 연기된 법들, 즉 물질과 정신의 법들에 자아가 있다면 그것들을 자신의 의지대로 주재할 수 있어야 한다. 예를 들어 괴로운 마음은 일어나지 말고 행복한 마음만 일어나라고 명령하면 행복한 마음만 일어나야 하고, 내 몸이 죽지 말고 영원히 살라고 명령하면 몸이 죽지 않고 영원히 살아야 할 것이다. 하지만 실제로는 몸은 죽을 수밖에 없고, 괴로운 마음은 일어날 수밖에 없으므로 몸과 마음을 전적으로 통제하는 것이 불가능하다. 그러므로 형성된 법들에는 그것을 주재할 수 있는 자아가 없다.

나가며··가능한 일과 불가능한 일

이같이 무아의 특성이 있는 현상들을 자기 마음대로 통제하려고 하는 일은 불가능한 것임에도 그 현상에 자아가 있다고 잘못 알고 그것을 통제하려고 집착한다면 결국 큰 괴로움을 겪게 된다. 그래서 무아의 특성이 있는 현상을 통제하려고 집착하는 어리석은 범부에게는 괴로움이 일어난다. 반면에 무아를 무아라고 꿰뚫어 알고 무아인 현상을 통제하길 바라는 집착을 포기한 지혜로운 사람에게는 괴로움이 소멸한다. 따라서 지혜로운 이들은 무아인 현상을 통제하는 일은 불가능함을 분명히 꿰뚫어 알고 무아인 현상을 통제하려는 집착을 포기해야 한다.

> "바른 견해를 가진 사람이 형성된 것[行]은 어떤 것이건 그것을 자아라고 하는 것은 있을 수 없는 일이다. 그러나 비구들이여, 이것은 가능한 일이다. 범부가 어떠한 형성된 것이든 그것을 자아라고 하는 것은 가능한 일이다."
>
> _「불가능 품」(A1:15:3)

예를 들어 연기된 법들은 무아이기 때문에 내 마음대로 통제하는 것이 불가능하다. 세상도 형성된 것이기 때문에 세상을 자기 멋대로 통제하려고 하는 것은 불가능한 일이다. 비록 큰 권세를 지닌 제왕들도 세상을 전적으로 통제할 수는 없었다. 또 인간관계에서 남을 내 의지대로 바꾸려고 하는 일도 불가능한 것이다. 남을 내 의지대로 변화시키는 일은 부분적으로는 가능하지만, 전적으로 바꾸는 일은 불가능하다. 마찬가지로 남편이나 아내 혹은 자식을 내 마음대로 통제하려는 것도 불가능한 일이다. 그러함에도 사람들은 세상이나 인간들을 자신의 의지대로 통제하려고 집착하므로 많은 괴로움을 겪는다. 이런 이유로 붓다께서도 세상이나 인간을 바꾸려고 하지 말고 세상과 관계하는 자신의 마음을 바꾸라고 하신 것이다. 자신의 마음을 바꾸는 일은 가능한 일이지만, 세상이나 인간을 내 마음대로 바꾸는 일은 애초에 불가능한 일이기 때문이다. 이처럼 형성된 법들은 무아인데 그것들을 통제하려고 하는 일은 불가능함을 분명히 꿰뚫어 알아야 한다.

이상에서 살펴보았듯이 존재의 실상은 물질과 정신의 법들이고, 그것들은 조건을 의지해서 생겨난 연기된 법이므로 무상하고 괴로움이고 무아이다. 그래서 존재가 영원하거나, 존재하면서 완전한 행복을 실현하는 것이나, 존재를 통제하는 자아가 있는 것은 불가능한 일이다. 그러함에도 어리석은 사람들은 존재가 영원하기를 바라고, 존재하면서 진짜 행복을 실현하기를 바라고, 존재를 주재하는 자아가 있기를 바라는 집착이 있으므로 괴로움이 일어난다. 그렇지만 지혜로운 사람들은 존재가 영원하거나, 존재하면서 진정한 행복을 실현하는 것이나, 존재에는 그것을 주재하는 자아가 있음은 불가능한 일임을 분명히 꿰뚫어 알고 그것들에 대한 집착을 포기하고 버리므로 괴로움을 소멸할 수 있다.

종합해 보면 존재의 실상인 형성된 법들, 즉 물질과 정신의 법들은 무상하고 괴로움이고 무아이므로 그것들이 영원하거나 행복이거나 자아인 것은 불가능한 일임을 천명한 진리가 고성제라면, 존재로 태어나지 않는 것이 괴로움의 소멸이므로 존재로 태어나서 괴로움의 소멸, 즉 완전한 행복을 실현하는 것이 불가능한 일임을 천명한 진리가 멸성제이다. 다시 말해서 존재로 계속 태어나 윤회하면서 괴로움의 소멸, 즉 완전한 행복을 실현하는 일은 불가능하므로 그것에 대한 집착을 버리고 포기해야 한다. 반면에 존재로 태어나지 않음으로써 윤회에서 벗어나 괴로움의 소멸, 즉 완전한 행복을 실현하는 일은 가능하므로 그것을 실현하기 위해 포기하지 말고 열심히 노력해야 한다.

가능한 일은 열심히 노력해야 한다

존재로 태어나서 괴로움의 소멸, 즉 완전한 행복을 실현하는 것이 불가능하고 윤회에서 벗어나야 완전한 행복의 실현이 가능하다고 꿰뚫어 알았다면 우리는 어떻게 살아야 할 것인가? 존재로 태어나게 하는 원인을 버리는 방향으로 바르게 노력해야 한다. 다행히도 존재로 태어남의 원인은 바깥 대상이 아니라 자신의 마음에 있고, 마음을 바꾸는 일은 어렵지만 가능한 것이다. 물론 이미 일어난 마음이 사라지지 않게 하거나, 조건이 형성되어 일어나는 마음이 일어나지 않게 할 수는 없지만, 유익한 마음을 계발하고 해로운 마음을 버리기 위해 노력함으로써 마음을 바꾸는 일은 가능한 것이다. 이처럼 존재로 태어나서 '내가 영원히 행복하게 사는 것'은 애초에 불가능하지만, 유익한 법은 계발하고 해로운 법은 버리기 위해 노력하는 일은 가능한 것이다.

더구나 해로운 법을 조건으로 태어남, 즉 괴로움이 있고, 유익한 법은 태어남의 소멸, 즉 괴로움의 소멸로 인도하는 도 닦음이다. 그러므로 해로운 법은 윤회의 수레바퀴가 계속 달리게 하는 가속기와 같고, 유익한 법은 윤회의 수레바퀴가 멈추게 하는 제동기와 같다. 그래서 수행자가 유익한 법을 계발하고 해로운 법을 버리기 위해서 노력을 집중한다면 윤회를 멈추게 하여 괴로움을 소멸할 수 있고, 이것은 전적으로 가능한 것이다. 어리석은 사람은 불가능한 일을 가능하게 하려고 집착하다가 아무것도 얻지 못할 뿐 아니라 힘만 낭비한다. 그렇지만 지혜로운 사람은 불가능한 일을 미련 없이 포기하고, 가능한 일에 노력을 집중함으로써 불필요한 에너지의 낭비를 막고 원하는 일을 실현할 수 있다.

그러면 유익한 법을 계발함으로써 해로운 법을 버리는 방법에는 어떤 것들이 있는지 간단하게 알아보자. 첫째, 불·법·승 삼보에 대한 신심, 즉 삼귀의三歸依를 실천하는 것이다. 바르게 깨달으신 붓다와 붓다께서 설하신 법과 그 법을 통해 깨달음을 얻은 스님들에 대하여 신뢰하면서 귀의하는 것이다. 특히 불교는 맹목적인 신앙을 강조하는 종교도 아니고 사상이나 이론도 아니며 붓다께서 세상의 본질, 존재의 본질을 명확히 꿰뚫어서 설하신 진리의 가르침이다. 그런데 범부들이 진리를 스스로 깨닫기는 매우 어렵다. 그래서 붓다께서 설한 법, 특히 사성제에 의지해 수행해야 진리를 깨달을 수 있다. 그래서 삼보에 대한 귀의는 유익한 법의 출발점이라 할 수 있고, 삼보에 대한 귀의를 통해 의심과 그릇된 견해 등을 버릴 수 있다.

둘째, 보시[dāna, 布施]하고 계를 지키는 것이다. 보시와 계는 유익한 업을 행하는 가장 쉬운 방법이다. 보시를 많이 하고 계를 지키는 것이 공덕을 쌓고 유익한 업을 짓는 것이고, 그로 인해 행복을 많이 경험하는 좋은 결과가 나타난다. 붓다께서는 보시하고 오계를 잘 지키는 것으로도 욕계 천상에 태어날 수 있다고 설하셨다. 일반적으로 사람들이 행복이라 생각하는 것은 많은 재산, 좋은 배우자, 맛있는 음식, 좋은 집, 명성 등의 세속적인 행복을 얻는 것인데 이것도 자신이 지은 유익한 업의 결과로 나타나는 것이다. 따라서 지혜로운 사람은 세속적인 행복을 원한다고 하더라도 해로운 행위를 멈추고 보시하고 오계를 잘 지키는 등의 유익한 행위를 많이 지어야 한다. 그럼으로써 세속적인 행복뿐 아니라 탐욕, 성냄, 질투, 인색 등의 해로운 법들을 버리는 토대를 마련할 수 있다. 이에 반해 어리석은 사람은 세속적인 행복을 위해서 남의 것을 뺏고 남을 해치는 행위를 주저하지 않고 행하기도 한다. 그로 인해 일시적으로 세속적인 행복을 누릴 수 있을지는 몰라도 결국에는 해로운 행위의 결과가 나타나서 현생에도 괴로움을 겪을 뿐 아니라 내생에는 악처에 태어나 아주 큰 괴로움을 오랫동안 겪게 될 것이다.

　마지막으로 가장 중요한 것은 중도 수행이다. 앞서 언급한 삼보에 귀의하고 보시하고 계를 지키는 것만으로는 공덕을 쌓을 수는 있지만, 괴로움을 소멸할 수 없다. 반드시 중도 수행을 통해서 사성제에 대한 기억을 완전하게 확립해 아라한이 되어야만 해로운 법을 완전히 버리고 괴로움을 소멸할 수 있다. 그러면 중도 수행이란 무엇인가? 앞서 설명했듯이 계를 기반으로 사마타와 위빠사나를 조화롭게 실천하는 것이다. 사마타 수행은 지혜를 바탕으로 바른 삼매를 계발하는 것이고, 위빠사나 수행은 바른 삼매를 기반으로 지혜를 계발하는 것이다. 사마타와 위빠사나를 조화롭게 닦음으로써 사성제를 꿰뚫어 아는 지혜와 그것을 잊지 않는 바른 기억을 계발하여 사성제에 대한 기억을 확립할 수 있다. 사성제에 대한 기억을 완전하게 확립하여 아라한이 되면 해로운 법들이 모두 소멸함으로써 윤회에서 벗어나 괴로움을 소멸할 수 있다. 그래서 중도 수행을 통해 사마타와 위빠사나를 조화롭게 닦는 일이 유익한 법을 계발하는 방법 중에 가장 중요하고 강력한 것이다.

지혜가 생기면 자비, 즉 자애와 연민도 함께 계발된다.[2] 연기에 대한 지혜가 있으면 모든 형성된 법들이 조건을 의지해서 일어남을 이해한다. 그러면 존재들도 서로 의지하고 있음을 이해하게 되므로 나의 행복이나 괴로움이 다른 존재와 무관하지 않음을 이해한다. 만약 조건과 관계없이 존재하는 '나', '진아', '자아'가 있다면 타인이나 세상 등 외부에 영향을 받지 않고 자기 혼자 독불장군처럼 행복하게 잘 살 수도 있을 것이다. 하지만 모든 존재가 서로서로 의지해 있으므로 내가 행복하기 위해서 남을 해치면 그것이 부메랑이 되어 나한테 나쁜 결과로 돌아오게 된다. 그래서 연기에 대한 지혜가 있으면 나와 다른 존재가 서로 이익이 되고 행복하게 하는 삶을 추구하게 된다. 이처럼 지혜가 있으면 나와 남이 행복하기를 바라는 자애의 마음과 남의 고통을 덜어 주려고 하는 연민의 마음도 함께 계발된다. 이런 이유로 불교에서 지혜와 자비를 수행의 양축으로 보는 것이다. 정리해 보면 삼귀의, 보시, 지계持戒, 중도 수행 등의 유익한 법을 계발함으로써 해로운 법을 버리는 일은 전적으로 가능한 것이며, 이를 통해 윤회에서 벗어나 괴로움을 소멸하고 진정한 행복을 실현할 수 있다.

---

2   자비는 자애와 연민의 합성어이다.

불가능한 일은 포기하고 가능한 일을 실천하라

수행자가 가능한 일과 불가능한 일을 명확히 구분할 수 있으면 어떻게 살아야 할 것인지 삶의 방향이 분명해진다.

어리석은 사람은 불가능한 일은 가능한 일로, 가능한 일은 불가능한 일로 착각하여 불가능한 일에 노력을 기울이고 가능한 일은 포기하므로 괴로움을 소멸할 수 없다. 하지만 지혜로운 사람은 가능한 일은 무엇이고, 불가능한 일은 무엇인지를 분명히 꿰뚫어 안다. 그래서 가능한 일은 가능한 일로, 불가능한 일은 불가능한 일로 꿰뚫어 알고, 불가능한 일은 포기하고 가능한 일에 노력을 집중하므로 괴로움을 소멸할 수 있다. 다시 말해 무상한 것이 영원하기를 바라거나, 괴로움인데 행복해지길 바라거나, 무아인데 통제하려고 하는 일은 불가능함을 꿰뚫어 알고 미련 없이 포기한다. 그리고 괴로움의 원인인 해로운 법을 버리고 괴로움의 소멸로 인도하는 유익한 법을 계발하는 것이 가능한 일임을 꿰뚫어 알아 최선을 다해 노력한다. 따라서 수행자가 할 일은 존재 자체가 무상하고 괴로움이며 무아임을 잊지 않고 기억하면서 매 순간 유익한 법을 실천하고 해로운 법을 버리는 노력을 하는 것뿐이다. 이것이 과거 일곱 분의 붓다께서 공통으로 설한 가르침이다.

> "모든 악은 짓지 말고, 선은 받들어 행하며, 자신의 마음을 깨끗이 하는 것. 이것이 모든 붓다의 가르침이다.
>
> 諸惡莫作 衆善奉行 自淨其意 是諸佛教"
>
> _『담마빠다』(183)

참고문헌

[국내서]

각묵 스님, 『디가 니까야』, 초기불전연구원, 2006.

_____, 『상윳따 니까야』, 초기불전연구원, 2009.

대림 스님, 『앙굿따라 니까야』, 초기불전연구원, 2007.

_____, 『맛지마 니까야』, 초기불전연구원, 2012.

월운 스님, 『장아함경』, 동국역경원, 2006.

_____, 『잡아함경』, 동국역경원, 2006.

_____, 『중아함경』, 동국역경원, 2006.

_____, 『증일아함경』, 동국역경원, 2007.

김서리, 『담마빠다』, 소명출판, 2013.

무념 스님·응진 스님, 『법구경 이야기』, 옛길, 2008.

일아 스님, 『담마빠다』, 불광출판사, 2014.

_____, 『숫따니빠따』, 불광출판사, 2015.

전재성, 『숫타니파따』, 한국빠알리성전협회, 2004.

각묵 스님·대림 스님, 『아비담마 길라잡이』, 초기불전연구원, 2002.

강종미, 『Abhidhamma Dīpanī I, II』, 보리수선원, 2004.

대림 스님, 『청정도론』, 초기불전연구원, 2004.

이필원·강향숙·류현정, 『Satipaṭṭhāna, 깨달음에 이르는 알아차림 명상수행』, 명상상담연구원, 2014.

일묵 스님, 『일묵 스님이 들려주는 초기불교 윤회 이야기』, 불광출판사, 2019.

[국외서]

Anālayo, 『The comparative study of the Majjhima nikāya』, 法鼓文化事業股份有限公司, 2011.

Bhikkhu Bodhi, 『The Connected Discourses of the Buddha(the Saṃyutta Nikāya)』, Wisdom, 2000.

_____, 『The Middle length Discourses of the Buddha(the Majjhima Nikāya)』, Wisdom, 2005.

_____, 『The Numerical Discourses of the Buddha(the Aṅguttara Nikāya)』, Wisdom, 2012.

_____, 『The Suttanipāta』, Wisdom, 2017.

“괴로움의 성스러운 진리는 철저하게 알아야 한다.
 괴로움의 일어남의 진리는 버려야 한다.
 괴로움의 소멸의 진리는 실현해야 한다.
 괴로움의 소멸로 인도하는 도 닦음의 진리는 닦아야 한다.”

_ 「철저히 알아야 함 경」(S56:29)

사 성 제

괴　로　움　과
괴　로　움　의
소　　　　　멸

ⓒ 일묵, 2020

2020년　3월 24일 초판 1쇄 발행
2023년 11월 27일 초판 5쇄 발행

지은이 일묵
발행인 박상근(至弘) • 편집인 류지호 • 상무이사 김상기 • 편집이사 양동민
책임편집 김재호 • 편집 양민호, 김소영, 최호승, 하다해 • 디자인 쿠담디자인
제작 김명환 • 마케팅 김대현, 이선호 • 관리 윤정안
콘텐츠국 유권준, 정승채, 김희준
펴낸 곳 불광출판사 (03169) 서울시 종로구 사직로10길 17 인왕빌딩 301호
　　　　대표전화 02) 420-3200 편집부 02) 420-3300 팩시밀리 02) 420-3400
　　　　출판등록 제300-2009-130호(1979. 10. 10.)

ISBN 978-89-7479-790-4 (03220)

값 25,000원